AU PROPRE
ET AU FIGURÉ

DU MÊME AUTEUR

Analyse économique de la vie politique, P.U.F., 1973.
Modèles politiques, P.U.F., 1974.
L'Anti-économique, P.U.F., 1975 (en coll. avec Marc Guillaume).
La Parole et l'Outil, P.U.F., 1976.
Bruits, P.U.F., 1977.
La Nouvelle Économie française, Flammarion, 1978.
L'Ordre cannibale, Grasset, 1979.
Les Trois Mondes, Fayard, 1981.
Histoires du temps, Fayard, 1982.
La Figure de Fraser, Fayard, 1984.
Un Homme d'influence, Fayard, 1985.

Jacques Attali

AU PROPRE ET AU FIGURÉ

Une histoire de la propriété

Fayard

LE MARQUIS. — Est-ce qu'un homme pourrait sérieusement mépriser *l'Esprit des Lois* ?

LE CHEVALIER. — Oui, très-assurément.

LE MARQUIS. — Je n'entends pas cela !

LE PRÉSIDENT. — Ni moi non plus.

LE CHEVALIER. — Cela est pourtant très aisé à comprendre. Examinez le genre d'études de Montesquieu et de ceux de la classe que vous me permettrez d'appeler métaphysiciens, quoique ce nom soit peut-être impropre, mais il est adapté. Le travail est un vrai travail de marqueterie, ou, si vous voulez, une mosaïque. Il consiste à rassembler une infinité de petits morceaux détachés qu'ils ne doivent avoir ni fabriqués ni altérés, mais qui sont existants, vrais, tels enfin que la nature les donne. De ces parties artistement collées, arrangées, nuancées, il en résulte un grand tableau et un spectacle nouveau, quoique fait en entier de pièces qui étaient éparpillées. La peine de la recherche des matériaux, leur vérité naturelle, la grandeur de l'ouvrage, l'ensemble, la symétrie, l'ordre, l'effet, l'exactitude des jonctions, la beauté des nuances et des dégradations font tout le mérite et tout le prix de ce travail ; et parmi les ouvrages que nous avons de ce genre, il n'en est point de plus vaste et où l'on ait fait entrer plus de matériaux que dans celui que Montesquieu a osé entreprendre. Or il est presqu'impossible que ce genre d'ouvrage soit applaudi des Poëtes.

LE MARQUIS. — Pourquoi ?

AU PROPRE ET AU FIGURÉ

LE CHEVALIER. - Parce que le travail de Poëte est dans un genre diamétralement opposé. Le Poëte est un fondeur de statues ; il crée, il invente ; son ouvrage n'a de mérite qu'autant qu'il est d'un seul jet et moulé d'une seule fonte ; point de morceaux collés, appliqués, soudés ; un certain désordre dans la composition, un peu de négligence dans le poli, loin de lui faire tort, l'embellissent. Ainsi le Poëte ne trouve rien à admirer dans le Métaphysicien, ni le Métaphysicien dans le Poëte. Le Poëte lui dira toujours : vous n'avez rien imaginé, et l'autre lui répondra : vous ne m'avez rien prouvé.

LE MARQUIS. — Mais s'il y avait un Métaphysicien qui fût Poëte en même-temps, qu'en diriez-vous ?

LE CHEVALIER. — Qu'on ne manquera de croire qu'il se contredit souvent.

Ferdinand GALIANI
Dialogue sur le commerce des blés, 1770.

Les appels de notes, dans le corps du texte, renvoient à la bibliographie en fin de volume.

Ce qui change le moins chez l'homme, ce sont les questions qu'il se pose sur lui-même. A toutes les époques, sous toutes les latitudes, dans toutes les sociétés, il a éprouvé les mêmes angoisses, nourri les mêmes doutes, formulé les mêmes interrogations sur son identité, sur le sens de sa vie, de la douleur et de la mort, sur les meilleurs moyens d'être, d'avoir, de durer, de transmettre.

A certaines époques, il a trouvé à ces questions des réponses naturelles, cohérentes, rassurantes. Puis le doute s'est réinstallé, les certitudes ont vacillé, les interrogations ont resurgi, des convictions se sont opposées, des ordres se sont dissous.

Ainsi en est-il de la propriété. De tout temps, on s'est demandé quelle était la meilleure façon de l'organiser, la plus juste, la plus libre. On a cru parfois le savoir. D'aucuns ont soutenu que l'homme évoluait, au rythme d'un progrès irréversible, de la propriété communautaire à la propriété individuelle. D'autres ont affirmé que l'évolution et les luttes allaient exactement en sens contraire. D'autres enfin ont rêvé d'une société sans propriété, ni privée ni collective.

Nous sommes aujourd'hui dans une de ces périodes de relative certitude : au Nord et à l'Ouest, et même, de plus en plus, au Sud et à l'Est, il est de bon ton de considérer que la propriété privée est la meilleure forme d'organisation des sociétés, celle qui respecte le mieux les libertés et les droits de l'homme.

Ce n'est là qu'une mode passagère : la propriété privée a suffisamment laissé de traces barbares pour ne pas être considérée sans discussion comme une panacée irrécusable. Et les récents effondrements des bourses sèment çà et là des doutes salutaires.

Aussi pour comprendre ce que la propriété signifie, ce qu'elle cache et ce qu'elle révèle, et tenter d'en appréhender l'avenir, je voudrais, fidèle à ma méthode, en raconter l'histoire : comme j'ai déjà raconté naguère les histoires d'un art[11], d'une science[12], d'une technique[17], d'un pays[10] et d'une famille[15], je voudrais ici raconter l'histoire d'un concept. Et quel concept ! Le plus important peut-être, mais aussi le plus flou de toutes les sciences humaines, celui qui, depuis des siècles, écrase toute l'économie politique par son ampleur, et dont on ne peut chercher à tracer les contours sans être pris de vertige. Car si on peut « avoir » une terre, un capital, un nom ou une idée, il faut aussi comprendre qu'« aimer » ou « commander » quelqu'un, c'est, d'une certaine façon, en user, se l'approprier. Une histoire de la propriété, si elle se voulait exhaustive, devrait donc être une histoire de la science et de l'amour, des langues et du pouvoir, du droit et de la famille.

En particulier, une histoire française de la propriété devrait décrire les merveilleuses particularités de ce pays où, depuis près de dix siècles, à côté de grandes misères et de superbes révoltes, quelques-uns ont confisqué la propriété et le pouvoir sur l'essentiel de la terre, puis sur l'essentiel des entreprises ; et où, aujourd'hui, quelques autres, en une ironique permanence, tentent à nouveau de se partager, comme les dépouilles d'un vaincu, quelques propriétés de l'État et de la Nation.

Je ne saurais prétendre ici être complet. J'insisterai seulement sur ce que je crois être les principales fractures, les grandes dates, les repères essentiels, en espérant n'en manquer aucun, pour éclairer notre route et en déduire une logique.

Je ne suis pas le premier, loin de là, à chercher dans cette histoire quelques lignes directrices : depuis au moins quatre siècles, l'homme européen s'essaie à définir la « bonne société » à partir de sa propre chronique et de l'observation des peuples qu'il découvre.

En trois siècles d'extrême intelligence — du XVIIe au XIXe siècle —, on a pu donner bien des réponses à ces questions : tour à tour, le désir premier d'« avoir » a été présenté comme né de la faim, de la peur, de la rivalité, de la rareté des choses et du souci de dominer l'autre. La « bonne société » a été successivement conçue comme celle où la propriété est privée ou bien collective, d'État ou bien coopérative. Pour les uns, l'organisation première des hommes est naturellement la bonne et la société tend à se dégrader ; pour les autres, au contraire, l'organisation de la bonne société ne peut être qu'un progrès, un artefact à construire.

Aux XVIIe et XVIIIe siècles, presque tous les auteurs ont pensé la propriété privée des choses comme la condition essentielle à l'épanouissement de la liberté et des droits de l'homme. Dans cette ample littérature, les progrès de la pensée ont fait naître l'idéal démocratique. Depuis Locke, on sait que propriété et démocratie sont deux concepts inséparables. Depuis Adam Smith, on sait que tout droit de propriété se fonde, au moins en partie, sur le travail.

Au XIXe siècle, au contraire, la majorité des théoriciens ont pensé que la propriété privée détruisait la liberté et se détruisait elle-même, et que la propriété collective des biens de production était la condition de l'abondance et de la démocratie. Depuis Ricardo, on admet que l'homme ne reçoit qu'une partie des fruits de son travail, le reste allant à ceux qui possèdent ses outils, qui sont eux-mêmes du travail accumulé. Depuis Marx, on sait que l'Histoire va vers la démesure et la fragilité.

Au XXe siècle, on a beaucoup moins écrit sur le sujet ; peut-être parce qu'on a vérifié, dans la tragédie, que l'un et l'autre des deux principaux régimes de propriété, libéral et socialiste, proposés aux siècles antérieurs, s'accommodaient fort bien —

pour dire le moins — de la dictature et de la barbarie. Peut-être aussi parce que la diversité des formes de propriété contemporaines — du partnership américain au sovkhoze soviétique, du kibboutz israélien à l'*ejido* mexicain —, et la multiplicité des bricolages par lesquels les hommes tentent d'oublier l'intolérable absurdité de leur éphémère ont fini par décourager tout esprit de système.

Mais cela ne devrait pas interdire de s'indigner devant la réduction de toute chose à sa valeur en argent, dans le capitalisme, ou devant celle des hommes à leur force de travail, dans le socialisme d'État. Cela ne devrait pas non plus faire oublier que tout est aujourd'hui démesuré, les fortunes comme les misères ; que des millions de gens meurent de faim chaque année quand quelques autres possèdent des fortunes et des domaines immenses.

Voilà qui devrait donner le courage de chercher encore à élucider ce qui se cache derrière la propriété, ce qui pousse les hommes vers tel ou tel régime, tel ou tel partage du monde et de ses rêves.

En racontant cette histoire, j'ai tenté d'y démasquer quelque chose comme une trame commune, une signification cachée qui serait capable de rendre compte des réussites comme des monstruosités des divers systèmes de propriété ; et peut-être d'en prévoir l'évolution et d'aider, avec précaution, à en guider le cours vers plus de tolérance et de liberté.

Après beaucoup de travail vide, il m'a semblé découvrir qu'il y avait, derrière chacune des conceptions de la propriété qui se sont succédé et entrechoquées depuis des millénaires, comme un signal toujours présent, comme une obsession incontournable que je résumerai ainsi : *ce que cache la propriété, c'est la peur de la mort.*

Pour fournir au lecteur pressé un survol nécessairement caricatural de ce qui va suivre, je dirai que la première ambition des hommes, celle qui les guide avant tout autre, est d'*être,* de *durer,* de *retarder la mort.* Et, pour durer, d'employer toujours la même ruse sous de multiples formes : s'approprier les biens des autres, qui sont leurs forces et leur vie ; et les employer d'une façon qui corresponde le plus exactement à l'idée qu'on se fait, à une époque donnée, de la mort.

On est loin, ici, du cadre étroit de l'économie politique. Mais il me semble impossible de ne pas le faire exploser. Curieusement, peu d'historiens et peu de théoriciens, hormis quelques marginaux, ont perçu ce lien entre la conception de la propriété et l'idée qu'on se fait au même moment de la mort. Pourtant, cette interdépendance est intuitivement une quasi-évidence :

D'abord, *avoir* et *être* se confondent presque toujours, *au propre et au figuré.* Au propre, car pour vivre, il faut avoir de quoi manger et de quoi s'abriter ; et parce que ne pas avoir, c'est être exclu du groupe, donc être menacé de disparaître : *on est si on a.* Au figuré, car, jusque dans les langues les plus primitives, un individu — ou un peuple — est identifié, *distingué* par ses propriétés ; son nom, sa langue, sa terre, ses propriétés disent son identité : *on est ce qu'on a.* Enfin, parce qu'on est soumis à ce qu'on possède ; l'objet contraint, définit et conditionne le sujet ; il dure plus que celui à qui il est : *on est à ce qu'on a.*

Ensuite parce qu'*avoir* et *durer* se lient toujours concrètement : *au propre* (des récoltes qu'on stocke pour prévenir la famine, de l'argent qu'on épargne pour préparer son avenir), et au *figuré* (des tombeaux qu'on décore de ses biens pour le grand voyage).

Enfin, parce qu'*avoir,* c'est, à l'extrême, pouvoir user sans limite, *tuer* ou détruire, et c'est *se donner un sursis.*

Au-delà de ces évidences de l'intuition si utiles au chercheur, l'observation des espèces animales nous dit également ce lien entre *avoir, être* et *durer* : les poissons (salmonidés), les crustacés, les insectes (libellules, abeilles, termites), les loups, les renards, les lions, les tigres, les antilopes, les oiseaux, les caméléons marquent, contrôlent et défendent un territoire par la voix, l'urine, les fèces ou d'autres moyens[279]. Le territoire leur permet la constitution d'un stock de nourriture, l'exploitation des ressources du sol, la tranquillité vis-à-vis de l'autre. Sa surface varie : réduite à l'abri pour la langouste, restreinte ou vaste pour les oiseaux, immense pour les loups d'Alaska. Plus il y a d'aliments à portée, plus les territoires sont petits. La durée d'appropriation varie elle aussi : d'un jour pour la libellule à l'éternité pour le lion d'Afrique[279].

Les animaux nous apprennent que le « *propre* » se distingue d'abord du « *sale* » et que la durée de vie d'une espèce est fonction de sa capacité à faire respecter ses propriétés. Ils nous montrent aussi qu'on doit distinguer le *territoire* (surface vitale, absolument privée, interdite aux congénères) et le *domaine vital* (où l'animal passe son existence et qui inclut le territoire), et qu'il convient de distinguer entre plusieurs territoires selon qu'ils servent à la nourriture, à l'accouplement ou à la nidification[279]. Enfin, ils nous enseignent qu'on désire d'autant plus quelque chose que quelque autre le désire[167], qu'il n'est de droit que dans le regard des autres : bref, que *la possession se distingue de la propriété.*

Avoir la *possession* de quelque chose, c'est, en général, exclure les autres de son usage ; pour l'user, la détruire, la faire produire ou l'abandonner. C'est la forme extrême de l'influence qu'on peut avoir sur une chose. Avoir la *propriété* de quelque chose, c'est en avoir la possession légitime selon les règles admises par le groupe au sein duquel on se trouve. C'est, sans être contesté par les autres, pouvoir l'utiliser à sa guise, l'aliéner ou garder ce qu'elle produit.

Pour survivre, chaque groupe d'hommes a dû apprendre à transformer la possession en propriété par un système de pensée, un *code*, véritable pyramide de droits où chacun est à la fois sujet possédant et objet possédé. Le code nomme les choses rares, les classe, dit comment on établit leur valeur, à qui elles sont, justifie le droit et les moyens de durer du propriétaire, différencie les individus, leur donne les moyens de lutter contre les démunis, en dégageant un *surplus* ; le code dit *comment « avoir », « être » et « durer » sont confondus.* Chacun y est défini par ses propriétés, c'est-à-dire par l'influence qu'il est autorisé à exercer sur les choses et les êtres. Le code suppose la reconnaissance par le groupe de la légitimité de certaines possessions. Il se fonde sur quelque vision du monde, quelque loi, surnaturelle ou humaine, lentement élaborée, au début par les récits, les expériences et les pratiques des clans, des tribus et des peuples, puis par la force des armes, enfin, par la loi des hommes.

Parmi les biens qu'on peut avoir, certains se détruisent par leur usage, d'autres durent ; d'autres enfin, plus précieux encore, produisent eux-mêmes des biens : je les nommerai *biens fertiles.* Ce sont, au propre ou au figuré, des biens *vivants*, parce qu'ils se reproduisent avec du travail, élargissent la contrainte de rareté et permettent d'organiser la durée en dégageant un surplus, de reproduire la société. Le bien fertile accompagne le mort dans sa tombe, au propre et au figuré.

Les membres du groupe, *propriétaires* de plus de bien fertile qu'il ne leur en faut pour survivre, parce qu'ils y ont intérêt ou y sont contraints, veulent et peuvent *durer dans le code.* Les autres, les non-propriétaires, les *démunis*, menacent l'ordre. Le code va les intégrer ou les contenir, les écarter ou les séduire, leur donner juste assez de bien fertile pour survivre et craindre pour l'ordre. Un *chef* fait respecter le code. Vigile, il assure le guet (contre ce qui menace la propriété) et la chasse (pour l'accroître). Il décide du surplus qui sert à maintenir l'ordre et à garantir l'avenir.

Des milliers de codes ont sans doute existé au fil de l'Histoire. Chacun s'est dissous quand le bien fertile qui le caractérisait n'a plus dégagé assez de surplus pour permettre au vigile de maintenir l'ordre et de faire durer le groupe qu'il structurait.

J'ai tenté de les ranger en *trois groupes* — ou *trois ordres* — selon la nature de ce bien fertile.

Aux débuts de l'homme, le premier ordre est sans doute

caractérisé (peut-être au propre, sûrement au figuré) par le *cannibalisme* : la première propriété est la vie ; le premier démuni, c'est le mort. Le premier bien fertile, c'est l'autre, l'homme lui-même, qu'il faut manger, ou dont il faut manger les œuvres, pour vivre. Quand l'homme devient sédentaire, ce bien fertile devient la femme qu'on ne « consomme » plus qu'au figuré pour avoir des enfants ; le parasite est le célibataire. Le mort doit partir dans l'au-delà avec des richesses et des êtres vivants, pour y durer. L'ordre s'appuie sur le sacrifice et sur la peur. C'est l'*Ordre des dieux*.

Quand la taille des sociétés augmente, la vie l'emporte peu à peu sur la mort. Les morts n'emmènent plus les vivants dans leurs tombeaux, mais, au figuré, des statues et des biens agricoles. C'est l'*Ordre impérial*. La terre dégage le surplus, le tribut nécessaire à l'ordre, qui s'appuie sur la force ; le parasite est alors le mendiant, l'errant.

Enfin vient l'*Ordre marchand*. Le mort part avec l'ambition de laisser un souvenir, ou un nom, par l'héritage. L'argent est le principal bien fertile, le tribut devient épargne, le démuni est celui qui ne peut en gagner. L'homme s'approprie peu à peu tout ce qui vit et le transforme en objet ou artefact. Moment où l'espèce « se possède » puisqu'elle a les moyens de se suicider. A la limite, les objets tournent si vite qu'on veut en user sans les avoir : on ne veut plus *avoir la propriété* des choses, mais seulement *jouir de leurs propriétés*. Tout objet, pour être vendable, se définit selon un critère unique, l'argent. Bientôt, les sons, les images, les idées, la mort elle-même deviendront des marchandises.

Un jour même, ce sera le cas de la *vie*, ultime bien fertile : l'homme deviendra un objet pour lui-même, défini par ses « propriétés » génétiques. Il se produira comme un objet désireux de *s'avoir*, comme un objet mort de vouloir vivre plus.

Se dévoile ainsi, dans ce résumé impossible, inévitablement trompeur, une finalité involontaire de l'Ordre marchand : contrairement à ceux qui voient un sens à l'histoire de la propriété, celle-ci n'achève pas une évolution, mais organise *un retour, au figuré, à ce qu'était l'Ordre fondateur, au propre* : d'un monde où tout était vivant, de la même vie, où chacun mangeait l'autre pour durer, où nul ne possédait personne, où la complexité du code rendait la propriété des choses indéfinissable, à un monde où toutes les vies, celles des hommes et celles des objets, deviennent des artefacts propriétaires d'artefacts et consommateurs d'artefacts, en un cycle où tout se possède, c'est-à-dire se détruit sans plus rien protéger du propre de l'espèce humaine.

L'homme, qui n'a jamais été jusqu'ici que ce qu'il possède, cessera-t-il demain d'*être* à force d'*avoir* trop ? Est-il possible d'établir un compromis entre ces deux exigences, devenues contradictoires pour la fraction « avancée » de l'humanité, alors qu'elles restent tragiquement synonymes pour l'essentiel des hommes. Peut-on espérer *savoir* au lieu de *s'avoir* ?

Peut-être. A condition de concevoir un autre rapport au monde où l'espèce humaine saurait donner sens à la création ; où chaque génération s'accepterait comme usufruitière de l'univers et des cultures, non comme la propriétaire amnésique et sans postérité d'artefacts ; où chacun reconnaîtrait que le propre de tout homme est de créer du savoir et de le transmettre, de comprendre le monde, de le *figurer*.

Nous qui sommes encore imprégnés par des millénaires de peur de manquer, de terreur de la mort, de rivalités, nous devons, pour survivre, nous souvenir que les objets et la nature sont choses vivantes ; qu'« avoir », c'est accumuler de la vie pour conjurer de la mort.

Et admettre qu'il n'est de véritable éternité que celle de l'Autre, toujours recommencé.

CHAPITRE PREMIER

Les choses de la vie

L'AVOIR-MANGER. — CHASSEURS EN ARMES. —
PASTEURS ET TROUPEAUX. — PAYSANS ET SEMENCES. —
VIVRE SA MORT. — OBJETS ORPHELINS. — FEMMES ET GUERRES. —
AVOIR DES VIES. — DONNER ET AVOIR UN NOM. —
TERRES, DON DES DIEUX. —
QUAND LA PROPRIÉTÉ BRÛLE LES DOIGTS. —
L'ÉCHANGE COMME DES OTAGES. — DONS DES CHEFS. —
JUMEAUX ET PAROLES. — CHACUN POUR SOI. —

Il est des questions si définitivement insolubles qu'on se dispute à leur propos avec délices pendant des siècles, à coups d'arguments péremptoires et de preuves détaillées. Ainsi, nul ne pourra jamais savoir ni quand, ni où, ni pourquoi un primate a, pour la première fois, pensé que quelque chose ou quelqu'un lui appartenait.

Tous les philosophes du droit, tous les préhistoriens, tous les économistes ont échafaudé des hypothèses à propos de ce premier comportement de l'homme propriétaire, soit pour l'idéaliser et en faire une utopie à retrouver, soit pour le critiquer et penser la « bonne société » comme un artefact à construire.

Pour certains de ces auteurs, la première appropriation de quelque chose par des hommes fut collective. Au XVIIIe siècle, c'est le cas de Jacques-Pierre Brissot de Warville qui écrit dans *Les Recherches philosophiques sur le droit de propriété considéré dans la Nature* : « Chez les sauvages, les provisions de chasse et de pêche se font en communauté. Ils se regarderaient comme indignes d'exister s'ils dérobaient à leurs semblables des choses dont ils n'ont pas besoin[71]. » C'est aussi le cas, un siècle plus tard, des premiers socialistes allemands, tel Friedrich Engels.

Pour d'autres — tels, aux XVIIe et XVIIIe siècles, Hobbes, Locke ou Rousseau —, la première possession des hommes fut privée et justifiée par la faim et la peur de la mort. Deux siècles plus tard, les théoriciens libéraux, tels Hayek ou Friedman, soutiendront encore que le premier homme était égoïste et que tout altruisme ne pouvait être que de l'intérêt personnel bien compris.

Entre ces deux thèses extrêmes, aux fondations scientifiques également fragiles, se glissent mille et une hypothèses intermédiaires sur les origines de la propriété. A rassembler ce qu'on en sait aujourd'hui — par l'anthropologie, la paléontologie et l'ethnologie —, force est d'admettre que la diversité des formes d'organisation des premiers groupes humains interdit définitivement de trancher cette querelle. En fait, les catégories du débat moderne — privé/collectif — semblent trop simplistes, trop manichéennes pour rendre compte de réalités plus complexes : les comportements premiers des hommes n'ont dû être, en réalité, ni individuels ni collectifs. Ils vivaient en symbiose avec un monde terriblement hostile et énigmatique, entourés de choses toutes vivantes, magiques et transcendantes, dont l'usage relevait du dialogue avec une personne plutôt que de la propriété d'une chose, de la communion avec la nature plutôt que du caprice d'un maître.

L'avoir-manger

Lorsque, pour la première fois, il y a plus de deux millions d'années, un animal se tient debout et peut être nommé comme de l'espèce humaine, il n'a rien à lui *en dehors de ce qu'il mange.* Nomade, parasite, sans cesse en quête d'un abri provisoire et d'une nourriture incertaine, il ne s'encombre ni de vieillards, ni de malades, ni d'animaux, ni d'objets.

Il faut se représenter, dans le désert vivant de la planète, quelques adultes errant en bandes sur de grands espaces avec quelques enfants ; désespérément seuls et inquiets, ayant à peine le temps de procréer, ils n'ont pas celui d'accumuler une expérience ni de la transmettre. Ils ne se sentent ni propriétaires, ni comptables de ce qui les entoure, mais plutôt « possédés » par un monde soumis à des forces qui les dépassent, les dirigent et décident à tout instant de leur vie et de leur mort. « Un homme pouvait vivre toute sa vie sans rencontrer un homme d'une autre tribu, surtout d'une autre culture », écrit F. Bordes[421] ; ils ont « pu se côtoyer pendant des millénaires et évoluer parallèlement sans perdre leur individualité[421] ». Le développement de l'habileté manuelle et la fabrication d'outils de pierre taillée favorisent néanmoins le développement du cerveau, du langage et de la mémoire.

En ces débuts obscurs, la première chose que l'on possède, c'est ce qu'on mange, produit de chasse et de cueillette. La possession en est toute naturelle, immédiate. On « a », sans lois, sans explications, sans concept de propriété. Comme l'écrit Radcliffe Brown, « toute nourriture est propriété privée et appartient à l'homme ou à la femme qui se l'est procurée[338] ».

Dans certaines de ces sociétés, la nourriture est parfois *cannibale* ; elle est faite en partie du corps d'autres hommes. Cette hypothèse, qui peut choquer, est à présent certaine : en de nombreux endroits de la planète, on a trouvé des ossements humains broyés pour en extraire la moelle ou la cervelle. Pour ne citer que deux exemples, dans la grotte de Tautavel, en France, on a découvert des ossements humains à côté de chevaux, d'éléphants, d'aurochs et de lions ; à Cheddar, en Angleterre, on a trouvé, enterrés, des os humains découpés et cuits il y a encore douze mille ans.

Le corps de l'autre est une des premières choses que l'homme s'est approprié pour prendre des forces. Et il en a tiré quelques règles de rapport au monde : le mort est dépourvu de la propriété essentielle, la vie ; il est donc dangereux pour les vivants. En le mangeant, on s'approprie une force qui menace ; on fait ainsi coup double : on le prend et on évite qu'il ne prenne[12].

Cette idée a été longtemps occultée par les ethnologues, jusqu'à Lévi-Strauss qui l'évoque dans un célèbre passage de

Tristes Tropiques : « A les étudier du dehors, on serait tenté d'opposer deux types de sociétés : celles qui pratiquent l'anthropophagie, c'est-à-dire qui voient dans l'absorption de certains individus, détenteurs de forces redoutables, le seul moyen de neutraliser celles-ci, et même de les mettre à profit ; et celles qui, comme la nôtre, adoptent ce qu'on pourrait appeler l'anthropoémie (du grec *emein*, vomir) : placées devant le même problème, elles ont choisi la solution inverse, consistant à expulser ces êtres redoutables[254]. »

Très vite, sans doute, dans l'histoire des hommes, le cannibalisme réel a dû disparaître en raison de ses dangereuses conséquences. Comme on ne peut manger quelqu'un de vivant, avoir pour manger suppose de tuer. En produisant un bien — un cadavre à manger —, le cannibalisme produit une menace ; si l'homme doit manger d'autres hommes pour vivre, il risque de se faire tuer pour qu'un autre vive. Aussi la première ritualisation fut-elle le *tabou* du cannibalisme, l'interdit de la nourriture humaine.

Mais le cannibalisme symbolique reste alors au fondement des premiers comportements de possession : tout ce qui entoure l'homme vit de la vie des hommes. Les animaux et les plantes sont considérés comme des personnes. Comme lui, ce sont des sujets. Les manger reste donc comme manger des personnes humaines. Ainsi l'anthropophagie n'est-elle qu'à peine estompée par le tabou de l'appropriation cannibale qui apparaît il y a quelque quarante milliers d'années.

En dehors de la nourriture, l'homme ne se sent propriétaire que de ses enfants et des quelques objets qu'il fabrique — dont le feu de la pierre polie — et qui vivent de la même vie que lui, à égalité avec lui. A l'aube de l'anthropologie, Marcel Mauss écrit : « On mêle les âmes dans les choses ; on mêle les choses dans les âmes[289]. » Gurevic écrit plus récemment : « Tout objet terrestre possédait un prototype transcendantal, un modèle qui en fait ne l'"expliquait" pas (si nous employons le mot "expliquer" au sens moderne), mais dévoilait son sens le plus profond et non transitoire[187]. »

Les premiers objets sont pensés comme des êtres vivants, les enfants de leurs producteurs dont ils reçoivent la vie et les propriétés, les forces et les faiblesses. Ils ont une âme, un esprit, et peuvent agir sur la nature, comme les hommes. Marcel Mauss écrit que, chez les Kwakiutls, peuple indien du nord de l'Amérique qui a dû conserver ses rites très longtemps, tous les objets portent le nom générique de *logwa*, talisman, chose surnaturelle. « Les maisons et les poutres, et les parois décorées, sont des êtres. Tout parle, le toit, le feu, les sculptures, les peintures[289]. » De même, chez les Tlinkits, peuple voisin, « tout parle dans la maison, les esprits parlent aux poteaux et aux poutres de la maison et ils parlent depuis les poteaux et les poutres, et ceux-ci et celles-ci parlent, et les dialogues s'échangent ainsi entre les animaux totémiques, les esprits et les hommes et les choses de la maison[289] ». A côté, chez les Haïdas, le cuivre parle, grogne et demande à être façonné, échangé, utilisé. Il « est chose vivante ; sa mine, sa montagne sont magiques, pleines de "plantes à richesse"[289] ». On retrouve les mêmes traits dans de très nombreuses sociétés, même très éloignées : ainsi, chez les Maoris, les objets ont un *hau*, c'est-à-dire une sorte de fécondité, de fertilité, un souffle de vie[289]. Pour Sahlins[358] (reprenant Firth), ce mot signifie aussi « être en excès », « butin », « surplus ». Un objet a du *hau* quand il est capable d'en créer, d'en engendrer d'autres. « Le *hau* est ce qui fait par exemple foisonner le gibier, mûrir le blé, accoucher les femmes, avoir de la force et des idées[358]. » Accumuler du *hau*, c'est accumuler de la vie pour durer au-delà des objets. Dans certaines sociétés, même les chants, les poèmes, les mythes, les concepts sont des êtres vivants[289].

Chez tous ces peuples, au-delà même de la nourriture, la possession est donc dans la logique de la mémoire cannibale : d'une part, avoir un objet, c'est comme le manger, car la nourriture fournit le premier concept de propriété, le plus immédiat, le plus réel ; le possesseur d'objets, dit Mauss, s'attribue « sa propriété exactement comme s'il la mangeait[289] ». D'autre part, comme l'objet est une personne, *avoir, c'est comme manger une personne.*

Aussi la base de la propriété n'est-elle pas simplement le désir de survie, comme le dira Hobbes, ni la faim, comme le dira Locke, ni l'utilité, comme le dira Bentham, ni la volonté de puissance, comme le dira Marx, ni le désir d'imitation, comme le dira Girard, mais celui de manger l'autre pour prendre sa vie, et, indirectement, de prendre l'objet désiré par l'autre parce qu'il figure l'autre : la rivalité n'est que du cannibalisme au figuré, la première forme civilisée d'un comportement plus fondamental, du propre de l'homme.

Chasseurs en armes

Bientôt les hommes occupent plusieurs endroits de la planète : l'Afrique orientale, une grande partie de l'Europe, de la Chine, de l'Amérique du Sud et de l'Afrique du Nord, peut-être jusqu'au Sahara et au Turkestan. Sur plusieurs milliers de générations, ils sont quelques millions de nomades, transportant des objets possédés en commun, vêtements, outils, armes, abris, et des rituels religieux qu'ils célèbrent là où ils enterrent leurs morts.

Ils n'ont pas de réserves de nourriture. Ils ne sont plus — ou presque plus — cannibales. Les femmes, biens fertiles qui conditionnent la durée, se déplacent peu à l'intérieur d'un territoire stable où elles gardent les enfants et cueillent une partie de la nourriture. Les hommes, eux, se déplacent davantage, chassant sur des territoires mal définis et mal défendus contre les incursions de groupes concurrents. Le clan est d'autant plus puissant qu'est riche le territoire qu'il occupe, qu'il quitte lorsqu'il n'y a plus rien à manger.

Le chef du groupe est l'adulte le plus vieux, celui qui connaît le mieux les terrains de cueillette et de chasse. Il contrôle les femmes, répartit les excédents et empêche la violence de détruire le groupe. Il est le vigile, intercesseur avec les morts et entre les vivants.

Il est difficile de dire si ces groupes ont un système de dieux au sens où nous l'entendons aujourd'hui. Il semble que la frontière entre vie et mort soit ténue. On meurt très jeune. Ce n'est pas une tragédie. Les morts accumulés vivent dans un autre monde qui possède celui des vivants. Ils sont enterrés, après avoir été réduits à l'état de squelettes, dans des tombes à l'écart du campement, au gré d'un certain rituel. Quand le mort va rejoindre l'autre monde, il doit y amener des objets et des êtres vivants comme présents aux morts, moyens de poursuivre sa vie. A défaut, il peut revenir les prendre et « posséder » ainsi les vivants. Les humeurs des morts fournissent ainsi une explication aux aléas de l'univers. Non seulement lors de leurs obsèques, mais en toute occasion, il faut leur plaire afin qu'ils restent à leur place dans l'autre monde et qu'ils aident les hommes à vivre, à trouver de la nourriture, à éviter tempêtes, maladies, bêtes sauvages. C'est à eux qu'on demande la paix en leur fournissant une bonne nourriture, des objets et des corps : le premier rituel commence à la fois comme réminiscence de la nourriture anthropophage des morts et comme façon de leur fournir des compagnons.

Chez les Guayakis, Indiens du Paraguay qu'a étudiés Clastres et dont le mode de vie a sans doute peu évolué depuis des siècles, les morts sont des fantômes invisibles qui « ne veulent pas se séparer des vivants[90] ». Au lieu de s'engager sur le « chemin du séjour des âmes », ils s'obstinent à rester dans les endroits habités[90]. L'âme la plus dangereuse est celle d'un homme mort jeune : « Grande est sa peine d'avoir à quitter sa tribu, sa famille. Il reste là, en attendant une réparation à laquelle il a droit[90]. »

Ce mort supporte mal la solitude. Il exige un compagnon pour le voyage qui va le conduire à « la savane des âmes[90] ». Pour le satisfaire, on tue — c'est le *jepy* — un de ses enfants, une fille si possible, qu'il emmène blottie sur son épaule[90].

On fait tout pour que le mort ne revienne pas. La sépulture

est accomplie en deux temps. D'abord provisoire jusqu'au décharnement du squelette, qui est ensuite définitivement enterré. Les adultes sont inhumés en position fœtale, la face tournée vers l'ouest, direction du pays des morts[90]. Les enfants morts, qui ne présentent aucun danger pour les vivants, sont, quant à eux, enterrés allongés et sans précaution.

Un petit toit est fixé au-dessus de la tombe pour la protéger des intempéries et, surtout, empêcher le mort de sortir et de revenir parmi les vivants. « Lorsque se sont écoulées plusieurs semaines, le temps nécessaire pour que la putréfaction ait fait son œuvre, laissant le squelette à nu, les Aches, qui entretemps ont continué à nomadiser, reviennent sur les lieux de l'inhumation. Qu'ils s'en trouvent proches ou éloignés, tôt ou tard il faut marquer l'irréversible séparation entre le compagnon défunt et les vivants : on prend congé de lui, mais surtout on s'en débarrasse... » Le crâne est brûlé dans un feu, « les orbites vides tournées vers le haut, pour que "ove" (l'âme) sache bien que c'est dans cette direction qu'il lui faut s'en aller. Le reste des ossements est également brûlé ou laissé sur place tel quel ; la tombe n'est pas rebouchée, tout est abandonné, les gens s'en vont[90] ».

On se débarrasse aussi des objets du mort, car ce sont autant de parasites, de dangers. Toutes ses propriétés privées, s'il y en a, sont également détruites ou brûlées. Chez les Guayakis, « après la mort, plus rien ne doit subsister de ce qui a appartenu au défunt. Ces choses-là sont trop dangereuses », écrit Clastres[90]. A la mort d'un Comanche, tous les objets personnels du défunt (y compris son cheval favori) sont pareillement détruits, le reste de ses biens étant partagé entre ses parents et ses amis proches[1].

Ce que l'on sait des premiers nomades donne à penser qu'ils étaient, à leur mort, entourés de quelques objets. Ainsi, dans les premières tombes connues d'il y a quelque cinquante mille ans, au mont Carmel ou à La Chapelle-aux-Saints, le mort est couché sur un lit de fleurs, les os badigeonnés d'ocre[303], avec des pierres taillées indiquant déjà une certaine ritualisation de la mort et de l'accompagnement du mort.

Vers 40000 avant notre ère, l'espèce humaine s'étend sur toute la planète. Elle est encore nomade. La grande chasse devient plus efficace. L'homme sait faire du feu, confectionner des armes plus légères en os, fabriquer des ciseaux à bois, des perçoirs, des burins. On *est* dans la nature, on lui appartient. Hors la nourriture, la propriété privée reste pour l'essentiel sans intérêt.

Contrairement à ce qu'on croit trop souvent, dans ces sociétés très pauvres, la rareté ou la pénurie ne développent pas le désir d'avoir à soi ou de protéger en commun[358]. De fait, les objets sont trop fragiles pour mériter qu'on les garde. Dans *Tristes Tropiques*, Claude Lévi-Strauss décrit le dénuement des Nambikwaras du Brésil et « leur faible intérêt pour toute propriété matérielle [...]. Ni l'un ni l'autre sexe ne porte de vêtements [...]. Ils dorment par terre et nus [...], ignorant le hamac ou [...] tout autre objet servant au sommeil ou au repos [...]. Tous leurs biens tiennent aisément dans la hotte portée par les femmes au cours de la vie nomade [...]. Ils n'ont pas de pirogue et traversent les cours d'eau à la nage, s'aidant parfois de fagots comme bouées[254] ». De même, les Bochimans du Kalahari, qu'étudie Lorna Marshall, vivent leur dénuement sans y attacher d'importance, indifférents à la propriété, d'une indifférence « qu'on attendrait plutôt de peuples ayant maîtrisé les problèmes de production [...]. Relativement dégagés de toutes contraintes matérielles [...], ils n'ont pas éprouvé la nécessité de développer des techniques d'emmagasinage permanent et n'ont pas eu besoin ni envie de s'embarrasser de surplus ou d'articles de rechange[281] ».

Cette attitude correspond à une nécessité. Il serait impossible, pour des nomades tenus de se déplacer sur de grands espaces afin de trouver de la nourriture, de s'encombrer d'objets trop lourds ; ils ne gardent qu'armes et instruments de rituels. Par exemple, les Murgins d'Afrique orientale, étudiés par Lloyd Warner, considèrent qu'un objet a d'autant plus de valeur qu'il est léger[358]. Les objets qu'on n'emporte pas lorsqu'on change de campement circulent facilement dans le groupe et ne sont pas entretenus.

Dans certains clans, des objets sont possédés individuellement. Chacun possède ce qu'il prend à la nature et les outils qu'il fabrique pour manger ou se défendre (armes, puis avirons, voiles, cordes, pièges). Les femmes, qui cueillent fruits et légumes et entretiennent le feu, possèdent les vêtements et les poteries qu'elles fabriquent. On marque comme « à soi » des bâtons, des pierres taillées, des morceaux d'os et des cornes pointues. Chez les Cheyennes et les Comanches des grandes plaines de l'Oklahoma ou du Colorado, observés depuis le XVIIIe siècle — mais sans doute était-ce vrai depuis très longtemps —, chaque chasseur est propriétaire des buffles qu'il tue et des chevaux qu'il attrape, dont il se sert comme de bêtes de somme, ou encore pour régler des honoraires de médecins ou des litiges[1]. Un délit grave est puni, au choix, du meurtre du cheval favori du coupable ou de la mutilation de sa sœur. Le prestige d'un guerrier se mesure au nombre des chevaux qu'il possède. Il dure par ses propriétés : certains guerriers restent dans la mémoire de leur tribu pour avoir possédé plus de mille chevaux[1]. Or, pour les garder, il faut avoir des esclaves, mexicains ou shashars, capturés ou achetés[1]. Chez les Apaches, vêtements et armes sont la propriété de la femme ou de l'homme qui les fabrique[1]. Certains biens, tel le tipi, quoique fabriqué, transporté et installé par une femme, appartiennent à l'homme.

A l'inverse, dans d'autres clans, la propriété de certains biens est explicitement collective. A la fin du XVIIIe siècle, Linguet remarque le premier, dans sa passionnante *Théorie des lois civiles*, que les armes de la grande chasse constituent la première appropriation collective d'outils de production : « Le chasseur [...], s'il n'a pas d'assistance, manquera très souvent sa proie. Il faut qu'il implore du secours pour s'en rendre maître. Quand elle est abattue, il ne saurait songer à en éluder le partage. Les mains qui l'ont aidé se payent par elles-mêmes de la peine qu'elles ont prise. D'ailleurs, il sait qu'en pareil cas, il pourra jouir du même privilège, et que, s'il n'a aujourd'hui qu'une portion du butin qui vient d'être pris, il sera appelé à la distribution de celui qu'il aidera à faire prendre le lendemain[260]. »

Au total, la propriété chez les nomades est avant tout celle du groupe familial. Polin est très près de la vérité lorsqu'il écrit : « Ce qui fait que la propriété est collective, c'est que les propriétaires font partie et ont conscience de faire partie d'une même famille, ou se conçoivent comme liés les uns aux autres par le sang en une quasi-famille, même si elle a les dimensions de la tribu : leur propriété n'est pas collective, elle est commune aux membres d'un groupe consanguin[328]. »

Le caractère commun des propriétés gît parfois dans l'altruisme[227]. Chez les Arapesh de Nouvelle-Guinée, dit Margaret Mead, « bien qu'il n'y ait jamais assez à manger, chaque homme passe le plus clair de son temps à aider son voisin, et se dévoue pour les objectifs de son voisin[290] ». Chez les « chasseurs-cueilleurs » bushmen ou australiens, « quand un aborigène tue un kangourou, il n'en garde rien pour lui et en donne aux autres selon des règles bien définies [...]. Un aborigène au repos taille une lance ou décore un boomerang qu'il donnera à un autre[227] ».

Chez nombre de ces groupes, on emploie le même mot pour dire « le mien » et « le tien », pour « donner » ou « prendre »[227]. De même, les Indiens dakotas d'Amérique du Nord, les nomades indonésiens ou de Malaisie mettent en commun des équipements de chasse et, plus tard, lorsqu'ils sont devenus sédentaires, des semences, des fruits à planter ou du bétail[274].

Dans tous ces clans, les enfants sont la propriété commune du clan de la mère, sa principale richesse, la condition de sa durée[121]. Bien que la patrilinéarité se soit — on va le voir — presque imposée vers le Xe millénaire avant notre ère, on rencontre encore aujourd'hui de tels groupes matrilinéaires en Afrique (les Baréas et les Bazes d'Éthiopie, les Sérèr du

Sénégal, les Ashantis du Ghana, les Lobis du Burkina-Faso, les Yatös et les Jukuns du Nigeria, les Bantous d'Afrique orientale, les Yaos du Malawi et les Basutos d'Afrique australe)[121] ou en Amérique (les Hopis de l'Arizona, les Guajiros de Colombie) et dans de nombreuses tribus australiennes, des îles Trobriand et de Nouvelle-Calédonie, sédentaires ou nomades[121].

Dans ces sociétés, chaque groupe garde jalousement ses femmes qu'il possède collectivement. L'exogamie et l'inceste sont interdits et le tabou sexuel est une façon de garantir la propriété du groupe sur ses femmes[121]. Tout homme célibataire est un danger, car, à la recherche de femmes, il est le premier ennemi du groupe, celui contre lequel on se défend. Chez les Guayakis, « vouloir rester *betagi* quand on a l'âge d'être *kybai gatu*, s'accrocher à l'état de célibataire irresponsable lorsqu'on peut prendre femme, c'est introduire le désordre dans la société... Le *betagi* menacerait l'ordre de la société s'il refusait de devenir adulte. Un célibataire, c'est comme un jaguar dans la communauté[90] ».

L'éducation de l'enfant est collective. Il craint son oncle maternel et lui obéit. Il respecte son père lorsqu'il le connaît, ce qui est rare, mais ne le craint pas. Chez les Guayakis, les enfants appartiennent au monde des femmes. On dit : « Que serait un homme qui voudrait prolonger au-delà des délais tolérés sa liberté de *betagi*, qui voudrait jouir sans limites du droit de conquérir les faveurs des femmes ? Il deviendrait une source de troubles et de conflits dans la tribu, à la fois pour les hommes mariés dont il menacerait les épouses et pour les initiés plus jeunes qui attendent leur tour[90]. »

La scarification du dos symbolise le droit de l'adulte à être propriétaire de la terre. « Les Aches, pour empêcher le retour du chaos dans le ciel, fendent la terre de leurs haches ; et aussi, pour prévenir un semblable chaos parmi eux, ils fendent le dos du *betagi*. Peau labourée, terre scarifiée : une seule et même marque[90]. »

Chez les Saras d'Afrique, qui furent certainement nomades

avant de se sédentariser, les enfants vivent leurs plus jeunes années dans le camp des « mères » qu'ils quittent vers dix ou douze ans pour rallier la horde nomade des adultes mâles, en compétition pour recruter de jeunes garçons « auprès desquels ils pouvaient assumer la première simulation d'une paternité ignorée[214] ».

Les biens de l'oncle maternel vont au neveu. Mieux même, leurs biens sont parfois mis en commun. Dans certaines ethnies d'Afrique et d'Océanie, tels les Zandés du Soudan, le neveu ne saurait « voler » son oncle, puisque toute propriété leur est commune[227].

Plus tard le nomadisme conduit à des rencontres globales et périodiques entre clans, et ouvre à des appropriations de femmes étrangères : la première forme d'exogamie est sans doute, en certains jours de fêtes, la rencontre sexuelle collective entre deux clans[121]. Puis des couples se forment, et la propriété de femmes par un seul homme se précise bien avant que le rôle de l'homme dans la natalité ne soit reconnu. Chez les Navajos, par exemple, peuple très récent, les hommes, quand ils ne sont pas à la chasse, se sentent propriétaires de leur femme et viennent résider chez elle ou chez la mère de celle-ci[435].

Les enfants appartiennent toujours au frère de la femme, mais l'homme commence à se sentir vaguement propriétaire de sa femme et de ses biens. A force de venir plus souvent chez les femmes, les hommes tendent à vouloir s'approprier aussi leurs enfants, mais il faudra attendre encore quelques millénaires pour qu'ils parviennent à cette privatisation.

Pasteurs et troupeaux

Il y a une vingtaine de milliers d'années, les glaciers régressent, le climat se réchauffe, s'humidifie. La grande chasse diminue ; la pêche et la cueillette se développent et se spécialisent. L'arc, l'hameçon, le filet, le harpon et les flèches apparaissent. Les nomades deviennent plus nombreux et vivent plus longtemps, avec plus d'enfants. Leurs mouvements se ralentissent. S'amorce alors une tendance à ne pas tuer immédiatement les plus jeunes animaux capturés, à les *épargner* et à les emmener avec le groupe pour les consommer plus tard : *l'épargne est d'abord celle de la vie, bien avant d'être celle de l'argent.*

C'est là une mutation majeure : conserver des animaux pour qu'ils grandissent, puis pour les faire se reproduire, signifie que la propriété de l'animal est devenue une promesse de consommation future. Un fossé se creuse entre consommation et propriété. Pour la première fois, un surplus permet d'augmenter les biens à la disposition d'un groupe humain. Cette mutation suppose que *la mémoire s'impose au cerveau.*

Apparaît une nouvelle fonction, celle de *pasteur.* Linguet le dit fort bien dans sa belle langue : « Après avoir égorgé une partie du troupeau, ils trouvèrent plus simple de s'en approprier le reste. Pour s'épargner tout embarras, ils en laissèrent la garde à celui dont l'industrie l'avoit créé. Ils le chargèrent de continuer à le nourrir et à le faire multiplier, en lui annonçant seulement qu'ils s'en réservoient la propriété et en lui permettant d'en tirer aussi sa nourriture, pourvu que sa part ne fît point de tort à la leur[260]. » Les premiers pasteurs sont d'abord des chasseurs, et leur troupeau est maintenu en état par la capture d'animaux sauvages. Par exemple, des éleveurs de rennes sibériens, les Chukchis, maintiennent le troupeau domestique menacé de dispersion et de retour à la vie sauvage en attrapant des rennes sauvages[225]. Le travail des pasteurs est considérable et pénible. C.J. Klima écrit que les éleveurs d'Afrique orientale, « les Barabaig, fournissent au troupeau la protection nécessaire contre la faim, la soif, la maladie, les prédateurs animaux et humains, sans laquelle les chances de survie biologique du bétail seraient pratiquement nulles[225] ».

Comme on voit naître, vivre et mourir les animaux, le rapport avec les morts se modifie. Quelque chose comme un au-delà où se trouvent les ancêtres se précise. Le monde des vivants n'est qu'une fine pellicule de l'éternité, interstice dérisoire entre l'avant-vie et l'après-mort, qui ne sert qu'à préparer cet après-vie en y accumulant les richesses matérielles ou spirituelles. Les hommes, pour s'assurer la paix avec les morts, doivent toujours avoir de quoi vivre en paix avec l'au-delà. Pour ce faire, c'est le *surplus* d'animaux qui est maintenant donné à manger à l'au-delà à la place ou en plus des femmes et des enfants. L'animal domestique devient source de surplus et de « boucs émissaires » à emporter dans les tombeaux.

De même, avec l'élevage, le rapport à la terre, qui nourrit les bêtes, se précise. Les contours du territoire se fixent. Le groupe promène ses animaux sur un espace où il se reconnaît et où il enterre ses morts. Chez les Nuers et les Bédouins, le droit des membres du groupe sur le territoire communautaire et ses ressources devient rigide[429]. Chez les Touareg du Niger et de l'émirat de l'Adrar mauritanien, parmi les populations pastorales d'Afrique orientale (Jie, Karamojong, Turkana et Masaï), l'espace communautaire est constitué de pâturages et de points d'eau appropriés collectivement[429].

Le troupeau est en général propriété collective du clan, même s'il produit des biens à usage individuel. En Europe, par exemple, les premiers troupeaux de rennes fournissent nourriture, vêtements, couvertures, outils aux bergers[68]. Un peu plus tard, chez certains peuples, chaque famille d'éleveurs se déclare propriétaire des animaux. Le troupeau devient même une propriété ostentatoire, un moyen de se distinguer des autres, d'exister en soi. G. Steiner cite un éleveur de rennes yourak qui refuse de se séparer d'un seul renne d'un troupeau de trois mille bêtes : « Les rennes vagabondent, je les regarde. L'argent, il faudrait que je le cache, et je ne pourrais pas l'admirer[444]. » De même, pour un Indien comanche, le nombre de chevaux qu'il possède indique sa puissance[1].

La propriété des enfants n'évolue que très lentement. Ces premières tribus d'éleveurs, dont on trouve encore la trace sédentarisée en Afrique noire et en Mélanésie, sont sans doute matrilinéaires : enfants et jeunes hommes y vivent en commun, au centre des campements, dans des maisons d'adolescents[121]. Le chef de famille est le plus âgé des frères de la mère. Mais la matrilinéarité ne reste pas la règle. D'une part, le travail de berger est un travail d'homme qui permet à celui-ci de prendre le pouvoir. D'autre part, l'observation des troupeaux conduit à découvrir le rôle des hommes dans la paternité. Le rapport à la propriété des enfants en est peu à peu bouleversé : les hommes, qui gardent et défendent les troupeaux, s'approprient les femmes, puis les enfants dont ils se sentent les producteurs.

Le passage est lent de l'un à l'autre monde ; tous les systèmes mixtes ont existé et existent encore. Par exemple, chez les Yaos, des pasteurs du Malawi (Afrique orientale), l'aîné réside auprès de ses sœurs et est le chef de l'unité matrilinéaire. A sa mort, le pouvoir passe au fils aîné de sa sœur aînée[435]. Les cadets habitent chez les parents de leur fiancée. Chez les Bantous d'Afrique australe, les maris sont encore « visitants », et le pouvoir est partagé. Chez les Kiwais de Nouvelle-Guinée, comme chez les Jukuns du Nigeria, l'oncle est le propriétaire des enfants de sa sœur[121]. De même chez les Nuers du Bahr el-Ghazal (Soudan) : « Ton oncle maternel, c'est ta mère. » A Hawaii, les enfants du groupe de pasteurs ne connaissent ni leur père ni leur mère. Aux îles Fidji, le neveu est la propriété de son oncle[121]. Chez les Hopis, l'enfant appartient au clan de sa mère ; quand il se marie, il quitte la maison de sa mère pour aller avec sa femme habiter dans celle de sa belle-mère[386].

Chez les Trobriandais, qui furent nomades, semble-t-il, avant de se sédentariser, une femme est, pour son frère, la « bonne femme », celle qui engendre et nourrit ; pour son mari, elle est la « grande femme », celle qui est belle et désirable. H. Pradelles de Latour note qu'une femme s'obtient contre des pierres polies ou de beaux coquillages[334]. Malinowski ajoute : « Le fait de donner au retour d'une traversée un article prestigieux à son épouse, qui le remet à son frère ou à tout autre membre de son clan, est caractéristique des rapports matrimoniaux[272]. » Bien que leur père soit connu, les enfants trobriandais restent la propriété de leurs oncles maternels. Le père est l'ami le plus proche de ses enfants ; il s'inquiète d'eux quand ils sont malades et cherche à garder ses biens pour ses propres enfants après avoir donné ce qu'il devait aux enfants de sa sœur. « Le père a veillé sur ses enfants jusqu'à ce qu'ils soient devenus grands, il a secondé la mère dans les multiples soins[272]. » La mère reste au centre de la société. Un jeune homme trobriandais travaille pour sa mère et pour ses sœurs. « S'il n'a ni mère, ni sœurs, la femme qui par le rang est sa plus proche parente exigera de lui les fruits de son labeur[272]. » Chez les Iatmuls, écrit Mauss, « le clan de la femme donne des porcs au mari ou à son père, et il conserve pour lui les femmes [...]. Une femme doit grimper à la même échelle que celle de la sœur du père et de son père : elle doit se marier dans le clan où s'est mariée la sœur de son grand-père [...]. La fille s'en va et sert de paiement pour la mère [...]. Un homme doit épouser la fille de la sœur de son père et donner sa sœur en mariage à l'homme dont il a lui-même épousé la sœur[289] ». La parenté inclut alors le père du père, le frère de la mère, le mari de la sœur du père.

Voilà qui exige de modifier le rapport au pouvoir. Il faut en effet se donner les moyens de protéger les enfants contre les attaques extérieures. Le chef doit gérer les enfants au nom du groupe. Sans doute, dans certains cas, va-t-il jusqu'à s'approprier des femmes pour son usage personnel, et faire ses propres cadeaux aux morts et aux vivants, ce qui ne peut que renforcer son statut de chef lui donnant plus de moyens de durer.

Au terme de cet étrange et confus basculement, il semble que la plupart des tribus nomades deviennent patrilinéaires[121]. Peu à peu s'organise alors une société à dominante masculine où l'homme, mi-berger mi-guerrier, possède le monde et va le mettre en valeur.

Paysans et semences

L'agriculture commence à une date incertaine. Pour certains chercheurs d'aujourd'hui, elle apparaît en même temps que l'élevage ; pour d'autres, elle est largement postérieure. Quoi qu'il en soit, elle creuse la distinction entre *avoir* et *consommer*, que l'homme avait découverte avec l'élevage : comme on a perçu l'intérêt d'épargner une partie du bétail pour qu'il se reproduise, on apprend l'intérêt de mettre de côté une partie de la cueillette pour en faire une source de production ultérieure. Et comme il a fallu défendre la terre pour garder le bétail, il faut apprendre, pour garder ces réserves, à les conserver, les stocker et les défendre. Le mot *stock* ne vient-il pas d'une racine saxonne qui signifie « pieu » ?

Pour certains auteurs[23], ce sont les femmes qui auraient découvert les mécanismes de la reproduction des plantes et qui auraient caché aux hommes quelques produits de la cueillette pour les protéger de la consommation immédiate. Ils en veulent pour preuve qu'encore aujourd'hui, les femmes winnebagos, en Amérique du Nord, cachent ainsi du riz et du maïs pour les planter[274]. Rien ne pourra sans doute jamais venir établir ou démentir cette thèse.

En fait, il semble que l'agriculture émerge dans plusieurs foyers à la fois. Selon les estimations les plus sérieuses, c'est en Turquie, il y a dix mille ans, que pour la première fois des nomades s'approprient et cultivent des champs. On en trouve ensuite, il y a environ neuf mille ans, au Kurdistan, puis en Mésopotamie, puis en Palestine il y a quelque huit mille ans. Des agriculteurs itinérants existaient dans les Balkans à partir de 6000 av. J.-C. En Asie du Sud-Est, à partir de 5000 av. J.-C., l'agriculture commence par l'entretien des arbres de la forêt (bananier, canne à sucre, arbre à pain). Mille ans plus tard, les vallées du Hoang-Ho en Chine, l'Iran et l'île de Chypre sont à leur tour occupés et appropriés. Un millénaire plus tard encore, la vallée de l'Indus, l'Asie centrale et la Crète sont conquises, défrichées et appropriées. C'est à cette époque aussi que des villages se forment dans les régions du Nil, du Tigre et de l'Euphrate. D'après Strabon, « dans le nord de la Médie, des villages surgissent, gouvernés chacun par un chef de clan[440] ». C'est également en ce temps-là, dit Malinowski, que « les Minkoîès habitant la côte des îles Andaman, les Klamath, Indiens habitant la côte de la Californie, et certaines tribus de la Malaisie passent à la vie sédentaire temporaire[271] ». On trouve enfin des paysans en Europe occidentale, puis en Grande-Bretagne et en Suède vers 3500 av. J.-C. En Amérique centrale, la domestication des plantes apparaît vers le milieu du IIIe millénaire av. J.-C.

Les premières tribus d'agriculteurs sont encore en partie nomades. L'agriculture, accompagnée ou non d'élevage, n'est pour eux qu'un simple complément de la chasse et de la cueillette. Par exemple, au nord-est du Mexique, dans les communautés rurales de la sierra de Tamaulipas, alors que l'agriculture n'existe pas au début du IIIe millénaire av. J.-C., la moitié de la nourriture en est tirée deux millénaires plus tard.

Les paysans ne sont pas encore vraiment sédentaires. Ils se déplacent sur de grands espaces qu'ils s'octroient par la force, sans se poser la question de la durée de la propriété. Lorsqu'une terre n'est plus fertile, ils la quittent.

Puis le poids des familles s'accroît, la terre peut être protégée tout en étant cultivée, et les mouvements s'espacent. Les groupes deviennent de moins en moins nomades.

Vers la fin du Ve millénaire avant notre ère, le soc de métal, le joug et des armes nouvelles, de nouveaux outils — racloirs, pointes, burins et couteaux, en pierre et en os — apparaissent avec les techniques du cuivre. On apprend à préparer des aliments, à conserver des viandes, à traiter des peaux, à nourrir le bétail. La nourriture (bouillies et soupes) se modifie. Les villages se construisent et se développent ; parfois même se forment de grandes villes fortifiées[67].

La sédentarisation se nourrit alors de sa propre dynamique : la croissance de la production agricole permet celle de la population, qui exige celle du territoire. Les groupes peuvent accumuler de l'expérience. L'Ordre rituel se précise. Les morts se vivent autrement. Le rapport à la mort, et donc le code de propriété, s'organisent.

Vivre sa mort

En s'arrêtant, l'homme se rapproche de ses morts. La mort reste un passage, aussi peu traumatisant que possible, vers un état flou où le mort devient un « ancêtre » et cohabite avec les vivants. Il fait « retour à la mère par l'intermédiaire de la terre[214] ». Le monde des morts reste le double de celui des vivants. Chaque mort y a sa place, indistincte s'il est du commun, notable s'il est un propriétaire.

Pour que la mort trouve sa place, il faut à la fois lui donner de quoi vivre chez les morts et l'empêcher de revenir chez les vivants. Éternel dilemme du rapport au démuni : il faut lui prodiguer des biens pour l'amadouer, et l'éloigner pour l'empêcher de nuire. Pour cela, on doit traiter les corps, les porter au loin et les combler de cadeaux qui donnent son sens à la quête de propriété des vivants.

Le rituel d'enterrement forme la première étape de ce voyage des morts. Le tombeau est la première couche de significations, la « plus élémentaire, la plus fondamentale[169] ». « Pas de culture sans tombeau, pas de tombeau sans culture ; à la limite, le tombeau, c'est le premier et le seul symbole culturel commun à toutes les sociétés », dit René Girard[167].

Chez les Trobriandais devenus sédentaires, les femmes tiennent le cadavre sur leurs genoux et doivent le caresser ; d'autres dansent en tenant à la main un objet ayant appartenu au défunt. « Ces reliques jouent un grand rôle dans le deuil et sont portées par les femmes longtemps après l'enterrement[271]. » Peu après, le mort est retiré de la tombe et on lui prélève plusieurs os que gardent les fils du défunt. « J'ai pu voir l'os maxillaire d'un homme auquel j'avais parlé quelques jours auparavant, suspendu au cou de sa veuve[271]. » Les os sont parfois transformés en ornements ou objets utilitaires ; chez les Trobriandais, ces os sont employés à titre de reliques. (« J'ai sucé le radius de mon père ; je me suis éloigné pour vomir ; puis je suis revenu et j'ai continué », déclare l'un des fils[271]). Le crâne devient un pot à chaux à l'usage de la veuve. Dans le sud-est de l'île de Madagascar, chez les Antaisakas, les corps sont enterrés, puis, trois ans plus tard, ressortis et nettoyés. Près de là, à l'île Sainte-Marie, les os sont nettoyés puis rangés dans des caisses déposées dans les bois.

Dans presque toutes ces sociétés, le tombeau doit être éloigné. Les formes de cet éloignement sont multiples. Pour les peuples altaïques[195] — assez bien connus, car observables il y a encore un siècle —, le mort doit être éloigné au plus vite des vivants, pour ne pas revenir les chercher. Comme il entend tout ce qui se passe autour de lui, aussi longtemps que son corps demeure dans la maison, on ne doit dire que du bien de lui[195]. On place des bouchons de soie rouge dans toutes les cavités de sa tête pour qu'il ne puisse fournir aucun renseignement au monde invisible. Sitôt le corps sorti, les Toungouzes, les Esquimaux, les Samoyèdes rabattent la porte de la tente du mort pour lui barrer la route du retour, ou bien le sortent par la fenêtre, car un mort sorti par la porte peut revenir par la même voie[195]. Ils vont même jusqu'à déplacer la tente d'un mort pour que son esprit ne la retrouve pas. Les Labroustes et les Soötes abandonnent avec le cadavre la yourte qui le porte. Pendant une semaine, les Tatars postent des gardes sur le chemin du cimetière pour empêcher le mort de revenir chez lui[195]. Chez les Toungouzes, le mort, emporté à une quinzaine de toises de sa demeure, vers l'est, est parfois abandonné aux chiens dans la steppe. Les Toungouzes effacent soigneusement les traces du voyage de retour... « Il est bon que le vent souffle quand on revient d'un enterrement, car il balaie toutes les traces du mort[195]. » Chez les Kirghizes, le cimetière est si éloigné du campement que le corps y est amené à dos de chameau[195]. Les Kirghizes khazaks rentrent

« du cimetière à une vitesse telle qu'ils en tombent parfois de cheval[195] ». Chez les Saras du Tchad, l'âme du mort reste près du cadavre plusieurs jours après le décès ; elle entend et voit ce qui se passe et juge du chagrin des proches et du respect des coutumes ; au moment le plus dangereux, lors de la mise en terre, l'âme tente d'entraîner les proches du mort, en particulier les femmes et les enfants, plus vulnérables dans la mesure où ils n'ont pas été initiés[214].

Chez les Dogons, les hommes sont enterrés couchés la tête au nord, les membres repliés pour leur donner forme de fœtus et préfigurer ainsi la régénération[178]. Dans certaines sociétés du Mexique (les nomades du Nord, les Toltèques), tous les morts sont incinérés, sauf les noyés ou les gens foudroyés, enterrés dans de petits temples près des lagunes, dédiés aux dieux de l'eau et de la pluie, et les femmes mortes en couches[379].

En général, les âmes des enfants de moins d'un an, qui font l'essentiel des morts, sont faibles et peu dangereuses ; leurs corps peuvent donc être enterrés dans la case même de leur mère. Les femmes mariées hors du clan reviennent pour y être enterrées, car le corps est la propriété du clan. L'alliance est néanmoins rompue pour les traîtres, coupables d'avoir divulgué le secret initiatique ou d'être morts ailleurs.

Très souvent, on détruit les propriétés du mort pour qu'elles ne restent pas près des vivants. Parfois, on abat les animaux du mort, on tue ses enfants ou ses familiers. Partout on offre des cadeaux aux morts, parce que c'est avec eux qu'il est « le plus nécessaire d'échanger, le plus dangereux de ne pas échanger[289] », et « inversement parce que c'est avec eux qu'il est le plus facile et le plus sûr d'échanger[289] ». Dans les premières sépultures connues de tribus sédentaires, à Jéricho, datant de 7000 av. J.-C., on trouve des armes et des bijoux. En Crète, le mort est enterré avec ses objets quotidiens (armes, nourriture, meubles, animaux). Chez les Tatars, on les brûle ou on les brise sur les lieux mêmes de l'inhumation[195]. Chez les Saras, « les poteries qui contenaient l'eau vidée dans la tombe sont cassées et jetées sur le cadavre. Puis la case du défunt est détruite[214] ». On casse l'outil de travail du Dogon sur sa tombe. A la mort de Marcel Griaule, en 1956, les Dogons ont enterré un mannequin, et, à la fin des cérémonies, au moment émouvant où, d'ordinaire, « la houe du cultivateur mort est brisée pour montrer la fin de ses travaux sur terre, les célébrants, faisant passer dans ce simple geste leur sens spontané du symbole, brisèrent l'outil qu'ils avaient toujours vu à la main de celui qui s'était mis à l'écoute de leurs vieillards : un crayon[178] ».

Chez les Dogons, le mort aide les autres à vivre en échange des dons qu'il reçoit : « Du fait même de l'établissement de son culte, le défunt recevra une aide régulière des siens, et, dès la première offrande, il réunira ses forces, attirera à lui toutes les parcelles de lui-même dispersées par la mort. Il sortira de la mort et reprendra son état de pureté : de défunt impur, il deviendra ancêtre vivant [...]. Au fond, ajoute Marcel Griaule, les hommes ne deviennent vivants qu'après leur mort[178]. » Chez les Dogons, comme la cérémonie des funérailles entraîne des dépenses considérables, la famille attend qu'il y ait plusieurs morts pour célébrer la « levée de deuil » et aménager les autels ; « dans cette attente, les morts sans autel s'exaspèrent, mettent le désordre dans les villages[178] ».

A l'ouest de Madagascar, les chefs sont enterrés avec leurs troupeaux dans des tombeaux ornés de sculptures, de fresques, d'obélisques. Parfois, leurs corps sont placés dans des pirogues posées au bord des chemins ou dans des grottes interdites. Les autres tombes sont de simples maisonnettes de bois pourvues d'une porte mais sans fenêtre.

Parfois les enterrements se font en commun. En Chine, au VIe millénaire avant notre ère, à la période impériale, on enterre les morts dans des fosses communes, sauf les chefs qui sont inhumés sur un char avec leurs armes, leurs objets précieux, leurs esclaves et leurs familiers ; dans les tombes Pan-p'o, première culture néolithique connue, on trouve également des ustensiles et des aliments[175].

En Nouvelle-Guinée, le mourant est entouré d'objets précieux (des *vaygua*) prêtés par tous ses proches et repris dès qu'il a expiré, tandis que « ses *vaygua* personnels sont laissés encore un peu sur sa dépouille pour lui procurer tout à la fois plaisir, apaisement et courage[271] ».

En Amérique, les Indiens hopis sont enterrés avec leurs vêtements, leurs costumes cérémoniels, leurs bijoux d'argent et de turquoise, leur équipement de cheval et un petit troupeau de buffles[384]. Les Cheyennes emportent robe de buffle, arc, flèches, fusil, couteau, pipe et cheval préféré ; s'il est aussi chaman, le Cheyenne emporte ses médecines, sauf s'il les lègue à quelqu'un. Chez les Toltèques, on place les cendres dans des tombeaux avec des vêtements, des armes, des pierres. Lorsque le mort est un haut dignitaire, certaines de ses femmes et de ses serviteurs sont aussi tués et enterrés ou incinérés avec lui.

Il n'est pas de limites à l'imagination pour définir quels objets seront emportés. Il s'agit presque toujours des plus précieuses propriétés. Dans certaines sociétés, ce sont même des souvenirs : à l'ouest de Madagascar, chez les Sakalavas, les tombes sont entourées de barrières sculptées rendant compte de ce que fut la vie du mort. Ailleurs, ces souvenirs sont plus précisément ceux de la jouissance et des exploits amoureux. R. Barthes écrit qu'au Pérou, « sur la côte Pacifique, on trouve d'anciennes tombes péruviennes où l'on voit le mort entouré de statuettes de terre cuite : ce sont ses façons préférées de faire l'amour. Ce que le mort emporte, ce ne sont pas ses biens, comme dans tant d'autres religions, mais les traces de sa jouissance[30] ».

Partout sur la planète, l'au-delà reproduit comme en double le monde des vivants. Il est, au figuré, ce qu'est au propre le monde des vivants. En une dynamique extraordinaire, il contraint chacun, par la peur du néant, au respect du Code et au maintien de l'Ordre.

Objets orphelins

Les morts n'emportent pas dans la tombe toutes leurs propriétés ; ils en laissent en héritage à leur clan pour qu'il ait de quoi entretenir leur culte, pour durer dans son souvenir et faire durer le groupe. Quand la vie l'emporte sur la mort, les objets restent aux vivants.

Dans ces premières sociétés, les règles d'héritage sont très variables, floues et complexes. De certains on hérite un nom, des devoirs, des richesses ; d'autres, une épouse ; d'autres encore, des secrets magiques ou des terres. Ainsi s'organisent lignages, clans, parentèles, au sein desquels circulent richesse, pouvoir, travail et individus.

De façon générale, les biens et les pouvoirs vont, *dans les sociétés matrilinéaires*, du frère de la mère aux enfants de la sœur, et, *dans les sociétés patrilinéaires*, du père au fils, avec, dans certains cas, un droit d'aînesse[121].

Aux îles Trobriand, les enfants se partagent les biens de la mère. Le père lègue ses amis à son fils ; ses connaissances magiques et ses lopins de terre aux enfants de sa sœur. Quand l'un des deux époux meurt, les parents de l'autre héritent[271]. Celle des propriétés du Cheyenne qu'il n'emporte pas dans sa tombe vont à sa femme ou, s'il meurt célibataire, à ses parents. Ceux des biens du guerrier hopi qu'il n'emporte pas dans sa tombe sont légués à sa sœur et à la famille de celle-ci[386]. La femme hopi lègue sa maison à ses filles. Le plus vieil homme du clan gère les biens religieux (masques, fétiches, chambres religieuses) qui restent propriétés indivises du clan.

En Asie, les objets orphelins sont en général attribués à celui des parents qui en a besoin. Dans la campagne lao[94], ils vont à la fille cadette, restée la dernière pour assurer la subsistance de ses parents. A Java, les maisons et les enclos se transmettent à un seul enfant qui doit indemniser ses frères et sœurs. Chez les Toungouzes, le cheval, l'épée et le costume du mort sont remis au lama pour prix de ses services[195].

En Afrique, chez les Moundangs du Tchad, les richesses

économiques (bœufs, cabris, fers de houe, vêtements) circulent de père en fils[2]. Quand un des Guidars du Cameroun décède, le fils aîné hérite des épouses de son père, à l'exception de sa propre mère, et des deux tiers des biens de son père, le reste allant à son puîné et les autres enfants devant partir défricher des champs en brousse. Le dernier fils reçoit de son père le savoir magique et médical[435].

Femmes et guerres

Dans les sociétés patrilinéaires qui forment l'essentiel des groupes sédentaires, les femmes restent le principal bien fertile. A la différence des sociétés matrilinéaires où la femme demeure sous l'autorité de ses frères, elles appartiennent à leur mari qui les a obtenues de leur père. Elles sont considérées comme des objets mobiliers au même titre que le bétail ou la nourriture, sauf qu'elles constituent la partie la plus précieuse du patrimoine du clan[361], celle qu'il faut accumuler pour survivre.

Si elles sont parfois propriétaires de biens (chez les Hopis[386], elles possèdent leur maison dont elles peuvent chasser leur mari en déposant ses affaires sur le seuil), les femmes sont en général objets de possession, jouets de la relation entre les hommes à qui elles laissent la propriété du monde. Avoir des femmes devient nécessaire pour appartenir au groupe, avoir les moyens de vivre. En avoir beaucoup est un privilège du chef.

L'importance de leur possession s'explique par le fait qu'elles remplissent des fonctions essentielles : elles portent et élèvent les enfants, font la cuisine, fabriquent les vêtements, organisent la cueillette. Aussi, plus il y a de femmes, plus il y a à manger. Pour Lévi-Strauss, les femmes sont comme la nourriture, « deux “commodités” raréfiées dont la répartition réclame l'intervention collective[255] ». De plus, elles remplissent des rôles rituels irremplaçables : « Les femmes ne sont pas habitées par l'angoisse de toucher la mort souveraine et de s'en rendre maîtresses. Elles sont en contact étroit avec le cycle de la vie et de la mort : elles lavent les morts, elle donnent naissance, elles accouchent, elles avortent leurs voisines ; elles enterrent leur époux ou leur fils. Leur rôle social, elles l'acquièrent d'emblée par les liens du sang, en mettant des enfants au monde, et elles n'ont pas à se mesurer à leurs semblables pour se créer une image[143]. »

Tout homme d'un clan n'existe vraiment que s'il est propriétaire d'une femme. Le célibataire, le *démuni* de femme est dangereux pour l'ordre, parce qu'il ne peut se nourrir. Chez les Saras, « les célibataires restent à l'écart de la mort, les jeunes gens ne prennent pas part aux cérémonies funéraires de peur d'être incapables de s'établir en mariage[214] ». Le célibataire est à la charge de ses parents, ce qui n'est pas durablement acceptable. Chez les Katchins de Birmanie, ne « restent célibataires que des simples d'esprit ou des personnes de caractère impossible, et quand ils meurent, on leur réserve une caricature d'enterrement[147] ».

Aussi les femmes sont-elles précieuses, on les accumule et les groupes d'hommes qui en ont refusent de les céder. Des tabous se précisent qui définissent les limites de la circulation des femmes. L'inceste reste interdit partout. Chez les Nuers, ethnie du Bahr el-Ghazal étudiée par Evans-Pritchard, « les relations sexuelles entre un garçon et sa mère ou sa sœur utérine sont interdites. C'est la mort immédiate[132] ». Chez les Saras, il est interdit d'avoir des relations sexuelles avec des femmes dont on ne veut pas d'enfant, comme avec une femme indisposée[214].

En revanche, les échanges de femmes entre clans commencent à être autorisés. Ils scellent des alliances politiques, éteignent une dette de sang ou d'honneur[435]. Ils augmentent le territoire d'une famille ou annoncent de nouveaux défrichements. On entasse des biens fertiles pour durer plus. Pour Claude Lévi-Strauss, « la relation globale d'échange que constitue le mariage ne s'établit pas entre un homme et une femme, elle s'établit entre deux groupes d'hommes et la femme y figure comme un des objets de l'échange, et non comme un des partenaires entre lesquels il y a un lien[254] ».

L'échange de femmes peut se faire contre remise d'une créance. Par exemple, chez les Dans de Côte-d'Ivoire, « un homme endetté peut donner l'une de ses filles comme épouse à son créancier[435] ». Il peut aussi s'effectuer gratuitement : un père peut ainsi donner l'une de ses filles à un ami qu'il estime particulièrement[435]. Ou encore contre des biens : la famille de l'époux doit alors « compensation matrimoniale », en nature ou en espèces, à celle de son épouse. Le père ou le frère qui reçoit la compensation peut aussitôt la réinvestir dans une épouse pour lui-même ou pour son fils. Chez les Moundangs du Tchad, le père verse une dot pour la première épouse de chacun de ses fils[2]. Le fils aîné doit aider son père à verser les dots de ses frères cadets. A partir du quatrième fils, père et frère aîné ne font presque plus rien, et ce sont les autres frères qui doivent payer les femmes de leur frère. Si un homme n'a que des filles, il doit utiliser le moment des dots perçues pour aider à racheter des femmes à ses collatéraux[2]. Chez les Guidars du Cameroun, les lignages descendant de mêmes grands-parents se cotisent pour verser les compensations matrimoniales nécessaires à chacun[92]. Chez les Saras, les femmes appartiennent à leurs parents, qui les cèdent aux maris : le même mot, *nga*, signifie « propriétaire » et « mari »[214]. Chez les Katchins de Birmanie, chaque lignage paie des femmes d'autant plus cher qu'elles viennent de lignages plus élevés[165]. Chez les Haïdas et les Tsimhians, on coule le canot transportant la dot après avoir débarqué ce qu'il contenait[289].

Parfois, on paie une femme non pas en une fois, mais en permanence : l'époux verse l'équivalent d'un paiement des rapports conjugaux. A l'inverse, dans les sociétés matrilinéaires, comme aux îles Trobriand, c'est le mari qui est rémunéré : « Une fois l'an, à l'occasion de la récolte, il reçoit des frères de sa femme la plus grosse part de ses ressources en nourriture[271]. » Ces cadeaux constituent peut-être « la clef de voûte de tout l'édifice de la constitution tribale trobriandaise. Ils créent l'obligation, pour tout homme, de travailler sa vie entière pour ses parents et leur famille[271] ». Il est possible que, dans ces sociétés, la femme soit si importante en tant que bien fertile que l'homme ne travaille jamais que pour en disposer. A l'inverse, certains interprètent cette contribution comme un simple paiement par les frères, à leur sœur, de sa part sur la récolte du sol de son clan.

La nourriture fabriquée par les femmes obéit aux mêmes lois d'échange que les femmes elles-mêmes : elle peut être donnée au mari et à ceux qui l'aident dans son travail, mais pas à d'autres. De même, chez les Saras, les vases usagés et les jarres ayant contenu de la nourriture ne peuvent être aliénés ; la boisson, bien que préparée par les femmes, peut en revanche être aliénée ; de même, des jarres ou des calebasses qui contiendront de l'eau ou de la bière de mil peuvent s'échanger. Pour signifier sa volonté de quitter son mari, une femme détruit des poteries qui lui appartiennent[215].

L'appropriation de femmes, comme toute autre prise de possession, ne s'accomplit pas toujours en respectant un rituel, mais, le plus souvent, par la guerre et la force. Ainsi, à la fin du IVe millénaire av. J.-C., quand les proto-Indo-aryens, chassés par l'invasion des Mongols nomades, s'organisent en villages puissants ayant quelque chose à défendre, ils se dotent, les premiers peut-être, de chars de combat et de boucliers. Un peu partout, des chefferies guerrières affirment la supériorité des hommes et s'en prennent aux femmes des autres clans qui deviennent des choses, biens mobiliers, objets de trafic et d'accumulation. C'est ainsi qu'en sanskrit, le mot *vivâha*, qui signifie « mariage », dérive de *vivah* qui signifie « enlever[289] ».

Curiosité particulière : dans certaines tribus d'Afrique, tels les Nuers, est autorisé le « mariage entre femmes[435] ». Une femme (en général stérile) peut acheter une ou plusieurs autres femmes à ses ou à leurs parents et s'approprier les enfants qu'elle pourrait avoir d'un géniteur loué ; les enfants l'appellent « père ». Comme un homme, elle peut hériter du bétail de sa femme et recevoir une part des compensations matrimoniales versées aux hommes du clan lors des mariages des filles de ce clan. De même, une veuve sans enfant peut épouser une autre femme, telle la sœur du mort, au nom de son mari. Celle-ci est alors considérée comme l'épouse du mort, et ses enfants sont ses héritiers[435].

L'enfant-maître

Comme les objets dans les premiers groupes nomades, les enfants appartiennent désormais à ceux qui les ont fabriqués. Ils conditionnent la durée du groupe et sont donc des propriétés précieuses. Quand s'installe la patrilinéarité, le père en devient propriétaire avec une autorité absolue sur eux, y compris le droit de mort. Il entretient et protège ses enfants jusqu'à ce qu'ils deviennent eux-mêmes objets à accumuler (les filles) ou sujets (les garçons).

L'enfant est encore élevé par tout le village. Il y apprend les rites, les tabous, les danses, les chants, le travail de la terre, les règles de la chasse, le code de propriété, les punitions infligées pour vol ou violation des interdits. Pour lui, la désignation du propriétaire des choses devient une évidence. L'enfant, à un âge donné défini par le Code, se libère de son père et prend possession de lui-même en une *cérémonie d'initiation*. Vouloir rester un adolescent est mal vu.

Chez les Saras du Tchad, depuis qu'ils sont sédentaires, les cérémonies d'initiation consistent en une « mort initiatique[214] », dit Jaulin, suivie d'une résurrection : les ancêtres viennent réclamer leur « petit-fils » en criant autour des cases des femmes. Le jeune garçon meurt dans le groupe des femmes et renaît dans le groupe des hommes[214]. Les enfants sont emmenés en forêt où on leur apprend une langue secrète, leur fait absorber une boulette spéciale et leur interdit de toucher la terre, sauf des pieds. Pendant ce temps, les femmes restées au village pleurent leurs enfants morts en brousse, jusqu'à ce qu'on vienne leur annoncer leur résurrection. « La brousse, dit Jaulin, est la mère collective et l'ensemble des hommes morts et enterrés est le père[214]. » Ainsi les garçons deviennent-ils des sujets aptes à être à leur tour propriétaires de terres et de femmes.

Naissance de l'esclave

Dans ces premières sociétés, la production agricole reste très limitée, la main-d'œuvre familiale y suffit. Le propriétaire cultive seul son champ, sans main-d'œuvre ni salariée ni esclave. Pourtant, l'esclavage existe. En étudiant les institutions sociales de 425 tribus, trois chercheurs américains — Hobhouse, Weeler et Ginsberg — ont montré que l'esclavage, absent chez les nomades, existe chez le tiers des peuples pastoraux, et se généralise parmi les peuples agricoles[274]. L'esclavage est en fait une façon encore marginale de se débarrasser du *démuni* — qui peut être le guerrier ennemi — lorsqu'il devient par trop menaçant. L'esclave est le plus souvent un prisonnier de guerre ou un voleur, considéré comme quasi mort, à l'égal d'un objet. Il sert de matériau pour le sacrifice (en Amérique centrale), ou d'occasion pour les jeunes guerriers de commettre leur premier meurtre (en Mélanésie), ou d'objet sexuel (partout), ou d'otage, ou encore de pasteur (en Amérique du Nord). Chez les Hopis, on l'utilise aussi pour garder les chevaux. Rarement son travail est économiquement utile[386].

En Inde, où l'esclavage existait il y a déjà sept millénaires dans les villages, les esclaves (*soudras*) doivent honorer les seigneurs, les adorer comme des dieux. M. Mauss écrit : « Il existe entre eux et ces premiers-nés de l'espèce humaine une distinction au moins égale à celle qui sépare ces hommes divins du *para* Brahma dont le *soudra*, sous peine de mort, doit ignorer même le nom et les attributs ; il doit également, et sous la même peine, ignorer le contenu des *vedas* et des *sastras*, patrimoine exclusif des castes supérieures[289]. » Pourtant, l'esclavage ne constitue pas encore une propriété importante dans l'Ordre rituel ; il ne le deviendra que plus tard.

Selon la tradition indienne, il est sept façons différentes de devenir esclave : les captifs de la guerre, les esclaves pour cause de services rendus, l'enfant né d'une femme esclave, l'esclave vendu, l'esclave donné, l'esclave hérité des ancêtres, l'homme fait esclave pour cause de châtiment. La typologie est en fait plus générale, mais le concept d'esclavage n'est pas encore clair. Il faudra attendre l'Ordre suivant pour qu'il le devienne.

Donner et avoir un nom

Les premières propriétés collectives d'un groupe, celles qui définissent son identité, les biens les plus précieux à garder, sont sans doute son nom et sa langue. Quand les tribus sédentaires ont assez de femmes et de nourriture pour se vêtir et se loger, pour stocker des surplus individuellement ou collectivement et survivre au-delà de quelques générations, elles se construisent une identité, elles se distinguent du milieu environnant en se donnant un *nom* et une *langue* pour durer.

Une langue est le propre d'un groupe, sa « propriété ». Elle existe au-delà de ceux qui en sont les membres vivants, qui n'en ont que l'usufruit. Marx écrit justement qu'« un individu particulier ne peut considérer sa langue comme sienne que s'il est membre d'une communauté humaine. Une langue n'est pas le produit d'un individu. Le langage est le produit d'une communauté[285] ». Il découle aussi du développement de la mémoire et de la croissance du cerveau de l'homme.

La façon dont les peuples acquièrent leur nom et leur langue reste encore aujourd'hui un des grands mystères de l'histoire. En général, le nom d'une chose ou d'un homme révèle celui de son créateur. Nommer, c'est s'approprier. C'est aussi connaître : le mot « nom » s'apparente au sanscrit *nâmann*, qui viendrait lui-même d'un mot plus ancien, *gnanam* ou *gna-gna*, qui signifie « connaître[444] ». Nommer, c'est aussi « décrire le monde », dit la sagesse des Indiens yakis que décrit Carlos Castaneda dans son merveilleux dialogue avec don Juan Mateos : « La véritable "connaissance" consiste non pas à décrire le monde mais à déployer les ailes de sa perception pour le percevoir tel qu'il est. Il s'agit de "voir" le monde, et non de le regarder[80]. »

Le *nom d'un peuple* constitue son identité, le définit et en fait un sujet : il ne peut ni l'abandonner, ni en changer. Perdre son nom, c'est se perdre. Lorsque ce peuple se sédentarise, son nom devient aussi celui de sa terre et de ses propriétés. Dans les premières langues, d'ailleurs, les mots « peuple », « patrimoine », « propriété », « territoire », « famille » sont en général confondus en un seul[187]. Chez les premiers peuples scandinaves, un même mot (*odal* en suédois, *haugoda* en norvégien) désigne à la fois le groupe, son patrimoine — le bien qui est dans la « famille » — et le lieu de naissance et de vie des ancêtres[187]. Ceux qui peuvent justifier d'ancêtres glorieux sont dans l'*odal* et considérés comme des hommes libres. Le terme germanique équivalent (*epel*) signifie lui aussi à la fois « héritage », « possession » et « patrie »[187]. De même, chez les très anciens Grecs, le même terme, *ethnos*, signifie à la fois « pays » et « peuple ».

Le nom des peuples signifie aussi souvent « propriétaire ». Par exemple — selon une étude de F. Bader que m'a signalée Claude Hagège — le nom des Indo-européens vient d'*arya*, qui en sanskrit signifie l'« hôte », le « maître de maison ». Le dieu Arya-man, le dieu de l'hospitalité, protège l'ensemble des hommes qui se reconnaissent en *arya*, l'« hôte », alors que l'étranger, le « barbare », l'ennemi est apparenté à l'impie, à celui qui bredouille, au démon, à l'exclu. L'autre nom des Aryens, *sammitès*, signifie qu'ils ont fait « *leur* » le territoire conquis ; cas fréquent où un groupe envahisseur se donne un nom qui le désigne par son *appropriation de la terre et des biens des autres.*

Beaucoup de tribus ont ainsi deux noms : celui qu'elles se donnent et celui que les autres leur donnent, l'un et l'autre les signifiant comme « possesseurs » ou « propriétaires ». Ainsi, au Libéria et en Guinée, les Kpellas s'appellent eux-mêmes Kplees, et sont appelés Akepdes par les Golas, Kplestinis par les Bamis, Kparassés par les Maniyas, Kpesés par les Varis, Kpelemas par les Bassas...

Dans la plupart des tribus africaines, amérindiennes, polynésiennes — je le tiens là encore de Claude Hagège —, le nom de la tribu veut dire tout simplement « homme » dans cette langue. Ainsi, le nom des *ba-ntu* vient de *mu-ntu* (homme). Les Guayakis se nomment eux-mêmes *Ache* (« homme »), comme les Quawasquars de la Terre de Feu dont Jean Raspail raconte l'histoire dans *Qui se souvient des hommes ?*[340].

Parfois le groupe a davantage en commun qu'un nom de clan pour se désigner. Ainsi, au Cameroun, les Guidars d'un même clan ont, outre le même nom, les mêmes devises, récitées lors des mariages, des funérailles et des fêtes[92].

Comme celui des peuples, le nom de chaque individu est une propriété. Il est souvent considéré comme une partie de son corps, au même titre que ses cheveux, son cœur ou ses ongles. C'est une de ses plus intimes propriétés, un élément de sa vie, de sa force, de sa personnalité. Il le définit et le renforce tout à la fois[147].

Dans de nombreuses sociétés, le nom d'un individu est donné par le groupe tout entier lors d'une cérémonie rituelle. Par exemple, chez les Hopis, au vingtième jour après la naissance a lieu le « rite d'imposition du nom[386] ». Une vieille femme, la marraine, qui s'est tenue auprès du bébé dès sa naissance, dirige la cérémonie en présence des femmes du clan du père et des clans alliés que l'on appelle « tantes »[386]. Chaque tante dit le rituel. « A l'aube du lendemain, la marraine et la mère présentent l'enfant au Soleil : la marraine tend des épis vers l'est, les ramène sur la poitrine du bébé en criant les noms qu'il a reçus. La mère le prend dans ses bras et répète la même cérémonie[386]. »

Le droit de prononcer le nom d'un autre est très codifié : en effet, dire le nom de quelqu'un, c'est un peu se l'approprier. En Nouvelle-Guinée, en Malaisie, à Bornéo, en Assam, quand naît un enfant, les parents perdent leur nom et deviennent « père de » ou « mère de ». Les couples sans enfant répondent au nom de « père sans enfant » et « mère sans enfant[147] ».

Dans ces premières langues, le nom des personnes, comme les personnes elles-mêmes, sont des êtres vivants doués de vertus et de pouvoirs. Certains conjurent les maladies. D'autres exorcisent les divinités maléfiques. D'autres enfin exercent un pouvoir : le nom aide à vivre. Un *medecine-man*, pour être efficace, doit connaître le nom du patient ; quand son traitement échoue, il en déduit que le nom du malade est néfaste et il le rebaptise[147].

Le nom aide aussi à vivre vieux, à durer. Certains Esquimaux prennent un nouveau nom pour « prendre un nouveau bail de vie[147] ». Le nom dure plus longtemps que l'individu dans le souvenir. Dès cette époque, lors des funérailles, on doit répéter le nom du mort et le dire après la mort dans les cérémonies de rappel des corps.

Certains noms ont plus de pouvoir que d'autres. Ainsi, chez les Esquimaux, le nom « Crotte de chèvre » éloigne la mort. Le nom « Ils donnent à celui qui est riche » indique qu'on obtiendra justice[314].

Dire son propre nom, c'est le perdre, et peut donc être très dangereux. Dans la plupart de ces sociétés, explique J.G. Frazer dans *Le Rameau d'Or*, dire son nom, c'est laisser échapper son souffle vital, perdre son identité[147]. Le nom est une propriété si importante — c'est la première propriété immatérielle — qu'il faut la garder à soi, c'est-à-dire secrète. *Ainsi apparaît le secret comme moyen d'appropriation.* Et le secret exige un code pour être respecté.

« Un ennemi qui connaît votre nom a en son pouvoir quelque chose dont il peut se servir pour vous nuire[147] », disent les Indiens du Canada. Ils apprennent à leurs enfants à ne pas dire leur nom à un étranger de peur que leur croissance ne s'arrête. Souvent, pour que le vrai nom reste caché, on utilise deux noms : le nom et le surnom, le petit et le grand, le bon et le mauvais, le privé et le public. En Inde, un enfant brahmane reçoit un nom public et un nom secret, connu seulement de son père et de sa mère, et réservé à certaines cérémonies[289]. A Madagascar, il est très grossier de demander son nom à quelqu'un : on ne doit pas dire son nom, mais on peut le faire dire par un esclave ou par un domestique. De même, dire le nom d'un autre est considéré comme dangereux pour celui-là dont on dit le nom[147].

Chez les Indiens de Colombie, prononcer le nom d'un autre peut être un délit entraînant le versement d'une compensation considérable. Quand on demande son nom à un Ojebway du Canada, celui-ci demande à un voisin : « Réponds pour moi. »[147] Chez les Saras, un mari ne nomme sa femme qu'en sa présence, et ne nomme jamais aucune femme avant d'avoir des enfants. Une femme ne nomme jamais son mari. Elle l'appelle « vous » ou « mon possesseur ». Une fois mère, elle l'appelle « père de ». En revanche, elle peut nommer n'importe quel autre homme. Une femme appelle ses belles-sœurs *sadj*, mais n'accepte de parler avec elles que si elles paient pour cela. De même, le mari doit payer en aliments sa belle-mère avant de lui adresser la parole[214]. Chez les Bangalas du Congo, on ne doit pas prononcer le nom d'un pêcheur de peur de fâcher les esprits de la rivière. On ne peut le nommer que du nom générique de *mwele*, « pêcheur », même quand le poisson a été débarqué[147]. En Assam, il est interdit de prononcer le nom de ses parents et tous les mots qui y ressemblent. Dans beaucoup de tribus, il est interdit de dire le nom des morts sous peine d'amende, voire parfois d'exécution. Chez les Karoks de Californie, dit Frazer, « mentionner le nom d'un parent mort est une insulte abominable aux vivants ; il faut, pour l'expier, verser la même somme d'argent que pour un meurtre. Sinon, on exige la vie du coupable[147] ». Chez les

Masaïs, quand meurt un homme, son nom devient tabou pendant une génération ou deux ; ceux de la tribu qui portent le même nom doivent en changer[147].

Il est souvent interdit de prononcer le nom des rois, des prêtres ou des chefs. On retrouvera la même chose jusqu'en Grèce ancienne où les noms secrets des prêtres d'Eleusis sont inscrits sur des tablettes de bronze jetées dans le golfe de Salamine[368].

Terres, dons des dieux

Dès la sédentarisation, les clans se disputent les terres les plus immédiatement fertiles et se les approprient par la force. Ceux qui peuvent s'y installer et y durer de génération en génération y enterrent leurs morts, leur donnent leur nom et finissent par les considérer comme des êtres vivants, des ancêtres dont ils ont l'usufruit. Pour toutes ces petites sociétés éparpillées sur la planète, la terre est un être vivant, la mère de tous ceux qui y ont vécu. On ne peut l'occuper sans leur autorisation, obtenue au terme de très nombreuses cérémonies.

La terre est répartie entre les familles du clan qui peuvent justifier d'ancêtres également possesseurs de cette terre. Nul ne peut y vivre que s'il la cultive, à moins d'être prêtre ou guerrier pour qui d'autres travaillent. Marx a raison de dire que la propriété de la terre vise à « la conservation, *c'est-à-dire la reproduction, en tant que propriétaires, des individus qui composent* (la communauté tribale)[283] ». Mais les formes et les sources de cette propriété sont infiniment plus variées qu'il ne le pensait. Sans doute cette variété s'explique-t-elle largement par les conditions géographiques et climatiques de son exploitation. La terre devient l'enjeu essentiel : c'est elle dont la propriété permet d'avoir durée et pouvoir ; c'est elle qui, avec le travail des hommes, produit le surplus nécessaire à la reproduction de la société. Linguet écrit même, de façon excessive : « La terre qui les nourrit est incontestablement le berceau du genre humain. C'est elle, par conséquent, qui a vu éclore les premières lois. C'est sur elle que se sont développés les premiers principes de l'union sociale qui ne sont autres que ceux de la propriété[260]. »

En Europe du Nord, la terre est avant tout la propriété des ancêtres ; la possession ne devient propriété que si l'on justifie d'antécédents lointains. Un des mythes scandinaves les plus anciens, la chanson de Hyndluljod, que cite Gurevic, dit ceci : « Feryia interroge Hyndla qui doit passer en jugement avec un certain Argantyr, à propos d'un héritage laissé par ses ancêtres ; le vainqueur sera celui qui pourra nommer le plus grand nombre de parents ayant possédé cette terre. Hyndla déroule une généalogie de soixante-dix noms, héros légendaires de l'Allemagne méridionale, de la Scandinavie, associés dans un mythe qui prophétise la mort des dieux[187]. » De même, en Lituanie, la terre appartient à des êtres « qui vivent sous terre, les Kaukais, qui fréquentent les maisons dans lesquelles ils apportent le *skalsa*, le principe d'un développement infini des biens [...]. Ils se confondent avec les défunts[177] ». Chez les plus anciens peuples d'Europe centrale, la propriété de la terre et des choses, la *gewere*, « insiste moins sur la détention matérielle, la maîtrise effective de la chose, que sur l'usage, la jouissance. Plusieurs individus peuvent tirer simultanément un usage d'une même chose[52] ». Pour les Germains, les terrains de chasse et de pâture sont propriétés des ancêtres, terres communales indivises défendues contre les tribus ennemies. Chaque famille y constitue un centre de production et de défense de la propriété du clan[52].

En Afrique, la terre est aussi l'ancêtre-dieu, elle incarne l'identité du groupe[21]. Un proverbe de Côte-d'Ivoire dit : « Ce n'est pas l'homme qui est le maître de la terre, mais la terre qui est le maître de l'homme[390]. » A Madagascar, un autre proverbe dit qu'elle « nourrit les vivants et entoure les morts ». Pour les Kunis et les Pumus du Congo, elle appartient aux dieux dont les hommes doivent obtenir le droit d'y chasser, d'y pêcher, de cultiver et construire. Pour les Bakongos d'Afrique équatoriale, la terre appartient aussi aux ancêtres[258]. En basse Côte-d'Ivoire, dans l'espace odzukru, la propriété de la terre — utilisée surtout comme palmeraie — est celle des ancêtres : « Les terres coutumières ont été acquises à partir de la première occupation du sol, grâce au travail collectif des ancêtres [...]. Chaque palmeraie porte un nom légué par les ancêtres, qui lui donne son identité[226]. »

Mais ce droit n'est pas exempt de devoirs : la propriété que gèrent en usufruit les familles au nom des ancêtres ne se conserve que si on l'entretient, c'est-à-dire si l'on défriche la forêt, plante et exploite les palmeraies. Encore n'est-elle jamais exclusive. En Côte-d'Ivoire, « on ne refuse pas la terre à qui veut se nourrir[226] » ; après la saison des pluies, n'importe qui peut venir y cultiver des produits vivriers. Au sud-ouest du Togo, les tribus semi-nomades qui cultivent sur de grands territoires, de manière itinérante, des champs avec brûlis et longues jachères, sont divisées en lignages ; chacun dispose d'un territoire dont le premier occupant a été son ancêtre et qu'il ne peut ni céder ni mettre en gage sans le consentement de toute la tribu. Les terres des Diolas de Basse Casamance, où sont installés plusieurs villages, appartiennent à un dieu, Ata Emit, qui, « délaissant la gestion des choses terrestres »[390], les a déléguées à des génies, les Boekins, qui à leur tour les ont déléguées à un roi-prêtre, l'Oeyi. Ni « maître » des hommes ni possesseur de la terre, comme l'explique Louis-Vincent Thomas, il est « le responsable devant les dieux du maintien des clauses du contrat par lequel les anciens ont acquis le monopole incessible » des terres[390]. Chez les Dogons, le dieu unique, Amma, a créé la terre comme une femme, puis il s'est uni à elle en donnant naissance à des jumeaux d'essence divine, les *Nomo*, l'un mâle, circoncis, l'autre femelle, excisée[178]. De leur union naissent huit enfants, les *ancêtres* du peuple dogon. Le premier ancêtre est forgeron, le huitième, *Lébé*, est le « maître de la parole » qui, en mourant, apprend aux hommes les rites funéraires. La terre est donc la mère de tous les hommes[178]. Les Zandés du Zaïre considèrent la terre comme une « source de vie sacrée » ; elle appartient au groupe qui la répartit entre les hommes ; elle n'est ni aliénable, ni transmissible. Celui qui en a l'usufruit peut la gager s'il a des dettes — ce qui permet l'accumulation par les plus riches et la constitution d'une classe privilégiée ; mais le gageur conserve éternellement le droit de la récupérer s'il en gagne les moyens[21].

En Amérique du Nord, les conceptions de la terre sont assez semblables. On les connaît avec quelque détail, à partir du XVIIe siècle, par les déclarations des Indiens aux colons blancs. Ainsi, un des principaux chefs blackfeet, qui refusait de signer une convention territoriale, expliquait magnifiquement au début du XIXe siècle : « Aussi longtemps que le soleil brillera et que l'eau coulera, cette terre sera ici pour donner vie aux hommes et aux animaux [...]. Elle fut placée ici par le Grand Esprit et nous ne pouvons la vendre, parce qu'elle ne nous appartient pas[425]. » A la même époque, un chef de guerre shawnee déclare : « L'esprit qui vit au fond de moi, en communion avec le passé, me dit que, dans un temps pas très lointain [...], toute la terre appartenait au Grand Esprit qui la fit pour que nous puissions la conserver, la traverser, jouir de ses produits et la peupler de notre race [...]. Jamais cette terre ne fut divisée dans le passé. *Elle appartient à tous pour l'usage de chacun*[426]. »

De même, en Asie[94], les hommes n'ont que l'usage de la terre, propriété des ancêtres. Au Laos, l'usufruit d'une terre se gagne par son défrichement. Un même terrain peut avoir plusieurs usufruitiers, en tant que rizière et en tant que saline. Les marais sont propriété collective, n'importe qui peut y pêcher[94]. En revanche, nul autre que son usufruitier ne peut pêcher dans une fosse à poissons, qui se transmet par héritage. La tenure se garde par le travail : si, pendant trois ans, on n'entretient pas des arbres (manguiers, cocotiers, bananiers ou cannes à sucre), on perd le terrain où ils se trouvent. Y cultiver des légumes (riz, concombres, maïs, piments ou taros) ne suffit pas à conserver l'usufruit du sol[94]. Pour d'autres montagnards d'Indochine, les Mongs, qui vivent de culture itinérante sur brûlis, la terre est la propriété des ancêtres et nul ne peut se soustraire à sa mise en valeur : « Lorsqu'un homme quitte cette terre [...], c'est toujours temporairement et avec la certitude d'y revenir bientôt. Comment les génies et les ancêtres supporteraient-ils un tel abandon[93] ? » En Inde, la terre est aussi un être vivant et la propriété des dieux. Marcel Mauss raconte que « la terre parla au héros solaire, à Rama, fils de Jamadagni : "Reçois-moi, donne-moi, me donnant tu m'obtiendras à nouveau" », ajoutant : « Dans ce monde et dans l'autre, ce qui est donné est acquis à nouveau[289]. » Marx écrit fort justement : « Ces petites communautés indiennes [...] sont fondées sur la possession commune du sol, sur l'union immédiate de l'agriculture et du métier[283]. » En Indonésie, la terre, propriété des dieux, est déléguée aux hommes et chaque village est une communauté usufruitière. Aux îles Trobriand, les jardins de la communauté ne sont pas seulement un moyen de se procurer de la nourriture, mais « une source d'orgueil, et le principal objet d'ambition collective [...]. La terre est comme une femme enceinte[271] » ; les cultivateurs n'ont pas le droit d'avoir des rapports sexuels quand ils travaillent dans leurs champs. Les Arapesh de Nouvelle-Guinée, dont parlent Serge-Christophe Kolm[227] et Margaret Mead, se considèrent comme propriétés de la terre, elle-même propriété des esprits, comme le sont « le gibier, les grands arbres dont on fait les charpentes, les sagoutiers, et particulièrement les arbres à pain que l'on considère comme très vieux et chers aux esprits [...]. Quand un homme se propose d'établir un nouveau jardin quelque part, il doit se présenter à la terre et lui présenter ceux qui veulent l'aider. Quand un village se dépeuple, les montagnards d'un autre village y envoient quelques-uns de leurs enfants pour y être adoptés, parce qu'il faut que quelqu'un s'occupe de la terre[290] ».

Quand la propriété brûle les doigts

La sédentarisation pousse à la division du travail, à la production et à la circulation d'objets de plus en plus variés. Des femmes, des esclaves, du blé, de la laine, du coton, de l'or, du métal, des fourrures, des outils de cuisine et de culture, des teintures, des flûtes, des chants, des rituels circulent et s'échangent entre agriculteurs, artisans, forgerons, guerriers. Lewis Mumford écrit : « La majeure partie de l'équipement concourant au confort domestique, le foyer, le coffre, le cabinet, le magasin, les lits, les chaises, les ustensiles de cuisine, les récipients à boire, les couvertures, les vêtements et tentures en tissu — bref, tout le mobilier de la vie domestique — sont des inventions néolithiques ou chalcolithiques : en majeure partie d'avant 2000 av. J.-C.[308]. »

Pour ces sédentaires, le code de propriété devient plus précis : la propriété privée semble se développer en même temps qu'augmente le nombre d'objets domestiques. En général, *on a ce qu'on fait.*

En Mélanésie, « la propriété personnelle est pour l'indigène une affaire de grande importance[289] ». La femme est propriétaire des jupes en tissu végétal qu'elle fabrique, des récipients à eau et des outils qu'elle utilise pour confectionner les vêtements. L'homme possède ses outils de chasse et de pêche, ses accessoires de danse, son tambour, les objets rituels. Un mot spécial *(toli)*, qui signifie « maître » ou « propriétaire », s'ajoute aux noms des objets qu'on possède[289]. Chez les Maoris, *tonga* veut dire à la fois « propriété » et « ce qui rend riche, puissant, influent » ; il concerne les talismans, blasons, nattes et idoles sacrées, et « quelquefois même les traditions, les cultes et rituels magiques[289] ». Certains objets, tels les bijoux en cuivre, s'appellent « propriété faisant du bruit » ou « de la propriété se tient dans la maison[289] ».

Partout on veut accumuler des objets et des terres, parce qu'on sait qu'ils serviront à garnir la tombe et à faire vivre ceux à qui on confiera le soin de perpétuer le souvenir.

Mais, en raison de la division du travail, on n'a plus seulement les objets que l'on fabrique soi-même. Or, comme tout objet contient la vie de celui qui l'a créé, posséder un bien qu'on n'a pas fabriqué soi-même est dangereux : on risque d'avoir plus que ce qu'on doit, de rompre l'équilibre cosmique, de se faire attaquer par ces choses. Mauss écrit : « La conservation d'une chose serait dangereuse et mortelle [...], parce que cette chose qui vient de la personne, non seulement moralement, mais physiquement et spirituellement, cette essence, cette nourriture, ces biens, meubles ou immeubles, ces rites ou ces communions, donnent prise magique et religieuse sur vous[289]. »

Accepter un objet de quelqu'un qui l'a fabriqué, c'est prendre le risque d'être déstabilisé, d'être possédé par lui. *Donner, c'est défier. Prendre, c'est risquer sa vie.* Cela est vrai dans toutes les sociétés. Marcel Griaule explique que, chez les Dogons, « un aveugle dit : "Lorsqu'on a emprunté une chose qu'on ne peut rendre, sa force, qui est celle du propriétaire, crée des difficultés à l'emprunteur"[178] ». Best explique, en citant des sources maories : « Si je dispose d'un article qui est propriété de quelqu'un d'autre et que je néglige de lui remettre *tout bénéfice ou paiement que j'ai tiré de cet article*, c'est *hau whitia*, et j'ai commis *kai hau*, et la mort m'attend car les horreurs épouvantables de *makutu* [de la sorcellerie] seront déchaînées sur ma tête[358]. »

Tout objet pris tend à échapper à son nouveau maître et à revenir à sa source, à rentrer à ce que Hertz appelait son « foyer d'origine »[289]. Dans la société maorie, « l'esprit, le *hau*, veut revenir au lieu de sa naissance, au sanctuaire de la forêt et du clan, au propriétaire[289] ».

« Chacun prend, au besoin par force ou menace, autant qu'il le peut, et il ne se résout à l'échange que s'il ne peut pas ou s'il craint de perdre au combat plus qu'il ne donne », explique Kolm[227]. Aussi, *donner c'est défier* ; pour équilibrer le défi, il faut un *contre-don*, fût-il très caché ou très lointain. Pour Sahlins, « la seule question que Mauss se proposait d'examiner à fond est de savoir quelle est la règle de droit et d'intérêt qui, dans les sociétés de type arriéré ou archaïque, *fait que le présent reçu est obligatoirement rendu*[358] ». Mauss cite la réponse d'un juriste maori : « Toutes propriétés rigoureusement personnelles ont un *hau*, un pouvoir spirituel. Vous m'en donnez un, je le donne à un tiers ; celui-ci m'en rend un autre, parce qu'il est poussé par le *hau* de mon cadeau ; et moi, je suis obligé de vous donner cette chose, parce qu'il faut que je vous rende ce qui est en réalité le produit du *hau* de votre *taonga*[289]. »

Ce don est présent dans toutes les formes sociales. Lévi-Strauss cite le récit d'un voyage dans le nord du Brésil d'un nommé Yves d'Évreux au début du XVIIe siècle : « Si quelqu'un d'autre a désir d'avoir quelque chose qui appartient à son semblable, il lui dit franchement sa volonté ; et il faut que la chose soit bien chère à celui qui la possède ; si elle ne lui est donnée incontinent, à la charge toutefois que le demandeur a quelque chose que le donneur affectionne, il lui donnera quand il la lui demandera[254]. » Tel est l'objet du code de propriété : organiser, dès les premiers groupes humains, l'échange de propriétés entre les vivants comme le rituel des funérailles l'organise avec les morts.

Le premier de ces échanges sera celui du pouvoir.

Dons du chef

Quand les communautés rurales se constituent en villages, les familles se partagent terres et femmes. Il est impossible d'y vivre sans être paysan, guerrier ou prêtre. Chaque famille a une terre et la conserve. Nul ne peut avoir plus de terre qu'il n'en cultive soi-même. Quiconque n'a pas un droit de propriété sur la terre est exclu, condamné de fait à mort. Nul n'a de terre s'il n'a de femmes, et réciproquement.

Les codes de propriété désignent les propriétaires de chaque chose et définissent les conditions d'épargne des surplus, permettant au groupe de cultiver, de garder des troupeaux, de se défendre, de sacrifier aux dieux, bref, de durer. Rassemblant tout un jeu de mythes et de rites, ils stipulent les règles d'appropriation et de transfert des objets et des gens, et les conséquences de la violation des interdits qu'ils instituent. Ils distinguent les individus en groupes hiérarchisés pour éviter que chacun ne désire ce qu'a et ce qu'est l'autre, ils désignent le bouc émissaire, définissent le droit de chacun à la terre et les conditions de sa répartition. Ils ne sont pas encore écrits, mais appris, répétés, expérimentés et modifiés de génération en génération.

Les objets et les êtres qu'on peut avoir (bijoux, insignes, objets de décoration, tables) sont très hiérarchisés. Aux îles Trobriand, « une femme qui épouse un homme du rang supérieur au sien est autorisée à garnir sa maison avec les objets de ce rang[271] ». Certains objets sont propriétés collectives, tels les canoës que tous les habitants du village utilisent. « Les femmes ne possèdent que le *prestige* de cette propriété, le droit de parler de ces canoës comme de leur propriété[271]. » Mais la hiérarchie ne doit pas être excessive. Par exemple, le code sara interdit à quiconque d'être plus fortuné que son voisin : « Un grenier trop rempli est une anomalie qui justifie une jalousie meurtrière[215]. »

Le code définit aussi des punitions en cas de violation des règles de propriété. Parfois, l'objet volé est supposé punir lui-même le voleur. En Inde, le code de Baudhayana dit que « la propriété du brahmane tue [le coupable] avec les fils et les petits-fils [...]. Elle contient en elle-même sa sanction parce qu'elle est elle-même ce qu'il y a de terrible dans le brahmane[289] ». Chez les Iatmuls, tout offensé, tout volé a le droit de se venger lui-même[289]. La *peur de la mauvaise mort* est la clé du respect du code. Mal mourir est ce qu'on craint le plus ; cela suffit à faire respecter les propriétés.

Les « mythes fondateurs », qui fondent les codes, sont tous, de façon plus ou moins déguisée, des histoires de meurtres et de punitions. Ils sont, selon René Girard, des « textes de persécution », « machines à faire des dieux et donc des chefs[167] ». Le *chef*, à la fois prêtre et chef de guerre, gère en effet l'avenir et le code de propriété.

Le chef doit obtenir la faveur des dieux pour que les femmes et la terre soient fertiles. Il est alors perçu comme fertile lui-même. « Fertilité » et « prestige » sont d'ailleurs synonymes. Best, cité par Sahlins, parlant des Maoris, dit que « le *hau* de la terre est sa vitalité, sa fertilité [...], qualité que l'on ne peut rendre que par le mot "prestige"[358] ». Des célébrations du *hau* visent à protéger la fécondité de l'homme, de la terre, de la forêt, des oiseaux. On ne lui demande pas seulement une bonne chasse, ni un troupeau fertile, une bonne récolte, c'est-à-dire souvent de la pluie, mais surtout la fécondité des femmes[358]. En échange de la fertilité, on donnera aux dieux et aux ancêtres du gibier et des récoltes.

Un chef fait respecter le code ; intercesseur auprès des morts, il exprime l'unité du groupe et son alliance avec le monde. Il garantit à chacun que sa mort obéira au rituel de passage nécessaire, et permet à chacun de trouver sa place et de durer, *de réussir sa mort.* Il est, en quelque sorte, *le plus mort de tous les vivants*, celui qui peut sans risque s'approcher le plus des morts. Souveraineté et sacrifice sont inséparables. Dans les rites africains, la victime émissaire, substituée à la victime originelle du mythe, a le prestige du chef parce qu'elle sert d'intercesseur naturel entre les vivants et les ancêtres et maintient l'ordre du monde[204].

Le chef vérifie que chacun n'a que les femmes auquel il a droit, qu'il ne cultive que les terres de ses ancêtres, il décide du territoire du groupe, répartit les terres nouvelles à défricher par les familles nouvelles.

Par exemple, l'Oeyi des Diolas de Basse Casamance[390] peut attribuer une parcelle non utilisée du territoire à une famille nouvelle, à l'exclusion des sanctuaires, des cimetières, des lieux d'initiation et des forêts (où il peut cependant autoriser de cueillir des fruits ou de ramasser du bois). Pour attribuer une parcelle, il consulte les génies et fixe le nombre d'animaux à leur sacrifier. Si le demandeur accepte ce nombre, le lopin lui est attribué ; on réunit alors les notables pour qu'ils soient témoins de l'attribution et des animaux sont sacrifiés sur un autel du génie placé à même le sol, puis mangés par les témoins[390]. La propriété n'est pas attribuée sans limite de temps. Pour la garder, on doit refaire régulièrement des sacrifices aux génies et mettre la terre en valeur. Sinon, les dieux offensés exigeront une forte amende ; l'Oeyi récupérera la terre et l'attribuera de nouveau[390]. Au sud du Nigeria, le chef répartit la terre entre les familles dont les ancêtres ont vécu au village.

Les modes de désignation des chefs sont très variés. Chez les Dogons, selon Luc de Heusch qui a repris les études de Griaule et de Dieterlen, le *hogon*, chef religieux, politique et rituel, a la maîtrise absolue de l'univers[204]. Il est tabou, entouré d'interdits, condamné à ne pas sortir de l'agglomération où est sise sa demeure. Il est prisonnier de sa charge. « Normalement, dit Heusch, la royauté sacrée implique la mort prématurée de son titulaire[204]. » Chaque tribu possède un ou plusieurs *hogons* (chefs) choisis parmi les hommes jeunes et qui se voient attribuer une très longue vie. « Mais il n'acquiert définitivement son pouvoir sur le monde qu'au prix d'un sacrifice humain substitutif[204]. » L'intronisation est assimilée à une nouvelle naissance. « Trois ans après son intronisation, un albinos sera sacrifié, confirmant l'accession du *hogon* au pouvoir religieux suprême... Le *hogon* unique de la tribu aru — qui se trouve associée à la lignée de l'ancêtre Lebe Seru — est considéré comme le chef suprême de tous les Dogons[204]. » Il est *élu* parmi les hommes jeunes de son groupe territorial. « Il est le grand Nomo céleste, maître de l'eau céleste et gardien des principes spirituels des céréales[204]. »

Chez les Saras étudiés par Robert Jaulin, le chef doit appartenir aux clans les plus anciens. Il descend en ligne directe d'un couple de jumeaux mythiques nommés Subo Ngabgoto et Madj Keredj. Il devient M'Banga dans tout le pays sara : « Bien que tous les membres du clan aient le même ancêtre, la lignée des chefs M'Banga Bo est dite la "racine", alors que les autres sont des "radicelles" adjacentes de moindre importance[215]. » Le chef est le plus souvent choisi dans cinq ou six familles, parmi ces lignages les plus anciens, par un collège de vieillards issus de familles ayant des charges « distinguées[215] ». « L'égalité de fortune et de revenus entre les chefs saras et leurs sujets ajoute à cette démocratie[215]. »

Chez les Indiens Hopis pueblos, en Arizona, le chef du village est également élu[386]. En Indonésie, il est élu pour un an par les chefs des familles possédant un couple de bœufs ou de buffles[274]. Aux îles Trobriand, c'est en général l'homme le plus âgé ; « le pouvoir et les fonctions inhérents à une famille sont représentés par les hommes d'une génération, bien qu'étant transmis par les femmes[271] ».

Dans tous les pays, le chef doit respecter le Code et ne peut ni le modifier ni le transgresser. Ainsi, il ne lui est pas permis de distribuer certains biens — tels les noms ou certaines terres — qui appartiennent au groupe dans son ensemble. Il ne peut autoriser à violer des tabous, à prendre des femmes interdites.

Il tient l'essentiel de son pouvoir de ce qu'il est à même de distribuer, et doit sans cesse renouveler la preuve qu'il est à même de dispenser des biens et des terres, faire des sacrifices, être généreux sans risquer de mourir. Sans être lui-même très riche, il doit avoir assez de biens pour donner sans cesse richesses et protection au groupe. En donnant, le chef renonce à la force contenue dans les objets dont il se défait et montre sa confiance en la valeur de ceux qu'il garde. Il doit défier les autres, les menacer par des dons unilatéraux pour les tenir à distance ; pour conserver leur confiance, il lui faut montrer qu'il est même capable de faire don de tout, de risquer la mort pour les sauver.

Le chef accorde d'abord sa protection contre les ennemis, et ses propres stocks en cas de famine. Mais il donne davantage, bien au-delà du nécessaire : des femmes, des vêtements, des armes, des terres et de la nourriture.

Reprenant un texte de R. Lowie, Pierre Clastres définit les trois qualités que doit avoir un bon chef indien : « faiseur de paix, bon orateur et généreux de ses biens[91] ». Chez les Nambikwaras, écrit Lévi-Strauss, « le prestige personnel et l'aptitude à inspirer confiance sont les fondements du pouvoir[254] ». Les vieilles sagas scandinaves racontent comment les chefs, nommés « distributeurs d'or », doivent accumuler des richesses pour se montrer ensuite généreux avec leurs compagnons d'armes[187]. Chez les Tupinambas, « une des charges incombant au chef était de donner des fêtes[254] ». Chez les Nambikwaras du Brésil, « bien que le chef ne semble pas jouir d'une situation privilégiée du point de vue matériel, il doit avoir sous la main des excédents de nourriture, d'outils, d'armes et d'ornements qui, pour être infimes, n'en acquièrent pas moins une valeur considérable du fait de la pauvreté générale [...][254] ». Clastres ajoute : « Cette obligation de donner à quoi est tenu le chef, est en fait vécue par les Indiens comme une sorte de droit de le soumettre à un pillage permanent [...]. Dans certaines tribus indiennes, on peut reconnaître le chef à ce qu'il possède moins que les autres et porte les ornements les plus minables. Le reste est parti en cadeaux. Parfois, le chef, excédé des demandes répétées, s'écrie : "C'est fini de donner. Qu'un autre soit généreux à ma place !"[91]. »

Chez les Hau-Nan-Nee d'Amérique du Nord, pour devenir leader politique, « il faut donner de nombreuses cérémonies et fêtes et être extraordinairement généreux en biens matériels[425] ». Chez les Indiens shinook de la région de Vancouver et d'autres tribus indiennes d'Amérique du Nord-Ouest, tels les Tlinkits et les Haïdas d'Alaska, les Tonshias et les Kwakiutls de Colombie britannique, le chef doit donner à ses sujets, sous peine de déshonneur, tout ce qu'il a : de l'huile de baleine, des maisons, des couvertures, des femmes, des places dans des confréries, et jusqu'à des récits mythiques. Ce don s'exprime par le mot *potlach*, mot shinook qui signifie à la fois « nourrir » et « consommer ». « Un mythe haïda raconte comment un vieux chef ne donne pas assez de potlach ; les autres ne l'invitent plus, il en meurt. Ses neveux font sa statue, donnent une fête, dix fêtes en son nom : alors il renaît. Dans un autre mythe, un esprit s'adresse à un chef, lui dit : "Tu as trop de propriétés, il faut en faire un potlach" ; il construit une maison et paie les constructeurs. Dans un autre mythe, un chef dit : "Je ne garderai rien pour moi" ou "je ferai potlach dix fois "[289]. »

Le repas est très souvent le lieu du don du chef. Celui-ci doit y impressionner par ses dons ceux qu'il invite, et montrer ainsi que sa puissance est intacte. Au cours de ces repas, le chef distribue des terres, des armes, mais aussi des poèmes et des chants. Le médiéviste soviétique Gurevic écrit : « Les Indiens d'Amérique du Nord qui, lorsqu'ils invitaient à un festin les hommes de la même tribu, dilapidaient toutes leurs réserves de nourriture, mettaient en morceaux leurs barques de pêche et essayaient par toutes sortes de moyens d'impressionner leurs hôtes par leur prodigalité et leur générosité[187]. » Georges Bataille y voit la volonté du chef de marquer sa distance d'avec les autres : « Dans le potlach, l'homme riche distribue des produits que lui fournissent d'autres hommes misérables. En cherchant à s'élever au-dessus d'un rival riche comme lui, il s'éloigne davantage encore de la nature des hommes misérables[34]. »

Le don du chef sert aussi à réduire les surplus excessifs, à perdre ce que Bataille appelle la « part maudite », à rendre impossible ou du moins à limiter sa propre accumulation de richesses qui peut menacer l'ordre[34]. Chez les Arapesh[227], les dons « représentent en réalité un obstacle efficace à l'accumulation disproportionnée avec celle d'autres individus[290] ».

Parfois les dons du chef sont remis en circulation, parfois ils sont gardés, car ils représentent ce qui a permis au chef d'être chef : chez les Vikings, on les ensevelit dans les marais[187].

Le don du chef lui est parfois rendu par ses sujets sous forme de cadeaux qui font du pouvoir un échange « tributs contre protection », « don contre impôts ». Pionnier de l'anthropologie, Marcel Boas écrit à l'aube du siècle : « Ceux qui reçoivent des présents à cette fête les reçoivent comme prêts qu'ils utilisent dans leurs présentes entreprises, mais, après un intervalle de quelques années, il leur faut les rendre avec intérêt au donateur ou à son héritier[56]. »

Le chef préserve son pouvoir en défendant la propriété des autres et en laissant croire que remettre en cause la sienne sur l'essentiel, c'est mettre en cause celle de tous les autres, si petite soit-elle.

Parmi les cadeaux que reçoit le chef en échange de ses dons, le plus précieux est évidemment constitué par les femmes, biens fertiles. Il a parfois le privilège d'être le seul à être polygame. « En concédant le privilège polygame à son chef, dit Lévi-Strauss, le groupe échange les éléments individuels de sécurité — garantie par la règle monogame — contre une sécurité collective attendue de l'autorité[255]. » Ce privilège est « la compensation morale et sentimentale de ses lourdes obligations, en même temps qu'elle lui donne un moyen de les remplir »[254]. Mais, là encore, l'échange doit être juste et le chef ne peut recevoir plus qu'il ne donne : si un chef revendique trop de femmes ou s'il est incapable de résoudre le problème du ravitaillement en période de disette, « des individus ou des familles entières se sépareront du groupe et iront rejoindre une autre bande, jouissant d'une réputation meilleure[254] ». Là est la clé de l'ordre du groupe : il faut un chef, il doit avoir des femmes, mais s'il en a trop, il démunit le groupe qui dépérit ou se disperse.

Ainsi s'apprend, dans l'exercice du pouvoir, comment circule la propriété. D'ailleurs, dans les langues indo-européennes, le mot *do*, remarque E. Benveniste, signifie aussi bien « prendre » que « donner ». En ancien islandais, les notions de « prendre » et de « donner » peuvent également être signifiées par un même verbe, *fa*[187]. Tout, dans ce monde, est objet d'échange réversible et instable.

L'échange comme des otages

L'échange de don et de contre-don du groupe avec son chef est, comme l'échange de la vie avec les morts, l'annonce de bien d'autres transferts de propriété à l'intérieur d'un groupe et entre groupes. Difficiles opérations.

Comme pour l'échange d'êtres vivants, donner un objet contre un autre, c'est échanger des vies. Il faut être sûr qu'on en gagne autant qu'on en donne et que la négociation ne va pas tourner à la guerre. Tout objet échangé contre un autre est exactement comme un otage échangé contre un autre, qu'il faut ne lâcher qu'à l'ultime seconde, sous la surveillance des armes.

L'échange des objets est donc un moment périlleux où des personnes passent d'un camp à l'autre — périlleux pour les objets et les témoins autant que pour les acteurs. Aussi cet échange est-il codifié, dans toutes les sociétés, par des *rituels* très rigoureux articulant le don et le contre-don.

Lorsque le don est très séparé dans le temps du contre-don, il faut faire comprendre à l'autre que le don n'est pas pour lui menace. Chez les Kulins d'Australie, le chasseur doit jeter le produit de sa chasse aux pieds de celui à qui il le donne, afin d'éviter que celui-ci ne croie qu'il cherche à lui jeter un sort. Celui qui donne doit ne pas se fâcher avec ce qu'il abandonne. En Inde, celui qui donne une vache doit obéir à des règles très strictes que Marcel Mauss décrit ainsi : « Pendant trois jours et trois nuits, le propriétaire de la vache l'imite et observe le "vœu de la vache". Il se nourrit exclusivement des "sucs de la vache" : eau, bouse, urine, pendant une nuit sur trois[289]. » En Chine, chacun garde toute sa vie le droit « de pleurer le bien » qu'il donne : « Le vendeur remet à l'acheteur, avec l'objet, un "billet de gémissement", espèce de droit de suite qui poursuit le vendeur bien longtemps après que la chose est définitivement entrée dans d'autres patrimoines, et après que tous les termes du contrat "irrévocable" ont été exécutés[289]. »

En d'autres sociétés, l'objet donné doit circuler sans arrêt pour ne pas nuire à ceux qui le reçoivent. C'est le cas dans le *kula* — rituel étudié par Bronislaw Malinowski dans *Les Argonautes du Pacifique occidental*[271] —, qui organise la circulation d'objets précieux des *naygu'a*, ayant chacun une histoire, un nom, une personnalité et un « père mystique », entre les tribus des îles Trobriand, en Mélanésie. Des colliers de coquillages rouges (des *souleva*) circulent dans le sens des aiguilles d'une montre, et des bracelets de coquillages blancs (des *mwali*) en sens inverse. Ils ne servent qu'« à passer de main en main, à appartenir tantôt à l'un, tantôt à l'autre, à être exhibés de certaine manière[271] ». On les regarde, les porte, les pose sur le corps des malades. En avoir donne de la force. « Le *vaygu'a* confère à l'indigène de l'importance, lui vaut de la considération. Voilà pourquoi il le regarde avec respect et affection [...]. Non seulement il lui attribue une très grande valeur, mais aussi il le traite de façon rituelle et il réagit émotionnellement au fait d'entrer en sa possession [...]. Posséder un *naygu'a* met la joie au cœur, redonne du courage, flatte l'amour-propre. On le regarde, le tourne et retourne dans les mains des heures durant : en certaines occasions, même, son contact permet de recevoir son fluide[271]. »

Chaque année, chacun doit donner à un correspondant, au cours d'un voyage d'une île à une autre, un brassard au Sud, ou un collier au Nord, qu'il a reçu l'année d'avant, sachant qu'il en recevra un autre d'un autre voyageur un jour prochain. Le détail de cette circulation est fixé par un ensemble de conventions et accompagné de cérémonies rituelles. « Toutes les transactions sont publiques et solennelles et ont lieu à des dates arrêtées d'avance, le long de routes commerciales, à des rendez-vous fixés[271]. »

Dans un village donné, tout individu qui participe à la *kula* le fait sa vie durant avec le même partenaire. Ces échanges mêlent ses tribus différentes par la langue et associent plusieurs milliers d'individus. Chaque individu a d'autant plus de partenaires qu'il est important. Un chef en a des centaines.

La *kula* fournit des alliés dans les régions éloignées, hostiles et étrangères[271].

Cet ensemble de dons et de contre-dons n'a pas d'autre finalité que le fait d'« avoir » *pour satisfaire un désir profond de possession*, de *possession cumulative*[271] par la succession d'objets de plus en plus précieux. On recherche avant tout, écrit Mauss, « la supériorité sociale, et on pourrait même dire brutale[271] ». Chaque objet signifie par son luxe un rang social. Ainsi chacun veut, à chaque fois, en obtenir un plus beau. Ceux qui réussissent à avoir les objets les plus précieux en adoptent le nom.

Le don garanti par un contre-don ultérieur est une sorte de crédit « qui suppose un haut degré de probité commerciale et de confiance réciproque, et qui s'accompagne souvent de trocs d'objets utilitaires[271] ».

A l'inverse de ces rituels où des objets circulent de main en main sans troc direct, d'autres organisent en effet l'échange de deux propriétés l'une contre l'autre. C'est le cas le plus fréquent : avec la division du travail, produits agricoles, armes, vêtements doivent commencer à s'échanger à l'intérieur de chaque village et entre les villages, même à l'occasion de la *kula*.

Tous ces *rituels de passage*, de changement de propriétaires, ancêtres des marchés, des foires et des bourses, ont des points communs. Tous visent à éviter que la transaction ne tourne au conflit. Aussi les peuples ont-ils inventé mille ruses et mille techniques pour isoler les échanges et les rendre moins dangereux. Les opérations de troc ont souvent lieu en des endroits isolés, à l'extérieur des villages[368]. C'est le cas, par exemple, chez les Gawas de Nouvelle-Guinée. Ailleurs, l'échange prend place à l'endroit des sacrifices rituels. Ainsi chez les Diolas de Casamance, l'Oeyi, chef de village, échange un terrain contre des animaux sacrifiés sur un autel placé sur le terrain même et mangés par des témoins[390]. Parfois des temples qui reçoivent des dons pour les morts servent aussi de lieux d'échange entre vivants. De même certains lieux associés à des événements extraordinaires : au Japon, par exemple, les premiers marchés de troc s'organisent là où est apparu un arc-en-ciel[13].

Chez les Dogons, dit Griaule, toute transaction se déroule sur le lieu des sacrifices, un autel de pierre formé des huit couples d'ancêtres qui boivent le sang des victimes. « C'est sous le signe permanent de la gemelle parité terrestre et céleste que les hommes ont placé les lieux des échanges[178]. »

En général, le lieu de l'échange est soigneusement éloigné du lieu du pouvoir, et les chefs n'ont pas le droit d'assister aux transactions, afin d'éviter de les contrarier ou d'intimider l'un ou l'autre des participants. Ainsi, au Dahomey, quand les Blancs commencent à les observer, les chefs de villages n'ont pas, sous peine de mort, le droit de voir l'Océan d'où viennent les navires avec qui se font les échanges[368].

Enfin, il existe un rituel très général qu'on retrouve dans de très nombreuses sociétés, sur toute la planète, et qui assure l'isolement de la transaction par le silence[368] dans lequel elle doit se dérouler. Extraordinaire exemple de convergence universelle des sagesses et des pratiques humaines ! Sans doute faut-il voir là l'aboutissement de millénaires de tâtonnements. Chez les Indiens du Brésil, chez les Kanongs de Nouvelle-Guinée, entre les Pygmées et les Bantous, chez les Awatwas de Rhodésie du Nord, chez les Chukchis de Sibérie, chez les indigènes du nord de Luçon aux Philippines, aux Nouvelles-Hébrides, en Inde, en Indonésie, on assure l'isolement de l'échange de la même façon : par *l'interdiction de l'usage de la parole*[368]. On échange sans un mot. Comme si parler, c'était inévitablement risquer de s'injurier, de se disputer, de se défier.

Le déroulement de ce rituel silencieux est partout identique. Dans un lieu extérieur à toute vie, à la lisière d'une forêt ou en bordure d'une rivière ou d'une mer, on dessine un cercle ou une figure géométrique précise à l'intérieur de laquelle celui qui veut échanger un bien qu'il possède vient le déposer, puis se retire un peu plus loin et observe. Un autre, venu lui aussi pour l'échange, dépose ce qu'il pense être la juste contrepartie. Chacun des deux ne peut entrer que désarmé dans la figure de l'échange. Celle-ci est suffisamment surveillée pour qu'on ne puisse prendre ce qui y est déposé sans proposer quelque chose en contrepartie. Le premier revient et, si les termes de l'échange le satisfont, prend ce qui a été déposé par l'autre ; sinon, pour marquer son refus, de nouveau il se retire avec ou sans une partie de ce qui avait été déposé ; l'autre revient alors pour faire une nouvelle offre ou reprendre son bien. Et ainsi jusqu'au retrait de tous les biens de la figure de l'échange, signifiant reconnaissance de la mutation des droits de propriété.

Par une telle procédure, les objets sont laissés seuls pendant l'échange, sans qu'aucun n'accumule trop de vie à aucun moment. Nul ne risque d'être tenté de prendre un objet sans donner une juste contrepartie. Et rien ne peut faire déraper l'échange.

Dans de nombreuses sociétés, l'échange dans le rituel silencieux est en outre garanti par un témoin de l'échange[368]. Ainsi en est-il chez les Togos, les Somalis, les Gallas et les Masaïs en Afrique, les Tatars et les Tibétains en Asie[274]. Ce témoin prend beaucoup de risques. Au propre, parce qu'il peut être pris à partie dans une dispute entre les acteurs de l'échange. Au figuré, parce que, recevant les biens en dépôt, il est traversé de leurs forces vitales.

Les formes du témoignage sont très variables. Chez les Balis Tulam du Niger, un témoin, le *dilleli*, certifie la légitimité du passage du bétail d'un propriétaire à l'autre et reçoit une commission pour ses services[368]. Chez les aborigènes d'Australie, deux témoins doivent tenir chacun en main un morceau de cordon ombilical de l'autre, conservé par des familles spécialisées dans ce rôle. Au Dahomey et dans le Nicaragua précolombien, les témoins sont toujours des femmes[368]. Chez les Lhote Nages de l'Inde, c'est un vieillard. Très souvent, comme chez les Diolas de Casamance, ce sont des prêtres[390].

Plus tard, ce seront des peuples entiers (chinois, malais,

siassi, phénicien, juif) qui joueront ce rôle dans les échanges internationaux. Et les témoins parleront. L'isolement de la transaction sera alors assuré par l'utilisation d'une langue spéciale, réservée aux témoins. C'est parfois aussi la langue qui sert à parler des tabous et des rituels religieux, tels le pidgin en Mélanésie, le swahili en Afrique orientale, le chachtow en Louisiane[368]. L'échange passera par la parole.

Échange de jumeaux, échange de paroles

« Les jumeaux ont taille égale, grosseur égale, parole égale [...]. A cause de cela, le commerce a commencé par eux[178]. »

Voici venu, du fond des mythes dogons tels que les raconte Marcel Griaule, un des tout premiers récits où s'exprime le souci d'une équivalence absolue entre les objets échangés dans les multiples rituels du troc. Pour que l'échange ne soit pas dangereux, il faut qu'il puisse se réduire à l'échange de deux objets identiques. Impossible utopie, car deux objets, comme deux personnes, ne sont jamais absolument jumeaux. Au demeurant, pourquoi échangerait-on des jumeaux parfaits ?

Aussi les hommes doivent-ils se mêler le moins possible du marchandage de l'échange, et laisser aux objets le soin de s'échanger eux-mêmes et de fixer entre eux leur valeur relative. « *C'est comme si les objets parlaient.* Ils parlaient par la bouche de leur possesseur [...]. *Ils s'entendaient eux-mêmes sur leur échange*[178]. »

Griaule écrit que l'homme qui vend et celui qui achète sont aussi deux jumeaux : *Vendre et acheter des espèces différentes de choses, c'est échanger des jumeaux*[178]. Les objets parlent, pour être bien sûrs qu'ils sont d'accord. « Le principal, dans l'échange ou dans l'achat-vente, c'est la parole, les paroles échangées entre les deux parties, la discussion du prix. C'est comme si le tissu et les *cauris* parlaient. Les marchandises s'entendent par la bouche des hommes [...]. Dans la bande d'étoffe, le tisserand vendeur, dans le temps qu'il enserre la parole des ancêtres, introduit la sienne propre[178]. » Ainsi l'échange d'objets est l'occasion d'un échange de paroles qui doit être équilibré.

Tout est dit dans la grande sagesse du mythe, jusqu'à l'impossible équivalence de l'échange et à la nécessaire recherche d'une approximation.

L'idéal de l'échange à l'identique n'est évidemment jamais accessible, même chez les Dogons. Comme même deux jumeaux ne sont pas exactement identiques, comme il est impossible de laisser les objets s'échanger eux-mêmes, il faut faire comme s'ils étaient semblables et trouver une façon de mesurer leur valeur. Pour cela, on se donne de nombreux étalons. Chez les Dogons, c'est un coquillage, le *cauri*, qui sert d'étalon aussi vivant qu'un objet. L'aveugle dit : « Avoir des *cauris*, c'est avoir des paroles[178]. » Griaule explique que « dans un échange, si la force d'un objet est compensée par un nombre suffisant de *cauris*, elle ne peut rien contre son détenteur. Car les deux forces s'échangent, prennent chacune la position de l'autre, ce qui supprime tout danger pour les nouveaux possesseurs[178] ».

Vers le IVe millénaire avant notre ère, les transactions s'homogénéisent en se multipliant. La valeur des objets se mesure en unités de compte plus abstraites et très variables : animaux de sacrifice, coquillages, produits agricoles. Certains biens utilisés dans les sacrifices rituels, c'est-à-dire dans les échanges avec les prêtres, servent aussi d'étalons d'échange et d'instruments d'échange contre de très nombreux autres objets.

En Inde, on se sert de blé et de bœufs, au Soudan de dattes, en Amérique centrale de maïs, au Newfoundland et en Islande de poissons séchés, aux îles Nicobar de noix de coco[432] ; le sel, le mil, le miel, l'huile de palme et des coquillages sont utilisés dans l'Ouest africain, le cacao et des tissus en Méso-Amérique, le riz aux Philippines, le poisson salé à Hawaii[432]. En nombre d'endroits, on utilise aussi des instruments de travail comme étalons : au Laos des vases de bronze, en Crète des houes en fer, des haches en bronze ou en cuivre en Afrique, en Grèce des chaudrons et des trépieds, au Congo des couteaux à lancer, des épingles à cheveux dans différents clans du territoire chinois, des sacs de peau au Pérou[432], des hameçons aux îles Salomon et Marshall, des nattes en écorce aux îles Samoa, des vêtements et des couvertures chez un très grand nombre de tribus indiennes du Canada, des tambours dans certaines îles de l'archipel indonésien[432]. Et surtout, un peu partout, notamment en Afrique et en Asie Mineure, des sculptures de terre cuite représentant les animaux ou les hommes antérieurement sacrifiés[368]. La figure du sacrifice remplace alors son instrument.

On comprend que la valeur d'un objet ne soit pas encore fixée absolument. Elle dépend largement de ce contre quoi on l'échange, du contexte et du lieu de l'échange et de l'identité de son propriétaire. Ainsi, chez les Tolais de Nouvelle-Bretagne, la « valeur » d'un objet est différente selon que sa contrepartie est faite de coquillages ou de biens agricoles[358]. De même, chez les Mossis, en Afrique, le riz, lorsqu'il est échangé contre du coton ou de l'arachide, vaut moins que s'il est échangé contre des coquillages qui servent à obtenir d'autres biens. Sahlins décrit comment, entre marins océaniens, un même poisson peut être échangé contre dix tubercules de taro ou quarante noix de bétel, soit un pour quatre, alors qu'une tasse de chaux s'échange contre quatre tubercules de taro ou quatre-vingts noix de bétel, soit un pour deux[358]. Parfois — c'est le cas en Amérique du Nord-Ouest —, un bien est troqué contre une quantité variable d'un autre bien selon qu'il est proposé en tas ou en volume.

Chez ces tribus, ou chez leurs quasi-équivalents ethnologiques des groupes isolés contemporains, la valeur des objets n'est pas fonction de leur rareté ni de la quantité de temps de travail nécessaire pour les fabriquer. Maurice Godelier a calculé, par exemple, que l'échange d'une « binne » de sel contre six « laps » d'écorce entre les Bamyas et les Youdongues de Nouvelle-Guinée correspond à l'échange d'un jour et demi contre quatre jours de travail[13].

Quand la taille de la population augmente et exige une plus grande division du travail, les échanges, en se multipliant, se simplifient. On ne connaît plus le maître, le créateur, le fabricant des objets qu'on désire, et on oublie leur contenu magique, leur force personnelle. On commence alors à répartir les objets en grandes catégories qui s'échangent entre elles, avec une valeur objective indépendante de leur contexte.

Dans la plupart des cas, on distingue les objets liés à la nourriture, les êtres vivants et les objets rituels. Chacun s'échange contre d'autres selon des étalons spécifiques. Ainsi, les Tiv du Nigeria[368] distinguent les *biens de subsistance* (aliments — igname, céréales, condiments, poulet, cabri, mouton —, ustensiles de cuisine — mortier, meule, calebasse, panier, poterie — et outils agricoles), les *biens d'alliance* (les femmes) et les *biens rituels* (services de divination et de guérison, habit blanc de cérémonie, médicaments, barres de métal, esclaves et bétail). Chacun des biens de ces trois groupes se mesure avec une unité de compte particulière et s'échange contre des biens du même groupe. Dans la première catégorie, l'unité de compte est un produit agricole ; dans la deuxième, une femme ; dans la troisième, une barre de métal. Les échanges entre les trois groupes sont plutôt rares. Ainsi, les barres de métal permettent d'obtenir des biens rituels, mais aussi, dans certains cas, des biens de subsistance ou des biens d'alliance. C'est un exploit de parvenir à échanger des produits agricoles contre des barres de métal, puis d'utiliser ces barres de métal pour les échanger contre une épouse. Celui qui y réussit est à la fois craint et respecté ; on le dit « cœur fort ». A l'inverse, il est « mauvais » de se procurer de la nourriture en cédant des barres de métal, et plus mauvais encore de céder une femme à marier contre des têtes de bétail[13].

Un peu plus tard, on utilise de plus en plus comme étalons de mesure de valeur et comme instruments d'échange des objets « précieux »[432], c'est-à-dire ayant une valeur fondée sur leur rareté : perles, défenses de sanglier en Nouvelle-Guinée, fanons de baleine aux îles Fidji, fibres végétales décorées de dents de chauves-souris aux îles Salomon, dents de chien, émaux et pierres rares dans les îles du Pacifique sud, défenses d'éléphant en Afrique, plumes de perroquet aux îles Santa Cruz, fourrures dans le Grand Nord américain, asiatique et européen[432]. Dans l'île de Yap, on utilise des pièces en forme de roue, de taille variable, portant la marque du fabricant et de chacun des propriétaires successifs[432]. Les Indiens des Campas, sur le haut plateau à l'est de la cordillère des Andes, utilisent comme étalon le sel, vital pour les humains et les animaux, obtenu dans la montagne ou à partir de cendres végétales, au prix d'un travail considérable[209]. Il est aussi utilisé en Tanzanie et au Burundi, à Gao, pour acquérir des biens précieux. Au Sahel, il s'échange contre des céréales, des fèves, des cotonnades[432].

La rareté devient le signe de la valeur. La force magique des choses s'estompe dans la mémoire des hommes. S'éloigne aussi l'Ordre rituel

Chacun pour soi

Les échanges se font maintenant à longue distance. Avec la croissance de leur production et de leur population, les clans les plus riches et les plus industrieux échangent parfois au loin le surplus de leur production. A Koilas, dans le Péloponèse, dans un site datant de dix mille ans avant Jésus-Christ, on a trouvé des éclats d'obsidienne provenant de l'île de Milo, située à cent cinquante kilomètres de là[368]. Un peu plus tard, les voyages s'allongent encore. Des silex sont venus à Ertbol, au Danemark, vers 4000 av. J.-C., de la Norvège et des plaines du nord de l'Europe. Peu après, l'or irlandais, fondu en lingots, est échangé en Grande-Bretagne, dans la Baltique et jusqu'en Espagne[368].

A cette époque, certains clans, souvent condamnés à l'échange parce que vivant sur des terres manquant de l'essentiel, produisent intentionnellement des biens destinés à l'échange avec d'autres clans. Sur le littoral occidental de l'Amérique du Nord, des tribus côtières produisent des coquillages et des poissons qu'elles échangent avec des tribus de l'intérieur contre des peaux et des pierres, échangées ensuite à leur tour, un peu plus loin, contre des poteries et des fourrures des Pueblos du Mexique, voire contre des perroquets venus du Brésil[1]. Les Hopis d'Arizona échangent les coquillages de tribus riveraines du Pacifique contre le sel de celles du Colorado[368]. Les Hopis du Kentucky fabriquent des objets rituels qui s'échangent ensuite dans toute l'Amérique du Nord. Pendant plusieurs millénaires, des petits groupes familiaux vivant dans des marécages sur la côte septentrionale de la Nouvelle-Guinée vont chercher à l'ouest des dents de chien pour fabriquer des colliers qu'ils échangent à l'est contre des peintures rouges et blanches pour le corps et le rotin[368]. Toujours en Nouvelle-Guinée, d'autres fabriquent des canoës et des tissus végétaux. De même, les Siassis d'Océanie accumulent, pour les échanger, de l'obsidienne, des défenses de cochon sauvage, des dents de chien et des coupes en bois[368].

Vers la fin du IVe millénaire avant notre ère, en certains lieux, la propriété devient plus laïque, plus administrative, plus militaire. La population augmente, il lui faut davantage de surplus agricole ; *la terre devient le bien fertile essentiel, plus que les femmes mêmes.* Ceci exige une armée, des barrages, des réseaux d'irrigation, des routes, tout un ensemble de travailleurs non directement productifs. Une nouvelle règle de propriété doit reconnaître des droits sur la production des autres. Il faut alors provoquer la naissance d'un autre Ordre autour de nouveaux mythes, d'un nouveau rapport à la mort, d'une nouvelle langue, d'une nouvelle règle de propriété, et imposer par la force ce que la peur ne suscite plus.

D'une autre ruse de pouvoir naît alors l'Ordre de l'Empire.

CHAPITRE II

La force des choses

LA STATUE DES MORTS. — L'ÉTAT DES TERRES. —
DES NOMS ET DES CORPS. — LA FORCE DES CHOSES. —
ÊTRE PAR LA LOI. — LA CITÉ DES VIVANTS. —
CLASSER ET EXCLURE. — MOURIR PAUVRE. —
BAGAUDE, COLON ET VILLA. — GEWERE ET MORGENGABEQ. —
MANSE ET ALLEU. — ISLAM INVESTI. —
SEIGNEURIE ET DROIT DE BAN. — NAISSANCE DE FRANCE. —
LE SANG DES DIEUX. — VERS L'ORDRE MARCHAND. —

Vers le VIe millénaire avant notre ère, sur une partie de la planète des villages doivent, pour nourrir leurs habitants, défricher de plus en plus de terre. Les hommes quittent le sol du clan pour partir à la conquête de terres nouvelles, construire des routes, des remparts et des canaux. Des armées, des villes, des États s'organisent. Voici venu le temps de l'*Ordre impérial.*

Il est bien difficile d'y voir quelque unité et d'énoncer les traits communs aux règles de propriété qui y prévalent.

D'une part, on a paradoxalement moins d'informations sur ces sociétés que sur celles de l'Ordre rituel, encore présentes jusqu'à nos jours alors que les Empires, eux, ont tous disparu, même si des formes particulières de capitalisme d'État en sont encore imprégnées.

Pour comprendre ce nouvel Ordre, il faut se contenter des rares traces écrites, monumentales et funéraires, qu'il a laissées, et de l'observation de la Chine à partir du XIIe siècle, de l'Amérique à partir du XVIe.

D'autre part, les objets s'y multiplient : le vertige vient de leur nombre, de leur diversité, de la complexité de leur usage. Partout les palais, les outils, les armes, les meubles, les statues, les poteries, les bijoux, les vêtements se diversifient et se transforment ; on les vole, on les échange en des mouvements qui paraissent à première vue arbitraires ou aléatoires. Encore n'en connaît-on sans doute aujourd'hui qu'une infime partie, celle qui a résisté à des millénaires de pillage et d'usure.

Enfin, la description des Empires est d'autant plus difficile que les concepts qui y avaient cours ne renvoient pas aux nôtres : on n'y trouve, au sens où nous l'entendons, ni propriété, ni droit, ni juge, ni frontière, ni monnaie. Et la distinction que fait Marx, pour les décrire, entre trois types de formes de propriété[283] — « asiatique », « germanique » et « antique » — qui seraient nées « de la désagrégation de la société primitive » renvoie à des catégories comme « propriété privée » et « collective », ou « moyens de production »[283], qu'on sait maintenant inadaptées à la réalité de ces sociétés[283]. En fait, les individus, de même que les choses, y sont toujours comme possédés par plusieurs maîtres à la fois, brutaux et instables, appuyés sur des armées entremêlées et chancelantes, à la légitimité toujours remise en cause, de l'intérieur et de l'extérieur, par les hommes comme par la nature.

Il faut comprendre que, contrairement aux idées reçues, l'Ordre impérial n'est pas figé, mais toujours en mouvement. Pour le chef d'un Empire, donner des terres suppose de les conquérir : aussi, pendant des millénaires, des peuples guerriers vont-ils aller et venir sur la planète, en quête d'un lieu où enterrer leurs ancêtres, où nourrir et élever leurs enfants, et, lorsqu'ils l'ont trouvé, s'efforcer de le conserver contre d'autres envahisseurs mieux armés ou plus jeunes, plus légers ou supérieurement organisés.

Aux sociétés *fragiles* de l'Ordre rituel succèdent ainsi celles, *précaires*, de l'Ordre impérial. Sans cesse le temps bouleverse les choses et ballotte les hommes. L'énigmatique Héraclite a raison d'écrire à ce propos que c'est le combat qui, « père et mère de toutes choses, désigne les uns comme dieux, les autres comme hommes, et rend les uns esclaves et les autres libres[96] ».

Longue vague d'histoire où naît l'écriture pour compter les biens et les gens, où s'inventent les principaux concepts philosophiques et politiques d'aujourd'hui, où surgissent les objets et les œuvres qui sont notre horizon, où se vit au paroxysme ce qui, masqué, au figuré, déterminera nos propres comportements.

Derrière leur extraordinaire diversité, ces multiples formes obéissent néanmoins à une logique universelle sur toute la planète, leurs structures fondamentales se répètent de manière stupéfiante. Et d'abord celles de la propriété : alors que toutes les sociétés de l'Ordre rituel s'articulaient autour de la possession des femmes et de l'épargne des vies, pour celles de l'Ordre impérial, la *terre* est la propriété essentielle, l'épargne des récoltes la condition de la survie. Une société *dure par sa terre et non plus seulement par les femmes.*

Le rôle central de la terre est aisé à comprendre : à l'homme du village fortifié de la fin du VIe millénaire, elle fournit tout — nourriture, vêtement, logement, arme, char. Aussi, pour durer, il ne suffit plus d'avoir des femmes et des enfants, il faut aussi posséder un territoire fertile et avoir les moyens de le défendre. Ce *lieu*, l'homme s'y attache : il y ménage ses emplacements de prière, de repos des morts et de plaisir des vivants ; il y dure dans l'éternité précaire de son clan.

S'il a un sol pour se nourrir, le célibataire n'est plus aussi dangereux que dans l'Ordre antérieur. En revanche, est à présent dangereux l'*errant*, étranger ou nomade, celui qui n'a pas droit aux produits du sol. Face à lui, le clan doit s'organiser, et d'abord se placer sous la protection d'un chef.

Celui-ci n'est plus seulement chargé de gérer les relations du clan avec l'au-delà, de faire en sorte qu'il compte assez de femmes pour survivre. Soldat et paysan, il doit aussi diriger la construction des canaux, des routes, des remparts et des armes, répartir les hommes et les outils entre l'agriculture, les grands travaux et l'armée, entreposer des vivres pour nourrir le peuple en cas de disette, tenir unis les villages, collecter les produits de la terre qui seront consommés par ceux qui ne la travaillent pas, enfin construire et défendre sa capitale, ville ou bourgade d'où partent ses ordres, ses dons et ses armées. Durer reste son principal but et la source principale de sa légitimité. A cette fin, il entretient son souvenir et son prestige en consacrant le produit de ses terres à des fêtes ou à des sacrifices, de son vivant et dans l'au-delà. Il accumule les terres pour lui et les siens et il perd son pouvoir lorsqu'il n'a plus de terres à distribuer.

Il ne peut gérer lui-même des terres et des villages distants parfois de plusieurs jours de route de sa capitale. Aussi un entourage militaro-administratif l'aide-t-il à assurer le guet et la chasse, à défendre les territoires, à contrôler la rotation des terres, à prélever le tribut, à organiser l'irrigation, à entretenir les routes, à surveiller les artisans et les mines. En échange, cet entourage reçoit de lui une partie du tribut sous forme de dons de terres et non plus seulement de femmes, rarement de monnaie — forme encore marginale d'appropriation des choses de plaisir, usage du pouvoir, rarement moyen d'y accéder.

Au-dessous de ces notables de la cour et des provinces, les paysans vivent dans les villages la même vie qu'auparavant, essayant de se protéger contre les corvées, les tributs, les obligations militaires, les pillages des maîtres. Chacun apprend à aimer sa *place* et à souhaiter la garder : les petits propriétaires sont alors les soutiens des grands. Lorsqu'ils n'y réussissent pas et que les maîtres accaparent trop de terres, les paysans ruinés deviennent des ennemis de l'Ordre, qui court à sa dislocation : l'accaparement du bien fertile est, encore une fois, source de mort de la forme qu'à revêtue l'Ordre.

Dans chacune des formes qui se succèdent ou se juxtaposent, un code légitime la possession. Il n'est pas encore un droit, même s'il s'appuie déjà sur la comptabilité et l'écriture. De très nombreuses formes impériales recouvrent peu à peu le monde et commencent par se structurer au Proche-Orient.

Là naissent en effet, au VIIIe millénaire, les premières sociétés militaires, les premiers villages fortifiés et conquérants. D'abord Jéricho, gros village enrichi par la découverte du blé et de l'orge sauvage, protège des temples, des statues et des terres par un mur de pierres et une tour circulaire. A la même époque se lève Çatal Hüyük, grande ville construite sur plusieurs hectares dans la plaine centrale de Turquie et faite de maisons si serrées qu'on y pénètre par les toits ; elle durera près de trois mille ans sans qu'on sache rien de son histoire, sauf qu'elle devait contrôler un assez vaste territoire, qu'on y fabriquait des tissus de laine et des poteries, et qu'une importante culture religieuse dut s'y développer.

A proximité apparaissent les premiers Empires : en Mésopotamie, entre les deux fleuves qui l'irriguent, là où la terre est limoneuse et fertile. Le pays a de l'argile, du bitume et du roseau ; il n'a ni bois, ni pierre, ni métaux, et ne peut donc en obtenir qu'en dégageant un surplus agricole qui lui fournit les moyens d'échanger ou de conquérir. Cela suffit en tout cas pour édifier un Ordre : comme l'écrit Jean Bottero, une civilisation, à cette époque, ne peut se fonder « que sur l'élevage du menu bétail et sur l'exploitation agricole, surtout céréalière, d'un sol alluvial[61] ».

Et c'est bien une civilisation, la première sans doute dans l'histoire de l'humanité, qui surgit dans ces plaines entre Tigre et Euphrate. Il y a six mille ans, les villages y deviennent assez forts et disposent d'assez d'armes et de guerriers pour prétendre conquérir des terres voisines, soit en friche, soit déjà occupées par d'autres villages. Ils irriguent par des canaux, simples tranchées guidant le courant à partir des deux fleuves, et font ensuite converger les récoltes par des routes.

Un peu plus tard, la découverte de l'usage du cuivre, puis de l'étain, permet de couler des armes, des insignes, des haches, et d'accélérer la conquête des terres. La croissance de la population de chaque village et celle des richesses qu'elle dégage rendent à la fois possibles et nécessaires la mise en valeur d'espaces nouveaux, la création de villages et la construction de digues, de ponts, de routes, de palais, ainsi que la perception de tributs en nature qu'on échange très loin contre des biens agricoles, du bois et des métaux.

Au IVe millénaire, avec l'arrivée des Sumériens venus du Sud-Est, s'établit alors au sud de la Mésopotamie, reliant ces villages les uns aux autres, la première civilisation urbaine de la planète. Autour de 3000 ans av. J.-C., avec l'invention de l'écriture, de petits États et des villes y apparaissent. Les terres passent des ancêtres des uns à ceux des autres et ces villages réunis élaborent en quelques siècles un nouveau système de pouvoir et une nouvelle cosmologie.

Puis la terre passe des dieux qui la protègent aux princes qui l'exploitent : ainsi Babylone, alors petit village dont le nom signifie « porte des dieux », appartient d'abord aux dieux avant de passer aux mains des princes qui la dirigent. A ce moment, les Sémites semi-nomades se sédentarisent dans le « pays d'Akkad », au nord et au nord-est de la basse Mésopotamie. Ils vivent d'abord en paix avec les Sumériens du Sud, puis chacune de ces menues entités, centrée autour d'un gros village, essaie de regrouper par un jeu d'alliances, de conquêtes et de pillages, des territoires plus grands qui mériteront le nom d'« Empire ».

Se met ainsi en place, comme bientôt en Égypte et en Chine, autour du contrôle de la terre, un autre rapport à la propriété, à la vie — et d'abord à la mort.

La statue des morts

On sait en fait fort peu de choses du rapport à la mort dans les principaux Empires de cette époque : aussi faut-il se montrer prudent dans la description de leurs rites et de leurs croyances, et ne pas les rêver comme on voudrait qu'ils soient. Il n'empêche qu'à étudier ce qu'on en sait, on est stupéfait de l'extraordinaire invariance des grands concepts qui les structurent et du rôle qu'y joue ce rapport à la mort, lancinant fil conducteur des comportements des hommes.

A décrypter les rares textes et monuments qui en subsistent, il semble certain que, dans ces premiers villages de Mésopotamie, des « personnages surhumains »[61] deviennent dieux et dirigent les hommes, les plantes, le bétail, les outils, le ciel et le soleil. Nommés en général du nom des objets et des forces qu'ils sont supposés incarner et diriger, ces dieux sont organisés en une société hiérarchisée comme celle des hommes qu'ils gouvernent[61].

A mesure qu'ils se groupent autour des plus importants de ces villages, les vainqueurs imposent aux vaincus leurs dieux, leur identité, leurs propriétés, parfois jusqu'à leur langage. Les dieux des bourgs de moindre envergure deviennent des fonctionnaires au service de ceux des villes considérables : si l'on pouvait suivre l'histoire des dieux, ce serait ainsi suivre comme le double de celle des hommes.

A l'aube du IIIe millénaire avant notre ère, la Mésopotamie est subdivisée en quelques petits royaumes autonomes, des États urbains. Le rapport aux dieux y est fait de respect, de soumission et déjà, dit Bottero, de transcendance. Par exemple, tous les dieux de Mésopotamie sont réunis en une assemblée plénière présidée par Enlil, le maître des dieux, propriétaire de la Terre, qui, en cas de tension grave, s'appuie sur le chef de la dynastie, l'ancêtre Anu, assisté d'un dieu plus jeune, Enki, le rusé. Plus tard, quand Babylone aura pris le contrôle des autres villes, son dieu, Marduk, fils aîné d'Enki, deviendra le maître des autres dieux[62].

Les hommes, créés pour fournir aux dieux les biens nécessaires à leur bien-être, leur obéissent. Selon le mythe du Supersage — dont on pense qu'il date du millénaire suivant—, les hommes sont les ouvriers des dieux, comme ils le sont des souverains. Aucun dieu n'est plus particulièrement le « propriétaire » *(belu)* des hommes, chacun l'est de tous les hommes. Cependant, chaque homme, dans chaque ville, chaque village, chaque recoin de campagne, a quelque chose comme un « dieu personnel » qui le protège, intervient en sa faveur, et à qui il recourt plus volontiers comme à un protecteur à la Cour du roi.

Ces dieux décident de la vie éternelle des hommes tout comme les souverains, eux-mêmes quasi-dieux, et jugent de la durée de leur vie terrestre. L'épopée de Gilgamesh dit : « Quand les dieux ont créé les hommes, ils leur ont assigné la mort, mais la vie [sans limites], ils l'ont gardée pour eux[62]. » La vie terrestre est en quelque sorte une propriété des dieux *prêtée* à l'homme et que celui-ci doit rendre à sa mort.

Pour pouvoir alors rejoindre son « lieu » définitif, lieu vague et flou, demi-sphère symétrique du ciel, et y mener une vie d'éternelle félicité, l'homme doit être enterré avec toutes ses propriétés, être soigné et servi comme de son vivant et, comme le montrent la *Mort de Gilgamesh* et *Urnamu aux Enfers*, textes contemporains, avoir de quoi faire de somptueuses offrandes aux divers dieux de l'au-delà. Les vivants ont intérêt à bien traiter les morts : d'une part parce que, si ceux-ci sont mal à l'aise dans l'au-delà, ils peuvent revenir sur terre et menacer de les dévorer ; d'autre part, parce qu'en les traitant bien, les vivants peuvent espérer qu'on fera de même pour eux et que les morts intercéderont auprès des dieux pour rendre fertile leur terre, guérir leurs maux, leur faire connaître l'avenir[62].

Dans la mort comme dans la vie, chaque homme n'est pas également traité : chacun a d'autant plus d'importance *qu'il a plus de propriétés, plus de moyens de bien vivre sa mort.*

Aussi, plus que celle d'aucun autre, la mort du chef, roi, prince ou empereur, est-elle un moment dangereux, menaçant la survie de tout le peuple : il faut qu'il puisse bien mourir pour que le peuple vive. Pour ce faire, leur vie durant, les peuples doivent enrichir leurs princes, préparer leur au-delà en édifiant de magnifiques sanctuaires qui leur serviront de demeures. De leur vivant, les rois y organisent des cérémonies quotidiennes et des sacrifices rituels massifs ; ils y donnent des repas plus fastueux encore que ceux de la Cour elle-même[62].

Toute l'organisation de l'Empire fait donc converger l'épargne des récoltes vers les dépenses de la vie et de la mort du prince. Les premiers rois de Sumer et d'Akkad emmènent même leur Cour dans l'au-delà : femmes, esclaves et courtisans plus ou moins consentants (choisis par qui ? selon quels critères ?) sont sacrifiés et enterrés avec armes, chars et bijoux dans la tombe du roi. Après la mort du monarque, on consacre l'essentiel du surplus des terres de l'Empire à entretenir ses monuments et les prêtres qui les servent.

Au milieu du IIIe millénaire, semble-t-il, la vie l'emporte néanmoins sur la mort. Pour éviter de mourir avec chaque prince, la Cour ne laisse plus partir le roi dans sa tombe qu'avec des *statues*, des bijoux, de la vaisselle, des parures, des outils de travail, des armes et de la nourriture. Moment essentiel : un au-delà abstrait l'emporte sur l'au-delà « réel » et les produits de la terre remplacent ceux de la femme comme aliments de l'éternité.

A l'instar des princes, les morts du commun durent par l'entretien du lieu où ils sont eux-mêmes enterrés : à leur mort, ils sont « pleurés par leurs familles »[62], puis ensevelis, parfois dans le sous-sol même de leur maison, dans le tombeau de leur famille, résidence éternelle dont nul ne doit plus, « sous les pires menaces, troubler l'agencement ou les déloger[62] ». Chaque famille doit ensuite régulièrement venir les nourrir, leur verser de l'eau fraîche par un tuyau, et, en diverses cérémonies, dire le nom de « tous, autant qu'il y en a, à dormir en la terre[62] », jusqu'aux fondateurs du clan. Si telle famille quitte son village, elle doit emporter, si elle le peut, les restes de ses ancêtres et les enterrer là où elle s'installe. C'est dire combien le *lieu* est essentiel à la durée.

On a gardé peu de traces de ces tombeaux, sans doute en raison des innombrables civilisations qui se sont ensuite succédé sur ces terres d'Asie et qui, chacune à son tour, a voulu faire de ce lieu le sien, effaçant la trace des autres dans la mémoire des hommes.

En revanche, en Égypte où les hommes s'organisent il y a sept millénaires, les traces de la mort des hommes sont plus nombreuses et explicites, sans doute parce que chaque dynastie ne s'est pas construite sur l'annulation de la précédente.

Dans ce mince ruban de terres fertiles entouré d'un immense désert se met en place une extraordinaire concentration humaine : peut-être près d'un million d'hommes en 3000 av.

J.-C. Comme en Mésopotamie, des villages se regroupent en deux royaumes, au Nord et au Sud, qui, au début du IIIe millénaire, s'unissent en un seul sous l'autorité d'un roi de Haute-Égypte, Ménès (Narmer), lequel choisit de bâtir Memphis comme sa capitale.

Comme en Mésopotamie, les dieux des villages sont considérés par les paysans comme créateurs de l'univers et possesseurs des hommes. Chaque force de la nature, chaque village a un ou plusieurs dieux. L'un des plus grands d'entre eux, Osiris, règne sur le pays des morts, et Râ est le dieu du soleil. Comme en Mésopotamie, il faut enterrer les morts en leur terre. De plus, comme l'âme de chaque homme revient visiter le corps qu'elle a quitté, celui-ci doit être intact, momifié. Comme en Mésopotamie, le bonheur des morts dépend de l'attention des vivants et de ce qu'ils peuvent apporter aux dieux, offrande des vivants et nourriture des morts. La tombe égyptienne, écrit joliment Michel Ragon, est donc « une sorte d'appareil de communication avec l'au-delà[339] ». Aussi un Égyptien met-il « plus de cœur à préparer sa maison d'éternité qu'à installer sa demeure[437] ». Un riche sculpteur égyptien résume sa situation de fortune en disant : « J'ai fait mon tombeau moi-même ; j'ai ma propre maison, ma propre barque, je possède des champs créés par moi-même et je laboure avec mes propres bœufs[131]. » N'est donc vraiment un Égyptien que celui qui a les moyens de *se payer sa mort*, autrement dit qui possède de la terre, des troupeaux, des bijoux, du mobilier, de la vaisselle, ou qui, soldat ou fonctionnaire du prince, a les moyens d'en disposer après sa mort.

Comme en Mésopotamie, les premiers princes d'Égypte emmènent dans leur tombe toute leur Cour, serviteurs et richesses. Les autres y emmènent ce qu'ils peuvent : dans les plus anciennes tombes de notables égyptiens, on trouve des armes, des outils en silex, des fards, des vases de terre, des objets en ivoire et en pierre[437]. Tout Égyptien de cette époque, même enterré sans cercueil, dans un trou creusé à même le sable près du lieu où il habite, se fait accompagner de vases et fait régulièrement déposer sur sa tombe, par sa famille, des aliments et des boissons « avec de l'encens et de l'eau, symbole des crues du Nil, qui assure la pureté des aliments et désaltère le mort[417] ». S'il est vraiment trop pauvre ou trop seul pour y parvenir, il est enterré dans une fosse commune et meurt sans éternité. C'est le cas de l'immense majorité des paysans de l'époque[437].

Vers 2900 av. J.-C., comme en Mésopotamie, on cesse de tuer les vivants pour accompagner les morts. Le prince ne se fait plus accompagner dans sa tombe par des serviteurs ou des familiers, mais par des statues de pierre ou de faïence qui les représentent. L'Égyptien moyen emmène lui aussi des figurines représentant des servantes dans de petites cuisines en bois. Jean Baudrillard — qui situe cette évolution vers 2000 av. J.-C., alors qu'elle est sans doute beaucoup plus ancienne — écrit : « Chacun accède à l'immortalité : c'est une sorte de conquête sociale, peut-être arrachée de haute lutte ; sans faire d'histoire sociale-fiction, on imagine assez bien, dans l'Égypte des hautes dynasties, des révoltes et des mouvements sociaux avec pour revendication le droit à l'immortalité pour tous[38]. »

Vers 2700 av. J.-C., les pharaons de la IIIe dynastie décident de se faire enterrer dans des monuments en forme d'escalier ouvert vers le ciel, pour faciliter leur accès vers le dieu Soleil. Ces œuvres monumentales exigent un grand travail du peuple. Dans la première, la tombe du roi Djoser à Saqqarah, haute de soixante mètres et dominant une enceinte de quinze hectares, on a retrouvé quarante mille objets portant le nom de plusieurs rois antérieurs[437]. Un siècle plus tard, sous la IVe dynastie, avec la tombe du roi Snefrou, à Dahchour, puis celle de son fils Khéops, à Gizeh, l'escalier devient pyramide et comporte à la fois la tombe et deux temples : l'un, à l'est de la pyramide, où se rend le culte funéraire, l'autre en contrebas, à l'entrée, où arrivent les fidèles. La grande pyramide, qui couvre sept hectares et demi, et pèse six millions de tonnes, devait sans doute contenir l'essentiel des biens précieux du pharaon. On imagine le tribut ainsi payé par le peuple à l'éternité de son prince.

A partir de 2600 av. J.-C., chaque chef de village, chaque notable, civil, religieux ou militaire égyptien, ayant assez de richesses pour en disposer à sa mort, assure son au-delà d'une nouvelle manière : il donne les revenus d'une partie de ses terres à un prêtre de Râ qui s'engage, en échange, à faire des prières et des cérémonies de « rappel du nom » à intervalles réguliers sur sa tombe[437]. Là encore, il faut que la force de la croyance dans l'au-delà ait été considérable pour que les héritiers acceptent ce genre de libéralités et que les testataires espèrent en la durable validité de tels contrats.

Un peu plus tard au cours du IIIe millénaire, la religion se fait plus abstraite ; les pyramides de la Ve dynastie deviennent plus petites, les temples funéraires y prennent davantage d'importance. On continue à graver sur les parois des textes en souvenir des mérites des morts. Sans doute épargne-t-on ainsi des terres : le rappel du nom lui-même devient figuré. L'écriture est comme une durée désincarnée.

Puis, au XXe siècle av. J.-C., au moment même où s'accroît la puissance de l'Empire, des pyramides plus importantes réapparaissent pour abriter les tombes d'Amenemhat Ier et de Sésostris Ier. Pour honorer les grands seigneurs et d'autres souverains de la XIIe dynastie, on taille aussi des puits carrés dans la roche en des endroits purs. Sur les murs intérieurs sont peintes les propriétés du mort[437]. On y enterre la momie avec tout un mobilier luxueux et des statues des serviteurs funéraires, en principe trois cent soixante-cinq ouvriers avec des houes, des pioches, des paniers accrochés sur le dos, encadrés par trente-sept contremaîtres, les « chefs de dizaines[417] ». A intervalles réguliers, quelqu'un doit y venir faire « vivre le nom » en récitant des formules évoquant les aliments censés nourrir le mort, et se livrer à des offrandes régulières auxquelles comme le veut la tradition assiste, cachée dans une petite pièce, une statue du défunt. Erman et Rantre décrivent des exemples de contrats conclus vers 1950 av. J.-C.

par un prince avec un collège de prêtres, afin de créer une sorte de fondation funéraire comprenant « des terres labourées, des gens, du bétail, des jardins et d'autres choses encore[131] ». Un peu plus tard encore, le rituel se réduit à la seule prononciation du nom du mort. Les Égyptiens moins aisés sont enterrés dans de simples cercueils et accompagnés d'un mobilier funéraire fabriqué en série. Enfin, les plus pauvres sont inhumés comme un millénaire auparavant, simplement enveloppés dans leur natte, dans un trou creusé à même le sable ou dans la tombe en ruine d'un riche oublié, badigeonnée pour en faire disparaître les inscriptions antérieures[437].

Toutes ces tombes sont regroupées en de véritables villes des morts, doubles des grandes cités : d'abord à Thèbes où la nécropole, plus étendue que la ville elle-même, emploie des milliers de terrassiers, de maçons, de peintres, de sculpteurs, puis, plus tard, à Tanis, vers 1200 av. J.-C.[434].

Vers 1800 av. J.-C., quand certains peuples envahissent l'Égypte, que l'avenir devient flou, la trace incertaine, le pharaon affaibli, les généraux et les notables se font construire de petites pyramides en briques. Bientôt, néanmoins, l'ordre est restauré — c'est le Nouvel Empire — et Thoutmosis Ier, vers 1500, fait creuser sa tombe dans la montagne de Thèbes, sorte de pyramide naturelle où presque tous les rois se feront enterrer après lui. Les Égyptiens abandonnent désormais tous leurs biens matériels aux vivants et n'emportent plus dans le « monde inférieur » que ce qui est nécessaire à une éternité abstraite[437]. On ne trouve ainsi, dans une sépulture datant de 1500 av. J.-C. que les vases canopes où sont placés les entrailles embaumées, l'effigie de quelques serviteurs funéraires, « des vases contenant de la nourriture, des parures, des jeux, des étoffes, des armes, des outils, des meubles », ainsi qu'un papyrus du *Livre des morts* avec une « formule pour que l'on fasse pour lui [le défunt] tous les travaux qu'on doit faire dans le monde inférieur[434] ».

A partir du XVIe siècle av. J.-C., alors que l'Égypte a retrouvé sa confiance et sa foi dans l'avenir, les tombeaux creusés dans la montagne de pharaons tels que Ramsès II redeviennent comme d'immenses pyramides destinées à leur servir, comme dit un cartouche, de « château de millions d'années ». Dans les tombeaux les plus riches, on trouve encore des objets de grand luxe : ainsi, dans celui de Psousennès, au XIe siècle, « un guéridon d'argent, une aiguière d'or, une cruche à verseur d'argent et un brasero[434] ». A la même époque (XXIe dynastie), les riches Égyptiens font encore inscrire des textes sur les parois de leur cercueil que jouxtent seulement les vases canopes et quelques statues de serviteurs funéraires ; une inscription les identifie comme « la personne et la propriété » du mort[434]. Vers l'an 1000 av. J.-C., malgré la décadence, les rites redeviennent monumentaux. Ainsi, en 924, le pharaon Osorkon Ier fait construire le grand temple de Bubastis et y grave la liste de ses présents aux dieux (des statues, du mobilier liturgique, des objets rituels en or, en argent, en électrum venu de Grèce et en bronze, pour des quantités allant jusqu'à deux cents tonnes[434]). Quelques rois ne reviennent à la tradition des pyramides qu'au VIIIe siècle av. J-C., sous la XXVe dynastie.

Les rapports à la mort en Chine suivent la même évolution que dans les deux autres Empires. Ils s'enracinent dans les mêmes rapports au temps, à l'au-delà et à la propriété. Chacun appartient à ses ancêtres qu'il rejoint si possible avec toutes ses propriétés, vivantes et mortes. Ainsi, il y a cinq millénaires, les premiers chefs de clans, de villages ou de provinces sont enterrés avec leurs femmes, leurs enfants, leurs compagnons en armes, des danseuses, des serviteurs et toutes leurs richesses. Les gens du peuple sont inhumés avec de pauvres biens, dans des fosses communes, dans la terre de leur village qui fonde leur identité. Puis, là comme ailleurs — mais un peu plus tard, semble-t-il —, la vie l'emporte sur la mort, la statue remplace le corps vivant, *le figuré remplace le propre.* Ainsi, les derniers empereurs Shang établis dans le Hunan du XVe au XIe s. av. J.-C., après avoir acquis le contrôle du bronze nécessaire à la fabrication des armes, se font enterrer avec des chevaux, des chiens et des statues ayant forme de monstres, puis, postérieurement, avec des statues représentant plus directement la Cour, les seigneurs et les armées. A la fin du IIIe siècle av. J.-C., l'empereur Qin-Shin Huang-di, le premier à avoir unifié la Chine du Nord, est enterré près de Xi'an, dans le Chen-si, protégé par une armée en terre cuite faite de près de cinq mille statues d'officiers et de soldats, tous différents, en costumes et équipements de guerre, avec des chevaux en armures et des chars. Pour les princes plus tardifs, ces statues devront être remplacées par des objets moins difficiles à confectionner et plus fragiles.

Le rituel des obsèques de ces princes est mal connu. Pour les enterrements plus modestes, on sait qu'on organise le « rappel de l'âme » en criant le nom personnel du mort : « Le nom personnel, dit Granet, c'est la destinée et c'est la vie[175]. » Sur les tombes, chaque clan ou chaque famille doit organiser à chaque saison des offrandes sacrificielles en provenance des champs de la famille ou du clan, et faire servir un repas par le fils aîné à un « petit-fils du mort ou à un parent appartenant à la génération de ses petits-fils, qui boit et mange pour lui. Le fils lui doit le respect le plus absolu[175] ». Le figuré est ici dans le vivant et non plus dans la statue, dans le deuil et non plus dans les obsèques. On retrouvera ce même glissement un peu plus tard dans de très nombreuses civilisations impériales.

Dans tous les autres Empires de l'époque (je parlerai plus loin des rites extrêmes des Empires amérindiens, qui ont perduré jusqu'au XVIe siècle de notre ère), on rencontre à peu près les mêmes règles. Pour ne citer que quelques exemples, dans les premiers royaumes de l'Inde, il faut souvent travailler toute une vie pour rembourser les richesses avancées par un père pour l'enterrement du grand-père ; chez les Todas du sud du pays, on marie des cadavres à des personnes vivantes[289]. Il arrive également qu'on marie entre eux des morts qui ne se connaissaient pas de leur vivant, pour améliorer leur vie dans l'au-delà. En Annam, un convoi funéraire comprend des porteurs, une vingtaine de bonzes, des musiciens, des « deuillants », des porteurs d'étendards[339]. Partout les morts emportent avec eux l'essentiel de leurs biens et de leurs familiers. Partout, accumuler des biens sert avant tout à préparer sa mort.

L'État des terres

Au IIIe millénaire avant notre ère, dans les grands villages fortifiés de la fin de l'Ordre rituel, le jeu des propriétés du sol devient très complexe. Sur une même terre, chaque chef de clan, chaque échelon de la hiérarchie sociale, chaque chef de famille tire à lui une partie des revenus produits par les paysans qui y vivent pour les consommer, les faire remonter vers un chef plus puissant, ou affirmer son pouvoir sur ses surbordonnés en leur en rendant une partie. La forme sociale se constitue ainsi en un délicat équilibre, pyramide de pouvoirs et de droits de propriété sur la terre.

Au sommet, le prince essaie d'obtenir la soumission de ses sujets sans leur abandonner trop de ses droits. En bas, chaque famille de paysans vise à rester sur le lieu qui la définit, et il n'y a pas grande différence entre le petit propriétaire et le protégé des riches. Chacun tient et est tenu à sa place. Édifice instable que menacent sans cesse les vicissitudes de la guerre, de la famine, de l'agression.

La première de ces formes s'esquisse vers 3000 av. J.-C. en Mésopotamie, là où les Sumériens venus d'Asie s'organisent en quasi-cités. Ils introduisent l'écriture, ce qui leur permet de comptabiliser les richesses qu'ils entassent dans leurs entrepôts. Jusqu'en 2500 av. J.-C., plusieurs peuples sumériens et sémites se disputent la suprématie sur la terre et sur les routes du bois et des métaux. S'établit alors la primauté du politique sur le religieux. Les hommes de pouvoir, toujours représentants des dieux, mais soldats autant que prêtres, se proclament propriétaires des terres, quasi-dieux eux-mêmes. Ainsi — vers 2400 av. J.-C., selon des tablettes de comptabilité

— des dieux confient à un administrateur, un prince, un *ishakkou*, la charge de prévenir la disette[103]. Pour ce faire, il doit répartir les terres entre les villages, créer des entrepôts, organiser l'usage des canaux, des ponts, des routes et des réseaux d'irrigation. Il s'appuie sur un intendant du palais — *noubanda* — qui attribue lui-même des terres à des chefs de tribus ou à des généraux en échange de leur soumission et d'une partie des récoltes[103].

Vers 2330, un prince d'origine sémite, Sargon, vainqueur d'Uruk, règne de la ville d'Atotrodé sur toute la Mésopotamie. Lui succèdent son fils Mamishoushou et son petit-fils Naram-sin, « dieu d'Akkadée », puis Shou-halli ("roi de tous les rois") et Sharroukin-illi (« Sargon est mon dieu »). Ils s'approprient des terres de la région d'Akkad et les afferment à des officiers, établissant un premier Empire à peu près centralisé. Un peu plus tard, de Sumer surgit au sud le royaume du même nom. A la fin du IIIe millénaire, les rois de Sumer et d'Akkad se partagent toute la Mésopotamie par conquêtes et par mariages[103]. Dans chaque clan conquis, ces rois nomment ou laissent nommer un chef qui prélève pour lui bois et blé, et réquisitionne chariots et cultivateurs. En échange, les peuples soumis reçoivent une protection militaire, une garantie de ressources et des terres qui deviennent parfois héréditaires et échappent aux impôts.

Dans ces deux petits Empires, la propriété de la terre se constitue ainsi en une pyramide de droits fragiles et révocables, difficiles à conceptualiser aujourd'hui, mais « sans que des relations proprement vassaliques s'établissent entre le roi et les grands, ni entre les diverses couches de l'aristocratie[62] ». Commencent à s'écrire des « codes » : le premier connu remonte à Ur-Namu, fondateur de la IIIe dynastie d'Ur, vers 2100, qui disparaît vers 2000 av. J.-C.

Entre 2300 et 2200, les Sumériens disparaissent et cèdent la place à un royaume sémite unifié gouverné depuis Babylone, vaste Empire allant de la Méditerranée au golfe Persique. La langue des Sémites, l'akkadien, devient la langue officielle et courante ; le sumérien reste langue liturgique et littéraire. Puis les Assyriens conquièrent la Syrie et le nord de la Mésopotamie, tout en laissant subsister des cités-États, dont Babylone qui contrôle la moitié méridionale du territoire mésopotamien[62].

En 1792 av. J.-C., un roi de Babylone, Hammourabi, réunifie de nouveau toute la Mésopotamie autour de son petit royaume. Il est encore à la frontière des hommes et des dieux (son nom signifie « le chef de famille est grand[62] »). Babylone devient la capitale politique puis culturelle du pays. Le dieu de la cité, Marduk, fils aîné d'Enki, devient le dieu principal de l'Empire. Il n'est plus le « propriétaire » de la terre et des hommes, mais seulement leur « maître[62] ». Hammourabi regroupe en une monarchie centralisée les territoires que tribus et princes s'étaient appropriés ; il distribue des terres à ses soldats ou à des esclaves et des prêtres affranchis, mais à titre précaire, révocable et personnel. Ces dons de terres peuvent aller jusqu'à trente-huit mille hectares, comme le montrera vers 1600 un document appelé *Figures aux plumes*[99]. Des tablettes d'argile et des galets de calcaire nommés *koudourrou* — « indications de limites » — signalent ces terres au public et servent à leur enregistrement. Parfois, peut-être lorsque la donation est sans limite de durée, l'indication est faite d'une pierre très dure et posée sur le champ lui-même ; une copie en est déposée dans un temple. Ces textes se terminent toujours par une formule menaçant de la colère des dieux « quiconque, dans les jours éloignés, méconnaîtra le droit des bénéficiaires[99] ».

Pour fixer ce droit, « démontrer la sagesse et le sens de la justice du souverain » et « lui permettre de réaliser sa mission divine », Hammourabi rassemble toutes ces décisions en un *Code* de propriété « voué par les dieux à la protection du pays et à la prospérité du peuple[98] ». Ce Code établit la première classification connue, encore floue, des diverses catégories de droits de propriété valables dans un Empire. Il distingue entre les biens *privés*, dont on peut librement disposer, et les biens *ilkou* (telle la terre), propriétés de l'Empire déléguées par le roi, qui ne peuvent être ni vendues, ni données en gage, ni transmises en héritage, sauf à un fils, à charge pour celui-ci de continuer à en verser les revenus au roi[98]. Le Code fixe des règles touchant l'esclavage, le travail agricole, le commerce, les locaux d'habitation, le témoignage, les dépôts et dettes, la famille. Il est assorti de sentences très strictes en cas de non-respect[103].

Un Ordre impérial est alors approximativement défini sur l'ensemble de la Mésopotamie : le pouvoir central recense les terres, protège les entrepôts, affecte les travailleurs et tient à jour la comptabilité des ressources. Chaque village produit une certaine quantité de biens fixée à l'avance. Chaque famille se reconnaissant un ancêtre commun cherche à ne jamais quitter la terre que le village lui laisse occuper. Les canaux appartiennent au village qui les a aménagés. Lorsqu'un canal est à sec, les villages qui en ont l'usage peuvent en utiliser un autre appartenant à tel ou tel village, ou le dédoubler, ou bien encore puiser de l'eau à un réservoir appartenant à un autre village[106]. Chacun peut garder la propriété de sa récolte hormis ce que lui prend le représentant du roi. Bien que, selon le Code, la terre, propriété du clan, ne soit pas cessible à l'extérieur de celui-ci, on peut tourner cet interdit en adoptant un acquéreur pour l'introduire dans le clan. Ainsi Téhip-tilla, riche propriétaire foncier de Nuzi, contemporain d'Hammourabi, se fait-il adopter cent vingt fois. C'est de la sorte que les notables concentrent la terre, bien fertile, entre leurs mains[106].

Existe aussi à l'époque « une comptabilité des biens, un inventaire des stocks, des livres de comptes, d'entrées et de sorties, de paiements, de mouvements de marchandises publiques ou privées, de contrats d'achat et de vente de biens fonciers et de personnes, des règles d'emprunt, de mariage, de dotation, d'adoption, de mise en nourrice, de testaments, de litiges et protocoles de jugements[98] ». Bref, un véritable État.

Un siècle plus tard, comme il fallait s'y attendre, cette

concentration du pouvoir sur la terre entre les mains de quelques seigneurs affaiblit l'Empire. Les Hittites venus des plateaux d'Anatolie descendent l'Euphrate et prennent Babylone en 1595. Pour assurer leur pouvoir, ils distribuent à leur tour des terres aux officiers de leur armée et accordent l'immunité fiscale aux temples de leurs dieux. L'Empire hittite atteint son apogée au XIVe siècle avant notre ère, puis se désagrège en 1200, n'ayant plus rien à distribuer à ses vassaux, sous la pression de nomades que les textes égyptiens nomment « Peuples de la mer[434] ».

S'installe alors une dynastie kassite, originaire des monts Zagros. Ils s'emparent à leur tour de Babylone qu'ils gouvernent pendant quatre siècles. On ne sait presque rien de leurs règles de propriété.

A partir de 1100 arrivent de nouvelles tribus sémitiques, les Araméens. Puis l'Assyrie gouverne la Mésopotamie en envoyant ses armées prélever bois et chevaux. Des années de guerre civile aboutissent ensuite à la destruction de Ninive, en 612, par le Chaldéen Nabopolassar dont le fils Nabuchodonosor prend Jérusalem en 587. Quand, en 330, Alexandre conquiert Babylone, la Perse entre dans l'orbite culturelle hellénistique avant d'être, à partir du milieu du IIe siècle, conquise par les Parthes. Du rêve d'Hammourabi il ne reste rien.

De la même façon, en Égypte, le jeu de la propriété sur la terre rythme celui du pouvoir sur les hommes. Alors qu'à la base de la société, les règles de la propriété restent stables, dictées par les conditions géographiques de l'exploitation du sol, au sommet, princes et chefs locaux se disputent sans cesse leurs tributs en de terribles batailles. Au début du IVe millénaire, des groupes semi-nomades se sédentarisent, suivis de villages d'agriculteurs, chacun avec ses dieux et ses habitudes agricoles. Comme ailleurs, la terre appartient à des dieux qui en vivent. Amon, dieu propriétaire de Thèbes et de Karnak, est par exemple connu comme le propriétaire de soixante-cinq villages, de quatre cent trente-trois jardins, de quarante-six ateliers et de quatre-vingt-trois bateaux. Les villages se regroupent peu à peu en collectivités plus larges, puis, vers 3500 av. J.-C., en deux royaumes du Nord et du Sud. Un peu avant 2900, Narmer (Ménès), premier pharaon — mot qui signifie « la grande maison », là où il habite —, les unifie et devient propriétaire des terres au nom du peuple et des dieux tout à la fois[100]. Pour conserver son pouvoir, il en distribue à des seigneurs, des officiers, des prêtres et des paysans sous forme de tenures en principe non héréditaires qui se conforment aux réalités agronomiques et démographiques de la vallée du Nil[301].

Au-dessous des notables guerriers ou religieux, les paysans attachés à leur sol cultivent un lopin considéré en général comme une possession du village et qui leur est distribué par une assemblée de notables. Ils doivent fournir au pharaon, au besoin de force, une part de la récolte fixée selon la qualité du sol, et ne peuvent céder leur lopin, le partager ou l'échanger qu'avec des membres de leur propre famille. En échange, le pharaon leur doit protection contre la famine et stocke des vivres à cette fin. Pour rappeler ce pouvoir à son peuple, il organise tous les trente ans, au voisinage d'une des grandes pyramides, un jubilé du couronnement au cours duquel les seigneurs et les statues des principaux dieux défilent devant lui qui tient à la main un document énumérant ses propriétés principales, le Nord et le Sud, la « Terre blanche », fertile, et la « Terre rouge », le désert[100].

Quand commence la IIe dynastie, le pays est divisé en une quarantaine de provinces (des *nomes*, selon le terme grec qui a ensuite prévalu pour les désigner), dirigées chacune par un *nomarque*. L'État est déjà suffisamment bien organisé pour disposer des moyens de faire recenser tous les deux ans les biens immobiliers et mobiliers de chaque Égyptien, pour calculer le rendement de chaque terre et en déduire le montant des impôts en nature que chacun doit verser.

Mais les notables civils, religieux et militaires ne voient pas toujours la différence entre les possessions publiques et les leurs. A partir de la IIIe dynastie, ils considèrent leurs tenures comme héréditaires. De grandes fortunes privées se constituent, ainsi que le prouve l'examen des principales tombes de l'époque. Sous les VIe-VIIIe dynasties, après 2200 jusqu'à 2000 environ av. J.-C., le pouvoir de ces chefs de province est si grand que l'Empire se désarticule. Pour se maintenir, le pharaon doit les exonérer d'impôts, ce qui affaiblit encore son propre pouvoir et conduit à la scission de l'Égypte en deux Empires dirigés depuis Thèbes et Héracléopolis. Au milieu du XXIe siècle, l'unité est rétablie par un monarque de Thèbes, Montouhotep III. Commence le Moyen Empire, qui pendant quatre siècles s'appuie sur des règles de propriété à peu près stables. C'est la grande période de défrichement, d'irrigation et d'unification du pays. Au XXe siècle, le roi Amenemhat Ier regroupe les nomes en de grands ensembles aux frontières nouvelles, et place des fonctionnaires à leur tête.

Pour gérer ces terres et leurs productions se constitue toute une bureaucratie de notables, de comptables, de prêtres, de soldats et de policiers « qui trouvent objectivement intérêt à défendre la structure de leur propre sujétion[65] ». L'administration centrale est dirigée par un vizir, responsable de l'Agriculture et du Trésor — celui-ci étant lui-même composé de la « Maison blanche » (Haute-Égypte) et de la « Maison rouge » (Basse-Égypte). Le vizir gère les archives royales où un registre centralise la désignation des champs, de leurs propriétaires et de leurs produits. Tout est tenu à jour par des inspecteurs qui sillonnent l'Égypte et déterminent les impôts. « Si la crue du Nil emportait une portion du lot, le roi envoyait ses inspecteurs pour calculer la perte de terrain et diminuer proportionnellement les impôts[301]. »

Au milieu du XIXe siècle av. J.-C., alors que la croissance démographique et la constitution de ces grandes propriétés dépouillent les paysans de leur terre, un des pharaons les plus puissants de la XIIe dynastie, Sésostris III, essaie de reprendre des terres aux seigneurs et de les redistribuer en attribuant des lots[203]. C'est l'une des premières « réformes agraires » connues dans l'Histoire. Quand, au milieu du XVIIIe siècle, les Hyksos venus du nord envahissent l'Égypte et apprennent à ses habitants l'usage du cheval et du char de combat, un affaiblissement progressif de la royauté aboutit à une seconde période d'instabilité qui dure près de deux siècles.

Vers 1560, les Hyksos sont expulsés par les rois de Thèbes et le Nouvel Empire se constitue. Pour la première fois, l'Égypte part à la conquête de pays étrangers, et la XVIIIe dynastie édifie un Empire qui s'étend de l'Euphrate à la quatrième cataracte du Nil. Thoutmosis Ier, un des plus grands pharaons de cette époque, fait respecter de strictes règles de propriété. Sa fille Hatchepsout règne après lui. L'État égyptien n'a sans doute jamais été aussi puissant qu'alors : le vizir, le directeur des services centraux, des armées et des sacerdoces, ainsi que les gouverneurs de provinces sont tous nommés et révocables par le roi. Bientôt, cependant, comme à chaque fois, on assiste à un retour de l'hérédité, des fortunes mobilières s'édifient, les pouvoirs des féodaux se développent. Vers 1360 av. J.-C., Aménophis IV doit à nouveau tenter de reprendre les biens du clergé et les propriétés devenues héréditaires. Se faisant appeler Akhenaton, il supprime les cultes d'Amon au profit de celui d'Aton (le disque solaire), confisque les biens du clergé et délaisse Thèbes[437]. Derrière son rêve monothéiste se masque sans doute une volonté de re-centralisation du pouvoir et de concentration de la propriété. Ses successeurs immédiats, puis les rois de la XIXe dynastie, en particulier Sethi Ier, rendent le pouvoir aux prêtres, reconquièrent l'Empire et font édifier de grands monuments. Puis Ramsès II (1298-1232) stoppe l'avance des Hittites et restaure l'Empire égyptien jusqu'en Syrie. Il fait construire les temples d'Abou Simbel, agrandit ceux de Karnak et Louxor. Ainsi s'organise une fastueuse économie monumentale autour du pharaon, gérant du patrimoine des hommes et des divinités. Puis, en un cycle invariable, à partir de la XXe dynastie, le pharaon s'affaiblit devant les notables, les prêtres de la « Maison d'Amon » prennent le pas sur les fonctionnaires au service du roi. L'Égypte se partage alors en dominations multiples. Memphis devient autonome ; des seigneurs libyens prennent le contrôle d'Héracléopolis et des villes de Basse-Égypte. L'Égypte perd l'Asie. On entre dans la Troisième Période intermédiaire. A la mort de Ramsès XI, en 1085, un grand prêtre d'Amon, Hérihor, devient maître du Sud, tandis que Smendès se proclame roi du Nord.

Alors que point l'étoile grecque, l'Égypte glisse doucement vers le déclin : après 950, les premiers rois libyens de la XXIIe dynastie restaurent un temps la puissance internationale du pays sans rétablir pour autant son unité. Au VIIIe siècle, la XXIIIe dynastie gère un pays scindé en plusieurs royaumes et principautés : il y a même parfois jusqu'à cinq roitelets à la fois ! Puis la vallée du Nil est successivement conquise par les Soudanais et les Assyriens. Après qu'entre 663 et 609 un pharaon de Saïs a une dernière fois réunifié le pays, celui-ci finira par se dissoudre dans la mouvance grecque avant de devenir province romaine.

Pendant ce millénaire, comme au cours du précédent, le paysan égyptien n'a cessé de vivre cloué à sa terre, esclave sans en avoir le nom, cultivant de père en fils la petite parcelle dont il a reçu l'usage du chef du village, en espérant qu'elle sera fertile mais que l'envoyé du pharaon, du nomarque ou du prêtre ne s'en apercevra point trop et lui laissera de quoi nourrir ses enfants et préparer sa mort.

Il en va de même en Chine du Nord où les premières communautés agricoles sont apparues vers 4000 av. J.-C.. Vers 1520, une première dynastie, celle des Xia, unifie une partie de la Chine. La deuxième dynastie, celle des Shang, organise toute la Chine du Nord en une confédération de domaines. Ce n'est pas encore un Empire, mais c'est déjà plus qu'une coalition : les rois shang vivent des revenus de leur territoire propre et changent de capitale selon la fertilité des terres[287]. Dans chaque village, les ancêtres du clan, érigés en dieux, habitent sur leur terre en un tertre carré planté d'un grand arbre, et donnent la jouissance de la terre aux hommes.

« Le Ciel produit les êtres et les choses et la Terre les nourrit[174]. » La hiérarchie des dieux est la même que celle des terres : au sommet de leur pyramide se trouve le grand dieu du sol royal, le Souverain Terre (Heou-t'ou), qui incarne les ancêtres royaux, possède le royaume et protège la famille royale[174]. Le roi peut disposer de la terre mais ne saurait en priver son peuple[174]. Son rôle est de faire correspondre l'Ordre de la terre et l'Ordre cosmique. Quand il provoque, par injustice ou tyrannie, la misère et le désordre, la révolte est de droit et il perd son mandat[174]. « Le Ciel auguste, dira plus tard Confucius, n'a pas de favoris, il ne favorise que la vertu. La faveur du peuple n'est pas invariable ; il n'aime que les princes bienfaisants[287]. »

Il faut attendre le XIe siècle av. J.-C. pour que les Shang soient remplacés par les Zhou, venus du Weï, qui élargissent le territoire de l'Empire tout en laissant un fief aux Shang. Leur capitale est d'abord située près de Xi'an. Les rois, chefs administratifs et militaires, « fils du Ciel », constituent la Chine en une confédération de principautés qui restera unie pendant l'essentiel de son histoire. Ils organisent de grands travaux hydrauliques et s'approprient la totalité du sol[176]. Leurs représentants contrôlent les provinces et perçoivent au nom de l'Empereur une partie des produits agricoles et du sel en échange d'un serment de fidélité. Ils reçoivent des terres en concession, qu'ils doivent en principe rendre quand leurs fonctions prennent fin[176]. La concession est consignée sur une tablette confectionnée avec une motte de terre prise sur l'autel du dieu du sol, et enveloppée dans de l'herbe dont la couleur indique l'orientation de la concession[176]. En réalité, comme dans les deux plus anciens Empires, les représentants confondent pouvoir et propriété, une noblesse terrienne se constitue qui organise la propriété de la terre à son avantage et la rend héréditaire[176].

La plus grande partie de la terre est néanmoins laissée au peuple. Les paysans n'ont que des outils de pierre et un style de vie peu différent de celui du néolithique. La survie de chaque village dépend de l'égalité de la répartition des terres. La commune villageoise, qui les possède, les distribue périodiquement entre les paysans avec obligation pour eux de les mettre en valeur. Ils produisent porcs, volailles, millet, orge, vers à soie. Les lopins sont cultivés quelques années, puis laissés en friche. On ne défriche pas encore les montagnes ni ne draine les sols.

De cette époque date un système de partage des terres et des impôts villageois dit du « bon champ », dont on ne sait s'il a jamais été vraiment appliqué à grande échelle : dans chaque village, chaque lot de terre cultivable est divisé en neuf portions égales selon la forme du caractère chinois *jing* (puits). Huit de ces lots sont attribués à autant de familles qui doivent en outre cultiver le dernier pour le compte de l'État[27]. Même s'il n'est pas généralisé, ce système restera dans l'histoire de la Chine comme l'archétype de la justice et de la démocratie à conquérir. On en reparlera sans cesse.

Vers 770 av. J.-C., les empereurs Zhou abandonnent la vallée de la Weï pour Loyang, et perdent peu à peu toute autorité. Les tenures deviennent héréditaires, les impôts, lorsqu'ils sont payés, cessent d'être fonction des récoltes. Au VIIe siècle, la Chine se scinde en une centaine de petites principautés regroupées au siècle suivant en une vingtaine de royaumes, puis en sept. Dans les royaumes de Quin, de Chun, de Han et de Weï, des fonctionnaires — les *Shi* — gèrent l'État. Commencent irrigation et drainage. On regroupe les familles de chaque village en unités astreintes au service armé et à la corvée. Les villes se développent[287].

Au IIIe siècle, un Quin, Shi Huong Di, réunifie la Chine et entreprend la construction d'une muraille fixant la frontière contre les nomades Xionguu. Il rompt avec le « gouvernement vertueux » des *Shi* et s'appuie sur les marchands agricoles dont les propriétés deviennent considérables. Les inégalités foncières s'aggravent. Le philosophe Meng Tseu déclare au roi qui l'interroge : « Les hommes périssent [de faim] et vous dites : "Ce n'est pas moi". C'est comme si quelqu'un, après avoir tué un homme en le perçant d'un glaive, disait : "Ce n'est pas moi qui l'ai tué, mais mon arme !" Prince, cessez de prétexter le manque de récoltes...[287] »

A la fin du IIIe siècle, l'Empire Quin s'effondre. Une dynastie Han associe de nouveau au pouvoir les lettrés et les fonctionnaires qui s'attaquent à la concentration de la propriété entre les mains des marchands pour se les attribuer sous couvert de protéger les paysans pauvres.

Malgré la découverte de l'assolement et l'amélioration de la charrue, le rendement des terres reste faible. Aussi la limitation de la propriété est-elle nécessaire à la survie des paysans. Les lettrés la réclament, ainsi que le rétablissement du système des « neuf champs »[27]. En vain. L'État Han est trop faible et les lettrés eux-mêmes, comme les nobles, se font exempter d'impôts et de corvées. Pour rembourser ses dettes, l'État s'octroie en 119 av. J.-C. — pour la première fois, semble-t-il, dans l'Histoire — un *monopole* sur le sel, le fer et les boissons fermentées. Les particuliers qui souhaitent extraire du sel doivent le faire bouillir dans des bassins spéciaux loués par l'État[287].

A partir du Ier siècle av. J.-C., les Han reconstituent un pouvoir central fort et reprennent la construction du mur des Quin. La prospérité revient, de nombreuses villes se développent. D'immenses étendues de terre restent néanmoins incultes. De 8 à 25 ap. J.-C., l'empereur Wang-Mang tente de nationaliser le sol et d'abolir l'esclavage ; mais il est chassé. L'utopie de l'Empire égalitaire a vécu pour deux millénaires.

Des noms et des corps

Dans l'Ordre impérial, la femme n'est plus le bien fertile essentiel, mais les êtres vivants, femmes, enfants, esclaves, restent des richesses importantes, essentielles aux maîtres des Empires.

Autant qu'on puisse savoir ou deviner de cette immense

période, la première propriété qui permet de comprendre celle des corps reste le nom : nommer, c'est toujours s'approprier. En Assyrie, « être » et « nommer » sont synonymes[62]. « Quoi que ce soit » se dit « tout ce qui porte un nom »[62]. De même, dans la tradition chinoise, le nom est l'essence intime de la famille. Il est lié au fondateur dont la naissance est racontée dans un mythe qui explique son nom. Partout le nom lie les hommes et la terre, les vivants et les morts, et définit la communauté. Le nom marque donc l'unité des membres de la famille, dit ce qu'ils sont et ce qu'ils ont. En général, il renvoie au nom de la terre. Comme dans les sociétés plus anciennes, les rites interdisent de prononcer le nom personnel d'un ancêtre pendant plusieurs générations. Puis il se fond dans la masse des ancêtres et redevient libre.

Dans les Empires matrilinéaires — l'Égypte du IIIe millénaire, comme chez les plus anciens paysans chinois —, la mère possède les enfants, le père n'est pas distingué des oncles paternels, ni la mère des tantes maternelles[121]. Dans les Empires patrilinéaires, au contraire, le père possède les enfants. Le nom s'hérite de grand-père à petit-fils. En Chine, le père est « possesseur » du fils aîné, il est son futur ancêtre dont celui-ci aura à présider le culte[175]. Le fils doit traiter son père en propriétaire, lui apporter ses hommages et respecter ses propriétés. « Un fils n'ose point se servir de l'escalier réservé à son père : il ne touche ni à ses vêtements, ni à ses couvertures, ni à sa natte, ni à son oreiller, ni à l'escabeau où il s'appuie ; il respecte spécialement son bâton et ses chaussures et ne se permet pas d'en approcher de trop près. Il ne se permet pas de se servir de son écuelle, de sa coupe, de son pot à eau...[175] » De même en Égypte, à la fin de la IIIe dynastie, vers 2730 av. J.-C., la biographie de Méten, fils d'un scribe, montre que la famille, à cette époque, devient patrilinéaire, nucléaire et monogamique. Osiris est, avec Isis et ses enfants, le « témoin d'une société qui prend conscience de la paternité[121] ».

Les enfants étant une richesse des paysans et des royaumes,

le prince doit tout faire pour augmenter le nombre de ses sujets. Comme le nombre de femmes possédées par un même homme reste un signe essentiel de la puissance, l'Ordre impérial favorise les mariages par tous les moyens possibles. Les femmes constituent une richesse. On les vole, on les conquiert, on les achète, on les troque. Chez les Hittites, par exemple, la femme quitte son père pour venir chez son mari en y apportant son *iwaru*, ses biens (troupeaux et bijoux), qui deviennent propriété de la famille de l'époux[435]. Mais elle peut aussi continuer à habiter chez son père : l'*iwaru* reste alors dans la maison de la femme, même si elle a des enfants ; le mari n'est pas intégré au clan de la mère et reste « simple visitant[435] ».

Partout l'empereur qui ne peut posséder toutes les femmes de son Empire, comme c'était parfois le cas du chef de village, cherche pour le moins à les « posséder » une fois, à les marquer. La plus ancienne trace écrite d'un tel droit du prince sur toutes les femmes de son Empire figure dans le récit de Gilgamesh : « Pasteur d'Ourouk aux enclos, le pasteur de ses habitants, le fort, l'admirable, l'avisé, il ne laisse pas une fille à sa mère, ni la fille d'un preux, ni l'épouse d'un héros...[62] »

Les hommes peuvent aussi devenir propriétés privées, être échangés, légués, loués ou vendus comme d'autres objets : les rares documents égyptiens concernant des ventes d'esclaves indiquent des prix élevés en blé ou en orge. Du code d'Hammourabi on peut déduire que deviennent esclaves les anciens propriétaires ruinés, les prisonniers de guerre, les voleurs et les débiteurs[98].

Contrairement aux mythes répandus, ils ne représentent cependant jamais plus d'un centième de la population de la Chine, et un dixième de la population babylonienne ou égyptienne : le corps n'est décidément plus le bien fertile essentiel. Dans toutes ces sociétés, le sol, l'eau et les plantes sont manipulées par ceux qui en profitent personnellement[62] ; chaque village n'emploie que des paysans propriétaires, et on s'arrange pour que chacun ait une terre, ou, s'il n'en a pas, s'en aille en conquérir de nouvelles ou travailler ailleurs.

On n'emploie donc d'esclaves que là où leur travail n'est pas lié à la terre et où la surveillance est possible, c'est-à-dire dans les mines, les carrières, la construction de palais et de temples, le transport de statues monumentales[415]. Parfois, on en utilise à des tâches domestiques. Au début des Empires, ils accompagnent ainsi leur maître dans la tombe. Plus tard, leur sort s'allège, ils peuvent acquérir des biens, les transmettre ou en hériter, posséder des exploitations agricoles, utiliser eux-mêmes des domestiques.

La barrière qui les distingue des autres catégories sociales ne les en sépare pas totalement : comme l'esclave, le paysan, l'ouvrier, l'artisan, le marchand sont affectés à leur tâche et ne peuvent la quitter ; l'empereur peut prendre à sa guise le produit de leur travail ou leur vie. L'homme libre, propriétaire de terre, est rare. Tout autre, esclave ou non, n'est que matériel pour le prince et les prêtres.

La force des choses

Les choses circulent entre ceux qui les fabriquent. La division croissante du travail et l'extension des territoires réduisent l'autonomie de chaque famille et multiplient le mouvement des objets. A la campagne, le troc, échange d'otages ou d'objets vivants, reste de règle. Le petit commerce et le prêt semblent intenses ; les marchands professionnels mésopotamiens (*kamkarou*) sont très souvent mentionnés dans les textes. Dans les villes, les fortunes qui se gagnent en terres se dépensent en palais, monuments funéraires, esclaves, bijoux, objets d'art, vaisselle ou animaux. Le marché n'y est plus échange d'otages, mais troc rigoureux de marchandises comptabilisées et évaluées par l'État. Leur prix doit être *juste*, c'est-à-dire compatible avec les exigences de l'ordre social. Parfois, pour être sûr de pouvoir fixer le prix des biens les plus essentiels, l'État s'en octroie le *monopole*. Partout les temples servent d'entrepôts et de réserves. Lorsqu'ils existent, les commerçants des villes sont fonctionnaires d'État, extrêmement encadrés et contrôlés. Ainsi, à Babylone, en 1630 av. J.-C., un édit du quatrième successeur d'Hammourabi, Ammi Sadouqua, exige qu'un sceau authentique certifie les transactions des commerçants de détail et de gros de la ville[98].

La monnaie n'est d'abord qu'un étalon de mesure de la valeur, sous la forme de figurines en terre cuite représentant bœufs ou moutons, substituts aux animaux antérieurement sacrifiés, ou encore, en Mésopotamie, de jetons non figuratifs. Elle sert à payer les offrandes et les amendes, accessoirement à mesurer la valeur des choses.

A la fin du IIIe millénaire avant notre ère, en Mésopotamie, les soldes sont versées en blé et en vin ; ailleurs, on utilise des métaux et de l'orge comme unités de compte. En Assyrie, l'argent, en grenaille ou en morceaux, le cuivre et le plomb remplacent l'orge. En Égypte, l'or, le cuivre, l'argent et le bronze servent de monnaie de compte[368]. Ainsi, le hiéroglyphe égyptien désignant l'or représente une enfilade de perles. On trouve sur une stèle du XVIIIe siècle av. J.-C. : « Vendu à Hay, par le brigadier Nebsem, un bœuf, soit 120 mesures *(deben)* de cuivre. Reçu en retour deux pots de graisse (soit 60 *deben*), cinq pagnes de tissu fin (soit 25 *deben*), un vêtement de lin méridional (soit 20 *deben*), un cuir (soit 15 *deben*)[437]. » Dans une tombe de Thèbes, au XVe siècle avant notre ère, une fresque représente une balance avec deux bœufs sur l'un des plateaux, et neuf anneaux de métal sur l'autre[368]. A partir du XVe siècle, des lingots de plomb ou d'or de taille incertaine commencent à servir d'instruments de règlement des échanges.

Comme me l'a expliqué Jean Bottero, dans les ventes et achats de biens « nobles » (personnes et terres), on assiste à une sorte de conflit entre la valeur *qualitative* — selon laquelle, rien n'étant comparable à rien, le vainqueur de l'achat est celui qui donne le plus, gagnant ainsi en prestige plus qu'en propriété —, et une notion *quantitative*, plus abstraite, qui commensure toute chose à un étalon unique, une sorte de pré-monnaie qui ne porte pas encore sur elle la marque de garantie de l'État, mais qui est déjà le plus souvent garanti par l'État qui surveille et arbitre.

Les échanges entre Empires sont considérables. L'est envoie les marchandises élaborées vers l'ouest, qui expédie de l'or et de l'argent. Les Empires du milieu surveillent et entretiennent les routes. Plus tard, le chariot à roues et le navire à voiles permettent à des caravanes régulières d'aller de l'Égypte à la Mésopotamie et aux Indes, de la mer Baltique à la Méditerranée[394]. Des marchands font le commerce de métaux et d'étoffes entre le centre de l'Asie Mineure et la Mésopotamie[394]. En Chine, le ver à soie vient du Bengale, le jade de Gobi, le blé de Mésopotamie, les buffles de l'Inde, les cauris des Maldives. L'Égypte importe du cuivre d'Iran, du zinc de Syrie, de l'or d'Arménie et de Nubie, de l'argent de Cappadoce[394] ; elle exporte des céréales aux Athéniens et aux Hittites, de l'alun à Delphes, de l'or aux princes d'Asie. Les villes de Phénicie — Tyr, Byblos — sont liées entre elles et avec le delta égyptien par des ententes commerciales[394]. Par exemple, un prince phénicien, Ounamon, échange avec un prince égyptien sept pièces de bois contre « quatre cruches et un vase d'or, cinq cruches en argent, dix pièces d'étoffe en lin royal, dix paquets de bon lin de Haute-Égypte, cinq cents câbles, vingt sacs de lentilles, trente couffes de poissons [...]. Ce bois, écrit-il, je l'ai coupé, je l'ai chargé, je lui ai fourni mes bateaux et mes équipages, je leur ai fait atteindre l'Égypte pour demander en ma faveur cinquante années de vie à Amon, en plus de ce qui est fixé dans mon destin[434] ». Toujours la hantise de durer...

En Chine, au XIᵉ siècle av. J.-C., les instruments d'échange internationaux et nationaux s'unifient. Pour la première fois, des pièces de bronze remplacent les lingots et, au VIIᵉ siècle, des caravanes convoieront ces pièces jusqu'en Asie Mineure où elles donneront, on le verra, l'idée d'en faire d'autres en électrum[368].

Ces échanges font la fortune de *ports de commerce*, pas nécessairement maritimes, entrepôts aux frontières des États. Les échanges y sont réglés, administrés, surveillés dans le moindre détail par des spécialistes. Ils deviennent parfois de grandes villes, telle Alexandrie qui compte cinq cent mille habitants vers 300 av. J.-C.[394]. L'Ordre bascule alors vers la Méditerranée où s'invente ce qui fera notre monde.

Être par la loi

Pendant que ces Empires se partagent le monde, apparaît, presque ignorée parmi eux, chez un peuple minuscule, Israël, une idée qui va bouleverser le rapport à la propriété, à la vie, à la mort. Quelques hommes nomades en quête d'une terre, puis esclaves et conquérants, inventent le monothéisme. Ils vont alors survivre grâce à une propriété unique, non plus une terre, mais une *Loi* dont ils reçoivent l'usufruit et qu'ils se donnent mission de protéger et de transmettre : *être devient, avoir la Loi, savoir la Loi.*

A la même époque surgit, très loin de là, l'autre religion fondatrice, le Véda indien, qui liera aussi salut et renoncement ; mais elle restera très isolée jusqu'à ce que le bouddhisme, au VIe siècle, lui donne son envol.

Le propre du judaïsme est de fonder l'existence sur la propriété d'un Code, et non de fonder la propriété sur l'existence d'un Code. Nomades venus de Mésopotamie, les Juifs apparaissent pour la première fois de façon certaine en Égypte, esclaves parmi d'autres des pharaons, venus au XIXe siècle av. J.-C. avec les Hyksos, ou plus certainement sous Ramsès II. Ils s'en échappent un peu plus tard — quelques familles de fugitifs — et cristallisent dans cette fuite leur foi en un Dieu unique et en une Loi. Puis, au XIe siècle — certains disent au XIIIe, mais c'est moins probable —, par la violence et la ruse, ils conquièrent une terre que leurs ancêtres auraient déjà, mille ans auparavant, obtenue de leur Dieu. En s'installant, chassant Phéniciens et Hittites, leur chef Josué partage le pays entre leurs douze tribus. Il ordonne ainsi ce partage : « Désignez vous-mêmes trois hommes par tribu afin que je leur donne mission de parcourir le pays et d'en faire le plan selon les possessions à attribuer ; après quoi, ils viendront me trouver. Ils le diviseront en sept parts, Juda devant conserver ses frontières au midi, et la maison de Joseph devant garder la sienne au nord. Vous ferez donc délimiter le pays en sept parts et m'apporterez le plan ici, où je les tirerai pour vous au sort devant l'Éternel, notre Dieu. Car pour ce qui est des Lévites, ils n'ont point de part au milieu de vous, le ministère de l'Éternel étant leur apanage ; quant à Guad, à Ruben et à la demi-tribu de Manassé, ils ont reçu leur patrimoine sur la rive orientale du Jourdain, tel que Moïse, serviteur de l'Éternel, le leur a attribué. »

Ces nomades, anciens esclaves terrassiers, deviennent alors paysans. Ils hésitent dans leur foi. Autour d'eux, les Cananéens adorent Astarté et Baal, dieux de la fertilité venus de Babylone. Leurs chefs, des juges, instaurent un ordre rigoureux. Se fixent leurs rapports à la mort : si, comme les peuples voisins, ils enterrent leurs défunts dans des tombeaux, hors des villes, il leur est interdit, les premiers sans doute, d'y déposer des objets ou des êtres vivants. La mort est le degré suprême de l'impureté. Elle ouvre à l'éternité. La propriété essentielle, celle qui dicte l'avenir du peuple, c'est le respect de la Loi par le peuple vivant : faire ce que dit la Loi est la principale richesse. Elle a l'avantage extrême, par rapport aux autres, de ne pas être source de conflit : chacun peut l'avoir sans en priver l'autre.

Les Juifs s'unifient en un royaume unique, au début du Xe siècle, contre les Philistins. Sous le dernier de leurs juges, Samuel, ils expriment le vœu d'avoir un roi. Samuel les met en garde contre la monarchie. Magnifique texte que je cite ici longuement, car il exprime bien, dans les mots et pour les mentalités du temps, ce que devait être le code de propriété de tous les Empires de l'époque :

« Voici comment procédera le roi que vous voulez avoir : vos fils, il les prendra pour les employer à ses chars, à sa cavalerie, les fera courir devant son char ; en fera des officiers de mille, des officiers de cinquante ; les forcera de labourer, de moissonner pour lui, de fabriquer ses armes et l'attirail des voitures. Vos filles, il les exploitera pour la préparation des parfums, pour sa cuisine et pour son pain. Les meilleurs de vos champs, de vos vignobles et de vos plants d'oliviers, il les prendra pour les donner à ses serviteurs. Il lèvera la dîme de vos grains et de vos vignes, pour la donner à ses courtisans et à ses esclaves. Vos esclaves à vous et vos servantes, et l'élite de vos jeunes gens, et vos ânes, il les prendra pour les employer à ses travaux. Il prélèvera la dîme de votre menu bétail, et vous-mêmes deviendrez ses esclaves. Vous vous lamenterez alors à cause de ce roi que vous avez désiré ; mais l'Éternel ne vous exaucera point ce jour-là. »

Selon le texte, le peuple répondit : « Non, il nous faut un roi ! Nous voulons être comme les autres peuples, nous aussi ; et notre roi nous jugera, et il marchera à notre tête, et il combattra avec nous ! »

Malgré les avertissements de Samuel, Saül devint roi, puis David, puis Salomon, contemporain de la XXIe dynastie d'Égypte. Ce qu'a annoncé Samuel se produit : l'empereur règne ; à la tête de la Cour, le « chef des intendants » prélève l'impôt, le « chef du palais » gère les propriétés royales, le « chef des corvées » le travail. Le roi fait construire des villes aux limites de l'État et divise le pays en douze districts qu'il confie à des intendants, chefs des tribus. Chacun doit fournir un mois par an les biens nécessaires aux besoins de la Cour[29].

Chaque tribu doit gérer son district ; nulle famille ne peut l'aliéner à l'extérieur du clan : « Nulle terre ne sera aliénée irrévocablement, car la Terre est à moi et vous n'êtes que des étrangers domiciliés chez moi. » Tous les sept ans, on doit laisser la terre reposer un an. Elle devient alors propriété publique, ainsi que les fruits qu'elle donne. Samson-Raphaël Hirsch commente ainsi cette obligation : « Se sentir devant Dieu l'égal du plus pauvre des hommes et de la bête des champs. » Tous les quarante-neuf ans, la terre doit être rendue à son propriétaire initial, c'est-à-dire à celle des douze tribus qui l'a reçue en partage, pour rendre impossible toute accumulation excessive.

En dehors de la terre, la Loi du royaume fixe des règles extrêmement précises pour la propriété des choses et des gens. Les textes distinguent propriété publique, privée et sacrée. Deux des Dix Commandements (le huitième et le dixième) protègent la propriété privée. Les textes ultérieurs distingueront entre propriété et possession. Seule l'appropriation légale, l'acquisition contractuelle d'un bien permet son usage. La prise de possession sans droit est interdite (Gn 37, 2). Toute transaction doit être faite devant témoin, et toute propriété s'établit devant témoin. Le droit de propriété mobilière se transmet par la réception de l'objet ; la propriété foncière, par une cérémonie de prise de possession symbolique où celui qui cède ôte son soulier (Rt 4, 7). Les droits du locataire sont maintenus même lorsque la propriété est vendue en cours de contrat.

Alors que le peuple nomade était matrilinéaire, le royaume d'Israël est patrilinéaire. Le père a tout pouvoir sur ses enfants, jusqu'à ce que Moïse lui interdise de les tuer (Lv 20, 2-5 ; Dt 21, 18-21). Le fils aîné reçoit en héritage une part double des autres ; les petits-fils passent avant leurs tantes ; à défaut de fils et de petits-fils, les filles succèdent, mais sans droit de primogéniture entre elles (Nb 27, 8-11) ; si un homme n'a pas d'enfants, sa succession va à ses oncles paternels ; les filles ne peuvent se marier qu'avec des hommes de la même tribu (Nb 36) ; sa mère et les parents maternels du défunt n'ont aucun droit sur ses biens (Jg 11,2).

Les esclaves, que la Loi autorise, sont très protégés. Déjà Moïse dans le désert leur avait accordé sept semaines par an (Ex 20, 10) ; dans le royaume, il est défendu de les tuer et de les mutiler (Ex 31, 26). L'esclave juif doit être libéré au bout de six ans avec quelques bêtes et des fruits (Dt 15, 13). S'il veut rester au service de son maître, on lui perce l'oreille (Ex 21, 6 ; Dt 15, 17). Les autres esclaves, tous circoncis (Gn 17, 23-27), prennent part aux réjouissances liées aux cérémonies religieuses (Dt 12 ; 16, 11) et peuvent devenir des hommes de confiance (Gn 24, 2) ou épouser la fille du maître (Ch 3, 25).

Le prêt d'argent est une obligation. L'intérêt est interdit : le temps n'appartient qu'à Dieu. En fait, l'interprétation des textes limite cette interdiction aux prêts à la consommation. Pour les autres, le taux d'intérêt peut ne pas être nul. Encore cette interdiction est-elle réservée aux prêts entre Juifs : « si tu prêtes de l'argent à un compatriote, à l'indigent qui est chez toi, tu ne te comporteras pas envers lui comme un prêteur à gages, tu ne lui imposeras pas d'intérêts » (Ex 22, 24 ; Lv 25, 37) mais « à l'étranger, tu pourras prêter à intérêt » (Dt 23, 20). Les biens laissés en gages par un emprunteur peuvent être rachetés sans limite de temps, sauf les maisons à l'intérieur d'une ville qui ne peuvent l'être que pendant un an. « Tout homme rentrera dans le bien qu'il possédait et chacun retournera à sa famille. (Lv 25, 23-31) »

La charité est nécessaire à l'ordre social du royaume : « Si tu trouves égaré le bœuf ou l'âne de ton ennemi, tu le lui ramèneras » ; « Ne porte pas atteinte au droit de ton prochain dans la misère » ; « Si ton frère vient à désobéir, si tu vois chanceler sa fortune, soutiens-le, fût-il étranger et nouveau venu, et qu'il vive avec toi. » (Ex 23, 1-9). Selon la tradition, un « bureau secret » dans le Temple permet aux justes de donner et aux pauvres de recevoir anonymement.

Tel est le royaume idéal, celui où la Loi aurait dû s'appliquer. En réalité, rien n'a jamais obéi à la Loi. Alors que le peuple devait (Dt 31-10) être rassemblé dans le Temple tous les sept ans, il n'intervient que lors des crises. Les chefs des grandes familles, propriétaires de vastes domaines agricoles, quelques marchands et les hauts fonctionnaires décident de tout[29]. Le roi prélève un tribut sur les paysans qui, lorsqu'ils sont ruinés par les impôts, viennent vivre en ville. Quand en 932, à la mort de Salomon, les démunis se révoltent, le royaume se divise. Le royaume du Nord est détruit en 722, celui du Sud en 587. Les Juifs sont alors exilés à Babylone[29].

C'est le temps des prophètes rebelles, issus de toutes les classes sociales. Amos parle avec orgueil de sa « petite culture de sycomores ». Isaïe est un grand seigneur. Jérémie est le fils d'un prêtre aisé de province[29]. Leurs pamphlets — les premiers de l'Histoire — protestent au nom d'une foi et d'une morale contre l'exploitation, la pauvreté, l'accaparement des terres. Pour eux, la propriété du sol n'est pas un droit, et la misère est un scandale, car tout homme a droit à la Loi et aux moyens de la vivre. Certes, leur utopie reste celle de la reconquête de la terre, mais c'est pour « reconquérir les cœurs ». Isaïe, peut-être le plus grand d'entre eux, dit : « En ce jour-là, le Seigneur étendra une seconde fois la main pour prendre possession du reste de son peuple qui aura échappé à l'Assyrie, à l'Égypte, à Patros, à Kouch, à Elam, à Sennaar, à Hammat et aux îles de la mer. Il lèvera l'étendard vers les nations pour recueillir les exilés d'Israël et rassembler les débris épars de Juda des quatre coins de la terre. (Is 11, 1-12) » Mais lorsque le royaume aura été ainsi reconquis, on n'y vivra plus comme avant et Isaïe ajoute : « Malheur à ceux qui ajoutent maison à maison, champ à champ, jusqu'à ce qu'il n'y ait plus de place pour les pauvres ! (Is 5, 8) » Comme E. Renan l'a noté dans son *Histoire du peuple d'Israël*, avec son réductionnisme laïque, maladroit mais évocateur, « les prophètes d'Israël sont des publicistes fougueux du genre que nous appellerions aujourd'hui socialistes et anarchistes[342] »...

En 538 avant l'ère chrétienne, le roi Cyrus, fondateur du nouvel Empire perse, autorise le retour des exilés de Babylone à Jérusalem et la construction d'un nouveau Temple. La vie juive reprend en Judée et en Samarie.

En 332, Alexandre de Macédoine conquiert la Judée. Après sa mort, ses successeurs se partagent son Empire : les Séleucides en Mésopotamie, les Ptolémées en Égypte, qui, jusqu'en 198, gouverneront la Judée. En dehors de la perception d'un tribut annuel, ils interviennent fort peu dans les affaires intérieures du pays. La victoire d'Antiochus III au IIe s. av. J.-C. le fait passer sous le contrôle des Séleucides, avant la vassalisation par Rome en 64 av. J.-C.[29].

Ainsi, après son exil comme avant la constitution du royaume, le peuple juif doit se retourner vers sa Loi pour y chercher son identité. Il n'a plus qu'elle. Et, justement, ce qu'elle lui dit est que, pour chaque homme juif comme pour tout le peuple juif, la seule propriété qui vaille, la seule qui mérite d'être défendue, *c'est la Loi.* Il lui faut se méfier de tout autre propriété, celle de la terre comme les autres.

Les textes le lui disent clairement, en racontant le premier exil, celui d'Adam qui perd le droit au paradis pour avoir pris le savoir de Dieu. Le premier meurtre aussi, celui du nomade Abel par le paysan Caïn : ce n'est pas là un simple fratricide, car le vrai coupable, si l'on veut bien comprendre le Livre, n'est pas Caïn, mais la terre elle-même, perméable au sang de la victime, la terre maudite, la terre que Caïn n'a reçue que pour y accueillir Abel. Et, comme le paradis fut retiré à Adam, la terre est retirée à Caïn qui n'est pas tué, mais chassé. Comme il l'a fait pour Adam, Dieu l'exile pour lui apprendre à vivre l'autre côté de la violence, celle que subit le démuni, le non-propriétaire, le nomade[126].

Mais, poursuit le texte, ces deux premières leçons ne suffisent pas, et l'homme retombe dans les conflits de la propriété. Plusieurs fois encore, pour Noé et pour les hommes de la tour de Babel, Dieu va devoir refaire ce geste de colère et renvoyer l'homme d'une terre. Puis il renoncera et confiera à Abraham la tâche de faire avec sa famille ce qu'il renonce à exiger de tous les hommes : *durer par une alliance.* Il fait de lui l'usufruitier de l'univers et lui refuse une terre pour l'immédiat, y compris même pour y enterrer sa femme — il lui faut louer une cave qu'il paie en sicles d'argent. Il lui dit (Lv 25, 23) : « La terre est à moi, car vous n'êtes que des étrangers domiciliés chez moi. » Ainsi doit-il vivre seul avec sa Loi.

Pour la première fois de l'histoire humaine, un homme vaut autant qu'un autre, quoi qu'il ait. Pour organiser sa durée, chaque génération juive se constituera alors, jusqu'à la fin de la violence, en *peuple de passage, usufruitier d'un texte, qui doit le savoir et le vivre pour le transmettre.* Ce peuple ne pourra échapper collectivement au néant que s'il dure jusqu'à la résurrection par le respect de la Loi.

Aussi, leçon suprême, la vie passe avant tout, et même, à la limite, avant la Loi, pour pouvoir la transmettre : « Il y a huit degrés dans la charité, dont chacun se situe au-dessus du précédent, dira beaucoup plus tard Maïmonide. Le degré le plus haut, auquel rien n'est supérieur, c'est celui qui assure le soutien d'un fils d'Israël en lui accordant un don ou un prêt, en s'associant avec lui, ou en lui fournissant du travail afin de lui permettre de *subsister* jusqu'à ce qu'il ne soit plus dans le besoin[270]. »

Mais, pour vivre en ce monde réel, l'Histoire apprendra au peuple juif en exil que la Loi ne suffit pas. Cessant alors d'être en retrait du monde, il se révélera en avance sur son temps ; il devra vivre avec de l'argent pour acheter son droit de prier en commun, de se marier, et même d'enterrer ses morts. « Sans argent, la collectivité juive est inévitablement vouée à disparaître[327] », écrit Léon Poliakov. Ainsi commence, marginal et contraint, ce qui constituera vingt siècles plus tard une des bases du troisième grand code de propriété, l'Ordre marchand, où nous sommes encore.

La Cité des vivants

A la même époque, tout à côté de la Loi de Dieu, se forme une autre utopie qui s'exprime dans une *Loi des hommes.* A partir du XVIe siècle, en Grèce et en Crète peuplées depuis le IVe millénaire avant notre ère, s'aménagent des relais pour le commerce de l'Égypte, comme Rhodes et Milet en Asie Mineure. Là, quelques dizaines de communautés, telle Mycènes en Argolide, s'organisent en ports d'échange, de pêche et de guerre. Bien que la mer, l'armée et le commerce y jouent un rôle essentiel, leurs chefs, comme ceux des Empires voisins avec qui ils commercent, considèrent la terre comme le bien essentiel, la source majeure de richesse. Ils répartissent entre des familles les terres autour du port, les chargent de contrôler les paysans et de percevoir un tribut. En échange, ils assurent une protection terrestre et maritime. Mycènes, la plus forte de ces villes, la mieux placée sur les routes commerciales, les fédère en un système impérial proche de celui d'Égypte et de Mésopotamie, si ce n'est que les distances et la mer maintiennent une plus grande autonomie des cités[82].

Un code se constitue autour des dieux qui contrôlent le destin des hommes. Ils assurent l'ordre et, par la mort de Penthée, démontrent que le sacrifice gère le désordre, canalise la rivalité et le désir, que la hiérarchie sociale et le partage inégal des biens et des tâches sont les conditions nécessaires de la paix et de l'ordre. Par le sacrifice, les hommes envoient l'un des leurs rejoindre les dieux. Ils en font un homme de paix, un double du chef, ce qu'ils appellent un *pharmakon*[167].

Ils ont peur des morts : « Le guerrier vainqueur doit mutiler son ennemi mort pour l'empêcher de se venger[6]. » Ils pensent qu'une police au service des morts, les déesses Erinyes, les menacent s'ils ne traitent pas ceux-ci assez bien. Aussi les enterrent-ils dans de vastes nécropoles jouxtant les villes, avec des biens considérables et des victimes sacrifiées, dans d'énormes chambres funéraires. Dans les tombes royales, on trouve ainsi des pierres précieuses, des épées et des poignards d'or, d'argent et d'émail. Il faut aussi, avant de mourir, faire des dons *(évergein)* aux vivants afin d'obtenir leur reconnaissance et de se perpétuer dans leur mémoire[402] : on lègue des biens à une société de buveurs pour qu'elle banquette à sa mémoire, ou une terre à la ville pour que ses revenus financent l'entretien des remparts, on dote une fondation qui créera un concours à son nom « afin que, grâce à l'utilité de la chose, la mémoire de moi demeure comme il convient[401] », on fait construire des monuments ou, comme beaucoup plus tard un philosophe péripatéticien, Lycon, on fournit de l'huile aux enfants des écoles. En échange, le légataire reçoit avant sa mort des couronnes — d'abord de laurier, plus tard de métal précieux —, des statues, et, après qu'il a passé de vie à trépas, un décret honorifique est affiché dans un lieu public pour que tout passant, le lisant à voix basse, fasse « revivre le défunt » — ce qui, dit Paul Veyne, est la chose la plus importante[401].

Le roi de chacune de ces cités — en général un chef de guerre — acquiert une richesse matérielle qui lui servira à préparer sa mort en prélevant sur les paysans des produits de la terre, du bétail, des tissus, des armes, des lingots de cuivre et d'or. Il prendra en esclavage des prisonniers de guerre, les *douloï*, qu'il emploiera comme domestiques ou artisans, ou qu'il gardera pour le sacrifice, ou encore qu'il louera à des particuliers comme rameurs ou comme mineurs[82].

En échange de ces tributs, le roi mycénien fournit aux temples les biens nécessaires aux sacrifices, aux cultes et aux fêtes administrés avec une précision extrême, et sa générosité signifie sa valeur. Ehrenberg cité par Servet[368] écrit : « L'État fixait le nombre et le type de sacrifices, faisant fabriquer les instruments nécessaires au culte, administrait les biens des temples, garantissait la protection et l'entretien des sanctuaires. »

Un étalon des richesses mesure les offrandes et permet de marchander avec les dieux. A l'époque d'Homère, on utilise à cette fin le bœuf. Puis, quand les animaux deviennent « trop coûteux pour les petites gens ou, selon certaines traditions, entachés d'impureté[368] », on utilise des offrandes végétales. Par la suite, des pièces[368] symbolisent ces sacrifices et ces offrandes et règlent les amendes destinées à se faire pardonner la transgression d'un interdit. De longues discussions entre fidèles et prêtres déterminent le dieu à servir et le montant des sacrifices[368].

Les premiers temples reçoivent également des rois et des notables des donations, des domaines, du butin des guerres, des biens confisqués, le montant des taxes et des amendes. Ceux d'Olympie, de Delphes, de Délos, de Milet, d'Éphèse ou de Cos conservent aussi les archives de la ville et ses objets les plus précieux[368]. La ville d'Athènes dissimulera ses trésors dans l'opisthodome du Parthénon, celle de Délos dans le temple d'Apollon, la confédération des Oitéens dans celui d'Héraclès. Certains d'entre eux, tel celui de Délos, accordent des prêts aux rois[82].

Les rois doivent aussi, pour durer, donner des terres aux chefs des plus anciennes familles qui gouvernent avec eux la ville, réunis en un conseil d'anciens *(gerousia)* désigné à vie. Chacun d'eux gouverne un domaine *oikos* (parents, serviteurs, esclaves et les biens qui en assurent l'existence matérielle). Et, comme partout, les plus riches propriétaires s'appuient sur les plus pauvres.

La taille de chaque patrimoine est très variable : le plus pauvre des paysans a un bœuf ; plus riche, il a des esclaves ; plus riche encore, il devient guerrier et fait faire le travail domestique (plus rarement celui des champs) par des esclaves ; plus riche encore, il a un véritable *oikos* avec esclaves, domestiques agricoles et artisans[96].

Un embryon de droit s'organise, où la propriété se transfère devant témoin et par acte écrit, ensuite, déposé dans les temples. A l'intérieur de chaque ville, les échanges se font d'abord sous forme de troc, de *metadosis* (« action de donner sa part », dit Polyani[329]), notamment lors de fêtes religieuses qui sont aussi l'occasion de rencontres et d'échanges entre villes. Entre les cités côtières se développe un commerce à longue distance : la découverte en Asie Mineure de deux vases mycéniens du XIIIe siècle en a démontré l'existence. On ne distingue pas nettement entre transactions et piraterie, commerce et pillage. Des ports de commerce et de guerre s'installent à côté des grandes cités et sous leur protection. Aristote parle beaucoup plus tard « de cités pourvues de lieux de mouillage et de ports convenablement situés par rapport à la ville, de telle sorte que, tout en n'ayant pas leur siège dans la ville même, ces installations n'en soient cependant pas trop éloignées et soient maintenues dans une étroite dépendance par des remparts et autres travaux de défense analogues[7] ».

Vers 1200 av. J.-C., l'Ordre se défait. Il semble que les palais et les citadelles de Mycènes soient alors incendiés. On sait peu de choses sur le « trou noir » qui commence au XIIe siècle avec le déclin de Mycènes et qui se termine au VIIe avec les débuts d'Athènes. Il semble que le jeu des héritages et des dettes ait concentré la richesse foncière entre les mains d'une petite aristocratie de propriétaires fonciers et d'éleveurs de chevaux qui affaiblit rois et petits propriétaires et monopolise l'armement. Une fois de plus, la concentration du bien fertile entre quelques mains a dû conduire à la désagrégation d'une forme impériale.

Au VIIIe siècle, en tout cas, il est sûr que le développement du travail du fer conduit à une renaissance des cités entre les mains d'une aristocratie foncière[82]. La société grecque va alors osciller pendant six siècles entre deux utopies également inaccessibles : le *panhellénisme* et la *polis*, l'universel et le spécifique, chacune déterminant un certain code de propriété. L'un est un Empire de type classique ; l'autre, cité des vivants, veut partager *également* le pouvoir sur la ville entre tous les hommes libres, quelle que soit l'ampleur de leur propriété[402].

Au début du VIIe siècle, quand le poète Archiloque annonce comme la naissance d'un embryon d'individualisme, alors que s'effondrent les Empires voisins d'Égypte et de Mésopotamie et que l'État hébreu se dissout sous les coups militaires, une constellation de villes grecques retrouve la paix et la puissance. Certaines de ces cités agricoles, telle Athènes, chassent leurs rois ; les grands propriétaires terriens, qui se nomment « citoyens », créent une assemblée et un tribunal (l'*Aréopage*), et élisent un « archonte » qui remplace le roi. « La terre est le privilège du citoyen. Toute communauté grecque à l'époque classique sera pour commencer une communauté de propriétaires terriens, même si, par la suite, des fortunes mobilières se développent à côté de la terre[402]. » Nourrie de la campagne environnante, la ville se développe avec ses marchands, ses entrepreneurs, ses guerriers, ses esclaves. Tout citoyen a au moins un esclave pour moudre le blé, cuire le pain, faire la cuisine et les vêtements, mais on n'en utilise pas pour le travail de la terre[402]. L'esclave est, dira Aristote, « un des éléments essentiels d'une maison complète et bien organisée[7] ». Certains citoyens en compteront jusqu'à cinquante ; le père de Démosthène en emploiera trente-deux pour fabriquer des épées et des lits[444].

Les objets s'échangent encore pour l'essentiel sous forme de troc ou contre des lingots de bronze. Au début du VIIe siècle, des pièces ovoïdes en métal précieux commencent à circuler entre citoyens pour payer des dots, des compensations pour des meurtres ou des vols, mais pas pour ce qui concerne les simples objets[368]. Et s'invente ensuite l'instrument de transfert des grandes richesses, substitut aux lingots utilisés par les Égyptiens et les Babyloniens.

Historiens et prêtres grecs ont dû beaucoup réfléchir aux origines de ces premières pièces estampillées et identiques. Il semble que les premières, fabriquées en électrum, alliage d'or et d'argent, circulent comme moyen de règlement dans le royaume de Lydie[368]. Hérodote écrit : « Les Lydiens sont les premiers à notre connaissance qui frappèrent et mirent en usage la monnaie d'or et d'argent, les premiers aussi qui firent le commerce de détail[203]. » Il est possible qu'elles viennent de Chine où elles existaient dès le XIe siècle av. J.-C., mais que la Lydie soit le premier royaume à en avoir fabriqué dans un métal précieux et à en avoir garanti la valeur.

Deux mythes de cette époque en racontent l'histoire. Selon le premier, un roi de Phrygie, Midas, ayant abusé du don reçu de Dionysos de changer en or ce qu'il touche, meurt de soif et de faim dans un désert d'or. Il obtient alors du dieu qu'il lui retire ce don. En échange, Dionysos lui ordonne de se laver dans le Pactole, qui devient ainsi aurifère et servira à fabriquer des pièces. *La monnaie tue la terre,* dit ce mythe. Autrement dit, un bien fertile va en remplacer un autre.

Selon un autre mythe que m'a rappelé Michel Serres, un roi de Lydie, Gygès, berger avant d'être roi, trouva au début du VIIe siècle, au fond d'une caverne, un cadavre nu avec une bague au doigt. Lorsqu'il la mit au sien, elle le rendit invisible. Il tua alors le roi, épousa la reine, prit le pouvoir et fabriqua de la monnaie. « La valeur sort de la mort[367] », commente superbement Michel Serres ; les richesses sortent de la tombe pour donner le pouvoir aux vivants : *la monnaie rend la violence invisible et remplace les cadavres.*

La Grèce devient alors *la Cité des vivants.* On va moins, à partir du VIIIe siècle, enterrer la richesse avec les morts, mais la garder pour les vivants et la faire circuler. De fait, à partir de la seconde moitié du VIIe siècle, les pièces remplacent peu à peu les lingots. Sardes devient un centre international de commerce entre la Méditerranée et l'Asie Mineure et fait circuler ces pièces vers l'Ionie, Argos et la Grèce continentale. Au début du VIIe siècle, une inscription du roi assyrien Sennacherib parle de « disques d'un demi-sicle », prouvant que la monnaie y arrive. Au VIe siècle, un grand nombre de cités grecques frappent des monnaies d'argent portant des signes politiques distinctifs, telles la rose de Rhodes ou la chouette d'Athènes[368]. Vers 560, le roi Crésus, contemporain de Cyrus et de Solon, ayant à sa disposition les techniques nécessaires, crée un « statère » d'argent et un « statère » d'or valant dix d'argent. Ces pièces, monnaies de règlement, commencent à se répandre à travers le monde connu. Datant de la fondation de l'*apadana* de Darius à Persépolis, vers 515, on retrouvera quatre pièces d'or lydiennes et quatre pièces d'argent helléniques[368], et le roi perse fait frapper ses fameuses *dariques* d'or. Ceci ne doit cependant pas conduire à exagérer le rôle de la monnaie : le code de propriété reste géré, pour l'essentiel, par le troc et la force.

Au VIe siècle, les cités grecques, unies contre les envahisseurs perses, sont en fait très divisées et la guerre qu'elles mènent entre elles accroît les impôts. Dans les villes côtières, les divisions internes s'aggravent. De nombreux paysans doivent gager leurs terres et s'endetter pour survivre ; quand ils ne peuvent rembourser leurs emprunts, ils deviennent esclaves de leurs créanciers et doivent travailler pour eux sur leurs anciennes terres. D'immenses fortunes côtoient une grande misère. La classe des marchands, qui paie une part importante des charges militaires et civiles, demande alors à participer à la vie politique. Des paysans démunis errent en ville et revendiquent le partage des terres. L'Ordre des puissants est instable.

Pour rétablir le calme politique, les citoyens envoient leurs paysans démunis peupler des colonies, comptoirs commerciaux et militaires davantage qu'établissements agricoles. On fonde ainsi Massilia (Marseille, v. 600), Néapolis (Naples, v. 580), Syracuse (début VIIIe s.), Byzance (VIIe s.). Les colons — *gamaroï*, ceux qui partagent le sol — font travailler les peuples soumis (Messéniens de Sparte, pénestes de Thessalie, Bithyniens à Byzance) sur leurs anciennes terres.

Mais cette « exportation » des causes d'agitation ne suffit pas à l'apaiser. Au début du VIe siècle, en pleine guerre des cités, un nouveau pouvoir menace l'oligarchie des propriétaires fonciers. En 594, Solon, aristocrate déclassé, enrichi dans le commerce des huiles, est élu archonte d'Athènes. On distingue désormais les thètes, libres mais non propriétaires ou tout petits propriétaires (artisans, marins et tenanciers) et les propriétaires fonciers. Pour être citoyen, il faut que l'un de ses parents le soit déjà. Solon divise les citoyens en quatre classes, selon leur fortune foncière et non plus selon leur naissance, et supprime les dettes des dépendants. Tous les citoyens bénéficient du droit de vote, mais la classe la moins riche, malgré son statut de propriétaire foncier, ne peut donner de magistrats. Solon crée, à côté de l'Aréopage, un tribunal populaire, l'Héliée[161]. Dans une assemblée plus large, l'Ecclesia, les citoyens expriment la volonté du peuple. L'Ecclesia décide en principe de la guerre, de la levée des impôts, de l'emploi des ressources, des constructions publiques, du choix des ambassadeurs[161]. Chacun peut y proposer l'abrogation d'une loi. Les votes se font par tête, à main levée. Pour certaines décisions (tel l'ostracisme, qui décrète l'éloignement hors de la ville d'un individu), le vote est secret. La grande majorité des habitants n'a cependant pas encore accès au statut de citoyen. Solon réduit également les dettes des paysans gagées sur les terres en changeant la valeur des pièces : c'est la première dévaluation. Il interdit à tout prêteur de prendre en gage la personne même du débiteur, rachète les paysans devenus esclaves, leur rend leurs domaines, favorise le partage des grandes propriétés entre tous les enfants du propriétaire et permet à chacun d'acheter des terres « nobles ». Solon disparu, Clisthène parachève son œuvre.

Dans la Cité des vivants, le signe du pouvoir reste la capacité des chefs à donner. Ainsi, au Vᵉ siècle av. J.-C., Xénophon relate un accord passé entre un seigneur d'Athènes et un roi de Thrace, Seuthès, qui reçoit de chacun des participants à la cérémonie un cheval blanc, un jeune esclave et des vêtements pour ses femmes : « Puis, Gnésippos d'Athènes, s'étant levé, proclama admirable l'*antique* usage d'après lequel, pour lui faire honneur, les riches donnaient au roi, qui donnait à son tour à ceux qui n'avaient rien[444]. » Les plus riches citoyens continuent d'avoir l'obligation sociale de prouver leur puissance par des dépenses d'intérêt public, les « liturgies », faites « pour le plaisir du peuple » : seuls ceux qui peuvent se le permettre sont à même de se mêler de politique[141].

Après le temps des tyrans, alors que Sparte, sa principale ennemie, reste une monarchie dirigée par un sénat et deux rois, Athènes redevient une démocratie[82]. Chef civil et militaire, Périclès l'administre presque sans interruption de 463 à 429. Il fait entrer la fortune mobilière dans la détermination du cens, ce qui permet aux riches marchands de rejoindre les propriétaires fonciers dans l'Aréopage. Pour la première fois dans l'histoire humaine semble-t-il, tous les propriétaires de biens mobiliers jouissent des mêmes droits que les propriétaires fonciers. Périclès ouvre l'accès à quelques fonctions publiques à la troisième classe de citoyens qui en était exclue. Il généralise le tirage au sort entre citoyens pour l'exercice du pouvoir, mais réduit l'accès à la citoyenneté à ceux dont les *deux* parents sont déjà citoyens. A sa mort, un certain Phormisios propose même de limiter de nouveau les droits civiques aux seuls propriétaires fonciers, ce qui éliminerait les cinq mille marchands de la ville. Il n'est pas suivi. La réalité du pouvoir reste aux mains des riches, ceux qui sont réellement *vivants* parce qu'ils ont les moyens de faire vivre les autres.

Les philosophes de la cité — Platon, puis Aristote et Démosthène — s'efforcent alors de conceptualiser l'idéal de la *polis*, de donner sens à l'idée de cité idéale et de définir les règles de propriété qui permettraient de la faire durer.

On voit dans leur débat se former les deux grandes règles de la propriété qui s'opposeront au long de deux millénaires à l'intérieur de l'Ordre suivant. Pour les uns, avec Platon, guerriers et philosophes doivent mettre en commun leurs femmes et leurs enfants, tous leurs biens, faire disparaître tout intérêt individuel et se dévouer totalement à la cité. Pour eux, tous les citoyens doivent pouvoir accéder aux plus hautes fonctions. L'esclavage doit être interdit, mais non la hiérarchie, car certains hommes sont faits pour le commandement et d'autres pour l'obéissance. Platon écrit : « Celui qui sait traiter avec douceur ceux qu'il pourrait maltraiter, qui se conserve pur de l'impiété et de l'injustice, s'élève jusqu'à la vertu la plus consommée[325]. » Pour Aristote, la propriété des terres doit au contraire être privée, de façon à inciter chacun à en prendre soin dans l'intérêt de tous. Certains hommes sont esclaves par nature et non par destin. « Celui [...] pour qui l'emploi des forces corporelles est le seul et meilleur parti à tirer de son être [...] est inférieur à ses semblables autant que le corps l'est à l'âme[7]. » Au surplus, l'esclavage est nécessaire à l'économie domestique en l'état actuel de la technologie. *L'esclave, propriété vivante, est le premier de tous les instruments vivants* : « Si chaque instrument, en effet, pouvait, sur un ordre reçu ou même deviné, travailler comme les statues de Dédale ou les trépieds de Vulcain qui se rendaient seuls, dit le poète, aux réunions des dieux, si les navettes jouaient toutes seules, si l'archet jouait tout seul de la cithare, les entrepreneurs se passeraient d'ouvriers, et les maîtres d'esclaves[7]. » Pourtant, à sa mort, Aristote affranchira ses propres esclaves en écrivant : « Dans nos propriétés, il faut d'abord jeter les yeux sur ce qu'il y a de plus essentiel, de meilleur et de plus excellent, c'est-à-dire sur l'homme[7]. »

Ces deux utopies se dissiperont dans l'oubli d'un millénaire de désordres ; elles resurgiront après un long cheminement, de Byzance à l'Église romaine en passant par l'Islam, pour fonder plus tard un nouveau droit de propriété en d'autres cités, autour d'un autre bien fertile...

La Grèce passe en 338 sous le contrôle de Philippe de Macédoine puis de son fils Alexandre, et perd sa maîtrise politique. Elle continue cependant, dans les interstices des guerres, de développer un commerce considérable et d'inventer les techniques qui, ultérieurement, permettront la mise en valeur du futur bien fertile, l'argent : c'est en fait dans la pratique des marins et des commerçants grecs de cette époque qu'apparaissent ou se précisent les modalités de la vente à terme, du prêt à la grosse aventure aux pêcheurs, aux marchands, aux commerçants, de l'hypothèque, du gage, du cautionnement, du contrat de change, de la lettre de change et même de l'assurance : ainsi, dès cette époque, des Grecs mettent sur pied à Babylone un système d'assurance contre la fuite d'esclaves, que finance le versement d'une prime par chaque propriétaire d'esclaves de la ville[200]. S'expérimentent aussi, dans la révolte des paysans ruinés et endettés, les premières revendications portant sur l'appropriation collective d'outils de production : au milieu du IIIe siècle av. J.-C., deux rois de Sparte, Agis IV puis Cléomène III, entreprennent une redistribution des terres et une annulation des dettes, jusqu'à leur défaite en 221 face aux Macédoniens. La pression romaine se fait plus forte, jusqu'à l'annexion de fait en 168 av. J.-C.

Le cœur des Empires continue de se déplacer vers l'ouest. Rome prend désormais le pas sur les autres forces.

Classer et exclure

Au VIIe siècle av. J.-C., l'Europe continentale, habitée depuis des millénaires, est encore pour l'essentiel une gigantesque forêt semée de rares villages résistant comme ils peuvent aux invasions. Depuis deux millénaires déjà, on y trouve des bijoux dans les tombes, telles les milliers de parures d'or du cimetière de Varna, en Bulgarie. Celtes, Baltes, Germains, repoussés par les peuples d'Asie, s'y installent avec leurs croyances et leurs rites, d'abord funéraires. Chez les Gaulois, l'enterrement des morts s'accompagne de sacrifices humains. Les Pré-étrusques, pour qui l'âme des morts, dangereuse et malfaisante, doit être tenue à l'écart, organisent les obsèques de nuit, à la lueur des torches, parfois dans la demeure même du mort, appelant le défunt à plusieurs reprises, entretenant en permanence un feu sacré dans chaque maison. Les Celtes, que plus tard, au IIIe siècle av. J.-C. on nommera Galli (Gaulois), occupent l'Allemagne du Sud, l'ouest de la Hongrie, la Bohême et le nord de la France, puis s'attaqueront à l'Italie et à la Grèce. Ils construisent des villages sur les grandes routes commerciales[433]. On ne sait s'ils étaient bergers ou seulement mercenaires. En tout cas, parmi les premiers, ils ont utilisé le fer pour fabriquer des outils, créé la charrue à déversement, inventé le tonneau et ont su devenir exportateurs de céréales[433]. Ils incinèrent leurs morts et enferment les cendres dans des urnes de céramique déposées à l'intérieur de monuments qui reproduisent l'aspect d'une maison. Parfois ils enterrent leurs chefs avec des objets familiers. Leurs princes sont enterrés avec des bijoux d'or, des vêtements, des chars, des armes d'apparat, des cuirasses et des vases pour le repas funéraire ; les princesses avec des bijoux et des boucles d'oreilles. Ainsi, au début du VIe siècle, une princesse celte est inhumée à Vix avec des chars tout équipés, des objets de luxe, dont un cratère grec en bronze. Il semble possible qu'ils aient aussi procédé à des sacrifices humains, comme le montre la construction faite d'ossements humains trouvée à Ribemont-sur-Ancre (Somme). La nécropole de Hallstat, en Autriche, près d'une mine de sel gemme exploitée dès le IXe siècle av. J.-C., contenait 2 000 urnes funéraires assorties d'un riche mobilier[433].

Pour légitimer leurs conquêtes, chacun de ces peuples construit une mythologie où la terre est supposée avoir été donnée par des dieux à leurs ancêtres. Ainsi naît Rome, fondée selon la légende en 753 av. J.-C. par deux frères ennemis, descendants exclus d'une famille royale voisine ou venus de Troie : Rémus le jaloux, qui ne respecte pas la limite tracée pour la future cité par Romulus le sage, lequel est tué par son frère. A la différence de Caïn, le meurtrier n'est pas chassé, mais devient roi : la violence pour la terre est ici, comme dans tout Empire, source de la propriété et du pouvoir.

Pour établir leur domination et défendre leurs frontières contre les ennemis de l'extérieur, les premiers maîtres du sol de la cité se constituent une armée et édifient des remparts. Selon la légende, ils se regroupent en un Conseil de cent *patres gentium* (chefs de famille) autour d'un roi d'origine sabine, élu par les patriciens, en charge du pouvoir religieux. Des prêtres, qui dépendent de lui, fixent les règles des rapports à la mort et à la propriété sous forme de lois qui doivent rester secrètes pour garder toute leur force.

Là comme dans toutes les sociétés antérieures, le sort des morts dépend des propriétés qu'ils emportent, richesses des morts, et des offrandes faites sur le tombeau, richesse des vivants. Comme on les craint, on les enterre hors de la cité, en réservant aux plus riches le bord des voies sortant de ses portes[180]. Sauf pour les très pauvres, les sépultures du IVe siècle av. J.-C. comportent une inscription indiquant le nom du défunt, sa situation de famille, la date de sa mort, son âge et sa profession. Au Ier siècle av. J.-C., les enterrements organisés par des spécialistes *(libitinarii)* ont lieu en plein jour, avec musiciens, chanteurs et pleureuses[180]. Des esclaves portent les effigies en cire des ancêtres du défunt et de ceux des familles alliées qui vont accueillir le nouveau venu[180]. « Un acteur masqué *(archimimus)* reproduit les traits et la démarche du défunt en accompagnant le cortège, prolongeant sa vie jusqu'à la destruction finale du corps[180]. »

Comme au début de tout Empire, chaque famille constitue une entité économique et politique autonome dont le père est le « magistrat domestique » qui gère les biens, juge et punit ses enfants. Il conquiert des terres, investit, place, spécule, surveille les paysans qui cultivent pour lui, fait du commerce maritime, organise des associations commerciales. Lui et ses pareils sont les véritables entrepreneurs de la création de Rome. Le troc domine. La propriété se fonde sur la force et sur des lois qu'on ne connaît pas, qui sont à l'époque même tenues secrètes.

On n'y utilise encore comme monnaie que des pièces grecques ou perses. En 616 av. J.-C., des rois étrusques succèdent aux premiers rois sabins et latins. Marchands, artisans et fonctionnaires, des citoyens des villes vaincues affluent dans la cité et en deviennent citoyens. Les prisonniers de guerre, les paysans vendus pour dettes, les enfants abandonnés deviennent esclaves publics et sont employés à construire les routes, les temples, les canaux, sans travailler encore dans l'agriculture.

Quand, en 509 av. J.-C., les rois étrusques sont chassés par les « patriciens », la ville est encore de dimension réduite : le territoire qu'elle maîtrise ne couvre que 565 kilomètres carrés. S'installe une « république », dictature de fait des grands propriétaires fonciers représentés par deux consuls élus chaque année. En 494, la plèbe obtient que quatre puis dix de ses représentants, ou « tribuns », puissent faire obstacle à leurs décisions.

Un peu plus tard, sans doute au milieu du Ve siècle —

même si, objecte Pierre Grimal, « on a depuis longtemps reconnu l'anachronisme de ces reconstitutions fantaisistes[180] »... —, un Code aurait été rédigé par une commission de dix anciens consuls pour rassembler en « Douze Tables » les lois applicables aux citoyens romains. Il semble qu'il s'agisse là d'une victoire de la plèbe qui obtient ainsi que le texte des lois anciennes cesse d'être un secret religieux laissé jusque-là à l'arbitraire des consuls après l'avoir été à celui des rois.

A lire ce qu'on sait de ce texte — censé résumer deux siècles de droit monarchique et d'organisation oligarchique —, la nouveauté majeure qu'il introduit réside dans la *classification systématique des objets et des règles de propriété* : il fixe des catégories qui s'excluent l'une l'autre et conduisent à attribuer telles ou telles propriétés à un détenteur donné, supprimant le flou et l'ambiguïté qui caractérisaient jusqu'alors la possession des êtres et des choses.

Il semble néanmoins que possession et propriété ne s'y distinguent pas encore très nettement : avoir la possession d'une chose donne sur elle les droits les plus absolus. On ne distingue pas non plus entre les éléments de *pouvoir sur les choses* : user, percevoir les produits et détruire restent confondus. En revanche, les Douze Tables distinguent déjà quatre éléments du *pouvoir sur les hommes* : la puissance matérielle *(potestas)*, le contrôle de la vie quotidienne *(distinctus)*, la protection des corps *(salvamentum)* et l'influence sur les esprits *(auctoritas)*. Elles divisent les citoyens en classes selon leur fortune ; les mariages entre personnes de classes différentes sont interdits : le classement est exclusion.

Toute chose, toute idée ou personne considérée comme une propriété y sont nommées *res*, mot dont l'étymologie renvoie, dit Marcel Mauss, « au sanscrit *rah, ratih*, qui signifie don, cadeau, chose agréable [...] à quelqu'un d'autre[289] ». Le Code classe de façon précise les choses en choses de *droit divin* — elles-mêmes divisées en sacrées (*res sacrae*, consacrées aux dieux), religieuses (*res religiosae*, consacrées aux morts) et saintes (*res sanctae :* les murs des villes) — et en choses de *droit humain*, elles-mêmes divisées en publiques (*res publicae :* les ponts ou les canaux) et communes (*res communes :* la mer ou les rivages). Elle les classe aussi d'une autre façon en choses *corporelles* (les esclaves, les terres, les biens mobiliers) et choses *incorporelles* (comme l'usufruit)[444].

Parmi ces choses corporelles, les esclaves sont eux-mêmes, selon de savantes distinctions, classés en esclaves privés et publics. Les prisonniers dont la vie a été conservée par grâce sont propriété de « celui qui aurait dû les tuer[109] ». L'esclave ne peut se marier ni posséder de terre. Les enfants nés d'une femme esclave sont eux-mêmes esclaves et appartiennent au maître de la mère. Le voleur d'esclaves, le *plagiarius* (du grec *plagion*, « qui emploie des moyens obliques »), est puni de mort[109].

La terre, autre « chose corporelle », est en principe la possession exclusive de l'État. Tout sol conquis par les soldats de Rome devient territoire public *(ager romanus)*, lui-même divisé en trois parties : l'une consacrée au culte divin, hors de tout patrimoine *(res nullius)*, l'autre, attribuée à la cité et inaliénable, la *res publica*, et la troisième louable à des citoyens s'ils paient un impôt (le *vectigal*)[311]. Il peut également exister des terres privées dont la possession doit être justifiée par écrit : « Nul n'est seigneur sans titre. » Le *mancipium* désigne d'abord l'*acte* de propriété, puis, par extension, le *droit* de propriété sur une terre. Avoir une chose *in mancipio* signifie alors en être propriétaire.

Pour ce qui est des biens mobiliers, la possession — on dit la *traditio* et, plus tard, la *prescriptio* — vaut propriété, sans acte écrit.

La propriété *incorporelle* reste encore floue et non exclusive. L'usufruit n'est pas clairement dessiné. L'*auctor*, par exemple, ne se distingue pas du *lector* : un texte appartient à tout possesseur du manuscrit, qui peut le recopier à sa guise[363].

Les façons d'acquérir une propriété sont classées de façon exclusive : on distingue la vente, la dot et le testament. La vente doit être faite devant cinq témoins, tous citoyens, avec une balance et un lingot de métal, en prononçant des paroles rituelles[102]. Le vendeur doit déclarer les défauts de l'objet vendu sur une tablette et peut pendant six mois être tenu de le reprendre ou d'indemniser l'acheteur. La vente peut également se faire par un simulacre de procès *(cessio in jure)* : le vendeur garantit qu'il est le propriétaire de la chose vendue, l'acheteur la revendique comme sienne, et le magistrat la lui accorde[102]. Après la vente, la réception d'un bien s'appelle le *vendere* : ce mot, écrit Marcel Mauss, « vient de *venum dare* et rappelle le don et la transmission », et semble emprunter à un « terme indo-européen qui signifierait déjà non pas la vente, mais le prix de vente en sanscrit, qu'Hirn a rapproché d'ailleurs d'un mot bulgare qui signifie dot, prix d'achat de la femme[289] ».

La dot et le testament sont d'autres moyens d'acquérir des propriétés. La dot devient la propriété irréversible du mari. Le mot *hereditas* désigne à la fois le fait de succéder et le patrimoine. Le droit exige sept témoins pour le testament écrit ou oral. Le patrimoine légué est considéré comme vendu par le testateur à l'héritier ou à un tiers intermédiaire[102].

Les Douze Tables classent aussi de nombreuses formes de prêts d'objets ou de terres : elles distinguent entre l'obligation *(nexum)*, le prêt de consommation *(mutuum)*, le prêt à usage *(commodatum)*, le dépôt *(depositum)*, le gage *(pignus)*, les contrats de vente, de louage, de mandat et de société *(societas)*[102]. Comme nombre de lois dans des sociétés plus anciennes, elles stipulent qu'un débiteur insolvable sera découpé en plusieurs morceaux répartis entre ses créanciers : nul ne sait si, à l'époque où ces Tables voient le jour, une pareille pratique est encore appliquée.

Bien que ce premier classement minutieux des formes de propriété se révèle vite désuet, nul à Rome n'osera jamais l'abroger. De nouvelles lois le dépassent vite sans le remplacer : en 445, le mariage entre un plébéien et un patricien est autorisé ; un peu plus tard, le mari est tenu de restituer la dot à son beau-père en cas de divorce ou de décès de sa femme ; puis les habitants des colonies et des villes du Latium, les plus anciennes alliées de Rome, accèdent à la propriété privée et aux droits politiques[311].

Hors de tout droit, de grandes familles se partagent le domaine de la République sans payer aucune redevance au trésor public. Les premiers dans l'Ordre impérial, ils le font exploiter par des esclaves ; ils s'approprient l'essentiel des surplus versés par les provinces (nourriture, épices, animaux, esclaves) et expédient aux propriétaires fonciers des colonies des biens qui leur permettent de suivre le mode de vie de Rome. Ils refusent aux plébéiens l'accès au consulat. Le pouvoir reste une affaire de propriétaires fonciers.

Un demi-siècle plus tard, certains hommes politiques essaient de réagir contre cette concentration des terres et des fortunes. En 376 av. J.-C., un tribun, Licinus, riche plébéien, propose de limiter les propriétés à cinq cents jugères — cent vingt-cinq hectares —, d'interdire d'y faire paître plus de cent têtes de gros bétail et cinq cents têtes de petit bétail, et d'obliger d'y employer une proportion minimale d'hommes libres. Il demande également que sept jugères soient distribués à chaque citoyen pauvre. Une grave crise s'ensuit pendant dix ans, et les patriciens s'efforceront avec succès de vider de leur contenu la plupart de ces mesures. Bien qu'en 366 le plébéien Sextus puis Licinius lui-même accèdent au consulat (en 300, des plébéiens sont admis au sacerdoce), propriétaires fonciers et marchands parvenus conservent le pouvoir, au Sénat comme ailleurs[311].

Au IIe siècle, comme les millions d'esclaves, exploités dans les grands domaines d'Italie et d'Afrique du Nord, ne suffisent plus à les gérer, de nouvelles formes de propriété, non prévues par les Douze Tables, apparaissent : on installe des travailleurs libres sur des terres qu'on leur loue pour de très longues durées, et on leur concède un droit de propriété réel sur les plantations, avec un droit de transmission à leurs enfants, en échange d'une redevance en argent ou en nature[394].

Rome envoie alors de par les régions ses percepteurs d'impôts, en général membres d'un ordre spécial, l'ordre équestre. L'économie marchande se développe. La monnaie, qui n'existait encore qu'étrangère, venue d'Asie, est enfin frappée sur place. En 269, un premier atelier de frappe de pièces est créé au Capitole, à côté du temple de Junon — d'où le nom de *moneta* (l'avertisseuse) donné à la monnaie, denier d'argent ou *aureus* d'or[349].

Cependant, malgré cette expansion marchande, la terre reste le principal bien fertile. Tout le pouvoir se mesure encore à sa propriété. Chaque tribun, chaque consul ne demeure au pouvoir qu'en distribuant des terres à ses plus proches commis ou en en abandonnant à ses plus dangereux ennemis[311]. Aussi la conquête est-elle la condition de la durée au pouvoir. En 218 av. J.-C., Caïus Flaminius doit lotir ses officiers d'une partie du territoire conquis sur les Gaulois d'Italie du Nord. La même année, l'armée romaine, milice composée de petits propriétaires fonciers, engage la seconde guerre punique. Elle transforme la propriété du sol en Italie, ruinant les paysans les plus pauvres qui, au retour de la guerre, doivent abandonner leur domaine laissé en friche et se vendre comme esclaves[394]. De ce fait, la polyculture disparaît et la propriété agricole se concentre en *latifundia* qui emploient des salariés à l'élevage des moutons et des chevaux, à des cultures vivrières et arbustives. L'Italie doit alors importer du blé de Sicile, puis d'Espagne et d'Afrique[311].

Le droit de propriété sur la terre s'unifie avec l'extension du territoire romain au reste de l'Italie. Dès lors, où que soit une terre, le riche propriétaire qui la concède *in precaria* à un soldat ou à un colon la lui octroie contre une redevance, le *fructus* (la récolte), l'*aedificamentum* (constructions et plantations) ou l'*amelioratio* (améliorations culturales)[444]. On apprend à distinguer en droit trois aspects de la possession de la terre et des autres objets : l'*usus*, qui « consiste à bénéficier individuellement ou par sa famille d'une chose non productive ou non exploitée[79] », le *fructus*, « droit de recueillir les revenus d'un bien[79] », et l'*abusus*, qui « permet au propriétaire d'aliéner la chose soit en la détruisant, soit en la donnant à autrui, soit en la concédant[79] ». Enfin, pour la mise en valeur des terres incultes, l'État invente le bail à long terme, l'*emphytéose*, aux termes duquel des cultivateurs sont exemptés d'impôt pendant dix ans contre l'obligation de les défricher[394].

Au début du III siècle av. J.-C., Rome est devenue en Italie la capitale d'une sorte de confédération de colonies formées de citoyens romains ou indépendantes, qui garantissent sa sécurité à ses frontières. L'*ager publicus* passe à 26 000 kilomètres carrés et les peuples « alliés », rassemblant trois cent mille citoyens de Rome et plusieurs millions d'autres paysans, couvrent plus de cent mille kilomètres carrés. Rome, qui se rêve propriétaire unique du pourtour de la Méditerranée occidentale, écrase Carthage, prend l'Afrique du Nord et divise tout son pourtour en grandes propriétés alliées. Le domaine moyen est alors de cent hectares. Pour contenir la puissance des propriétaires fonciers, les marchands et percepteurs d'impôt de l'ordre équestre (les publicains) obtiennent qu'une loi de 219 interdise aux membres du Sénat, dont ils sont eux-mêmes exclus, de s'occuper de commerce : devenus très riches par la perception de l'impôt, ils entendent prendre le contrôle de la ville où les petits propriétaires ruinés et chassés par la guerre viennent grossir le prolétariat et menacent l'ordre.

En 133 av. J.-C., pour ramener les paysans à leurs terres, le tribun issu de l'aristocratie plébéienne, Tiberius Gracchus, propose de limiter la taille des propriétés foncières italiennes à cinq cents jugères (cent vingt-cinq hectares) plus deux cent cinquante par enfant, et de redistribuer le reste aux pauvres et aux chômeurs de la ville par lots de trente jugères (sept hectares)[311]. Cette réforme est mal reçue, et Tiberius est tué au cours d'une émeute. Son frère Caius, qui souhaite également donner aux petits propriétaires le droit de siéger dans les tribunaux, reprend son combat, mais les nobles parviennent à monter la plèbe contre lui, et il périt avec trois mille compagnons en 121. En 125, les troupes romaines occupent le sud de la Gaule, et le désordre est tel que les militaires victorieux vont, tout au long du Ier siècle, jouer un rôle politique décisif : Marius, Sylla, Pompée, César, venus des provinces, se succèdent en promettant des terres à leurs troupes et en se faisant accorder les magistratures.

C'est l'époque des guerres civiles, des révoltes d'esclaves et des paysans ruinés. Trois cent vingt mille personnes vivent à Rome de la distribution de pain par l'État. En 82 av. J.-C., Sylla, après avoir pratiqué une sévère épuration, porte à six cents le nombre des sénateurs et y fait entrer de très nombreux chevaliers. Puis la citoyenneté romaine est étendue aux habitants « libres » de toute la Péninsule, autrement dit aux propriétaires. En 59 av. J.-C., pour réduire les grandes propriétés de ses généraux et fournir un emploi au prolétariat urbain, Jules César, devenu consul, ordonne que le tiers des bergers soient affranchis. En 51 av. J.-C., il attribue des terres en Gaule qu'il vient de vaincre à ses officiers et y installe des « villas », grandes fermes fortifiées construites en général à côté d'un village de paysans gaulois, tenanciers serviles sur leur propre terre.

Après l'assassinat de César en 44 av. J.-C., la puissance de certaines familles redevient considérable. Quiconque en a les moyens frappe ses propres pièces de monnaie. L'argent s'impose contre l'or. Deux cents esclaves n'est pas un nombre exagéré pour un simple particulier (Horace, *Satires*). Un affranchi en laisse à sa mort pas moins de quatre mille cent seize (Pline)[444].

De nombreux projets de réforme agraire sont rejetés par les patriciens et les hommes politiques qui les représentent. Ainsi, en 40 av. J.-C., un tribun, P. Servilius Rullus, vient faire adopter par le peuple une loi visant à faire rendre des comptes aux généraux et à redistribuer les terres sous le contrôle de décemvirs spécialement nommés. Cicéron en obtient le retrait en la présentant comme un projet de prise du pouvoir de caractère dictatorial : « Qui a porté la loi ? dit-il — Rullus.

Qui a empêché une grande partie du peuple de donner ses suffrages ? — Rullus. Qui a présidé aux comices ? — Rullus. Qui a convoqué les tribus qu'on voulait, les ayant tirées au sort sans surveillance ? — Rullus. Qui a nommé les décemvirs à son idée ? — Le même Rullus. Qui a-t-il nommé le premier ? — Encore Rullus. Certes, il aurait peine à faire approuver tout ceci à ses propres esclaves, bien loin de vous le faire approuver à vous, les maîtres de toutes les nations[444] ! » Cicéron ne sera pas le dernier à faire échouer une redistribution des terres en la faisant passer pour une tentative de coup d'État, à s'appuyer sur la peur des pauvres pour défendre la fortune des riches...

Quand, en 31 av. J.-C., Octavien, neveu et fils adoptif de César, a défait Antoine et Cléopâtre à Actium, il prend le nom d'Auguste, tente de restaurer l'ordre antérieur à la dictature et rend au Sénat et aux magistrats de la République quelques-uns des pouvoirs qui leur avaient été confisqués par les militaires. En quelques années, pour la première fois dans l'histoire romaine, il réussit à mettre en place un véritable Empire (le *principat*) doté d'une administration centralisée et forte. La frappe des pièces d'or et d'argent redevient privilège de l'État. Il unifie les droits de l'individu, le droit de propriété et le droit familial : la loi *Julia* donne à toute fille de citoyen le droit de contraindre en justice son père à la marier et à la doter, et pose le principe de l'inaliénabilité de la dot ; la loi *Petrona* allège le sort des esclaves, interdit de les faire combattre contre des bêtes sauvages, punit le meurtre d'un esclave par son maître ou par autrui, interdit de maltraiter les esclaves et de séparer les esclaves conjoints ou frère et sœur, permet à une personne envoyée en exil d'emmener avec elle vingt esclaves ou affranchis[444]. Une certaine stabilité est ainsi rétablie, jusqu'aux soubresauts de brutalité des règnes de Néron et de Caligula. Peu à peu, certains esclaves sont affranchis, les provinces prennent leur autonomie, un immense marché ouvert se crée[109].

Au moment où s'altèrent les idéaux de Rome, au milieu de

cet Empire encore tout-puissant, mais qui n'a plus rien à proposer, ni sur la terre, ni dans l'au-delà, à un peuple démuni et malheureux, l'Europe s'ouvre à un autre rapport à l'éternité qui laisse définitivement le « cœur » de l'Empire s'en retourner vers l'Orient.

Mourir pauvre

Surgit la foi chrétienne, qui va entraîner l'Empire romain vers un nouveau rapport à la mort et à la propriété où les pauvres trouveront enfin une raison d'espérer. Selon cette foi, tout homme accède au paradis à sa mort s'il s'est conduit en bon chrétien, c'est-à-dire s'il a rendu un culte à Dieu, s'il s'est montré charitable ou s'il a été pauvre. La richesse deviendrait même un obstacle à l'éternité si elle ne permettait de faire la charité soit par l'aumône, soit par des donations aux églises. Cette distinction entre richesse et éternité, qu'a déjà introduite le peuple juif pour lui-même, est maintenant accessible à tous : chaque homme en vaut un autre, et aimer l'autre, c'est l'aider. Or être charitable ne prive personne du droit de l'être à son tour. C'est un bien sans limite : le bouc émissaire n'est donc plus nécessaire dès lors que la rivalité des désirs exclusifs disparaît. Mais l'ambiguïté est déjà là : l'espérance d'éternité devient un moyen de faire supporter la misère, d'interdire la révolte, en même temps qu'elle est appel à la mise en commun des richesses.

Les Évangiles disent cette obligation de *donner* aux pauvres pour vivre en éternité. Dans Matthieu (19, 16), le Christ exhorte un jeune homme riche à distribuer ses biens aux pauvres ; Luc (6, 38) dit : « Faites du bien et prêtez sans rien attendre en retour », et « Va, vends ce que tu as, donne-le aux pauvres, tu auras un trésor au Ciel ». L'Évangile va plus loin encore, puisqu'il prescrit d'*arriver pauvre à la mort*, car « il est difficile à celui qui a des richesses d'entrer au Royaume de Dieu » (Mc 10, 17-25 ; Lc 18, 22-25).

Il demande même aux chrétiens, disent les Actes des Apôtres (2, 44-46), de *mettre en commun* de leur vivant tous leurs biens : « Tous ceux qui adhèrent, se réunissent et mettent tout en commun [...] vendent leur propriété, leurs biens et les distribuent à chacun selon ses besoins. » Ou encore : « Parmi eux personne ne manque de rien ; tous les propriétaires de domaines et de maisons les vendent et apportent l'argent de leurs ventes. Ils le déposent aux pieds des envoyés. Il est donné à chacun selon ses besoins. (4, 34-35) » Ou encore : « La multitude de ceux qui adhèrent a un seul cœur, un seul être, personne d'entre eux ne dit de ses biens : "C'est à moi." Mais tout ce qui est à eux est en commun. (4, 32) » Il y a là quelque chose de radical qui sera plus tard interprété par certains comme exigeant un renoncement à la propriété.

Mais la propriété privée n'est pas condamnée, dès lors qu'elle est acquise par le travail. De plus, si la charité est nécessaire, la mendicité n'est pas de droit : celui qui refuse de travailler ne mange pas (2 Th 3, 10).

L'Évangile n'est donc pas hors de son temps : il ne réprouve pas l'esclavage ; dans l'Épître aux Éphésiens, Paul recommande aux esclaves « d'obéir à leurs maîtres avec crainte et tremblement, comme au Christ » ; dans la première Épître à Timothée, il leur demande de considérer leurs maîtres comme « dignes de tout honneur », surtout si ces maîtres sont chrétiens ; dans l'Épître à Tite, il leur recommande « de plaire en toute chose à leurs maîtres » ; dans l'Épître aux Colossiens, après avoir dit qu'aux yeux de Dieu il n'y a aucune différence entre l'esclave et l'homme libre, il recommande à nouveau au premier d'obéir en tout à son maître. De même, conformément à l'esprit du temps, faire travailler l'argent est interdit.

Cette doctrine va séduire certains Romains, principalement dans le petit peuple. Mais, de son côté, l'Église va choisir de s'édifier comme une réplique des pouvoirs romains. Habitués à la vie d'Empire, les premiers chrétiens choisissent une organisation centralisée et la canalisation de la charité. Les nouveaux temples ne représentent plus la maison des dieux, mais celle des pauvres. La pièce reste la même : seuls changent ses acteurs.

Après deux ou trois siècles, des doctrines se constituent ainsi contre les tendances individualistes des premiers chrétiens et interprètent l'obligation de mettre en commun les richesses comme légitimant leur droit à l'accumulation de propriétés. Pensée contre l'Empire, l'Église devient ainsi elle-même Empire et s'octroie, comme toutes les Églises de tous les autres Empires, le pouvoir de définir la « bonne mort[6] ». Elle s'érige en juge des bonnes et des mauvaises actions, invente — beaucoup plus tôt qu'on ne l'a dit — un Ciel, un Enfer et un Purgatoire. Elle interdit la crémation, oblige à l'inhumation, incite à construire des églises sur les restes des martyrs et à organiser l'enterrement des fidèles dans ces mêmes églises : *on n'a plus peur des morts*[6]. Elle fait dépendre le sort des morts des prières et des offrandes (les « suffrages ») aux Églises. Jean Baudrillard écrit justement : « L'Église s'est instituée d'emblée sur la partition de la survie d'avec la vie, du monde terrestre et du Royaume du Ciel. Elle y veille jalousement car, si cette distance disparaît, c'en est fini de son pouvoir. L'Église vit de l'éternité différée[38]. »

Pendant ce temps, sous les Julio-Claudiens et les Antonins, l'Empire romain se maintient malgré les meurtres de palais et les rébellions des provinces. Successivement Trajan, Hadrien, Antonin, Marc-Aurèle assurent à Rome l'apogée de son territoire. A partir du IIe siècle les Germains envahissent le territoire des Celtes, les Huns poussent les Ostrogoths hors de Crimée, lesquels bousculent eux-mêmes les Wisigoths vers la Bulgarie et Rome ; à leur tour, Vandales, Burgondes, Francs — autant de peuples germaniques — se poussent l'un l'autre vers l'ouest. Jusqu'à ce jour dérisoire de 193 où, signe de déclin absolu, des généraux mettront en quelque sorte l'Empire aux enchères et le vendront à un riche propriétaire aujourd'hui oublié, qui y régnera dix semaines. *L'argent achète le pouvoir ; l'Empire n'est plus dans Rome.*

Bagaudes, colon et villa

Au début du IIIᵉ siècle, le successeur de cet empereur éphémère, Septime Sévère, tente une toute dernière fois de réorganiser l'Empire et d'obliger les grands propriétaires à garantir les rentrées d'impôts. En 212, son fils Caracalla, au cours d'un bref règne émaillé de guerres et de massacres, donne droit de cité à tous les « hommes libres » de l'Empire (ce qui exclut Barbares et paysans sans terre) et leur applique les lois de Rome. Illusion nouvelle, car le gouvernement civil se délite sous les coups des militaires et des envahisseurs. Assiégés par les Germains, les Perses, l'Empire a maintenant des empereurs barbares, tel Maximin Iᵉʳ, d'origine gothique, porté au pouvoir en 235.

Rien ne tient, ni droit ni valeur. Un mot nouveau désigne ceux qui rôdent et attaquent les paysans, la *bagaude* (qui vient peut-être du celte *baga*, combat[136]). Pour protéger leurs territoires contre les invasions et les rébellions d'esclaves, les grands propriétaires interdisent à leurs paysans de quitter leur tenure et en font de quasi-soldats. Par ailleurs, nombre de petits propriétaires se placent volontairement sous la protection des plus grands. Les uns et les autres deviennent *colons* : il n'y a plus de distinction entre contrainte et soumission volontaire, entre esclaves libérés et paysans soumis. Une fois de plus, la peur concentre la propriété de la terre entre quelques mains.

En 284, Dioclétien, soldat de fortune illyrien, restaure une fois de plus l'Empire et se veut monarque de droit divin. Mais Rome ne se trouve plus au centre du mouvement des richesses. Dioclétien est contraint d'organiser un système de tétrarchie, avec deux Augustes et deux Césars, respectivement à Rome et à Byzance (bientôt Constantinople) dont le rôle grandit.

En 305, lorsque Dioclétien abdique, l'Empire est déchiré par la compétition de six empereurs, trois en Orient, trois en Occident. En 312, Constantin s'impose comme seul maître de l'Occident ; de même Licinius en Orient en 313. En près de dix ans de désordre dynastique, le centre a basculé totalement en Orient. En 324, Constantin devient provisoirement l'unique maître de tout l'Empire. Ayant légalisé le christianisme, il est le premier empereur à être enterré dans une église chrétienne.

A sa mort en 337, l'Empire est de nouveau divisé, avant d'être à nouveau reconstitué en 394 par Théodose. Celui-ci fait du christianisme la religion de l'Empire, qu'il partage définitivement en 395 entre ses deux fils. Au début du ve siècle, les Franc, les Goths, les Burgondes et les Wisigoths envahissent la Gaule et l'Italie. Le 24 août 410, les Wisigoths d'Alaric pénètrent dans Rome. Edward Gibbon, cité par Boorstin, raconte cette scène avec quelque pompe : « Onze cent soixante-trois ans après la fondation de Rome, la ville impériale, qui avait soumis et civilisé une si considérable partie de l'humanité, fut livrée à la furie licencieuse des hordes d'Allemagne et de Scythie[59]. » Détail majeur : les Barbares ne brûlent pas les églises de Rome. L'Église est le nouvel Empire à prendre et non plus l'obstacle à détruire.

En 451, Attila arrive jusqu'à Orléans. En 476, Rome est prise par un autre Barbare, Odoacre. En 491, le roi Clovis se fait baptiser et, en 507, chasse les Wisigoths du sud de la France, cependant qu'un Ostrogoth, Théodoric, règne sur l'Italie. Chacun de ces rois rédige ses lois de propriété : Bréviaire d'Alaric pour les Wisigoths, loi Gombette pour les Burgondes[444]. L'Ordre nouveau s'esquisse.

Gewere et morgengabeq

Au ve siècle commence sur le sol d'Europe la lente et complexe fusion des multiples traditions des peuples sédentaires ou conquérants. L'Europe n'est encore qu'une grande forêt où survivent, à côté de petits centres politiques, quelques « villas », fragiles îlots d'ordre, petites forteresses rurales groupant des paysans sur quelques centaines d'hectares protégés militairement.

En France, en Allemagne, en Italie, les propriétaires, qu'ils soient romains, gaulois ou germains, logent dans une maison-forteresse et organisent la défense de leur territoire. Le *villacus*, qui dirige le travail, loge dans une maison voisine[136]. Les paysans, esclaves, colons ou petits propriétaires, cultivent de gré ou de force les terres alentour. Nourris et surveillés, ils reçoivent du colon une terre ou tenure identique à la *precaria* romaine ; ils essaient de se maintenir leur vie durant auprès d'un même maître et d'y faire travailler leur famille[68] : leur femme porte le bois, leurs fils le sel.

A l'extérieur de ces « villas », quelques villages de paysans libres tentent de se protéger des bagaudes, des conquérants et des seigneurs — ou, au contraire, de laisser entrer ceux-ci dans leur domaine soit de façon tacite (on dit « taisible ») au nord, soit de façon explicite au sud[136] ; parfois le seigneur leur permet de racheter une partie de leurs droits, de défricher, par entente entre eux, bois et landes, de ne pas acquitter d'impôts.

Sur les axes de communication, certains parmi les plus gros de ces villages s'organisent et comptent quelques artisans, commerçants et marchands. Quand leur population augmente, ils se constituent en cités *(civitates)* et se ferment pour se défendre.

En ville comme à la campagne, aucun droit, aucun tribunal, aucune police ne garantit le droit de propriété. Il s'établit par la jouissance et se maintient par la force et la tradition. La preuve se fait par témoins. Même là où le juge existe, il s'en tient aux faits ; un jugement s'énonce : « Le droit *apparaît* être plutôt à un tel qu'à son adversaire[136]. » On connaît quelques rares chartes rédigées à cette époque en latin en Germanie, en Angleterre et dans les pays scandinaves, mais il n'est pas sûr que des mots tels que *hereditas* ou *possessio*, qu'elles contiennent, aient le sens qu'ils ont revêtu dans le droit romain[136].

Ce qui complique les choses, c'est que chaque groupe a son droit qui s'applique non sur l'étendue d'un territoire, mais sur un peuple. L'ensemble se fonde néanmoins sur des conceptions assez voisines du rapport à la mort, qui déterminent à leur tour celles du rapport à la terre.

Pour tous ces peuples, les morts qu'on enterre avec leurs principaux biens sont les intermédiaires entre les vivants et l'au-delà. Lorsqu'ils n'ont pas peur des morts — c'est le cas des chrétiens —, ils s'installent, constituent leurs villages autour de l'*atrium*, le village des morts, où se prononcent les serments d'entraide entre habitants, où se rassemblent les hommes pour affirmer leur solidarité et leur identité collective. Et comme on ne peut déplacer les morts ni les abandonner, on s'accroche au sol.

Tous ces peuples considèrent les bijoux, les outils, les denrées comestibles et les animaux familiers comme des objets de propriété privée. Chez les Germains, la propriété, *gewere*, *vestitura* ou *saisine*, est exercice d'une puissance sur une personne ou une chose, et se confond avec la possession[444]. Chez les Francs, par exemple, le vol à l'ennemi est légal, alors qu'entre Francs il constitue un délit. A chaque « objet » volé (animal, esclave, tonneau de vin ou meule) correspond une amende. A l'inverse, chez les Burgondes, seul le vol d'un outil agricole (soc d'airaire ou paire de bœufs) est puni[444].

La terre des ancêtres détermine l'identité du groupe et conditionne sa survie. Perdre le droit d'en user, c'est s'exclure de la collectivité, perdre le droit de vivre, basculer dans le monde dangereux et menaçant de la mendicité. La propriété de la terre peut être privée chez les Burgondes et les Goths : il est permis de la céder[444]. Celui qui abandonne ses droits doit éparpiller des branches et des poignées de cette terre et frapper le bras de celui qui la reçoit. Chez les Wisigoths, seuls les membres du groupe ont accès aux pâturages ; les fruits du travail du sol appartiennent à celui qui la travaille, à charge pour lui d'en indemniser le propriétaire[444].

Chez les Germains, les droits de la communauté ou du

seigneur sur la terre l'emportent sur ceux de l'individu. Pour eux, « nulle terre n'est sans seigneur ». Mais le seigneur doit accepter que chaque village dispose de terres communes (bois, landes, prés naturels...) et exerce des droits collectifs sur les terres individuelles (droit de vaine pâture[444]). Chaque paysan membre de la communauté reçoit un lot (la *hufe*) dont il n'est pas propriétaire et qu'il cultive au gré d'une rotation régulière des cultures. Marx a raison d'écrire que « la forme primitive de la propriété commune n'est pas exclusivement slave ou russe, mais également romaine ou germaine[283] ».

Chez tous ces peuples, les femmes restent un bien essentiel. Chez les Germains, la polygamie est de règle. Avec ses enfants, la première femme bénéficie seule des droits successoraux. A la mort d'un chef, ils se partagent son héritage et son pouvoir de justice et de défense, le droit de *ban*.

Chez les Burgondes, une femme est propriété de son père avant d'être vendue à son mari ; si une femme se marie contre l'autorité paternelle, elle est considérée comme adultère et est étranglée dans la boue[444]. En Gaule, le prix d'une femme est fixé en animaux domestiques, en meubles, bijoux et vêtements. Partout la virginité est un élément essentiel de la valeur d'une femme : chez les Francs et les Germains, le mari ne donne à sa femme une part de sa dot, le *morgengabeq*, qu'au lendemain de la nuit de noces. Chez les Gallo-romains et les Francs, le mari est autorisé à tuer sa femme adultère[444].

Les hommes peuvent devenir esclaves et être comptabilisés avec le cheptel : chez les Francs en s'endettant, en perdant au jeu ou à la guerre, chez les Wisigoths quand ils sont dans l'incapacité de payer une amende. Les propriétés de l'esclave passent à son maître qui lui en laisse parfois l'usufruit. Chez les Burgondes, l'esclave est puni pour vol plus sévèrement que l'homme libre : « Que l'homme libre qui aura dérobé un porc, un mouton, un essaim, une chèvre, paie trois fois la valeur de l'objet volé. Si c'est un esclave qui a commis un pareil vol, qu'il soit livré aux châtiments et qu'il reçoive trois cents coups de bâton[444]. » Toutes les lois condamnent et punissent d'amende le viol ou le rapt : « L'union avec une esclave d'autrui, même consentante, est interdite, car il s'agit d'une atteinte à l'honneur et au capital du maître[444]. »

Dans ce bruissement multiforme et cahotique de droits contradictoires, l'Église tente d'imposer son propre code pour attirer à elle les propriétés et renforcer son pouvoir. Comme tout Empire naissant, elle commence par prendre le pouvoir sur la mort. Ce n'est pas très difficile : quiconque ne se fait pas enterrer dans une église, à côté des saints, est envoyé en enfer. Aussi les riches ne cherchent-ils plus à se faire enterrer *avec* des objets précieux, mais *près* des saints, eux-mêmes considérés comme des biens précieux. A cette fin, ils font don de leurs biens à l'Église qui, grâce à eux, édifie des lieux de culte et secourt parfois les démunis. Ainsi, en 370 ap. J.-C., saint Basile fonde à Césarée de Cappadoce un premier asile pour les pauvres[12].

Les limites des diocèses sont celles des divisions administratives de l'Empire. En 325, l'évêque de Rome est reconnu comme le premier d'entre ses pairs par le second concile réuni à Nicée. Les moines, qui prônent la pauvreté de l'Église, sont essentiellement présents en Orient à travers Basile qui les regroupe en communautés strictes. L'Église institutionnelle commence à s'enrichir de terres et d'esclaves. Saint Ignace, évêque d'Antioche, recommande aux esclaves de l'Église « de servir avec zèle, en vue de la gloire de Dieu, et de ne point désirer la liberté de peur de devenir esclaves de leurs passions[444] ». Pour saint Basile, « l'esclave doit obéir à ses maîtres en toute bonté de cœur et pour la gloire de Dieu[444] », et il recommande que « tout esclave qui se réfugie dans un cloître soit admonesté, amélioré et renvoyé à son maître ». Pour saint Jean Chrysostome, « l'esclave qui obéit aux ordres de son maître remplit les préceptes de Dieu ». « Quand même la liberté te serait offerte, ajoute saint Isidore de Péluse, je te conseille de rester dans l'esclavage ; il te sera alors beaucoup moins demandé, parce que tu auras servi et ton maître dans le Ciel et ton maître sur la terre[444]. »

Comme elle ne voit pas venir l'Ordre marchand, l'Église tente d'empêcher l'argent de devenir bien fertile[241]. Les premiers conciles d'Elvire (300) et de Nicée (325) interdisent le prêt aux clercs. Au milieu du Ve siècle, le pape Léon Ier écrit que « le profit usuraire de l'argent, c'est la mort de l'âme[241] ». Pourtant, l'Église ne s'impose pas la règle à elle-même : les premiers couvents font des prêts et sont contraints d'inventer des procédures complexes pour les faire rémunérer par des différences de change ou en « dédommagement » de l'indisponibilité du capital[241].

A la fin du Ve siècle, le pouvoir politique de l'Empire, toujours en quête d'universel, tente d'unifier tous ces droits. Malgré l'extrême désordre, des compilations finissent par fusionner les droits romain, chrétien et barbare. A Rome sont publiés successivement un *Code théodosien* en 438, un *Edictum Theodosii* en 500, un *Brevarium alaricianum* en 506, dont un abrégé, *Scintilla et Papiani Responsiones*, est publié en 517 spécialement pour les populations romaines d'Alsace, de Bourgogne, de Franche-Comté et de Suisse[444]. On y trouve des règles de droit dont la trace subsiste jusqu'à aujourd'hui dans les droits modernes, tels les concepts de contrat de mariage et de communauté conjugale, ou des préceptes comme : « L'institution d'héritier n'a point de lieu », ou : « En fait de meubles, possession vaut titre », ou encore : « Le mort saisit le vif[444]. »

En 534, Justinien, élevé en Bulgarie, proclamé empereur à Byzance après Anastase, institue un Code contenant l'analyse de toutes les lois parues jusqu'alors. « Nous défendons à quiconque, stipule l'acte de promulgation, de plaider et aux avocats de citer, sous peine de se rendre coupables de faux, d'autres constitutions que celles qui sont insérées dans notre code, et qui doivent avoir force de loi, bien qu'elles soient sans date ou qu'elles n'aient été jadis que des escrits particuliers. » Dans ce Code, « possession » et « propriété » fusionnent en *proprietas*, dérivé de l'adjectif *proprius*, « ce qui est propre à », « particulier à ». La dot mobilière et immobilière de la femme est déclarée inaliénable. Pour décourager la désertion du sol, le Code ratifie le *colonat* : « Tout homme libre ayant cultivé une terre pendant trente ans est obligé d'y rester avec ses descendants. »

Ultime illusion : c'est quand le dernier fantasme d'unité est couché noir sur blanc que l'Ordre romain commence à se dissoudre.

Manse et alleu

Au milieu du VIe siècle, Justinien a repris l'Afrique du Nord, l'Espagne et l'Italie. Mais voici que, venus d'Asie centrale, de nouveaux peuples barbares dévastent l'Europe. L'invasion aiguise les différents entre peuples germaniques. Partout les grands propriétaires, nouveaux seigneurs, ont besoin de s'unir contre les conquérants et se rassemblent derrière des rois.

En France, Clovis, petit-fils du roi Mérovée, regroupe ainsi les grands propriétaires gallo-romains, burgondes et wisigoths. Devenu, entre 496 et 498, premier roi chrétien en Gaule, il constitue un royaume franc avec l'Austrasie, la Neustrie, l'Aquitaine, la Bourgogne, l'Alémanie, la Bavière et la Thuringe. Il ne coupe pas le lien symbolique avec l'Empire de Byzance dont il reçoit les insignes de consul et dont il sert les intérêts en Italie et en Espagne[136]. Depuis Paris, il organise un État en rassemblant ce qu'il reste de l'administration romaine. Les actes royaux — « édits » ou « préceptes » — sont écrits en latin sur papyrus. Clovis nomme des comtes pour gérer son propre domaine dont il concède une partie à des seigneurs et à des guerriers francs. A sa mort, avec son épouse Clotilde, il se fait enterrer dans une église[136]. Selon la règle franque, ses fils se partagent le domaine royal et conquièrent ou reconquièrent le reste de la Gaule, l'Alémanie, la Franconie, la Thuringe et la Saxe sous prétexte de les évangéliser. Les autres rois d'Europe font de même, exigeant des seigneurs auxquels ils concèdent des terres qu'ils les christianisent. On échange des terres contre des sujets fidèles. Au VIe siècle, Théodore, duc de Bavière, invite ainsi Rupert de Worms à évangéliser ses sujets en échange de tout le pays autour de Salzbourg et des sauneries de Reichenhall[209].

C'est donc en parfaite entente avec les rois d'Europe que l'Église met de l'ordre dans la propriété, en réglementant le droit d'être enterré « en terre chrétienne[136] ». Elle ne bouleverse pas le monde, elle s'y glisse. Dieux anciens et saints nouveaux se confondent ; eau bénite, images pieuses, offrandes basculent au service de la chrétienté. La confession devient le mode nécessaire d'aveu des fautes[6]. L'au-delà se précise, désormais clairement divisé en un paradis, un enfer et un purgatoire, et le sort de chacun devient prévisible pour le prêtre[6]. Celui-ci évalue les péchés et fixe le prix des indulgences, des messes et des prières d'intercession qui remplacent jeûnes et pénitences. Se démunir devient comme une assurance d'éternité. Les pauvres sont tout à la fois glorifiés et encouragés à la soumission.

Comme il y a maintenant trop de fidèles pour que tous puissent être enterrés à l'intérieur des églises, le concile de Braga étend le concept de « terre chrétienne » à l'espace qui entoure les édifices religieux. La valeur de la sépulture se mesure à sa distance par rapport à l'église et au prestige des saints qui s'y trouvent. Pour échapper à l'enfer et jouir du repos éternel, mieux vaut être le plus près possible du mur de l'église, sous « l'égout du toit », et bénéficier ainsi de l'eau bénite qui s'écoule de l'édifice sacré[136]. On rêve d'être enterré près de saint Julien à Brioude, de saint Martial à Limoges, de saint Denis non loin de Paris, de saint Remi à Reims[136]. Les grands, lorsqu'ils ne peuvent plus, eux non plus, être enterrés dans les églises, obtiennent, contre des dons de terres ou d'argent, que des inscriptions en leur nom ou, mieux encore, leurs effigies soient placées à l'intérieur. Quant aux morts du peuple, ils sont inhumés dans de simples tombes ou bien en fosse commune.

Les rares testaments de l'époque qu'on connaisse montrent que les fidèles font peu de cas du devenir de leur « charogne[6] ». Mais la pureté du cimetière est capitale. Tout cimetière où a été enterrée une personne indigne est considéré comme souillé ; il ne peut être réutilisé qu'après avoir été « réconcilié[6] » par l'évêque, et après que le cadavre indigne en a été expulsé. L'Église interdit ainsi l'accès au cimetière chrétien aux païens, aux suicidés, aux blasphémateurs, aux excommuniés[136].

Encore une fois, l'économie de la mort détermine celle de la vie. Pour durer, on n'abandonne plus ses propriétés au tombeau, mais à l'Église. Celle-ci ne peut plus alors les aliéner. En 549, le concile d'Orléans approuve la fondation d'un hospice à Lyon par le roi Childebert et ordonne « que les revenus de cette fondation ne soient jamais diminués pour quelque cause que ce soit, et que celui qui lui enlèverait une partie de ses biens soit frappé d'anathème comme meurtrier des pauvres[12] ». D'autres hôpitaux sont fondés à Autun, ou à Reims.

En 585, le concile de Mâcon rend obligatoire, sous peine d'excommunication, le paiement par tout propriétaire terrien d'une dîme annuelle à l'évêque du diocèse, « pour le soulagement des pauvres, le rachat des captifs, la subsistance du clergé[12] ». En échange, l'Église doit nourrir les démunis[136].

Beaucoup, en un mouvement de « dédition » ou d'« offre de soi-même », pour sauver leur âme ou protéger leur vie, éteindre des dettes ou échapper aux impôts, abandonnent leurs biens, voire leur propre personne ou celle de leurs enfants (les *oblats*) à l'Église, gardant parfois seulement l'usufruit de leur terre, soit à vie, soit sur plusieurs générations[136]. Rois et empereurs eux-mêmes consentent des dons gigantesques aux autorités religieuses. Ainsi les empereurs ottoniens cèdent-ils leurs salines aux archevêques et aux évêques, ou à des monastères[209]. Saint Grégoire en construit un en 603, berceau du futur ordre hospitalier de Saint-Jean, plus tard transformé en ordre de Malte[12].

Au total, à la fin du VIe siècle, les églises sont devenues de très grands propriétaires fonciers : l'évêque du Mans possède des terres à Bordeaux, en Bretagne, en Normandie, dans le Parisis, l'Orléanais, le Berry, en Lorraine, en Limousin et en Bourgogne ; le monastère de Noirmoutiers contrôle les salines de l'Atlantique, l'abbaye Saint-Victor de Marseille les marais du littoral méditerranéen[209]. Les abbés se livrent à un commerce fructueux dans une économie pourtant déprimée : en 692, celui de Saint-Denis vend de l'huile et du vin ; l'abbé Loup de Ferrières, au IXe siècle, évoque ses ventes et achats de vin et de blé[136].

Contre cette Église riche, le monachisme de saint Colomban, qui prône la pauvreté et la fin de l'esclavage, s'implante en France, en Italie, en Suisse. L'Église quant à elle continue de s'enrichir, tout en ordonnant en 658, au concile de Nantes, que les communautés religieuses réservent aux pauvres... le quart des dîmes et des offrandes perçues !

Dans les interstices de ce nouvel Empire en construction, les grands seigneurs prendront peu à peu de l'autonomie. Dans certaines régions, ils organiseront de véritables cours locales. Pour eux, faire fortune n'est pas un but en soi, mais un moyen de se montrer généreux, un signe de puissance, la preuve qu'on ne craint pas la guerre[187]. « Le souci du prestige social le cède de peu en importance au souci du salut de l'âme[136]. » Et ce prestige passe par la possession d'une place forte, d'une chasse, d'une cour de justice, d'une armée et surtout d'un domaine. Ces seigneurs sont, comme le dit Marx, en « relation personnelle, matrimoniale avec la terre[283] ». Si possible, cette terre reste ensuite jalousement dans la famille. Pour ne pas avoir à répartir les héritages, les cadets des familles nobles sont envoyés créer des villas dans les marges ou les massifs boisés, et les filles sont mises au couvent, avec ou sans dot[136].

Au-dessous de ces seigneurs prospèrent des paysans propriétaires de leur sol, déjà presque nobles ou en voie de le devenir. Dans le droit des chartes, on désigne leur patrimoine sous le terme d'*alodis*, qui vient sans doute du vieil allemand inversé *odal* (*od* pour « richesse », *al* pour « tout »[187]). On retrouve ce mot dans le gothique *opli*, le saxon *odil*, le frison *édila*, le scandinave *odal*, l'anglais *epel*, qui, d'après Szmerényi, dit Gurevic, ont une racine commune « dont le sens probable est père[187] » ; l'*alodis*, qui deviendra en France l'*alleu* deux siècles plus tard, désigne, comme l'*oikos* grec et l'*heres* romain, tous les biens d'une famille : la maison, les troupeaux, les armes, les vêtements, les chariots, etc.

Les alleux sont fréquents au sud de l'Europe : la tradition romaine y étant restée vivace, la propriété suppose un titre (« nul seigneur sans titre ») et toute terre est *a priori* un alleu. Au nord, à l'inverse, selon la tradition germanique, « nulle terre n'est sans seigneur », et le paysan qui se prétend propriétaire libre d'un alleu doit le prouver[136]. Au nord comme au sud, là où les moyens manquent aux seigneurs pour faire respecter leur pouvoir, les paysans se nomment eux-mêmes « alleutiers » et le restent pour autant qu'ils le peuvent.

Dans de rares bourgades libres paraissent encore subsister des traces des institutions municipales romaines. Jusque vers 650 en Provence, et plus au nord à Paris et Orléans, on trouve ainsi des survivances des curies et du commissaire impérial[136].

Dans les domaines et les villas, le paysan, qu'il soit colon (libre) ou serf, est sous le pouvoir des seigneurs francs et gallo-romains — sous leur *ban*, selon le vieux mot germanique : il doit soumission, impôt et service armé, et, en échange, reçoit protection. Dans les régions de guerre et de pillage, de très nombreux alleutiers se placent eux-mêmes volontairement sous la protection des seigneurs. On commence à les appeler indistinctement *serfs*[65]. S'ils épargnent assez, ils peuvent acquérir une *tenure* dans le domaine. Attaché au sol du maître, le serf participe à la vie publique, aux assemblées et au service armé. Il peut prêter serment et porter témoignage. Il possède parfois une maison : le *manse* en Gaule (qui vient du latin *manere*, demeurer), la *hufe* ou *hube* dans les pays germaniques, la *hide* en Angleterre, le *bol* au Danemark, l'*attung* en Suède, le *ran* en Armorique[65]. Dans les régions où dominent les alleux, la propriété des manses devient héréditaire et les seigneurs encouragent même les colons à les mettre en valeur pour s'assurer qu'ils y resteront. Le manse suffit alors à faire du paysan un « homme libre ».

Au-dessous encore, l'esclave, de plus en plus rare, vit en marge de la communauté. Il n'est pas « civil », ne prête pas le serment de fidélité, ne doit pas de service armé, ne participe pas aux assemblées, n'accède pas au clergé, et ne peut ni transmettre son patrimoine ni choisir son lieu d'habitation[136]. Il est un objet à la disposition du maître. Parfois, comme en Italie, les invasions et les désordres poussent les maîtres à déplacer les esclaves de la terre au village où ils occupent alors une place importante dans l'artisanat : les armes franques, par exemple, premiers objets fabriqués dans les ateliers des grands domaines, sont forgées par des esclaves spécialisés[136]. Au début du VIe siècle, un édit de Théodoric, roi des Ostrogoths d'Italie, déclare : « Que tout maître ait le droit de tirer de ses champs les esclaves rustiques des deux sexes qu'il possède de corps et en droit légitime, fussent-ils originaires, pour les transférer aux lieux de la ville, et qu'ils soient, à bon droit, comptés dans la famille urbaine. Qu'il soit permis aux maîtres d'aliéner, par contrat, les hommes de ladite condition, sans aucune portion de la terre, ou de les céder, de les vendre à qui bon semblera ou de les donner[136]. » Ceux dont la famille travaille sur une même propriété, parfois depuis six siècles, obtiennent quelques libertés. Par le *chasement*, acte écrit et contresigné par des témoins, ils reçoivent des lopins en toute propriété, mais ils restent tenus, comme les serfs, à l'obéissance et au respect. Ils ne peuvent se marier ni vendre leurs biens sans l'accord de leurs maîtres. « L'entrave à la liberté de mouvement paie la garantie de jouissance[136]. »

Trop coûteux, trop rare, trop rebelle, l'esclavage s'efface néanmoins peu à peu. Là encore, l'Église accompagne une évolution qui la dépasse : à cette époque, on raconte en s'émerveillant qu'un évêque, Acacius, vend des vases d'or et d'argent de son église pour racheter sept captifs persans et les renvoyer dans leur pays[444]. A la fin du VIe siècle, le pape Grégroire le Grand est célèbre pour avoir affranchi ses propres esclaves[444]. Un peu plus tard, au milieu du siècle suivant, on raconte qu'un évêque du roi Dagobert, Éloi, rachète et affranchit des Saxons, et que l'évêque Wilfried affranchit cent cinquante esclaves qu'il a reçus en présent d'un prince saxon[444].

Peu à peu, la société européenne s'unifie et se pacifie. L'essentiel des échanges villageois s'y fait encore sous forme de troc. Le sel, les armes, les tissus, le vin, les biens agricoles s'échangent entre eux. Les redevances aux seigneurs se paient en blé, tissus, pièces de vêtement, laine ou lin (certains domaines ruraux possèdent de véritables ateliers de tissage[136]). Entre les villages et les villas, des marchands, parfois des Syriens et des Juifs de langue grecque, qu'on appelle *Syri*, font circuler étoffes précieuses, épices, drogues, esclaves et parfois or. On utilise encore peu de pièces, parfois des lingots pour le commerce au loin[349]. Les monnaies d'État ont disparu. Seigneurs, abbayes, évêques, princes frappent des sous d'or et des monnaies d'argent incompatibles les uns avec les autres, alors qu'ailleurs triomphe le *solidus* d'or qu'a créé Constantin sous le nom de besant, de dinar ou de maravedi[349]. Ce *solidus*, francisé en « sol » ou « sou », ne joue en Europe, avec le denier d'argent[67], qu'un rôle de monnaie de compte entre les grands centres commerciaux. L'or domine l'Orient, l'argent survit en Occident[349].

Islam investi

Surgit à côté de l'Europe un nouvel Empire qui fixe ses propres règles de propriété, investit l'Empire d'Orient et confère une forme nouvelle aux droits des peuples qu'il conquiert.

Tout commence en 624 quand Mohammed prend le pouvoir à Médine, puis le contrôle de l'Arabie. Avec l'islam, il construit peu à peu une doctrine de la propriété qui fusionne et modèle les droits existant dans les diverses contrées annexées.

Pour le Coran comme pour les peuples nomades d'Arabie, Dieu possède toutes choses et toutes créatures, et l'homme est son *kalifa* (délégué). Être et avoir sont des dons de Dieu, l'homme doit s'en montrer reconnaissant « en obéissant aux ordres de Dieu et en accomplissant ce qui est droit à ses yeux ». « Islam » signifie « soumission ». La vie n'est que passage et non propriété. Après la mort, le corps n'est plus rien. On ne part avec aucune propriété, et les lieux de culte sont austères. L'existence au-delà dépend des biens qu'on peut donner à la communauté des croyants pour que soit glorifié le nom de Dieu. Comme dans les sociétés nomades, la valeur des cadeaux y mesure le rang, le prestige et la durée de survie du donateur. On distingue la *sadaka*, donation sans échange de consentement et irrévocable, l'*hiba*, donation d'une personne haut placée à une autre d'un niveau social inférieur — et de Dieu à l'homme —, et l'*hadiyya*, don d'une personne d'un niveau social inférieur à une autre plus haut placée[447].

Comme chez les nomades, propriété et possession ne sont pas clairement distinguées : *mal*, le mot qui signifie « possession » ou « fortune » chez les Bédouins, devient *melk* en arabe et signifie aussi bien « possession » et « propriété[447] ». La terre, comme tout objet ou tout homme, sauf les choses inutiles (tels les animaux sauvages) ou interdites (tels le porc ou le fumier), peut devenir propriété privée[447].

Chez les peuples qui deviennent musulmans, le droit se calque souvent sur les droits antérieurs[262]. La terre peut devenir propriété *privée* par le travail : qui plante une terre sans propriétaire se l'approprie ; qui sème avec le blé d'un autre doit lui restituer la semence, mais peut garder la récolte et la vendre.

La terre peut aussi devenir propriété religieuse (*wakf* ou *habou*) ou d'État. A l'imitation des biens de l'Église, les *wakf* (ou *habou*), prélevés sur les terres conquises sont donnés en usufruit à des fondations pieuses qui les gèrent au nom de Dieu.

Pour obéir aux règles édictées par le Coran, celui qui donne une terre « doit être sain de corps et d'esprit[447] » ; la terre elle-même doit être fertile et cédée gratuitement (selon un commentaire du Coran d'Anas B. Malik, le Prophète « voulait acheter aux Banu'l Nadjdjar des jardins pour bâtir une mosquée ; ceux-ci refusèrent le prix offert et donnèrent le terrain pour l'amour de Dieu[447] »). Les produits des biens *habou* doivent être réservés au paiement du personnel des mosquées, des écoles coraniques, des hôpitaux, ou affectés à l'entretien des murailles de la ville. Selon un autre commentaire d'Ibn'Omar, le calife Omar, lieutenant et deuxième successeur de Mohammed, « avait acquis au partage de Khaibar des domaines qui avaient beaucoup de valeur pour lui ; il demanda au Prophète s'il devait les donner. Le Prophète répondit : "Conserve la chose elle-même et consacre ses produits à des buts précieux..." Omar la donna pour les pauvres, esclaves, passants, hôtes, et pour la diffusion de la foi[447] ».

Comme dans la tradition des autres Empires, un *domaine public* conquis par le calife peut aussi être attribué en tenures *(iqtâ')* aux soldats ou à des convertis à l'islam.

Les Infidèles peuvent devenir propriété des hommes. Pour être affranchis, il leur suffit de devenir musulmans. Le Prophète dit : « Le fidèle qui affranchit son semblable s'affranchit lui-même des peines de l'humanité et des tourments du feu éternel[447]. » Le propriétaire a le droit de marier ses esclaves, mais pas de les séparer de leurs enfants qui appartiennent au propriétaire de la mère. Si la mère est libérée, l'enfant l'est aussi. Un maître est libre d'épouser son esclave, mais seulement après l'avoir affranchie.

Entre l'esclave et l'homme libre existe le *dhimi*, le protégé, statut qu'auront notamment les Juifs dans tous les pays d'islam contre paiement d'un tribut[262]. Le Coran admet la polygamie et accorde la succession, une fois les dettes payées, au parent le plus proche du côté paternel. Il précise : « Au garçon appartient autant que la part de deux filles[447]. »

Droit de marchands et de commerçants, le Coran, comme le droit coutumier berbère et les commentaires de la Sunna, admet les contrats d'association *(shirka al akd)*, les contrats de société, les sociétés de capitaux, les sociétés de travail, les sociétés de « haute considération » (contrat dissous au gré de chacun des associés), la commandite (déjà pratiquée à l'époque pré-islamique pour les caravanes), le contrat d'ensemencement et le contrat d'irrigation[447]. Il admet également le contrat générateur de gain à condition que celui-ci soit justifié par un travail ; en conséquence, il autorise le prêt (*rahn*) gagé sur un immeuble pour un temps déterminé et avec jouissance de fruits s'il n'est pas remboursé à échéance. Le créancier peut alors vendre la chose sans recourir à la justice[447].

Le Coran admet aussi qu'un État, le *diwan*, perçoive un impôt foncier (le *kharadj*), d'abord sur les terres non musulmanes. Surtout, un peu plus tard, un impôt, la *djizya*, frappe les non-musulmans[447].

Le droit de l'islam s'insinue dans toutes les terres conquises. Après Mohammed, les premiers califes omayaades achèvent la soumission de la Palestine, traversent le Maghreb, occupent la plus grande partie de l'Espagne, attaquent en vain Constantinople et font de Damas leur capitale[262]. En 750, la dynastie des Abbassides leur succède avec Bagdad pour capitale. Ils tiennent alors les principales routes commerciales et les plus grands ports du monde, contrôlent des territoires économiquement très riches par leur industrie, leur agriculture et leurs productions minières. « La poignée de conquérants se fond alors dans des foules urbaines de civilisation supérieure[262] », constituant un grand domaine économiquement unifié.

Lui-même investi des droits barbares, l'Islam investit les Empires d'Asie. Il sert en quelque sorte de « machine » à traduire un droit rituel en droit impérial, et fournit un guide d'obéissance et de comportement à une large part de la périphérie de l'Ordre marchand.

Seigneurie et droit de ban

Pendant que Byzance flamboie, l'Europe se défait. A la mort de Dagobert en 639, les rois mérovingiens, ayant donné toutes leurs terres, perdent à peu près tout pouvoir. Sous les autres Mérovingiens, le pouvoir réel appartient à l'Église et aux grands propriétaires qui occupent les principales fonctions dans l'État et les provinces et contrôlent le surplus des récoltes.

Selon l'Église, Dieu laisse maintenant agir les lois qu'il a fixées et permet aux hommes de s'approprier le monde. Elle-même affine les normes et les tarifs de pénitence. Elle décide de ce qui est bon ou mauvais en jugeant l'intention et non plus seulement les actes[241]. Elle bénit les rois, enterre les morts — les princes dans les églises, les rois dans les basiliques, sans plus aucun bien, hormis un collier ou des bijoux. Elle aide du mieux qu'elle peut le pouvoir civil à chasser ou à caser le mendiant, le démuni. En 789, l'évêque d'Orléans, Théodulf, s'étonne qu'à Narbonne le vol soit puni de mort, et le meurtre d'une simple amende. Comme si, dit-il, « l'avoir importait plus que l'être pour des peuples à la limite de la survie[136] ». L'Église continue à interdire de prêter de l'argent à intérêt sous peine d'excommunication.

Lorsque Charlemagne monte sur le trône et réinstaure la primauté du pouvoir royal sur le territoire franc, c'est tout naturellement qu'il s'appuie sur l'Église. Le ban redevient son apanage exclusif, par le biais de la chancellerie que dirigent des gens d'Église. Plutôt que de déplacer les produits de chaque domaine, le souverain se déplace lui-même de villa en couvent et veille personnellement sur les comptes de chacun de ses domaines. Il rétablit en 781 l'unité de la monnaie, frappe à son sceau un denier d'argent et lui donne cours légal dans tout l'Empire, limitant les autres frappes à l'usage local. En 789, il interdit l'usure aux clercs et aux laïcs, sauf en cas de guerre[241].

Sacré empereur en 800, il réorganise l'Empire, le divise en quelque deux cents *pagi* et nomme pour les diriger des comtes qui lui prêtent serment et lui rendent compte deux fois l'an[136]. Ceux-ci se font à leur tour prêter serment au nom de l'empereur par tous les hommes libres de leur circonscription âgés de plus de quinze ans — c'est-à-dire par ceux qui sont astreints au service armé et qui participent aux assemblées[136]. L'empereur s'appuie aussi sur des « vassaux » royaux (le mot *vassus* est la forme latinisée d'un mot celte qui veut dire « qui sert ») et sur des envoyés *(missi dominici)* qui circulent dans tout l'Empire, emportant des instructions et contrôlant les autorités locales[136] : leurs enquêtes décrivent les terres, les colons, les villages. Enfin, des administrateurs gèrent son domaine personnel[136].

Quand l'édifice carolingien se sera écroulé, le *seigneur* en France, en Angleterre le *lord* — qui vient de l'anglo-saxon *hlâf-ord* (« auteur du pain ») ou *blâf-weard* (« gardien du pain ») —, le *brotherr* (« donneur de pain ») en Allemagne, auront, comme l'empereur, une Cour composée de chevaliers armés par eux, qui l'accompagneront à la guerre et auxquels ils attribueront des terres ou des villas[136]. Ces seigneurs vivront dans leur Cour de façon opulente. Leur résidence comprendra au moins la salle *(aula)*, l'appartement privé *(camera)*, la chapelle[136]. De nombreux objets matériels la garniront : « Des bancs autour des tables, des coffres, des lits avec matelas, oreillers, draps et couvertures, des tapisseries, des chenets, une crémaillère, des chaudrons, des broches, des lampes à huile et des torchères[136]. »

Au-dessous de ces dépendants directs et sous leur contrôle, dans chaque province, des *seigneuries* unissent les guerriers entre eux. Une aristocratie, non encore définie en droit, s'organise et des vassaux non royaux apparaissent.

Chacun des vassaux verse un tribut à son seigneur, qui lui doit en échange protection. Il peut, « lorsque le maître manque à sa parole, tenir le fief du seigneur supérieur ou en faire un alleu[65] ». C'est à ce propos qu'apparaît, à la fin du IXe siècle, dans les écrits de clercs de Bourgogne, d'Auvergne et d'Italie centrale le nom de *fief* pour désigner les terres ou les avantages accordés par un seigneur à un vassal. C'est la forme latinisée de deux mots germaniques (*fehu*, « bétail », et *ôd*, « bien[187] ») ; il désigne d'abord des biens meubles aliénables[65], puis des terres concédées en récompense de services militaires, puis, plus tard, de services civils, voire du travail d'un régisseur, d'un charpentier, d'un orfèvre, d'un peintre ou d'un prêtre[136].

Dans l'esprit de Charlemagne, les premiers « bénéfices » à quelque degré que ce soit dans la hiérarchie, sont viagers. Lorsque le vassal meurt, la terre revient au seigneur ; lorsque le seigneur meurt, le vassal doit demander le renouvellement de la concession à son successeur. En général, celui-ci l'accorde sans discuter, car expulser un vassal « eût inquiété tous ses dépendants[65] ».

De fait, par un jeu de connivence réciproque, l'hérédité s'installe, d'abord dans les plus hautes sphères de la noblesse, puis un peu plus bas, jusqu'au tenancier. Tout le jeu de la société consiste alors à *durer dans le lieu.* Aussi les vassaux sont-ils « constamment occupés à créer et renforcer le droit de transmission héréditaire de la place de travail[65] », ce à quoi les seigneurs consentent par intérêt. Une maxime très connue de l'époque, dit : « A enfant orphelin, garde-toi d'arracher un fief[136]. »

Au-dessous des seigneurs et de leurs vassaux, certains paysans non admis dans la caste noble deviennent très riches et puissants. En Angleterre le *ceorl*, chez les Francs les hommes *liberi* ou *franci* ont serviteurs et clients, participent aux assemblées judiciaires et à l'*ost* (armée)[65]. Ils ne doivent fidélité qu'au roi et forment une sorte d'aristocratie paysanne d'hommes libres « qui se met parfois d'elle-même sous la dépendance des plus grands seigneurs[65] ». Ils vivent du troc sur les alleux qu'ils achètent et vendent.

Dans les grands domaines qui quadrillent l'Europe de la Frise jusqu'à l'Espagne, des tenanciers libres, des esclaves, des affranchis, des serfs cultivent la terre. Ils produisent tout ce dont ils ont besoin : nourriture, outils, tonneaux et vêtements[200]. Parfois, des esclaves sont spécialisés dans la production d'armes, l'artisanat, la tenue des moulins, des fours et des pressoirs[65]. Par exemple, un grand domaine carolingien, l'abbaye de Corbie, qui existe alors depuis des siècles, possède des esclaves armuriers. Le sort des paysans s'homogénéise. Dans un capitulaire du début du IXe siècle, un agent du palais écrit : « Il n'y a rien de plus que le libre et l'esclave[65]. » La seule différence est que l'esclave est corvéable à merci, alors que le libre, lui, doit un service plus codifié.

De plus en plus, les esclaves sont désormais exclus du travail agricole. Cas rare, l'abbé de Saint-Pierre de Gand emploie une trentaine d'esclaves sur les quatre-vingt-dix hectares de son domaine gantois, et n'exige aucune corvée des tenanciers installés sur les vingt-cinq manses[444]. En fait, certains esclaves vivent mieux que des paysans libres : un esclave de Saint-Germain-des-Prés possède trente hectares.

Comme les esclaves deviennent trop chers, leur commerce, dont Rouen était devenu un grand marché, se ralentit. Ce que l'Église, percevant l'évolution, accompagne d'une critique morale : ainsi « l'évêque de Tolède fait reproche à Alcuin, l'un des principaux conseillers de Charlemagne, d'entretenir vingt mille esclaves dans ses quatre abbayes[65] ». Un peu plus tard, Smaragde, abbé de Saint-Mihiel, demandera à Louis le Pieux d'abolir l'esclavage[444].

Les seigneurs préfèrent employer des *serfs* en échange de lopins (des « tenures ») qu'ils leur offrent « comme les suzerains offrent des fiefs à leurs vassaux ». Les *coloni* et les *servi* de l'Empire[65], les *geburs*, les esclaves affranchis, les hommes de peine et tenanciers de Grande-Bretagne, ne gardent de leurs récoltes que le minimum vital. Ils paient soit la *censive*, redevance fixée à l'avance, constante ou proportionnelle à la récolte, soit la *tenure servile* (s'ils sont taillables et corvéables à merci[136]). A tout moment, le maître peut récupérer la tenure et vendre le serf avec sa terre. Celui-ci ne peut, sans l'accord de son maître, ni prêter serment, ni entrer en religion, ni se marier avec une femme dépendant d'un autre maître, ni témoigner. On trouvera encore au XIIIe siècle, dans des coutumes écrites de Beaulieu en Limousin, la mention « que les hommes de la terre de Saint-Pierre ne prennent pas de femmes étrangères dès l'instant qu'on peut trouver à l'intérieur du domaine lui-même des femmes à qui ils peuvent être unis[200] ».

Tous ces gens vivent une vie obscure et misérable, à la frontière de l'errance ; l'entraide, de la vaine pâture au bol de soupe, y est la condition de survie.

En dehors de ces trocs impalpables et essentiels, on sait mal comment s'échangent les surplus agricoles. A lire les actes royaux qui les autorisent et les comptes de *tonlieu* (l'impôt sur les transactions) qui les enregistrent, il semble que des marchés ruraux s'organisent un peu partout[136]. La monnaie n'y joue encore qu'un rôle très limité.

En revanche, le commerce au loin est mieux connu. Il utilise les monnaies d'or d'Orient et le sterling d'argent anglais pour payer des marchandises aux riches Empires d'Orient, ou des tributs aux Normands en vue de contenir leurs incursions[349].

De petites villes, *portus* ou *vici*, surgissent autour de ces marchés. On y échange grains, vin, huile, bétail, poissons, sel, tissus et vêtements, épices, armes et esclaves. Le forgeron, premier artisan, y travaille pour le marché[136]. Les logements restent sommaires, sauf pour quelques grands marchands qui s'y installent dans de confortables demeures. Bruges, Dinant, Namur, Gand, Valenciennes, Dorestad deviennent de véritables villes[136]. D'autres restent de simples points de rendez-vous de marchands. Leur taille reste dérisoire au regard de celle des grandes métropoles d'Asie : à cette époque, Aix-la-

Chapelle n'est qu'un palais presque sans ville, avec moins de trois mille habitants, alors que Chang'an en Chine compte déjà plus d'un million d'habitants, Constantinople deux cent cinquante mille, Bagdad plus d'un million, Cordoue cinq cent mille[446].

Apparaît en ville une nouvelle catégorie de démunis, ceux, dit Michel Mollat, qui sont « exposés à la déchéance, parce qu'ils n'ont ni instruments de travail ni santé physique et mentale[297] ». Alors que la pauvreté rurale est rarement exclusion du droit à la terre, à la ville l'éviction entraîne vraiment l'errance, la violence et la mort. S'opposent *pauper* et *dives*, *pauper* et *potens*, mais aussi, désormais, *pauper* et *miles*[136] : le pauvre, dans la mentalité du temps, est celui qui n'a *pas d'armes pour se défendre* et qui n'a pas les moyens de se les payer. *Le droit à l'arme vient avec la terre.*

La police devient l'instrument de l'Ordre et du respect du Code de propriété. L'incapacité de l'Ordre féodal à se protéger contre ces nouveaux démunis contribuera à le détruire.

Naissance de la France

L'Empire de Charlemagne constitue comme une forme provisoire, condamnée à la division sitôt qu'unie, utopie à peine achevée et déjà menacée. « De gré ou de force, les Carolingiens ont instauré une politique qui s'est presque aussitôt retournée contre le pouvoir royal[136]. » Malgré l'immensité de ses efforts et la brutalité de son pouvoir, Charlemagne, comme tous ses prédécesseurs, travaille à sa perte en donnant aux seigneurs plus de surplus et de terres qu'il n'en a pour durer.

Vont naître alors des nations plus petites, à la taille des marchés et des monnaies. Fernand Braudel a raison d'écrire que « les Carolingiens ont créé l'Europe et la féodalité, c'est-à-dire la diversité, le morcellement »[68] — sauf que telle n'était assurément pas leur ambition.

Le déclin est rapide. En 813, juste avant sa propre mort, l'empereur fait désigner son seul fils survivant, Louis le Pieux. Dès sa disparition, les principaux grands de l'Empire s'approprient progressivement, comme avant lui, tous les aspects du ban sur leur territoire, ils battent monnaie, perçoivent des taxes sur les transports, l'usage des moulins, des pressoirs, des fours et des marchés, réquisitionnent les paysans, contraignent les hommes libres au service armé pour leur propre compte, exercent le pouvoir judiciaire en cours privées. C'est à cette époque qu'émergent plusieurs « principautés ».

Plus bas dans la hiérarchie sociale, d'autres seigneurs vont bientôt en faire autant et s'opposer à l'implantation d'un pouvoir supérieur. Assurant la sécurité et la défense autour de leur forteresse, ils s'approprient le contrôle des abbayes, des évêchés, des églises, des salines, et deviennent ce que ducs et comtes sont pour le roi. Ils gardent pour eux des droits fiscaux sur les produits de la terre, tel un impôt sur le sel *(bansel)* ou le vin *(banvin)*[136]. Comme ils ne peuvent, eux non plus, suffire aux nombreuses fonctions qu'il leur faut exercer, ils s'en déchargent sur des officiers, des baillis ou des sénéchaux à qui ils font présider leurs assises, percevoir leurs petits impôts (droit de guet, droit d'avoine, droit de géline) et même commander leurs maigres forces militaires[439].

Au-dessous encore, des paysans riches accumulent terres et tenures et, pour échapper à tout pouvoir seigneurial réel, se placent sous la protection de plusieurs seigneurs à la fois. D'autres enfin, en l'absence de cadastre et de cartes, transforment leurs tenures en alleux. L'Ordre impérial se dissout. Il n'y a pas encore de « système féodal, mais déjà des féodalités[65] ». Après la mort de Louis le Pieux en 840, l'Empire, façade encore préservée jusque-là de l'Ordre ancien, s'effondre pour toujours.

L'histoire qui conduit alors à la naissance de la France et qui dessine le contour de ses propriétés vaut d'être contée. Elle montre comment le *contrôle d'une terre fertile* est encore la clé de la constitution d'un Empire : ce qui fut vrai pour

Hammourabi l'est encore, presque trente siècles plus tard, pour Hugues Capet[431].

Selon la tradition germanique, le territoire de l'Empire est partagé entre le fils aîné de l'empereur mort, Lothaire, qui garde le titre, et ses deux frères, Louis et Charles. L'ensemble reste patrimoine commun de la famille, l'unité de l'Empire étant maintenue par la « confraternité » des souverains. Lothaire, qui englobe dans son territoire Rome, Pavie — capitale du royaume d'Italie — et Aix-la-Chapelle, a en principe le pas sur ses frères. Mais, l'année suivante, alors que des Vikings descendent déjà sur Rouen, Paris et Nantes, Lothaire est battu par ses frères. Le traité de Verdun partage alors l'Empire entre Charles, qui prend ce qui sera la France, Louis la Germanie, et Lothaire le reste. Le 14 février 842, Louis « le Germanique » et Charles « le Chauve » font alliance à Strasbourg. Louis prête serment en roman, Charles en tudesque, chacun dans la langue de l'autre, indiquant pour la première fois le rôle des frontières linguistiques dans la définition du territoire et le partage des sols[136].

Les grands sont alors triomphants face à la faiblesse des rois. En 843, au plaid de Coulaines, il est décidé « que le roi ne pourra reprendre le bénéfice par caprice ou sous une influence perfide ou par une injuste cupidité ». En 847, le capitulaire de Meersen codifie et officialise le lien vassalique (d'homme à homme) au détriment de celui de l'administrateur vis-à-vis de la puissance publique. Chaque homme libre se « recommandera » à un seigneur et pas nécessairement au roi.

Charles le Chauve, souverain de ce qui va bientôt s'appeler la « France », ne possède qu'un petit domaine et aucun moyen de percevoir des revenus hors de ses biens personnels. Mais comme ce petit domaine, par chance, couvre des terres parmi les plus fertiles d'Europe, les ressources qu'elles dégagent vont peu à peu permettre à ses propriétaires successifs, rois ou seigneurs, de devenir les maîtres d'un puissant royaume.

En 861, Charles le Chauve doit confier à un titulaire de charges publiques dans la région d'« entre Seine et Loire »,

Robert le Fort, le commandement militaire de plusieurs comtés de Neustrie (Angers, Tours, Chartres, Orléans, etc.) contre les envahisseurs normands et bretons. Celui-ci est tué à la bataille de Brissarthe en 866. Après un intermède durant lequel le commandement de ces comtés est assuré par leur beau-père (?), les deux fils de ce Robert, Eudes et Robert, reprennent la tête de la lutte contre les Normands au nom du roi Charles.

En 870, le roi s'empare de la Lotharingie et la partage avec Louis le Germanique. Quand il meurt en 877 — après avoir, l'espace de deux années, régné sur tout l'Empire —, ses enfants ne peuvent tenir le royaume que se partagent une cinquantaine de grandes familles franques austrasiennes liées les unes aux autres et appuyées sur d'immenses patrimoines fonciers constitués de forêts et de villas exploitées par une masse de paysans asservis. Par le capitulaire de Quierzy, Charles le Chauve a bien laissé le pouvoir à son fils Louis le Bègue (mort en 882) mais Eudes, véritable puissance militaire du royaume, qui sauve Paris en 885, dépose en 888 le successeur de ce dernier, son frère Charles le Gros. Eudes est alors roi de France jusqu'à son décès (898). À sa mort, un petit-fils de Charles le Chauve, Charles le Simple, reprend le pouvoir ; ce roi sage règne jusqu'en 922 et est remplacé alors par le frère d'Eudes, Robert, puis, l'année suivante, par le gendre de celui-ci, Raoul de Bourgogne qui restera sur le trône jusqu'en 936. L'y remplaceront successivement trois Carolingiens : Louis IV, Lothaire, puis le fils de celui-ci, Louis V. Derrière eux, en fait, c'est le beau-frère de Raoul de Bourgogne, allié de la famille de Robert le Fort et maître de l'Ile-de-France, Hugues le Grand, qui gouverne avec le titre de « duc des Francs ». Il dispose comme propriété personnelle d'un certain nombre de monastères (Saint-Denis, Saint-Germain-des-Prés, Saint-Martin) dont il est l'abbé laïque et qui vaudront sans doute à son fils le surnom de « Capet ».

En 987, à la mort de Louis V, le fils de Hugues le Grand est élu roi par les grands seigneurs du Nord, sous le nom de

Hugues Ier, contre Charles de Lorraine, un Carolingien. Les Capet descendant de Robert le Fort ne rendront plus jamais le pouvoir à un Carolingien. Hugues est parmi les plus petits propriétaires d'entre les seigneurs qui l'élisent : il n'a d'autorité directe que sur l'Orléanais et Paris. Sur certaines de ses terres, il a des droits *immuables* (censives et rentes foncières), sur d'autres des droits *muables* (tirés de l'exploitation des terres, des tributs des vassaux et des droits régaliens, tels profits de justice, taxe sur la circulation et les marchés, régales sur les évêchés et les monastères). Son territoire est cinq fois plus petit que celui du duc d'Aquitaine ; le comté de Flandre qui contrôle jusqu'aux villes naissantes de la mer du Nord, le comté de Blois, le duché de Normandie, le comté d'Anjou, les comtés de Bretagne, de Toulouse et de Barcelone sont, eux aussi, par comparaison, immenses.

L'année même de son accession au trône, Hugues fait désigner son fils comme son successeur. Le principe électif bascule dans l'hérédité. La terre a tranché : elle a choisi les Capétiens. Une dernière fois, la terre, bien fertile, a décidé du pouvoir politique.

Le sang des dieux

Quand finit le millénaire et qu'en Europe surgit un Ordre neuf, il faut se représenter le monde divisé en empires aux frontières floues, traversés de nomades et d'envahisseurs sans droit ni loi qui s'installent là où ils peuvent, poussant les peuples vaincus un peu plus loin. Il faut imaginer l'Europe comme la périphérie marginale et mal connue d'un Empire byzantin triomphant malgré les coups d'État et les révoltes. De l'Atlantique au Pacifique, du Mexique à l'Afrique se succèdent des Empires — carolingien, russe, khazaar, abbasside, tang, inca, maya[65]. Tous ont en commun la conception hiérarchique, administrative et militaire du pouvoir et de la propriété. Partout la fertilité de la terre est une condition du pouvoir et de la survie du clan, du village, du royaume. Partout des seigneurs, précaires et menacés, se soumettent — en la créant lorsqu'elle n'existe pas — à une autorité supérieure. Partout la protection du prince s'échange contre la dépendance et le tribut[65]. Partout le propriétaire d'une terre devient agent d'un pouvoir supérieur, gérant pour lui justice, finances, défense, le protégeant sur le sol qui lui est confié contre les démunis et les envahisseurs extérieurs. Partout le vassal, puissant sur ses terres, n'est rien au-dehors. Partout les places et les prix des hommes et des choses sont administrés, réglementés, organisés. Partout le travail est contraint, rémunéré au mieux par les moyens de la survie, au pire par la peur de mourir.

Partout les rois et les grands monastères possèdent d'immenses domaines dont ils louent une partie à des fermiers. Partout l'accroissement de la population et de la grande propriété entraîne la ruine de l'Empire.

En Amérique existent deux Empires de ce genre, l'un au Yucatan, l'autre au Pérou. Ils obéissent à ces règles avec une démesure particulière, peu imaginable même dans les plus anciens Empires d'Asie.

Au Yucatan, au sud-est du Mexique, les Mayas se sont installés dans des villages fortifiés deux siècles avant Jésus-Christ. Chez eux, pour durer après la mort, il faut nourrir les dieux de sang humain. La propriété de la terre compte pour la guerre qu'elle permet de faire afin d'avoir du sang. Des villes telles que Palenque, Bonampac, Uxmal ou Chichen Itza se constituent autour de temple perchés en haut de pyramides près desquelles sont enterrés les princes, et se développent en cultivant les terres alentour. Le sol appartient au village, avec, pour chaque paysan, un droit d'usage individuel transmissible à ses héritiers[264]. Celui qui ne cultive pas sa terre pendant trois ans est déchu de ses droits et la terre retombe dans le domaine public. Vers le Xe siècle, ces villes sont mystérieusement abandonnées, peut-être parce que les terres sont simplement épuisées. Puis, venus de Tula, au nord-ouest du

Mexique, où elles vivaient en villages, des tribus toltèques, conduites par leur chef légendaire Quetzalcoatl, s'installent pour deux siècles à Chichen Itza, renversant l'ordre maya.

Le second Empire amérindien, celui des Incas, a commencé dès le Xe siècle ap. J.-C. dans les Andes péruviennes, avec des communautés rurales — *ayllu* — qui possèdent la terre et la donnent en jouissance privée, contre du travail, aux paysans sous la forme d'un *tupu*, superficie nécessaire à la subsistance de chaque famille[213]. Chaque année, les chefs de l'*ayllu* veillent à la rotation des terres, à l'application du calendrier et aux rites de la terre. En fait, ce n'est là qu'un acte symbolique qui rappelle le caractère collectif de la propriété et l'existence du clan[213]. Dès le Ve, des *ayllu* se sont organisés en grands ensembles tribaux, les *marka*, d'abord dominés par des grands, les *curacas*. Apparaît une puissance qu'on peut nommer impériale, qui assure son pouvoir en faisant don à ses alliés de produits de la corvée de leurs vassaux[213].

L'empereur, l'*Inca*, se prétend descendant du Soleil et accumule pour lui plaire or et argent. Jamais la guerre n'aura été autant nécessaire pour fournir le sang que désirent les dieux. A sa mort, l'appartement personnel de l'Inca, dans son palais de Cuzco, est scellé, avec tout son mobilier ; sa momie y est placée ; sa statue en or, dans son palais-tombeau, continue d'être servie éternellement par ses serviteurs, qui sont remplacés à leur mort. Le nouvel empereur se fait construire un autre palais[448].

Les terres, même non cultivées, sont propriétés de l'Empire. L'irrigation permet la constitution de villes. Chacun se voit attribuer une tâche obligatoire. Des marchands, fonctionnaires de l'Inca, voyagent de relais en relais où ils trouvent chevaux et gîtes qui sont propriétés d'État[264].

Ce n'est qu'un siècle ou deux avant l'arrivée des Espagnols que l'Empire inca quittera ses limites pour s'étendre de la Colombie à l'Argentine actuelles. Les conquérants décriront la réalité en l'interprétant selon leurs concepts du XVIe siècle européen. Les terres de l'Empire leur apparaîtront comme divisées en quatre catégories[213] : l'une consacrée au Soleil, c'est-à-dire à l'entretien des temples ; une autre à l'Inca ; une autre au peuple ; et la dernière, cultivée immédiatement après celle du Soleil et avant celles du peuple et de l'Inca, sert à nourrir les vieillards et les malades. La classe administrative et militaire recevra des terres qu'elle fera cultiver par le peuple[213].

Quand le conquérant espagnol arrivera, il n'aura alors qu'à prendre les places de l'Inca et du Soleil pour faire du Pérou une colonie, et, en l'espace de quelques années, faire disparaître l'essentiel de la population indienne. Le peuple ne peut vivre sans la terre : on peut donc parler ici de *génocide par privation du bien fertile.* Il y en aura d'autres...

Vers l'Ordre marchand

Alors que, sur l'essentiel de la planète, l'Ordre impérial perdure encore quelque temps, dans certaines régions d'Europe, il lui faut quelques siècles pour se dissoudre sous le nom de *féodalité* ; en d'autres petites régions en marge des premières, sa dislocation est plus rapide encore. La disparition des maîtres entraîne celle des tributs et libère les forces d'un nouveau bien fertile, l'*argent.*

La *féodalité*, dernier avatar européen d'un ordre multimillénaire, contribue à cette naissance. Le mot désigne l'ensemble des relations entre membres des classes dirigeantes rurales, c'est-à-dire l'organisation d'une « solidarité verticale entre des hommes certes inégaux, mais distincts du "commun" par leur vocation militaire, leur fortune, leurs droits de commandement[184] ». Il ne faut pas confondre *féodalité* et *seigneurie*, laquelle définit le contrôle de chaque seigneur sur ses paysans et qui est en somme l'organisation de la propriété foncière de la féodalité. G. Fourquin résume bien cette distinction : « La *seigneurie* attache des paysans à un maître et la *féodalité* unit les maîtres entre eux[145]. »

Ce qui complique le jeu du vocabulaire, c'est que ce que Marx et beaucoup d'autres après lui appelleront le *système féodal* ou *féodalisme* est en fait à peu près synonyme de ce qu'il convient de désigner par *seigneurie*. Or la seigneurie durera un millénaire ; la féodalité, trois siècles seulement.

Dès le xe siècle, entre Loire et Rhin, en Alémanie, en Franconie, en Thuringe et en Lombardic, la féodalité l'emporte sur l'Empire, la seigneurie sur le royaume, la vieille pyramide des pouvoirs se défait[65]. Là où il existe, le roi n'a plus beaucoup de pouvoir sur les terres, sa légitimité reste plus que jamais religieuse : il reçoit encore de l'archevêque l'onction d'un chrême identique en France, selon la tradition, à celui qui aurait servi au sacre de Clovis[136]. Son territoire grandit par achats, conquêtes, mariages, pariages (le roi obtient par là de gérer le domaine d'un vassal), confiscations de fiefs d'un vassal sans héritier ou d'un vassal félon[136] ; il reste le « suzerain » de ses vassaux et, à l'avènement de chacun, se fait prêter un serment de fidélité qui crée un rapport de propriété symbolique entre le territoire du seigneur et celui du roi ; il intervient dans la succession de leurs fiefs, désigne un titulaire en cas de non-succession directe, ou choisit celui des fils qu'il préfère (ainsi, en 1002, Robert le Pieux occupe le duché de Bourgogne puis Henri Ier le remet en 1032 à Robert Ier de Bourgogne et l'impose aux évêques et barons bourguignons en treize ans de guerre). Mais il n'exerce pas de véritable propriété sur ces terres et n'en est que le suzerain *politique*[136].

Au-dessous des rois, une « pyramide » se met peu à peu en place, les vassaux immédiats s'organisent en caste *héréditaire*. Ducs, marquis, comtes, seigneurs, châtelains et seigneurs banaux partagent leurs terres entre leurs fils. Ils ne rendent plus compte au roi que pour quelques impôts et obligations militaires. De leur coté, des officiers de palais, des abbés, des évêques, des châtelains, des seigneurs fonciers s'organisent à leur tour en castes héréditaires[136]. Plus bas encore, les fonctionnaires d'État, intendants, ministériaux et baillis et même, dans les abbayes, les avoués qui gèrent les domaines transmettent les terres dont ils ont la charge à leurs enfants[52].

En échange de l'obligation pour l'aîné d'entretenir ses cadets, le *droit d'aînesse*, déjà très ancien pour les rois, parfois en vigueur parmi le peuple, s'installe dans le reste de la noblesse[52]. Lorsque l'héritier est mineur, le fief est confié à un « vassal provisoire » jusqu'à ce que l'héritier soit en âge de remplir ses devoirs[52]. Le seigneur perd « la faculté de refuser à l'héritier naturel la réinvestiture qui précède un nouvel hommage[52] ». Mais il est alors à peu près assuré de voir des hommes sûrs se succéder sur la même terre et garde la confiance des autres « vassaux, justement inquiets du sort réservé à leurs propres descendants[52] ».

Cette hérédité fixe au sol les familles de guerriers, arrête l'errance des armées, fixe nations et frontières, donne leurs noms aux hommes et aux villes. Marx a bien vu que « la propriété féodale foncière héréditaire [...] donne son nom à son maître comme un royaume à son roi[283] ».

Les pouvoirs qu'exerce cette caste sur les paysans et les terres sont très complexes : « Tout homme est l'homme d'un autre homme, écrit Marc Bloch, le comte est l'homme du roi, comme le serf celui de son seigneur villageois[52]. »

La propriété de la terre reste floue. Elle n'est pas encore (sauf en Italie où survit le souvenir du droit romain) objet de procès : « Le tenancier qui, de père en fils généralement, laboure et récolte, le seigneur direct auquel il paie redevance et qui, dans certains cas, saura remettre la main sur la glèbe, le seigneur de ce seigneur, et ainsi de suite tout le long de l'échelle féodale, que de personnes qui, avec autant de raison l'une que l'autre, peuvent dire : "mon champ"[52] ! »

Le serf n'est pas propriétaire. Il ne va pas à l'*ost* et n'acquitte pas la taille. En Bourgogne, sa principale propriété est un troupeau de bœufs ou de porcs. Le *chevage*, taxe imposée aux hommes affranchis avant le Xe siècle, devient signe de liberté. Le droit de vaine pâture, le droit aux châtaignes tombées ou le droit sur le bois mort permettent aux plus pauvres de bénéficier d'une sorte de droit de propriété sur les terres collectives du village[444]. Les seigneurs imposent parfois aux femmes leur droit de cuissage, et on connaît un cas où un seigneur a imposé aux hommes d'aller battre chaque nuit les douves entourant le château pour empêcher les grenouilles de coasser[65]. En principe, le serf n'a pas le droit de transmettre sa place de travail à ses héritiers : « sa main est morte ». Le seigneur est son héritier. En réalité, les familles de serfs ne quittent que rarement leurs terres. Sur les alleux ou les tenures, plutôt rares dans ces régions où s'installe la féodalité, les règles d'héritage sont très précises : en Bretagne, par exemple, les fils du paysan reçoivent les deux tiers des terres, les filles le tiers[439].

La féodalité n'atteint pas le reste de l'Europe[65] : en Frise, parce qu'il n'y a pas de seigneuries rurales, en Saxe parce que la structure sociale s'oppose aux liens de vassalité, en Lotharingie, en Allemagne du Sud et du Centre parce qu'il y a trop d'alleux, en Italie méridionale, trop éloignée du centre carolingien, parce que le droit écrit y reste la règle.

***

En assurant l'ordre et la sécurité sur les routes, en diffusant dans le peuple un droit de propriété, « pouvoir étranger sur les hommes[283] », la féodalité va rendre possible l'émergence du *capitalisme.* A l'ombre des châteaux, il permet aux premières villes de prospérer avec leurs bourgeois, leurs artisans et leurs marchés. Des paysans, des seigneurs et des monastères y échangent outils, produits de la terre et de l'artisanat. Le sel, les salaisons et les conserveries commencent à venir sur les marchés ruraux où s'active une élite nouvelle, peu attirée par les tâches militaires[65] et par les exigences de générosité et de bravoure des chevaliers.

La monnaie éveille l'Europe à d'autres rêves d'éternité.

L'argent se met à produire de l'argent et à remplacer la terre comme bien fertile, comme source d'accumulation, d'épargne, de durée, de trace, de surplus.

A la terre, soumise à un seigneur, va succéder l'argent-roi. Avec lui surgit, en cette fin du Xᵉ siècle, un nouveau rapport à la vie, à la liberté et à la mort, où nous nous débattons encore.

CHAPITRE III

L'avoir pour soi

LA « MORT DE SOI ». — LA VIE DU NOM. —
LE NOM, C'EST DE L'ARGENT. — LES TROIS NOMS. —
CISAILLEMENT ET DROIT DE CUISSAGE. — LA BOURSE ET LA VIE. —
DE LA MÉMOIRE À L'ÉCRIT. — REPRÉSENTER. —
COMMANDITES ET ACTIONS. — RICHESSES, MISÈRES ET POLICE. —
ENCLOSURES ET PROPRIÉTÉS. — MONNAIE, POSTE ET GABELLE. —
VIE PRIVÉE, DROIT À SOI. — EMPIRES ET COLONIES. —
NATIONS ET MONOPOLES. — RENDRE RARES LES IDÉES. —
LE PAUVRE AU TRAVAIL. — NIVELEURS ET LÉVIATHAN. —
LOCKE, AVANT LES AUTRES. — LES BEAUX QUARTIERS DE LA MORT. —
LE CAPITAL EN ACTIONS. — DES MARQUES ET DES BREVETS. —
ENCLOSURES ET PHYSIOCRATES. — LE MARCHÉ OU LE ROI. —
LE MORALISME RÉSIGNÉ. — LES PARADOXES DE CONDORCET. —
LES CODES DES MARCHANDS. — VIE ET MORT BOURGEOISES. —
L'ANONYMAT, LA MARQUE ET LE MONOPOLE. —
TRAVAIL-MARCHANDISE. — L'URBAIN INFATIGABLE. —
MARIAGE ET HÉRITAGE. —
DES RÉSEAUX POUR TOUS. — LA PROFESSION DES GENS ÉGAUX. —
FIN DE L'ESCLAVAGE. — LE PROGRÈS AU TRAVAIL. —
LE PROJET SOCIALISTE : DURER ENSEMBLE. —
DURER PAR L'ÉPARGNE. — DES SONS, DES IMAGES... ET DES LEVURES. —

A la périphérie occidentale de l'*Ordre impérial*, aux marges de la féodalité européenne, apparaît au XIe siècle une nouvelle conception de la propriété, un nouvel ordre, l'*Ordre marchand*. La durée ne s'y gagne plus par la terre, mais par l'argent.

Le code de propriété s'y fonde non plus sur la force, mais sur la *monnaie*, moyen d'échange pour tous et d'accumulation pour quelques-uns, façon nouvelle de figurer, de canaliser la violence, de *représenter* l'objet et de signifier sa valeur. Elle ne sert plus seulement d'étalon pour comparer les différents surplus dégagés par le travail des paysans, mais de moyen de se les approprier et de droit de propriété sur des biens non encore produits. La violence disparaît dans la concurrence, le désir d'avoir se canalise, sur les marchés, dans celui de posséder des objets qui contiennent le temps des autres.

Le temps, avec l'accord de l'Église elle-même, n'appartient plus à Dieu ni au prince, mais au marchand. L'intervalle qui sépare l'expédition d'une marchandise de la réception de l'argent correspondant en retour, le temps de la *traditio*, devient lui-même une marchandise et se vend. L'argent produit de l'argent et devient bien fertile. L'épargne ne consiste plus ni dans le *pharmakon*, sacrifié aux dieux, ni dans le « tribut » versé au prince, mais dans la partie de la monnaie mise en réserve et en valeur. Accumuler de la monnaie, c'est accumuler du temps pour son compte ; c'est aussi produire de la monnaie en confiant celle qu'on a à quelqu'autre qui s'en servira pour produire des biens réels. L'ordre des choses deviendra laïque. Et s'il y a valeur morale, elle réside dans la *continence*, la frugalité qui justifient l'épargne nouvelle et assurent le salut.

Le marchand, propriétaire du nouveau bien fertile, lorsqu'il en a suffisamment pour dégager du surplus et non pas seulement pour en vivre, devient le *vigile de son temps*, chasseur et guetteur. Il analyse les risques, utilise les innovations, fixe les prix, contrôle les échanges, les stocks et les entrepôts, surveille et combat ses concurrents, défend ses parts de marché, s'approprie le temps de travail des autres et leur vend les objets qui le contiennent. Il utilise pour ce faire, en des techniques de plus en plus complexes, l'épargne que d'autres lui prêtent ou lui confient. Ainsi naît le capitaliste. Comme les vigiles antérieurs, il finance les armées, pille les terres lointaines et contrôle l'État. Son ambition reste de durer. Non plus par des monuments, ni des terres, ni des prières, mais par la vie de son nom, en confiant désormais son épargne à ses enfants et non plus à ses morts.

Le *chef* est le « représentant » de ces vigiles, désigné par eux. Comme le prix *représente* l'objet, le *figure* et le *résume*, le chef représente, figure, résume les propriétaires de l'argent et les protège contre le démuni.

Le *démuni* est celui qui n'a pas assez d'argent pour faire plus que survivre, et qui ne peut donc épargner. Pour faire respecter l'ordre, les vigiles l'enferment ou l'inscrivent dans l'Ordre en lui permettant de gagner juste assez pour vivre et consommer, puis, plus tard, pour épargner aussi.

L'Ordre marchand est *urbain* : il naît là où l'argent permet de multiplier les échanges. D'abord simple entrepôt redistribuant les produits des Empires, vague rassemblement où de nouveaux propriétaires du sol et des marchandises revendiquent le droit de décider de ce qui les concerne[275], la ville devient le lieu de l'accumulation du surplus monétaire, et, par là, le lieu de création de positions de monopole[67].

Autour de l'an mil, en quelques places d'abord minuscules, l'Ordre marchand s'organise ainsi en une première forme, autour d'un réseau de quelques villes où s'accumulent les richesses, où se gèrent les prix et les marchés, où se structurent les pouvoirs.

Autour de ces villes du *cœur*[410] s'organise un *milieu*[67] où le « cœur » vend ses produits, puis, plus loin, une *périphérie*[67] où il achète ses matières premières.

La première forme, comme les suivantes, dure aussi longtemps que le « cœur » peut accumuler la propriété et maintenir l'ordre à son profit, par la force ou l'habileté. Mais, bientôt, cette concentration de richesses y attire les paysans et les démunis. Le maintien de l'Ordre exige alors d'y consacrer une part trop considérable du surplus ; le « cœur » s'endette et se délite. Une fois les dettes consommées, l'Ordre se reconstituera autour d'un nouveau « cœur » et de nouvelles sources politiques, techniques et culturelles de surplus.

Comme dans les Ordres précédents, toute forme meurt de l'excès de concentration dans la propriété du bien fertile, et renaît de sa division. Comme dans les Ordres précédents, l'Ordre n'est jamais qu'une brève utopie passagèrement réalisée, précédée d'une renaissance et suivie d'une décadence. Cette mutation se reproduira maintes fois.

De forme en forme, en plusieurs siècles, la monnaie, qui était marginale dans l'Ordre impérial, devient essentielle, elle prend le pas sur ce qu'elle sert, la terre cesse d'être outil de production de surplus et devient façon de le dépenser, s'organise l'ordre planétaire où nous sommes encore, dans lequel l'individu devient propriétaire de lui-même, jusqu'à se penser lui-même comme propriété, objet artificiel possesseur d'objets artificiels.

La « mort de soi »

Au XIe siècle, dans quelques régions d'Europe, villes du Nord et Toscane d'abord, puis entre Loire et Rhin, s'effacent l'unité et l'universalité de l'Ordre impérial. Un bouleversement de l'économie politique de la mort y précède, là encore, l'avènement d'une économie de la vie, et l'accélère.

Les grandes invasions ayant cessé, des villages se stabilisent ; des marchands, des artisans s'y installent. On peut y prévoir le futur, durer, penser à l'éternité pour soi et sa famille, faire naître et élever des enfants, leur donner un nom et leur transmettre des richesses.

Jusque-là, seuls les maîtres de la terre avaient le sentiment de conserver une identité dans l'au-delà ; seuls ils étaient à même de prévoir la destination exacte de leur corps, dans l'enceinte de l'église ou près d'elle. Seuls ils pouvaient espérer que leurs actes de charité leur permettraient d'accéder à un paradis.

Le pauvre, lui, devait se réfugier dans la dévotion pour espérer éviter l'enfer, et lutter contre la peur de l'avenir par sa soumission aux puissants du monde. Pour lui, serf, artisan ou villageois, durer n'avait pas de sens. Sa famille, s'il en avait une, devrait se débrouiller, après lui, sans héritage ou presque, avec les taxes qu'imaginaient sans fin tous ceux qui prétendaient avoir quelques droits sur lui.

Mais voici qu'au XIe siècle, dans l'Europe pacifiée où ne circulent plus ni Barbares ni brigands, certains d'entre eux, artisans, marchands ou marins, prennent conscience de leur individualité, « de leur droit et de leur devoir de disposer de leur âme[6] », de leur corps et de leurs biens. Ils sortent de l'anonymat des pauvres pour accéder individuellement au paradis, au purgatoire ou à l'enfer. Ce qu'Ariès nomme très heureusement la *mort de soi*[5] n'est plus alors réservé aux maîtres de la terre, mais s'étend à des artisans, des villageois, des marchands qui, eux, ne vivent que de l'argent. Or, pour ceux-ci, la durée se pense autrement.

Là commence le basculement majeur qui caractérise l'Ordre marchand : *avoir sert à faire vivre son nom, et non plus à vivre sa mort.* Dans cet ordre urbain où on n'a plus guère de terre, où la seule permanence est le nom, l'épargne sert à aider les vivants et non plus à entretenir les morts.

L'évolution est insensible. Entre le XIe et le XIIIe siècle, l'Église exige de chacun un rapport plus solitaire à la foi, elle fait du repentir un élément essentiel du Jugement dernier et du destin d'après-vie. Le verdict ne dépend plus d'une simple comptabilité des fautes, mais d'un examen de conscience qui oblige chacun à l'introspection, à la comparaison de sa conduite et de ses intentions avec des normes[241]. Ainsi l'individu dans sa complexité émerge-t-il dans la foi. En 1215, le quatrième concile de Latran rend obligatoire la confession annuelle des péchés. L'Église impose alors l'idée, déjà ancienne, d'un possible sursis, donc d'un purgatoire et d'un pardon. L'agonie, moment essentiel du jugement, appartient maintenant à chaque homme et décide de sa vie : « L'homme de cette époque tenait, dit Ariès, à participer à sa propre mort, parce qu'il voyait dans cette mort un moment exceptionnel où son individualité recevait sa forme définitive. Il n'était le maître de sa vie que dans la mesure où il était le maître de sa mort. Sa mort lui *appartenait* et à lui seul[5]. »

L'organisation des obsèques reste un élément central qui conditionne en partie l'éternité. A cette époque, les maîtres de l'argent, premiers marchands et financiers, n'ont pas d'autres modèles pour les organiser que ceux de la terre. Comme les rois sont enterrés en grande pompe, après avoir traversé toute la ville, dans la basilique royale, à Saint-Denis ou à Westminster, les riches rêvent eux aussi de se faire enterrer dans les églises, près de la croix centrale ou de la statue d'un saint, ou, pour le moins, de faire fixer au mur ou sur les piliers de la chapelle une plaque à leur nom. Ils n'emportent plus d'objets avec eux, sauf quelques bijoux.

Comme le nombre de gens ayant les moyens de financer leur mort augmente, les églises ne suffisent plus à les abriter.

Il devient nécessaire de les enterrer dans les cimetières. Ceux-ci cessent d'être des espaces ouverts, indifférents, vivants, où on n'enterrait que les gens du commun, privés d'un au-delà propre, dans des fosses communes. Tout autant que l'église, ils deviennent terre sacrée, lieux de silence et de recueillement, quasi-églises. Ils se ferment et deviennent propriété privée du village ou du bourg. L'Église y règne. En 1231, le concile de Rouen défend d'y danser sous peine d'excommunication. En 1274, celui de Lyon interdit le « commerce des choses vénales sous le portique de l'église ou dans le cimetière, et surtout pendant les messes[6] ». Voilà qui indique bien qu'il faut encore se battre, à l'époque, contre le maintien de vieilles habitudes, et que les cimetières n'impressionnent toujours pas ceux qui y viennent...

Une fois les cimetières sanctifiés, les riches y font construire des tombeaux monumentaux, visibles, sur lesquels ils commencent à faire inscrire leur nom et où toute une famille vient vivre la mort : *le nom de famille — acquisition récente — apparaît sur la tombe*, propriété commune à toute une parentèle et même souvent, pour le bourgeois urbain, sa seule terre. On la décore de bas-reliefs représentant les morts qui s'y trouvent, on y fait dire messes et prières.

Surtout là où le modèle féodal domine encore, c'est-à-dire entre Loire et Rhin, les grands marchands, qui ont peur de subir un châtiment éternel « pour avoir accumulé des richesses par des moyens douteux[5] », décident, comme les seigneurs avant eux, de faire d'énormes dons aux églises, « associant richesses et salut, en quelque sorte en un contrat à deux fins[5] » : lits offerts à un hôpital, dot à une fille pauvre, propriété foncière à un couvent ou — nouveauté majeure — *capital* laissé à l'Église.

Comme ils y consacrent beaucoup d'argent et que la confiance en leurs successeurs n'est pas entière, ils entendent s'assurer que cet argent ne sera pas détourné. La meilleure façon est encore de coucher par écrit leurs dernières volontés et de les faire connaître : au XIe siècle, *l'économie politique de la mort, avant même le droit des vivants, s'organise autour de l'écrit.* Un *testament*, « passeport pour le ciel[242] », « laissez-passer sur terre[6] », « texte très personnel où s'expriment la foi, son rapport à Dieu et aux hommes, et les décisions prises pour le salut de l'âme et le repos du corps[6] », est un *contrat* au même titre que le seront un peu plus tard les chartes ou les contrats commerciaux : une forme d'achat — en monnaie, pour l'essentiel — de l'éternité. Au XIIe siècle, l'Église le codifie et en organise chaque paragraphe, sous la menace — là comme ailleurs efficace — de l'excommunication. Elle tient la main des plus riches, les seuls d'ailleurs à savoir lire ou qui peuvent se payer les services d'un scribe, en général un clerc. En 1170, le pape Alexandre III décrète que si un testament n'est pas fait en présence d'un prêtre, il sera sans valeur, et le testataire excommunié[241]. Le prêtre est là non seulement pour sanctifier le document, mais pour conseiller, orienter, ordonner la répartition des legs entre les diverses fondations charitables et la famille.

A suivre l'évolution de ces textes, il est frappant de voir comment l'Église normalise ainsi presque toute l'Europe. Partout, un « bon » testament doit commencer par une déclaration de foi, un énoncé des torts et une demande de pardon, puis il lui faut indiquer le choix d'un lieu de sépulture, enfin la liste des legs à des fondations charitables ou aux églises, l'intitulé de la chapelle « fondée », c'est-à-dire construite au-dessus du tombeau, où un prêtre attitré célébrera chaque jour une messe dite « à perpétuité[6] ».

Dans nombre de régions d'Europe, pour se prémunir contre l'oubli des prêtres et des bénéficiaires, le testament doit être affiché dans les églises et les fondations qu'il crée sous la forme d'un *tableau de fondation* gravé sur cuivre[6]. A côté du nom, du prénom, du titre et de la date de la mort, y sont résumés les vertus du testataire et le texte de la messe perpétuelle qui doit être dite pour le repos de son âme. Avec le temps, ce tableau devient plus important que le tombeau lui-même : *l'écrit et le nom comptent plus que le corps.* Ce même texte est également recopié sur un registre, le *martelogye*, tenu par le curé de la paroisse[6].

Ainsi semblent prises toutes les précautions utiles pour se protéger contre un détournement des fonds. En vain : rares sont les cas où les églises respectent plus de vingt ou trente ans ce qui leur est demandé. Et par ce jeu de dons, dans toute l'Europe, surtout dans les régions rurales, cathédrales et monastères acquièrent des milliers de domaines, et maintenant, de surcroît, des capitaux considérables dont ils font les usages les plus divers. Ainsi, au XIIe siècle, l'abbaye de la Trinité, à Vendôme, ou celle du Ronceray, à Angers, contrôlent toute la production de sel de la région[209]. L'évêque de Langres possède tout le comté. L'abbé de Saint-Martin de Tours a plus de deux mille serfs. L'évêque de Bologne, en Italie, possède deux mille domaines seigneuriaux. Au XIe siècle, le chapitre cathédral d'Autun fait le commerce de deux mille porcs qu'il entretient dans sa seigneurie de Champdôtre[366]. Les cisterciens, les templiers détiennent et cultivent de très grands domaines agricoles. L'évêque de Las Huelgas, en Espagne, a la haute main sur soixante-quatre communes[65]. L'Église possède le quart de la Castille, le cinquième de l'Angleterre, le tiers de l'Allemagne[65]. Un évêque du Mans installe au rez-de-chaussée d'une maison qu'il possède à Paris une taverne où il vend le vin qu'il fabrique ailleurs[166]...

Comme le fait remarquer Jacques Le Goff[241], l'Église fait ainsi courir beaucoup de risques à la société qui est en train de naître : elle retarde l'avènement de l'Ordre marchand en gardant hors circuit une part considérable des richesses et du capital.

Dans le même temps, en favorisant une famille plus stable, en stabilisant l'Ordre, elle va être *prise au mot.* Pour durer, dit-elle, le repentir suffit. Le testament ne sera plus fait que de prières et de legs mineurs. L'essentiel restera à ceux qui font durer le nom.

L'Église croit maîtriser l'évolution de l'Ordre et de l'économie. En fait, l'Ordre qui commence est laïque, il fait l'apologie de la richesse sur terre et du désir d'accumuler l'argent. En certains lieux d'Europe, la mort devient plus autonome, les richesses échappent à l'Église : là où l'Ordre nouveau domine, les marchands lèguent à leurs successeurs leurs biens matériels, maisons, titres et bateaux, et ne laissent à l'Église que de quoi dire les prières et faire de somptueuses funérailles. Là, plus qu'ailleurs, la mort devient vraiment « mort de soi », et la vie, celle du nom.

A jouer ce jeu, l'Église prend beaucoup de risques pour elle-même : Durant remarque avec finesse et cruauté que « c'est le drame des choses spirituelles qu'elles dépérissent si elles ne sont pas organisées, et qu'elles sont contaminées par les besoins matériels dès qu'on tente de les organiser[122] ».

La vie du Nom

La famille naît à la campagne, partout où il devient possible de vivre au même endroit. Tous ceux qui, volontairement ou non, sont attachés à la terre commencent, dans la paix revenue, à se constituer un patrimoine et à vouloir le transmettre. La durée du Nom devient la forme principale de la survie. Le Nom devient une propriété essentielle qu'on se transmet de génération en génération, qu'on entretient, qu'on multiplie, qu'on gère, qu'on étend avec de l'argent, exactement comme on le faisait des terres ou des femmes dans les ordres antérieurs. Les unes comme les autres constituent d'ailleurs un moyen de faire durer le Nom.

Les femmes deviennent « instruments d'alliance », et plus seulement dans les familles nobles. On tend à choisir les épouses « juste au premier degré de consanguinité permis », dans le cousinage le plus proche. Avant le XIe siècle le tabou de l'inceste ne va pas au-delà du troisième degré. Le seigneur impose des alliances aux fils de ses vassaux pour les empêcher de devenir trop puissants ou pour récompenser tel d'entre eux[136]. La femme est encore facilement répudiée si elle ne fait pas d'enfant, et redevient alors une propriété négociable de sa famille. Ainsi Geoffroi Martel, comte d'Anjou, épouse en 1032 la veuve de Guillaume d'Aquitaine, Agnès, qu'il répudie en 1052 pour épouser une fille du seigneur de Crécy, qu'il renvoie à son tour, puis une fille du comte Eudes, qu'il répudie derechef pour se remarier avec une Adélaïde de Germanie[136]. Ailleurs, le mariage est un instrument du progrès social, un moyen de « promotion sociale pour les jeunes chevaliers ambitieux[23] » comme pour les marchands. Chaque père s'efforce de trouver pour son fils aîné une épouse de rang supérieur. A partir du XIIe siècle, l'Église prend le contrôle du mariage qui ne sert plus qu'à constituer la famille. A la campagne comme à la ville, chez les marchands comme chez les nobles, elle le ritualise en deux temps, à l'instar d'une vente : d'abord l'*épousaille*, contrat par lequel la jeune fille passe sous l'autorité de son futur mari, puis les *noces* où le mariage est consommé[136].

Il est essentiel d'avoir des enfants, surtout des garçons. Ils deviennent les protégés de l'Église et de la morale marchande, créatures de Dieu, « dépôt divin ». Le père n'est plus que le responsable de ses enfants vis-à-vis de Dieu, l'usufruitier de sa progéniture, non plus son propriétaire. Il ne peut plus les tuer sans être châtié. C'est à eux qu'il s'efforce de léguer l'essentiel de son patrimoine pour maintenir son Nom. Le fief devient héréditaire ; le seigneur qui l'a concédé ne peut en priver les héritiers du vassal.

Dans le nord de l'Europe, dans les régions de droit coutumier, il n'existe pas de règle successorale particulière, hormis l'égalité entre tous les enfants. D'où une dissémination des patrimoines. S'il n'y a pas d'héritier direct, tous les parents sont héritiers potentiels. Si l'héritier est mineur, le fief est confié à un administrateur provisoire. Si le couple n'a pas d'enfants légitimes, les biens retournent à la famille du mari (sauf en Angleterre où les femmes peuvent hériter). Pour éviter le morcellement, les héritages sont parfois « collectifs ». La coutume permet aussi d'avantager un ou plusieurs enfants.

En Saxe, par exemple, les fils élisent celui d'entre eux qui héritera. On impose parfois le célibat aux cadets, garçons et filles : on envoie les uns à l'armée, les autres au couvent, parfois dès l'enfance. Parfois encore, on organise un double mariage croisé de deux frères et de deux sœurs : l'aîné épouse la cadette d'une maison, et son frère cadet l'aînée de la même maison[136].

Dans le Sud, où le droit romain a laissé sa trace, le père de famille peut désigner son héritier par testament.

Bientôt, cependant, les règles s'unifient un peu partout en Europe : le testament permet au seigneur et surtout au marchand de désigner un héritier unique et de fixer une sorte de droit familial. Ce droit gagne toutes les classes au XIIIe siècle : le serf acquiert le droit de transmettre son poste de travail à ses enfants. La vie passe par la famille et se conserve par le testament.

Le Nom, c'est de l'argent

Dès le XIe siècle, l'argent s'installe dans les interstices de l'Ordre féodal. Certes, ce n'est qu'à partir du XVIe siècle que s'épanouiront, dans les grandes monarchies centralisées qui sauront traduire le sacré en laïque[275], les grands concepts du capital et de la propriété des bourgeois. Mais il ne faut pas penser que l'Ordre marchand ne commence qu'à ce moment, ni même qu'il débute au XIIIe siècle avec l'autorisation théologique de l'usure, mais bien avant, dès le XIe siècle, dans la réalité flamboyante de quelques ports de la périphérie de l'Ordre impérial : Bruges, Gênes, Venise, Amalfi, petits ports de pêche et de conquête ont, parmi les premiers, donné leurs formes aux valeurs marchandes, créé *une cohérence entre propriété privée et liberté individuelle.* Immense mutation d'hommes d'aventure : *on passe de la peur des sanctions du prêtre ou du prince à l'espérance de gains sur des marchés et des foires.*

Dans ces quelques ports d'Italie et d'Europe du Nord, l'absence de pouvoir central, l'étroitesse des terres, l'ouverture de la mer, obligent à laisser l'argent se glisser plus facilement qu'ailleurs dans les échanges entre les hommes. En ces lieux peu hospitaliers ou trop exigus, où l'on ne peut disposer d'assez de terres cultivables pour nourrir tout le monde, il faut bien vivre en échangeant, et donc en produisant des produits très spécialisés, à hauts rendements, et en usant de techniques neuves — la rotation des cultures, les charrues à roues, le collier d'attelage[136]. De plus, de nouvelles techniques artisanales — arbre à cames, métier à tisser horizontal, rouet, cordage — permettent de fabriquer davantage de textiles à haute valeur ajoutée à partir de ces produits agricoles. Pour commercialiser ces excédents, il faut que des capitaux sortent des monastères et des châteaux, et circulent.

L'Ordre marchand commence là, à tâtons, fragilement, par l'émergence de *villes*. Dans un désert de forêts sauvages et de terres incultes, quelques boutiques, échoppes et chantiers navals se développent autour d'un château féodal, d'un monastère ou d'un port, à un carrefour de routes commerciales. Pour protéger leurs biens, les premiers marchands, marins et artisans bâtissent des murailles autour d'un territoire qu'ils s'approprient avec, à l'intérieur, leurs maisons, leurs églises, leurs marchés et leurs cimetières. Ces premiers bourgs — *portus*, « entrepôts » — sont d'abord des lieux d'échange, de batellerie, de stockage et de change.

En Italie, ces marins et bourgeois, après avoir chassé les Arabes, s'approprient l'or africain, l'utilisent pour le commerce international et pour animer aussi les échanges intérieurs. Dans le nord de la péninsule, à Leno, à Nova, à Brescia, à Bobbio, dès le xe siècle, on échange les produits des domaines contre de l'argent[200]. Dès 908, l'abbaye de Fontaneto d'Agogna, près de Novare, crée un marché mensuel pour les produits agricoles[200]. Parfois, autour de ces ports, lorsqu'ils sont situés près de sources d'énergie et de forêts, on trouve également des ateliers de construction de bateaux, des commerces de bois pour construire coques et mâts, de toile pour les voiles et les cordages, de métal pour les armes[200].

Les marchands de la ville prennent vite le contrôle des artisans qui y vivent et de la campagne qui l'entoure. Ils avancent de quoi produire, en argent ou en matières premières ; tisserands ou potiers, en échange, s'engagent à leur livrer une quantité de biens à une date donnée et à des prix que peu d'entre eux peuvent et veulent contrôler. Le produit fini appartient au marchand. Même si des artisans tentent parfois de devenir leur propre maître, les marchands des premiers bourgs prennent le contrôle de leur production, font construire pour leur propre compte les premières machines à broyer le minerai ou à filer la laine[200], les moulins à eau et à vent. Ils contrôlent aussi les entrées de la ville par des péages et décident s'il est de leur intérêt d'enlever aux paysans alentour le droit de filer, de tisser, de teindre, ou si, à l'inverse, il y a avantage à le leur laisser[68] et à acheter leurs produits. Ils financent de même les récoltes des paysans et le bétail des éleveurs.

Ce maître au sommet de la ville, le bourgeois, le *civil*, vigile de l'Ordre marchand, maître de lui comme de son patrimoine, fonde son pouvoir sur la propriété de l'argent et de ce qu'il lui permet d'acheter sur les marchés : biens et travail. Pour être citoyen d'une ville, il faut en général y posséder une terre ou une maison, y être reconnu bourgeois par les autres, avoir la pleine capacité patrimoniale[324]. A cette époque, le bourgeois ne doit déjà presque rien au seigneur, qui possède le sol de la ville, hormis quelques journées de service. Son mode de pensée n'est plus celui des élites antérieures. Il est pirate et aventurier, mais laïque. Il cherche sa récompense sur terre, pour lui et ses enfants, et ambitionne de durer par l'argent qu'il gagne. Il ne lègue plus sa fortune aux églises, il la garde pour lui, mais peut aussi la dépenser et se montrer d'une générosité toute seigneuriale.

Le sol urbain devient progressivement une marchandise que marchands et nobles se disputent[324] et qui s'achète avec de l'argent : la propriété de la maison donnera à la longue « la propriété ou du moins la possession de la terre sur laquelle elle est construite[324] ». Celui qui l'occupe ne sera plus tenu que de payer un loyer au propriétaire du sol. Il pourra librement la transmettre, l'aliéner, « la charger de rente et la faire servir de gage aux capitaux qu'il emprunte[324] ».

En Italie et en Europe du Nord, dès le XIe siècle, les bourgeois s'approprient leur ville, alors qu'en France, en 1150, artisans, commerçants et marchands « ne contrôlent encore qu'exceptionnellement le sol urbain[431] », possédé par les seigneurs. Ainsi l'île de la Cité est-elle encore partagée, à cette époque, entre des évêques et des princes.

Avec la propriété du sol va encore naturellement le pouvoir politique : au XIIIe siècle, Philippe de Beaumanoir écrit que « chaque seigneur qui a de bonnes villes dessous lui doit savoir chaque année l'état de la ville et comment elle est gouvernée [...] et il est très utile parfois que l'on vienne au secours desdites villes comme on ferait de l'enfant mineur[136] ». Aussi les bourgeois, une fois propriétaires du sol, revendiquent-ils leur liberté personnelle et le droit de propriété sur leurs biens, le droit de battre monnaie, de rendre la justice et de lever l'impôt. Ils prennent le contrôle politique de la ville[324]. Ils se donnent les instruments et les symboles du pouvoir : une monnaie, une milice, des impôts, un donjon (le beffroi), une cloche. Pour diriger la ville, les chefs des plus riches familles se réunissent en une association (*communio*) par un serment (*conjuratio*) entre égaux. Des échevins, des pairs, des jurés, des consuls élus retrouvent, sans toujours la connaître, la tradition grecque du pouvoir oligarchique.

Soit parce que leurs rapports avec les seigneurs s'adaptent mal aux vieilles coutumes, soit, s'ils n'en ont pas, parce qu'ils se fient davantage à l'écrit, ils se mettent à édicter des lois et à *écrire* leurs droits en des *chartes*.

La première qu'on connaisse date de 1007, et concerne Beaulieu-lès-Loches, en Touraine[136]. Huy en obtient une en 1066 de l'évêque de Liège. Parfois, la charte s'arrache par la force, comme à Cambrai en 1076, ou à Laon en 1111. En 1196, à Florence, les patriciens, les *ditiores* (les « plus riches »), les *boni homines*, prennent le pouvoir au seigneur. Ces chartes donnent aux civils l'entière capacité patrimoniale, le droit de participer à la gestion municipale, la liberté d'aller et venir, de se marier, de déposer une caution pour éviter la détention[136]. Certaines villes deviennent ainsi *franches*, c'est-à-dire totalement libres ; d'autres, dites de *prévôté*, restent liées à un seigneur représenté par un prévôt.

Ces nouveaux maîtres s'appuient sur les petits commerçants, petits changeurs et hommes de loi, propriétaires de leurs échoppes, et qui parfois participent, par leur épargne, aux affaires des marchands. Au-dessous encore, le reste de la population urbaine, salariés ou artisans, ouvriers, pêcheurs ou marins, vivent au jour le jour de leur travail, soit comme détenteurs d'un fief, soit comme travailleurs relativement libres ; parfois, situation intermédiaire, le fief permet à son propriétaire de contrôler les autres artisans du village. Ainsi au XIIe siècle, l'évêque de Chartres vend-il à un charpentier, pour 50 sous par an, un monopole sur certains marchés et le droit de contrôler tous les autres charpentiers de la ville[136].

L'artisan détenteur d'un fief devient un intermédiaire entre le seigneur et les autres artisans ; il les organise sous son autorité en une collectivité close, propriétaire du métier, qui se protège par le système du *compagnonnage* contre tout concurrent. En deux siècles, le basculement est accompli. Le droit de s'établir n'est plus la propriété du seigneur de la ville, mais celle du corps de métier, qui la vend contre le « chef-d'œuvre »[200]. Peu à peu, le métier — *ministerium* — cesse d'être un office à remplir, pour devenir un travail libre de produire des richesses à vendre sur un marché. Au milieu du XIIe siècle, l'évêque de Strasbourg achète aux pelletiers, aux forgerons et aux meuniers de la ville ce qu'ils produisent et paie en argent le surplus au-delà de ce qu'ils lui doivent[136]. C'est l'avènement, encore très marginal, du travail libre. Au début du XIIe siècle, au bas de la charte de l'abbaye de Marmoutier, en Touraine, apparaissent des hommes identifiés pour la première fois par leur spécialité professionnelle[136]. Ce sont des *artifices*, des *operarii* (« ouvriers »). Le travail devient marchandise, propriété de celui qui le vend, et qui vend avec lui son produit, le plus souvent contre des pièces de cuivre.

En général misérable, l'ouvrier ou l'artisan gagne mal sa vie : il est rarement propriétaire de son logement ou d'autre chose que son lit et une table. A la fin du XIIe siècle, Chrétien de Troyes décrit ainsi la condition des fileuses de Provins[136]. Le travailleur ne peut plus guère compter sur la solidarité familiale ou autre, même s'il peut encore se nourrir de biens de la campagne. Ses seuls points fixes sont la fosse commune, à la sortie du village, et ses enfants, sans qu'il puisse former pour eux le moindre espoir.

Un nouveau démuni apparaît alors : au paysan chassé de sa terre, qui court les routes et les forêts autour des villes et menace les propriétaires, s'ajoute l'ouvrier à l'existence précaire, sans propriété ni sépulture. Ce marginal urbain n'a rien à perdre : exploité par le marchand, sans racines, confronté à la richesse des bourgeois, plus visible encore que celle des seigneurs, il vole et menace l'ordre. Pour s'en protéger, les bourgeois se donnent les premières *polices* municipales, instrument de leur ordre et de leur durée, outil majeur de la protection de leurs biens et de leur nom.

L'Ordre marchand commence en ville et s'approprie ce qui l'entoure, hommes, terres, matières premières. Pour durer, chaque ville doit avoir les moyens d'accumuler les surplus nécessaires à son entretien.

La ville grandit alors, attire les riches, puis les pauvres. La police coûte cher. La ville *s'endette* et se ruinera si elle ne sait se débarrasser de ses dettes : socialisation, dévalorisation, réorganisation... Nous y sommes encore.

Les Trois Noms

Aux XIe et XIIe siècles, c'est dans les premières villes de l'Italie, « éducatrice de l'Occident[344] » et « comptable du temps[241] », si méconnue de trop d'historiens, que se constituent les bases théoriques de l'Ordre marchand. Dans cette apparente obscurité intellectuelle de l'Europe d'avant l'invention de l'imprimerie, des théoriciens, des marchands et des hommes politiques dont on ne sait pratiquement rien, inventent les principaux concepts du nouvel Ordre, bien avant que les philosophes des grandes métropoles ultérieures ne les mettent en forme. C'est là que se constituent en Europe les idées de famille, de liberté individuelle, de droit de vote, mais aussi d'héritage, d'entreprise, de concurrence, de lettre de change, d'assurance et de société par actions, qui, depuis lors, constituent notre horizon économique et politique.

Et c'est là, surtout, que se constituent les *trois* principales façons de durer, que l'on retrouvera jusqu'à aujourd'hui dans toutes les formes de l'Ordre marchand, les trois principales façons de faire *vivre le Nom*, entre lesquelles le capitalisme hésitera tout au long des huit siècles suivants.

L'Italie n'est pas, *a priori*, spécialement préparée à ce rôle de pionnière : le marchand, de biens ou d'argent, y est mal vu de l'Église qui y exerce une influence exceptionnelle. Le pape interdit aux monastères le prêt hypothécaire et répète sans cesse à tous que l'argent est stérile, qu'il ne peut pas, ne doit pas se reproduire, qu'il y a quelque chose de monstrueux, d'incestueux à le faire travailler[241]. A la fin du XIe siècle, saint Anselme répète que l'usure est du vol, et l'usurier un voleur[444]. C'est un « péché », dit un peu plus tard Guillaume d'Auxerre. Et comme les ports de Toscane commencent à fourmiller de marchands et de changeurs, il faudra de plus belle le répéter sans cesse. En 1139, le 2e concile de Latran et, en 1274, celui de Lyon condamnent le prêt d'argent.

Pourtant, depuis la longue dérive qui a suivi la fin de l'Empire d'Occident au Ve siècle, l'Italie n'a jamais rompu ses relations avec Byzance. Milan, Venise, Bologne, Amalfi, Pise, Sienne, Gênes, puis Florence et Côme ont échangé les produits d'Europe contre ceux d'Orient et utilisé les techniques et les monnaies d'Orient pour édifier leurs richesses et développer leur influence sur les campagnes environnantes. A la différence du reste de l'Europe, les seigneurs sont venus y vivre pour s'affranchir des rois et des évêques qui règnent sur les campagnes.

Aussi, les bourgeois y prennent plus tôt qu'ailleurs le pouvoir : Milan en 1035, Bologne en 1123, Sienne en 1125, Florence en 1138 ont leurs premiers « consuls », assistés d'une assemblée de « sénateurs » qui unit seigneurs, propriétaires terriens et marchands contre les *ciompi* (les « démunis »).

Trois villes dominent cet Ordre naissant : Gênes, Venise, Florence. Dans un grand livre un peu oublié[344], Renouard décrit superbement comment, en ce XIe siècle italien, y naissent trois façons de penser les rapports de l'Ordre marchand. J'y lis pour ma part trois façons de penser la durée, *trois noms* qu'il s'agit, pour le marchand, de faire vivre : *à Gênes le sien propre, à Florence celui de la famille, à Venise celui de la ville.* Une de ces formes est le capitalisme d'aventure, l'autre le capitalisme familial, la dernière le capitalisme d'État. Chacune correspond à la position géographique et historique de la ville qui lui donne naissance. Chacune, pour s'organiser, s'appuie sur une armée et une administration. L'extraordinaire est qu'en ce XIe siècle, tout ce que le capitalisme tentera par la suite aura déjà été essayé.

A Gênes, petit port d'aventure depuis des siècles, quelques marchands et corsaires ramènent au terme de fantastiques circuits les produits agricoles de l'Europe du Nord, les tissus d'Europe centrale et les verreries d'Italie pour aller ensuite les échanger contre l'or du Sénégal et du Niger, le sel et le cuivre du Sahara[344], les esclaves, les bois et armes de l'Afrique, qu'ils vont ensuite échanger, à Alexandrie, contre des épices, des tissus, des laines de luxe qu'ils emportent à Constantinople, cœur du grand Empire de l'époque, pour les troquer contre des étoffes de soie, des épices, d'autres articles de luxe venus de plus loin encore, qu'ils ramènent enfin vers Gênes d'où ils les dispersent dans toute l'Europe. Formidables aventuriers : ils animent ainsi le commerce dans tout le monde connu, des États latins du Proche-Orient aux ports arabes et aux foires de Champagne[344], ramenant le « cœur » de l'Ordre vers l'Occident. Il n'y a pas alors pour eux de frontière claire entre aventure et commerce, guerre et marchandage. L'homme d'affaires est marin, armateur, amiral de flotte. Les Génois installent sur le pourtour méditerranéen les relais nécessaires au ravitaillement de leurs navires[344]. Les luttes avec les Sarrasins leur donnent esprit d'initiative, sens de l'aventure, goût du risque et de la gloire. Plus tard, avec les Vénitiens, ils mettront leurs bateaux à la disposition des croisés pour le pillage de Constantinople, en échange d'une part du butin.

Ce sont aussi de grands financiers : ils inventent — ou plutôt réinventent — les techniques de financement essentielles du capitalisme, disparues d'Europe occidentale depuis plus d'un millénaire. Pour financer ce commerce entre l'Italie, Byzance et les pays islamiques, équiper ces voyages, il faut disposer de capitaux considérables qui se risquent pour longtemps. Un homme n'y suffit pas : aussi faut-il rassembler les fonds de plusieurs marchands. La *société de mer*, venue de Grèce, transmise à l'Empire romain, pratiquée ensuite à Byzance et dans l'Islam, resurgit. Elle associe des marchands pour l'achat en commun d'un bateau. Ils le divisent en parts abstraites, des *loca*[344], vendues comme des titres de propriété. Certains associés restent à terre et apportent l'essentiel du capital, d'autres embarquent à bord du navire. Les marchands réinventent aussi le *prêt à la grosse aventure* à terre, et la *commande* qui rassemble par contrat des capitaux de plusieurs d'entre eux, pour financer des opérations artisanales ou industrielles terrestres ou maritimes[67].

Ces aventuriers, sans famille ni terre, ressemblent beaucoup, dans leurs motivations, aux chevaliers qu'ils rencontrent et aux croisés qu'ils servent : ils ne veulent ni transmettre leurs biens à une famille ni faire la gloire de leur ville. Ils veulent seulement vivre, guerroyer, dépenser, exister par leur prestige et leur générosité, *faire connaître leur nom.* C'est le règne absolu de l'éphémère, de la splendeur passagère, de la vanité du guerrier et du seigneur sans terre ni château ; c'est le temps du don sans épargne, de la conquête de la durée dans le souvenir des exploits. Gênes y domine et marque le monde de son empreinte. Plus tard elle en mourra, explosant dans la spéculation financière et le jeu extrême de l'argent.

A la même époque, Venise, point de passage presque obligé de la route de la soie et des richesses de Byzance vers l'Europe du Nord, sort d'une longue enfance. Son isolement, son exiguïté, les menaces des éléments et des ennemis contraignent ses marchands à la solidarité et à la défense commune des routes et de la ville : on n'y cherche pas sa propre gloire, mais celle de la communauté[70]. On consacre tout le surplus à la défense de la cité. Le nom à faire durer est celui de Venise. Un collège des plus grandes familles marchandes y dirige une sorte de capitalisme d'État qui sert de support à la défense financière et militaire d'un capitalisme privé. Tout l'État, comme toutes les affaires, tournent autour de la mer. La ville fait construire des bateaux (*galere da mercato*[67]) pour son propre compte dans des chantiers qu'elle possède ; elle les finance par des emprunts qu'elle lance auprès des citoyens. Par des *contrats de commandite*, les premiers en Occident, elle met ensuite ces capitaux à la disposition de marchands privés dont elle organise et protège les convois en les entourant de navires de guerre. Le plus ancien de ces contrats de *commandite* date de 1138. Les Vénitiens consentent aussi des prêts sur gages et apprennent à changer les monnaies d'or d'Orient contre les monnaies d'argent d'Europe, rares, tel le sterling anglais[349].

Pour ne pas avoir à emporter des fonds dans leurs voyages, ils organisent des transferts d'une place à une autre en s'engageant auprès des marchands à ce que l'argent qu'ils déposent chez eux soit disponible ailleurs. Le virement apparaît. Le changeur fait travailler à son profit l'argent qu'il reçoit en dépôt contre la garantie, donnée par *contrat*, que le client recevra la contrepartie dans une autre monnaie, en un autre endroit, auprès d'un autre changeur. A cette fin, il organise avec un correspondant un jeu de compensations[137]. Les grands marchands s'y intéressent pour leurs grands réseaux d'affaires internationaux avec succursales[137].

Chaque famille de marchands dure par la puissance qu'elle édifie à l'ombre de la ville et par la confiance que lui vaut la stabilité des services qu'elle rend aux autres et à la ville elle-même. Bien plus tard, Venise mourra de l'excès de ses dépenses militaires et de la rupture de ses routes commerciales[70].

A la même époque, un troisième type de capitalisme s'organise dans l'arrière-pays des ports de Toscane : Florence se construit autour d'une industrie textile qui, à la différence de la mer, ne se résume pas à une succession de coups de main, mais exige du temps et l'organisation de nombreux artisans. La famille y est l'unité d'accumulation durable du surplus. C'est son nom qu'il faut faire vivre : il faut maintenir l'entreprise à la mort du propriétaire et ne pas, comme ailleurs, la dissoudre à chaque opération. Apparaissent de nouvelles formes de rassemblement de capitaux, des *compagnies*, sociétés familiales portant le nom de la famille, dont le capital est réparti en *actions* nominatives entre les membres de celle-ci, totalement solidaires, responsables sur l'ensemble de leurs biens et qui — point essentiel — transmettent à leur mort leurs parts à leurs enfants. Par exemple, les Cerchi sont vingt associés ; ils ont des filiales à Lucques, Pistoia, Sienne et Florence, tenues par des membres de la famille[344]. Il ne s'agit plus là de faire don de sa fortune à l'Église, mais de faire durer et progresser la famille entendue dans son sens très large.

Au fil de ces siècles et des suivants, les villes se battent les unes contre les autres pour s'assurer des monopoles, des routes ou des clients. Lucques, Sienne, Florence, Pise s'y ruinent[308]. Tour à tour, Gênes et Venise assurent leur place au sommet de l'Ordre marchand. Pourtant, on le verra, c'est la conception florentine du capitalisme qui, peu à peu, s'imposera, jusqu'à l'avènement, au XIXe siècle, de la *société anonyme*.

Au-delà de l'Italie, à la fin du XIIe siècle, à travers toute l'Europe, la paix, la croissance du surproduit agricole, la plus faible taxation des transactions poussent à la création d'instruments monétaires mieux adaptés qui permettent aux marchands de relier entre eux les bourgs. Les notions de « capital », de « bénéfice », d'« investissement » se cristallisent[67]. Commence cet Ordre marchand que, beaucoup plus tard, on appellera *capitalisme*.

Le mot n'est pas encore inventé. Mais le mot *capital* existe déjà pour désigner « les fonds, les stocks de marchandises, ou une masse d'argent portant intérêt[67] ». Pour certains, il viendrait du latin *caput* (« la tête ») ; pour d'autres, mais c'est moins vraisemblable, de l'anglais *cattle*, « cheptel » ou « nourriture[369] ». En Italie où tout s'invente, on ne parle alors de « capital » que pour une société marchande. En Allemagne, aux Pays-Bas et en France, le capital désigne déjà « l'argent d'une société ou d'un marchand[67] ». Jusqu'au XVIe siècle, à Lyon, on utilise aussi le mot « corps » dans la même acception. Puis, comme le dit Fernand Braudel, « la tête l'emportera finalement sur le corps[67] ».

Cisaillement et droit de cuissage

A côté de ces petites zones fragiles de l'Italie et des Flandres où naît l'Ordre marchand, la féodalité continue pour un temps de régler la vie de l'essentiel des hommes d'Europe.

En Angleterre, importée par Guillaume le Conquérant, elle est imposée par le roi de droit divin[145]. Toute la terre du pays lui appartient, et tous, même les nobles les plus haut placés, ne sont finalement que ses tenanciers. Nul ne peut aliéner une terre sans son accord[330]. Naît alors un État et un Trésor public pour gérer les propriétés du prince. En Normandie, au début du XIe siècle, le duc Robert Ier réunit deux fois par an la Cour de l'Échiquier pour procéder à l'audition des comptes de chaque domaine[136] : « Sur une grande table est jeté un tapis où sont tracés sept carreaux, chacun destiné à une certaine somme. A l'énoncé de chaque chiffre, un comptable muni d'un sac de jetons matérialise la somme indiquée. Quand chacun a donné ses chiffres, le compte des jetons permet de trouver facilement le total de ce qui est — ou doit être — dans les caisses du duc. Le même Échiquier sert à engager les dépenses, faire le bilan et établir ce qu'on peut presque appeler un budget[382]. » Ce n'est pas encore un impôt, mais un butin que les barons recueillent pour le duc en échange de sa quote-part. « La finalité était la richesse. C'était aux téméraires que Dieu dispensait celle-ci[382] », note Spengler.

En France, l'État se reconstitue aussi autour d'une monarchie qui domine une noblesse de riches propriétaires et de seigneurs plus ou moins pauvres. Se rebâtit une « pyramide » de droits divers sur le sol, diluant la propriété en un système complexe de rentes et de revenus. A chaque étage de la société, on se dispute les revenus, les cens, les rentes, les bénéfices et les profits de justice. Le profit des marchands et des artisans reste extrêmement marginal. L'essentiel du surplus demeure produit par la mise en valeur de la terre. Peu à peu, seigneurs et princes d'Église augmentent leurs patrimoines, les uns par les mariages, les autres par les donations, d'autres — tels les cisterciens — enfin, par une sorte de colonisation intérieure des terroirs jusque-là à demi abandonnés[65], ce qui exige des travailleurs nouveaux, mendiants ainsi casés, maniant la pioche et la houe, à qui rois et seigneurs accordent la propriété des terres qu'ils défendent.

Le roi s'appuie sur des vassaux qui s'appuient eux-mêmes sur des censiers et des paysans[235]. Là commence à se forger la distinction entre frontières et propriété, entre nation et domaine. Ce sera long : jusqu'à Philippe Auguste, le roi de

France ne légiférera que sur le territoire de ses propriétés, le domaine. Jusqu'à Saint Louis, les revenus de ses propres terres lui suffiront. La propriété privée de la terre et le territoire de la nation se constituent alors en se distinguant l'une de l'autre : sur l'une le roi prélève ses revenus, sur l'autre il prélève les impôts ; sur l'une il a des vassaux, sur l'autre des prévôts ; sur les uns il a tout pouvoir, sur les autres il n'exerce qu'un pouvoir d'influence — il y décide des peines, ventile les impôts entre les habitants qu'il partage en classes, répartit des fiefs entre les comtes, les princes et le clergé. Il met cependant fin à l'hérédité des prévôts et vend aux enchères des offices, nouvelle forme de fiefs, à des baillis, des sénéchaux, des fermiers généraux.

Au-dessous du roi, un premier groupe de seigneurs se distingue par un code d'honneur particulier. Comme dans les Empires précédents, la générosité, les actes de bravoure fixent entre eux la hiérarchie. Ils se voient eux-mêmes comme des hommes libres au service d'un idéal, seuls à avoir le droit de combattre à cheval et de porter l'épée. Ils ne relèvent que du jugement de leurs pairs. Ils exercent des droits de commandement, de justice et de police sur leurs terres dont ils portent le nom et dont ils tirent des revenus, une gloire, une histoire.

Au-dessous d'eux, leurs vassaux essaient de s'octroyer les mêmes privilèges et d'acquérir la propriété privée de leur fief. Ils y parviennent peu à peu. Au milieu du XIIe siècle, le vassal peut léguer ses terres à ses enfants, combattre à cheval et porter l'épée. Par l'achat de terres, des bourgeois ou de grands propriétaires paysans cheminent aussi vers la noblesse en deux ou trois générations, et deviennent vassaux des grands seigneurs environnants auxquels ils doivent payer des redevances en nature, en argent ou en temps.

Ces redevances sont infiniment variées selon les régions, les degrés d'indépendance des seigneurs, les modes de prélèvement du tribut, les traditions millénaires : un seigneur est dit censier direct, dominant, féodal, foncier, sur-foncier, haut justicier, suzerain ou utile[444] ; selon son origine et sa précarité, un fief est dit d'honneur, de profit, de danger, de dignité simple, lige, de paisse, ouvert, couvert, dominant, abrégé, ample, éclipsé, franc de haubert, mort, vif, noble, rural, roturier, en pairier, en pariage ou de reprise[444]. Parfois, les obligations du vassal sont des plus étranges : par exemple, un petit noble de Lavaré, dans le Maine, est tenu, en hommage à son seigneur, de contrefaire l'ivrogne, de chanter une chanson gaillarde et de jeter son chapeau au bout d'une perche tout en courant[65]...

Les vassaux organisent la défense de leur terre et en tracent les frontières. Ils surveillent le voisinage[65], se prémunissent contre tout désordre, installent des forteresses rurales, des « mottes », relais de leur pouvoir sur tout le territoire. A leur tour, les petits seigneurs qui y vivent perçoivent le ban des paysans de la région pour l'utilisation des moulins, des fours, des pressoirs et des brasseries, contrôlent ou s'approprient le territoire alentour.

Au-dessous encore, partout en Europe, les paysans connaissent des statuts très différents selon leur degré d'appropriation de la terre. Certains, en nombre très variable selon les pays et les traditions historiques, sont propriétaires de la terre qu'ils cultivent : en Angleterre, moins du vingtième de la population paysanne possède ainsi le lopin qu'il travaille[65]. Ils sont plus nombreux dans l'ouest de l'Allemagne, le nord de l'Italie et le sud de la France. Beaucoup plus encore sur les terres très fertiles entre Loire et Rhin, cœur de la féodalité[65]. En moyenne, au XIIe siècle, un quart des paysans d'Europe occidentale sont propriétaires de leur terre[366].

Ces paysans propriétaires, héritiers des « alleutiers » des temps carolingiens, sont considérés par leur environnement comme des *hommes libres*, parce qu'ils ont assez de moyens en nature pour payer l'impôt et financer leurs armes lorsqu'on les appelle à la guerre. En principe, on peut, à la campagne, être « libre » sans être propriétaire de sa terre ; mais, en réalité, les deux notions se confondent : nul, s'il n'a la propriété d'une terre, n'a de surplus à consacrer à l'impôt ou à l'armement. Dans leur village, les hommes libres se réunissent en assemblée, « élisent le chef du village, disent la coutume et en comblent les lacunes[166] » sous le « patronage » du comte ou du seigneur lorsque celui-ci existe.

La propriété est complexe et partagée : en Angleterre et dans le nord de l'Europe, selon la vieille coutume germanique, les villages ont la propriété collective des forêts, des landes, des marais, des cours d'eau. Les communaux sont nombreux et constituent un élément essentiel de l'autonomie et de l'identité du village. Il y a, dit Boutaric, *cisaillement*[64] de la propriété. Après la moisson, toutes les terres du village redeviennent communes, c'est-à-dire accessibles à chacun, même au plus pauvre, au moins libre des paysans[166]. Chacun est *propriétaire du sol commun* et y trouve de quoi survivre. Ainsi, nul n'est contraint de quitter la terre pour aller en ville. Déjà, partout où ils le peuvent, les grands propriétaires terriens s'efforcent néanmoins de détruire les communaux, soit pour y faire paître de grands troupeaux, soit pour les mettre en culture, soit pour exiger des paysans qui vivent sur leurs terres des redevances pour leur usage.

Ces paysans ont des statuts très variés. Rarement salariés, ils sont en général *homines, colliberti, mancipia, coloni, vassaliti, servi, servou* — ce dernier mot s'imposant à partir du XIe siècle pour désigner les paysans soumis, très peu nombreux en Normandie, beaucoup plus en Ile-de-France, dans le Val de Loire et le Poitou[65]. Le serf n'est pas propriétaire de la terre qu'il cultive. Il a droit de glanage, de cueillette et de « vaine pâture » sur les terres privées des hommes libres ou des seigneurs. Mais il est aliéné, extérieur à son travail ; il est l'*accessoire de la terre*, dit superbement Marx[283]. Il n'a pas le droit de quitter son sol, il est « serf de chef et de corps », comme dit d'Avenel[19]. Il est taillable à volonté, ne peut rien vendre, pas même ses biens, les « héritages » qu'il a acquis lui-même, pas même la maison qu'il a fait construire sans « l'autorité et la licence de son seigneur[136] ».

Le serf est surchargé d'impôts. A partir du XIe siècle, le *chevage* — d'abord imposé aux affranchis, en gage de sécurité —, la *taille* — d'abord demandée aux paysans libres, en échange de la protection du seigneur —, deviennent l'un et l'autre des marques de l'asservissement, des symboles de la propriété du maître[136]. Tout acte de la vie quotidienne est, pour le seigneur, prétexte à taxer le serf : quand il épouse une femme libre ou dépendant d'une autre seigneurie, il paie le *formariage* ; quand il acquiert des biens meubles, il paie la *mainmorte* ; sur les récoltes, il paie un *cens* — qui se nomme « perpétuelle pagésie » ou « soulage » dans le Midi, « colonge » en Alsace, ailleurs « champart », « terrage », « agrier » ou « tasque »[166]. En Bretagne, il paie la *quévaise* pour pouvoir construire une maison[166]. Ailleurs, il paie une taxe sur l'achat de vin — le *banvin* —, de sel — le *bansel* —, un droit de chasse, d'échouage, de moisson, de vendange, de boucherie, de bâtardise, d'épave de mainmorte, de prélibation, de péage, de milice[444]... Il paie ces taxes en nature ou en corvée, et à des gens très différents : ainsi il arrive que des paysans paient la tenure à un seigneur, le cens à un autre, le bansel à un troisième.

Une des charges les plus humiliantes pour le serf est celle que, depuis des millénaires, le seigneur s'octroie comme propriétaire des femmes de son domaine, le « droit de cuissage ». On lit à l'article 117 de la « coutume » de Bourgogne, charte des droits rédigée au XIIIe siècle, que « les serfs qui se marient perdent tous leurs biens s'ils ne mènent coucher leur femme dans la seigneurie le premier soir des noces[444] ». A la même époque, Bourdet de Richebourg[444], dans le *Nouveau Coutumier général*, écrit : « En lieu de mainmorte, la fille mariée peut retourner en son partage pouvu qu'elle retourne gésir la première nuit de ses noces en son meix et héritages. » De même, dans la coutume du bailliage d'Amiens, on peut lire : « Quand aucun des subgietz ou subgiettes dudit lieu de Drucat se marye [...], le marié ne poeult coulchier la première nuyt avec sa dame de noeupce sans le congié, licence et auctorité dudit seigneur, ou que ledit seigneur ait couchié avecque ladite dame de noeupce[444]. » Les chanoines de Lyon ont eux aussi le droit de première nuit avec les femmes de leurs serfs[444].

Mais le servage ne va pas sans révolte : partout les paysans se rebellent contre leurs seigneurs au nom de la défense de leur maigre propriété. Grimm, dans son *Antiquité du droit allemand*[444], cite un poème paysan du début du XIIIe siècle, très explicite :

Les princes saisissent violemment
Champs et rochers, eaux et forêts,
Bêtes fauves et bêtes domestiques ;
Ils nous prendraient volontiers l'air,
L'air, la commune propriété ;
Ils voudraient nous ôter le soleil,
Même le vent et la pluie...

Parfois, surtout dans les régions où ils sont rares, comme en Angleterre, ou précieux, comme aux Pays-Bas et en Toscane, les paysans obtiennent quelques avantages. L'obligation de rester se mue en droit à demeurer. Selon Bracton, juriste anglais du temps, ils deviennent d'une certaine façon « propriétaires » du revenu qu'ils peuvent tirer de leur terre[166], voire, ailleurs, propriétaires de leur terre lorsque les seigneurs la leur vendent.

Là se séparent deux mondes : celui où se constitue la petite propriété foncière des paysans, en France ; celui où les seigneurs propriétaires leur achètent leur travail, en Angleterre.

Et puis tout se vend, jusqu'au droit de cuissage. Ainsi, un seigneur de La Fère, Guy de Châtillon, écrit au XIIIe siècle aux habitants de ses terres : « Comme le sire de Mareuil peut et doit avoir droit de braconnage sur fille et fillette en ladite seigneurie, et si ne les braconne, échent en deux solz envers ladite seigneurie[444]... » En Auvergne, on peut racheter ce droit pour la moitié de la dot de la mariée. Signe de ce qui vient :

le XIIIe siècle va être le siècle de l'ordre et de l'argent. De l'Ordre par l'Argent.

La bourse et la vie[241]

Au tout début de ce XIIIe siècle, Bruges et Venise se disputent la maîtrise de l'Ordre marchand. Rien n'est encore tranché : l'une contrôle les marchés consommateurs du Nord, l'autre les marchés producteurs d'Extrême-Orient. Dans ces deux villes, comme en quelques autres centres, s'accumule l'argent ; la terre y devient un moyen de paraître et non plus de produire des surplus.

Dans toute l'Europe, les marchands restent mal vus des élites du pouvoir et de la loi : jalousés des nobles et méprisés des prêtres, ils vont leur chemin, sûrs de leur aventure, convaincus d'être pour longtemps encore la source principale de la richesse et du progrès, du plaisir et du pouvoir.

Mais en ce XIIIe siècle, de ville en ville, de pays en pays, puissants d'Église et d'État ne tardent pas à se rendre aux raisons de l'argent et à en adopter eux-mêmes le discours. Avec réticence et émerveillement, l'Europe entière s'accepte alors comme la créatrice d'un Ordre nouveau, d'une nouvelle culture, d'une liberté dont jamais, jusque-là, les hommes n'avaient conçu l'espoir.

Partout, dans les monarchies de droit divin comme dans les villes pionnières, l'argent devient, sans masque ni remords, la source principale de création de surplus, le moteur de l'invention et de l'art, l'instrument de l'échange, l'agent de la puissance et de la durée.

Tout ce qui avait commencé au XIe siècle avec l'or venu d'Orient, qui s'était poursuivi au XIIe siècle dans l'aventure du commerce international, continue sur la mer, au XIIIe siècle, avec la paix et la prospérité revenues.

Difficile de tracer les contours et de dégager les lignes de force de ce bouillonnement. Dans un livre passionnant[137], Jean

Favier écrit très justement des marchands du Moyen Age : « La Baltique n'est pas la Méditerranée et l'Atlantique n'est pas la moyenne des deux. Le marché de l'alun n'a rien à voir avec celui du sel, et celui du vin gascon — notre bordeaux — ne ressemble en rien à celui du vin de Beaune[137]. » Faire « fait de marchandise » ne suffit pas à situer l'homme et son rôle dans la cité, que ce soit à Paris ou à Florence, à Séville ou à Dantzig[137].

Il y a pourtant quelque universalité dans les pratiques de tous ces gens. Par nature, ils sont cosmopolites et homogènes ; pour les besoins de leurs affaires, ils doivent voyager, s'informer, écouter les autres, faire circuler l'argent sans considération de nationalités, en utilisant toutes les ressources financières et humaines de l'Europe[137]. Par exemple, on trouve trace en 1287 d'une opération réalisée par un marchand florentin pour assurer contre les risques de mer une cargaison venue de Barcelone : il la confie à un armateur sicilien, lui emprunte fictivement un certain capital qu'il lui rembourse tout aussi fictivement après l'arrivée du bateau et la vente de la cargaison, avec en sus une somme réelle présentée comme un dédommagement du prêt fictif et qui correspond en fait, pour la première fois en Europe, *à une prime d'assurance*[344].

Comme les marchands internationaux, les goûts des élites se rapprochent, les marchandises tendent à devenir à leur tour universelles : on distribue à Paris des fourrures achetées à Bruges, des harengs de Dieppe, du sel de Bourgneuf, du blé de l'Artois, des épices d'Orient, des tissus de Florence.

Une nouvelle élite intellectuelle forme ainsi, à l'échelle de l'Europe, un réseau de plus en plus serré qui se superpose aux mailles du filet féodal et monarchique, et le fera sauter.

Les grands marchands s'efforcent de vivre en marge de cet ordre, « de régler leurs problèmes entre eux, sans recourir à la justice publique[137] » ; certaines de leurs communautés obtiennent même le droit de juger elles-mêmes leurs éventuels conflits internes, tels les Italiens sur les foires de Champagne, et les Hanséates à Bruges[137], unifiant pour ce qui les concerne les pratiques qui ont cours en Europe.

Ils deviennent maîtres de l'argent en lieu et place de l'armateur et du marin. Le risque de mer est désormais pris par les prêteurs à terre, et non plus seulement par ceux qui voyagent. Ainsi, vers 1250, un grand marchand de Gênes, Spinola, contrôle à lui seul une douzaine de sociétés de mer tout en restant à terre[341].

Pour les besoins de leur commerce, les marchands ne peuvent plus se contenter des quatre monnaies qui dominent le monde : bezant, dinar, maravedi d'or et esterlin d'argent[349]. Il leur faut leurs propres monnaies. Signe du basculement du pouvoir vers l'Europe, les villes marchandes qu'ils dirigent émettent alors des pièces nouvelles, d'argent puis d'or. En 1212, Venise émet un *grosso d'argent* ; en 1235, Florence émet un *florin d'argent*, puis, en 1252, un *florin d'or*, première monnaie d'or européenne depuis un millénaire[349]. En 1262, une ordonnance de Saint Louis rétablit le monopole royal sur la monnaie, oublié depuis bientôt quatre siècles[349], et fait frapper un *gros d'argent*, suivi par un *écu d'or* en 1266, et par un *ducat d'or* à Venise en 1284. Toutes ces pièces circulent à la fois sans qu'un pouvoir quelconque puisse encore imposer l'usage d'une monnaie sur un territoire donné.

« La tête tournerait au comptable comme au marchand s'il n'y avait le *changeur*, l'homme qui reconnaît, qui pèse, qui jauge[137]. » Cette catégorie nouvelle de marchands joue maintenant un rôle particulier dans l'expansion du commerce. Ils disposent de catalogues « où sont décrites les différentes pièces et leurs caractéristiques : atelier d'origine, date de la série d'émissions, signes de reconnaissance, qualité du métal[137] ». Pour fixer la valeur de ces pièces, ils doivent également connaître, au jour le jour, et pour toutes les villes marchandes avec lesquelles ils font affaire, les variations de cours des métaux et des pièces[137]. Ce sont des auxiliaires des marchands qu'ils aident à établir les contrats en poids de métal précieux, en nature ou en une monnaie unanimement reconnue, comme le florin de Florence[137].

De plus, pour permettre aux marchands de ne pas voyager avec de trop grosses sommes, les changeurs de toute l'Italie, après ceux de Venise, acceptent qu'on les leur laisse en dépôt. « Le client n'a pas le sentiment qu'il place son argent, encore moins qu'il le fait fructifier. Il le met à l'abri[137] » afin d'être assuré, *par contrat*, de le retrouver ailleurs. Les grands marchands s'appuient ainsi sur les changeurs pour déployer leurs grands réseaux d'affaires internationaux[137]. Mais à Sienne vers 1225, à Florence et à Gênes peu après, ils font bientôt l'économie du contrat en le remplaçant par une simple *lettre d'avis* ou *lettre de paiement* sans autre valeur juridique que la confiance qu'on a dans celui qui la signe, qui vaut donc ce que vaut le *nom* du signataire.

Avec ces dépôts, les changeurs deviennent prêteurs d'argent : le mot « banque » vient d'ailleurs de l'italien *banco*, qui désigne la table des changeurs. En raison des interdits persistants, certains Juifs, exclus de l'agriculture, de l'artisanat, de l'administration et de l'armée, jouent en ce domaine un rôle important[327]. Ils y sont encouragés par les princes et les évêques, puisque leur Loi les autorise à prêter à intérêt, les y oblige même.

En cet extraordinaire XIIIe siècle, l'argent s'insinue partout : dans les Cours, les couvents, les églises, les villes et les bourgs, jusque dans les échanges les plus sacrés.

Les paysans, pour acheter des semences, empruntent à des marchands et leur cèdent les revenus de leur terre jusqu'au remboursement du prêt[187] et, si ce remboursement n'est pas possible, la propriété même de cette terre. De façon générale, beaucoup d'emprunteurs — paysans ou nobles — passent ainsi entre les mains des prêteurs qui rachètent peu à peu leurs tenures, bans, fabriques, chutes d'eau, aqueducs, moulins, canaux, et les fiefs d'artisans.

Le marchand prête aussi à l'ouvrier, lui achète en retour ses productions et le contrôle. Espinasse[131], dans son étude consacrée à un grand drapier de Douai, sire Jehan Boinebroke — si souvent citée par tous les auteurs, parce qu'elle constitue l'un des très rares témoignages précis sur cette époque —, décrit comment les drapiers du Nord commencent à obliger les artisans, endettés, à se loger dans des maisons qui leur appartiennent et à travailler avec des outils qu'ils leur vendent[136].

S'il cède ainsi sa force de travail, cela laisserait supposer que l'ouvrier a, d'une certaine manière, acquis implicitement la *propriété de son travail.* Mais, en réalité, cette propriété-là est fictive, car c'est le marchand qui en fixe le prix, qui rythme la journée de travail avec une cloche et impose le lieu de vivre. La propriété du travail n'est, pour l'ouvrier, que l'obligation où il est de céder son temps contre de l'argent pour survivre. Un document judiciaire de 1286 rapporte la façon dont le même drapier de Douai congédie une femme à qui il a refusé de payer son salaire, contestant la durée du travail effectué (« Allez, allez, ma commère, votre vue me pèse[136]... »). Seuls les artisans organisés en corporations jouissent de la propriété de leur savoir-faire, qu'ils protègent jalousement : le secret y devient source de propriété.

Mais, derrière l'argent, reste le travail qui le met en valeur. Dès cette époque, des écrivains arabes ou italiens, cernant de près la réalité de l'Ordre marchand, comprennent les premiers que le travail légitime la propriété de l'artisan, voire celle du marchand, et qu'il fixe la valeur des choses en argent. Un auteur arabe, Abd al-Rahman ibn Khaldun, écrit que la richesse réside dans les « produits des arts et métiers », que les marchandises sont le produit du travail des artisans, et que les bénéfices des « puissants de cette terre [...] représentent l'appropriation du travail gratuit ou de cadeaux d'autrui[274] ». Ce que l'on savait depuis longtemps pour la terre est désormais admis pour la ville[274].

Progressivement, en dehors même de la production économique, tout, en tous lieux de la société, de l'atelier à la Cour, de la ferme au couvent, est envahi par l'argent et le marché.

Les amendes, les pénitences, les legs aux églises se mesurent de plus en plus en capitaux à mettre en valeur, en indulgences, et non plus en terres à cultiver ou en fondations. De même, les rapports de pouvoir entre seigneurs, à l'intérieur même des règles de la féodalité, se monétarisent : « Faire la dépense d'une députation au roi, assumer les frais d'un correspondant permanent proche de la Cour, verser une rente à un gouvernant bien placé, peut être le plus avisé des placements[136]. » Les rois vendent des lettres d'anoblissement aux bourgeois enrichis, les vassaux paient en argent leur tribut à leur seigneur, la vassalité devient location jusqu'aux niveaux les plus bas de la noblesse ; des formules de prêt et de location se multiplient entre seigneurs et tenanciers : « bail à comptant » pour les plantations de vignoble, « gazaille » pour les éleveurs de bétail[166]. De la même façon, les exploitants de salines doivent payer en argent les rentes qu'ils payaient jusque-là en saumure aux monastères propriétaires[209]. « La liberté, une franchise, l'exemption d'une charge ou sa régularisation, le droit de léguer ou le droit de se marier comme on l'entend, tout se paie[136]. »

La force n'est plus nécessaire à la conquête de la propriété et du pouvoir : quand ils s'enrichissent, les marchands des villes encore soumises rachètent leurs privilèges juridiques aux seigneurs et prêtent aux rois, aux évêques et aux princes qui ont besoin d'argent pour tenir leur rang. Ils deviennent banquiers du féodalisme. Mais cette richesse inquiète justement le seigneur féodal : à la fin du XIIIe siècle, Jeanne de Navarre, reine de France, est surprise de se voir accueillie à Bruges par six cents femmes de bourgeois aussi somptueusement parées qu'elle-même.

De tout cela, l'Église ne saurait se satisfaire. Elle voit bien — et le dit — que le prêt d'argent, qu'elle appelle toujours l'« usure », affaiblit les campagnes et fait basculer le pouvoir vers la ville où elle peut moins facilement encadrer les corps et les âmes. Mais elle ne peut rien contre l'inévitable. Face à la force d'évidence de ces richesses nouvelles, elle doit reculer.

Elle ne peut, sans ridicule, continuer d'interdire la mise en valeur de l'argent et ranger le marchand et le changeur avec le jongleur et la prostituée. De plus, malgré les conciles et les interdits, des monastères, des abbés et des évêques continuent de prêter à intérêt l'argent qu'ils reçoivent des fidèles[241], de fixer la valeur des terres et des pièces pour établir des testaments. A l'époque, l'ordre des Templiers, à l'ouest, est devenu une des premières banques d'Europe, et l'ordre teutonique, à l'est, un des plus gros marchands de laine.

Aussi, bien avant l'apparition du protestantisme, l'Église en vient-elle à légitimer l'Ordre nouveau. Avec une grande habileté manœuvrière, elle transforme, en l'espace d'un demi-siècle, une contrainte en exigence doctrinale. Non que sa propre doctrine l'y oblige, au contraire ; mais, sans ce changement, elle aurait perdu l'essentiel de son pouvoir. En passant, comme l'écrit joliment Jacques Le Goff, « de la compromission avec la féodalité à la compromission avec le capitalisme[241] », l'Église ne fait que se sauver elle-même *dans* le capitalisme : *la bourse, c'est sa vie.*

Ce retournement, sans être vraiment décidé explicitement, est réalisé avec la plus parfaite rigueur : d'abord, l'Église proclame l'indissolubilité du mariage, créant en même temps la cellule de base de l'épargne monétaire, de l'héritage et de l'impôt ; et elle aide chaque famille à conserver l'intégrité de son patrimoine : à cette époque, elle accueille en religion, dans certaines régions, plus de la moitié des filles et fils cadets des familles riches[136].

Elle laisse ensuite entendre qu'il n'est pas immoral d'espérer des récompenses terrestres, et non plus seulement de craindre des punitions dans l'au-delà. Elle autorise la recherche de la richesse financière à ceux qui savent la concilier avec un mode de vie conforme, dit-elle, aux Écritures, c'est-à-dire fait de *continence* et de *frugalité* — bref, d'*épargne* à tous les sens du mot. La richesse ne doit pas se dépenser dans la débauche, mais s'épargner. Comme l'écrit Lewis Mumford, l'Église transforme ainsi cinq des sept péchés mortels (avarice, orgueil, envie, gourmandise, convoitise) en valeurs économiques positives[308]. Ou plutôt, pour être plus exact, elle laisse cette transformation s'accomplir sans plus la condamner, faisant *fusionner les règles de gestion comptable du marchand avec les règles de comportement moral du chrétien.*

Et comme — pense-t-elle — la richesse qu'elle admet ne peut surgir de façon morale que du *travail*, voilà qu'elle le reconnaît comme fondement du salut, et non plus comme châtiment du péché. Ainsi Vincent de Beauvais, proche de Saint-Louis, exhorte-t-il « les gens à travailler non seulement pour vivre, mais en vue de l'accumulation qui mènerait à plus ample production de *richesse*[308] ».

Avant-dernière étape de cette transition : l'Église réhabilite des professions jusqu'alors méprisées, telle celle de marchand. Au début du XIIIe siècle, un important théologien de l'époque, Thomas de Chobham — que cite Jacques Le Goff —, écrit dans son manuel de confession : « Il y aurait une grande indigence en beaucoup de pays si les marchands n'apportaient ce qui abonde en un lieu dans un autre où ces mêmes choses font défaut. Aussi, ils peuvent à juste titre recevoir le prix de leur travail[241]. »

Du marchand au changeur, il n'y a qu'un pas que l'Église franchit à la même époque. En 1179, le troisième concile de Latran ne s'inquiète plus que des usures « manifestes », c'est-à-dire des prêts à taux d'intérêt « injustes » : l'interdit de l'intérêt n'est donc plus total. Puis l'Église cède complètement. En 1215, le quatrième concile de Latran admet, avec quelque hypocrisie, que le prêt d'argent soit rémunéré si cette rémunération peut être considérée comme la compensation d'un retard de paiement ou comme le salaire d'un travail du changeur ou du comptable, ou encore comme le prix du risque de perdre le capital prêté[241]. L'intérêt ne doit pas alors être trop « élevé ». Reprenant le vieux Code de Justinien, oublié depuis huit siècles, l'Église admet qu'en Occident, 33 % est la limite admissible du « juste prix » de l'argent.

Cette notion de *prix juste* va d'ailleurs constituer, pour

deux siècles encore, la nouvelle ligne de défense de l'Église face à l'irruption de l'argent et du marché. Et c'est autour de cette idée que, vers 1270, Thomas d'Aquin construit, dans la partie économique de sa gigantesque *Summa theologica*, le discours théologique le plus cohérent, pour l'époque, sur la propriété. Tout homme, écrit-il, a des droits « naturels » sur le monde[245]. Certes, l'univers est gouverné par des lois « objectives » qui procèdent de Dieu, mais il appartient aux hommes de les découvrir par l'observation de la nature. La « justice » de ces lois nécessairement humaines est la condition de leur compatibilité avec le droit, nécessairement divin. Aussi, est vrai ce qui est juste ; est « objectif » ce qui est « naturel » ; est légal ce qui est moral[245]. Le droit humain, pour être conforme aux exigences de Dieu, doit donc refléter la sagesse naturelle des hommes, inspirée de Dieu, et faire coexister la raison humaine avec la foi chrétienne.

En particulier, le droit à la propriété privée — c'est-à-dire à la fois le droit à l'usufruit et le pouvoir de détruire un bien, la « propriété » et la « possession » — est l'un de ces droits humains, à deux conditions : d'une part, elle doit être acquise de façon « juste », c'est-à-dire par le travail ; d'autre part, elle doit n'être pas trop importante. Dans ces limites, l'homme peut avoir la « propriété privée » de choses matérielles, d'outils de production et même d'esclaves, « bien reconnu dans le partage des choses[245] ». Si la justice doit gouverner tous les rapports sociaux, la pauvreté, qui fait alors partie de l'ordre naturel, n'interdit pas l'accès au paradis et ne doit pas être combattue.

Ainsi, les échanges ne doivent se faire qu'entre des hommes libres, « pour le commun profit de la cité » et à un prix « juste », c'est-à-dire égal à la quantité de travail nécessaire pour produire le bien et pour permettre au vendeur, sans accumuler de surplus, d'obtenir une « juste » rétribution de son propre travail, « qui consiste à mettre les biens à la disposition des autres hommes libres[245] ». Comme la monnaie ne doit servir qu'à ces échanges, le prêt à intérêt est « injuste » et doit être interdit — du moins quand le taux en est excessif[245]...

Ainsi se fixe, à la fin du XIIIe siècle, la conception chrétienne du droit à la propriété privée, du droit pour chacun d'avoir un pouvoir sur les choses. Si elle s'accroche encore à l'idée d'un droit naturel qui s'imposerait à tous, et tente par là de préserver l'idée que la propriété serait un de ces droits naturels, un fait de société, en somme, plutôt qu'un droit, cette conception n'en engendre pas moins un profond bouleversement, et fait prendre à l'Église un tournant irréversible.

Pourtant, tout n'est pas réglé. A cette époque, un incident théologique significatif[245] révèle l'extrême confusion des idées qui caractérise l'Église au cours de cette difficile transition. Il oppose les franciscains et la papauté. Les disciples de saint François d'Assise ont constitué à cette époque des communautés puissantes et nombreuses, et répandent l'idée que, pour « faire l'économie du Jugement dernier[308] », il faut vivre dès maintenant pauvrement, et créer ainsi sur cette terre les conditions mêmes de l'éternité. De cela, la papauté ne veut pas entendre parler[245]. Au demeurant, comme leurs couvents reçoivent, à l'instar des autres communautés religieuses, mille dons et legs de fidèles, les franciscains accumulent des biens considérables dont la papauté est jalouse. En 1279, le pape Nicolas III prend prétexte de ce que cette richesse est contraire au vœu de pauvreté du fondateur de l'Ordre pour s'approprier ces biens. L'un des franciscains choisis pour présenter leur défense, Guillaume d'Occam, professeur à Oxford, soutient devant le pape qu'ils ne peuvent rien en céder, dans la mesure même où ils ne sont propriétaires de rien. Il reprend à cette fin, dans le cadre théologique chrétien, la distinction établie par le droit romain entre l'*usus* et l'*abusus*, entre ce qu'il appelle l'« usage » et le « pouvoir ». Pour lui, les franciscains ne sont pas propriétaires des biens qu'ils ont reçus des fidèles, parce qu'ils n'ont pas le pouvoir d'« agir » sur ces richesses, de les détruire ni même de les vendre : ils en ont seulement l'usage[245]. Et l'usage, dit-il en contredisant Thomas, ne vaut pas à lui seul propriété. Autrement dit, la propriété suppose plus que l'usage des biens. Et comme les franciscains ne sont pas libres de vendre les leurs, ils n'en sont pas propriétaires.

La « propriété » d'une chose est ainsi assimilée pour la première fois explicitement à un « pouvoir », une « faculté », une *capacité personnelle de l'individu*[245] — à la limite, à un acte de liberté individuelle et de *volonté privée*[245]. Elle n'est plus, comme chez Thomas et les auteurs antérieurs, un fait naturel, *objectif*, un état du monde[245]. Droit de propriété et liberté individuelle se rejoignent ainsi, dans le débat théologique, comme ils le font depuis deux siècles au moins dans la réalité de la vie des marchands et des changeurs italiens et flamands.

Ce débat n'est pas sans importance. Il constitue même une étape considérable dans la *laïcisation du droit* de propriété qu'imposent à l'Église les exigences de l'Ordre marchand. Il permet peu à peu, sans être hérétique, d'associer *liberté individuelle* et *propriété privée*, comme on a associé, juste auparavant, *morale* et *épargne*.

Le débat n'est pourtant pas clos au sein de l'Église. Bien d'autres soubresauts l'ébranleront avant que tout cela ne soit admis par elle et qu'elle renonce à dicter l'ordre du monde. En 1320, un autre pape, Jean XXII, expliquera encore que les deux concepts de « possession » et de « propriété » sont absolument synonymes, puisque, comme le moine est propriétaire de la soupe qu'il mange, il possède les richesses dont il dispose[119]. En 1329, le même pape écrit, dans la bulle *Quia vir reprobus*, que « *la propriété est inhérente à l'homme*, qu'elle *est un droit naturel* qui ne doit pas être critiqué [...]. L'homme possède les choses temporelles de ce monde[119] ». C'est là un fait, et non un acte de volonté. D'ailleurs, pour lui, « la croyance selon laquelle les chrétiens primitifs vivaient une société idéale faite de pauvreté et de partage » est une « hérésie digne de l'enfer[308] ».

Pourtant, malgré les positions de l'Église officielle, dans la réalité, le changement est consommé : tout « individu » apparaît comme titulaire de « droits[275] », dont ceux, indissociables, de propriété et de liberté.

Un peu plus tard, au milieu du XIVe siècle, deux théologiens français, Pierre d'Ailly, recteur de l'université de Paris, et son successeur Jean Gerson, dans la logique de Guillaume d'Occam, posent la vie de l'homme comme sa propriété, comme un droit et non plus comme une faculté naturelle[245]. *Bien avant le protestantisme*, une notable partie de l'Église s'est ainsi ralliée à l'Ordre marchand.

Pour autant, les valeurs bourgeoises ont loin d'avoir triomphé partout. Au milieu du XIVe siècle encore, en Angleterre même où les marchés se développent plus vite qu'en maints autres lieux d'Europe, un poème allégorique, *Bon et Court Débat entre un thésaurisateur et un gaspilleur*[187], oppose un « thésaurisateur », qui dépense peu et vit modestement, à un « gaspilleur » qui « s'habille, mange, boit, se procure de précieuses fourrures, ne cultive pas ses terres, vend ses outils pour payer ses entreprises militaires et ses chasses[187] », distribue des cadeaux et vit au-dessus de ses moyens, bref, dépense par « fierté hautaine ». Le premier inspire « l'envie, la haine, le mépris ou la peur, mais jamais le respect » ; le second, au contraire, inspire « respect et admiration[187]... »

De la mémoire à l'écrit

Le XIIIe siècle est aussi le siècle où le droit écrit naît dans la ville, où le marchand ne peut fonder la propriété ni sur la tradition, ni sur la force, ni sur la seule confiance, où il a besoin de coucher par écrit les règles de propriété et de fixer ainsi des règles du jeu valables sans arbitraire ni tabous.

A la campagne où vit encore l'essentiel de l'Europe, le droit se résume à un jeu subtil de traditions et de rapports de force imposés par l'histoire et le climat. On y distingue avec sophistication un droit au pâturage des bovins, à l'élevage des chevaux ou des porcs. Les diverses coutumes, encore principalement orales, font la distinction entre les diverses catégories de bois selon qu'il est utilisé pour le chauffage, la bricole, la grosse construction ou la fabrication de tonneaux[444].

Les concepts, comme les réalités, restent on ne peut plus flous. Le droit de propriété sur la terre, privée ou communale, seigneuriale ou allodiale, se confond encore avec la simple possession — la « saisine » — et reste le plus souvent fondé sur des faits, sans référence à des cartes ou à des cadastres : *le vrai reste l'observé*, le droit demeure ce que permet d'avoir la force. Une coutume normande, consignée au XIIIe siècle, précise que « celui qui a la *saisine* de la terre est celui qui la moissonne, la laboure, en perçoit les fruits et les produits[166] ».

En ville, en revanche, les choses changent. On utilise pour la première fois, en anglais et en français, le mot *liberté* dans le sens d'« indépendance d'un groupe social », et celui de *propriété* pour signifier le droit. Issu du bas-latin, le mot *propriété* apparaît à cette époque dans toutes les langues d'Europe. Les formes italienne, française et anglaise du mot, très proches de sa forme latine, ont à la fois le sens de *droit* de propriété, de *possession*, et de *caractéristiques* d'un objet. Elles n'acquièrent qu'un siècle plus tard le sens d'*objet possédé* : propriété signifie *être* avant de signifier *avoir*. Étrange sagesse des langues...

En ville, le droit commence à s'écrire, à la fois pour conserver la trace de textes qu'on devine presque obsolètes et pour fixer les nouvelles règles en formation. Ces textes ne surgissent pas de nulle part : depuis des siècles, dans le calme des couvents, des clercs et des prêtres s'efforcent de reconstituer, pour l'Ordre qui s'esquisse, un droit de propriété cohérent à partir de concepts juridiques conservés et retrouvés de Rome et de Byzance, des coutumes existantes et de pratiques neuves, qui transgressent et démantèlent les uns et les autres. A côté d'eux — et souvent à leur place —, juges, fonctionnaires des princes et des cités certifient les dons, les ventes, les contrats ou les legs, arbitrent la propriété lorsqu'elle est contestée, organisent des transactions « pour le bien de la paix », et, s'il n'y a pas accord, jugent, disent le droit et punissent les voleurs.

Avec le développement de la société urbaine, les peines prononcées se modifient. Certes, les sanctions restent très dures pour quiconque viole la propriété de la terre, privée ou collective. Une charte allemande du XIIIe siècle décrète encore que « si un homme enlève l'écorce d'un des saules qui tiennent une digue, on lui ouvrira le ventre, on en sortira les intestins et on les enroulera autour du dommage qu'il a fait[444] ». Mais, de plus en plus, l'emprisonnement et l'amende tendent à remplacer le « prix du sang ».

Cela ne convient pas aux marchands. Comme les coutumes locales diffèrent entre elles, un habitant d'une région court souvent le risque de subir la loi d'une autre, orale et invérifiable. S'il y a procès, le droit est celui du territoire, non celui de la personne. Il n'obéit pas à la loi du contrat, mais à la tradition. Ainsi, un juge peut délier un contractant de ses engagements s'il en estime les termes « injustes » au regard des coutumes ou de la morale chrétienne[245]. En Angleterre, il peut même remettre en cause les termes d'une transaction commerciale si elle ne lui paraît pas un « juste échange ».

Cette situation est difficilement tolérable pour les marchands qui ne peuvent accepter plus longtemps l'arbitraire des juges et des théologiens.

Aussi, dans les villes et les États marchands, l'écrit devient-il, à tous les niveaux, un moyen de fixer des règles de propriété plus universelles, d'établir les termes des contrats entre les marchands et leurs associés, entre les maîtres du sol et les tenanciers, de négocier les statuts des compagnies, des sociétés de mer, enfin de préciser les commandes et les prêts de longue aventure...

Nées au siècle précédent, les chartes des communes se généralisent ; leur objet peut être dérisoire ou majeur. En 1250, la « charte » de Gardouch, en Lauraguais, autorise par écrit les laboureurs à prendre, dans le « défens » le plus proche, le bois nécessaire à la réparation, sur place, de leur matériel[136]. Une autre, en 1266, accorde aux habitants d'Espalion le droit de pêcher dans le Lot. Mais ces chartes peuvent aussi concerner des villes entières : les marchands y obtiennent la garantie écrite de leurs droits de propriété sur leurs maisons et leurs ateliers[409], sur le travail et les biens des autres habitants de la ville et de la campagne environnante. En Angleterre, des communes obtiennent leur autonomie à partir de 1265.

L'administration des villes comme des pays y trouve son compte. L'écrit permet de conserver les actes de chancellerie, les sentences des cours de justice, les créances fiscales et les contrats, de recenser les biens, de fixer les bornes des propriétés, d'en enregistrer les titres, d'en conserver les cartes. Des *cartulaires* — recueils de chartes — décrivent ainsi les domaines et les patrimoines des seigneurs laïques ou ecclésiastiques[136].

Grâce aux revenus qu'ils commencent à recevoir, les villes et les États engagent des fonctionnaires pour rédiger les actes et gérer les domaines. L'écrit permet ainsi de comparer et d'unifier peu à peu les droits de propriété. En France, en avril 1251, une ordonnance royale prend acte de ce que le royaume est partagé en deux régimes de traditions juridiques : celle de la *consuetudo* (coutume) *gallicana* au Nord, celle du *jus scriptum* (droit écrit) au Sud[136]. Voilà qui est déjà une considérable réduction de la diversité.

L'écrit donne aussi une validité plus longue aux textes et aux lois : les textes s'accumulent, les archives se constituent, la durée devient possible. Ainsi, à partir du XIIIe siècle, en France et ailleurs, le roi ne décide plus seulement pour lui-même, mais aussi pour ses successeurs. La propriété devient stable. Une véritable administration se met en place.

En France, de l'Hôtel du roi sortent, au siècle de Philippe Auguste, le *Conseil du Roi*, le *Parlement* et la *Chambre des Comptes* où des gens du commun de très haut niveau, formés au droit romain, vérifient la comptabilité des baillis[136], surveillent l'administration financière des propriétés royales, rédigent des textes de coutumes, décident de celles qu'il faut admettre ou réfuter, approuvent les chartes des villes. L'*État* est né.

En Angleterre, la *Magna Carta*, imposée en 1215 au roi Jean et qui reprend certaines dispositions de textes esquissés un siècle auparavant par Henri Ier, accorde aux barons et aux évêques réunis dans un « Grand Conseil », avec deux représentants de la petite noblesse de chaque comté et deux représentants des bourgs, le droit de contrôler l'impôt, ainsi qu'un ensemble de garanties « sur les conditions dans lesquelles les hommes peuvent être emprisonnés, détenus, jugés, condamnés, et leurs propriétés saisies[308] ». Si le roi ne respecte pas la Charte, vingt-cinq barons peuvent s'approprier ses châteaux et ses terres pour l'y contraindre.

Grâce aux administrations qui se sont ainsi constituées, les villes médiévales et les États lèvent des impôts, fixent des droits à l'entrée sur leur sol, enregistrent les transactions, organisent des monopoles du commerce des denrées de première nécessité, et érigent en « propriétés publiques » un ensemble de biens et de services, et même parfois le sous-sol et tout ce qu'on y trouve. On lit ainsi dans une coutume saxonne du XIIIe siècle : « Tout trésor enfoui dans le sol à une profondeur supérieure à un soc de charrue est la propriété du roi[444]. » La ville de Sienne est sans doute parmi les toutes premières à s'approprier le monopole de la vente du blé, du fer, de l'acier, du sel, de l'huile et du poisson[209] ; elle contrôle aussi le sous-sol de la campagne environnante et les routes qui y donnent accès.

Le sel est le plus important de ces biens en propriété collective. Principal agent de conservation de la plupart des produits, il est plus nécessaire que jamais dans l'Ordre marchand où les entrepôts ne sont plus seulement collectifs, où chacun souhaite stocker chez lui des réserves de nourriture[209]. De nombreuses cités d'Europe constituent à leur tour des monopoles de son commerce, voire de sa production ; des bureaux municipaux gèrent dans les moindres détails son extraction, son stockage, son transport et sa vente[209]. Le premier et peut-être le plus exhaustif de ces monopoles existe au XIIe siècle dans les salines alpestres[209]. En 1203, la ville de Sienne crée une société publique pour gérer son monopole de vente du sel, la *Dogana* : elle s'approprie tout le sel produit à Grosseto, interdit de vendre à Sienne tout sel acheté ailleurs, et s'oppose à la construction de toute nouvelle saline sur son territoire[209]. En d'autres régions plus marquées par la féodalité, comme en Languedoc ou en Lorraine, ce sont les seigneurs qui s'approprient les salines, accumulent le sel dans leurs propres entrepôts et le vendent au prix qu'ils veulent[209].

Au siècle suivant, ce monopole laissera place à l'impôt : le marché remplacera l'État dans la distribution du sel. Il est vrai que l'État, à ce moment, ne manquera pas d'autres choses à faire...

Représenter

Au XIVe siècle, l'économie politique de la mort annonce encore une fois celle de la vie. Dans les grandes monarchies, les funérailles des rois changent[164]. A partir de 1327 en Angleterre, et de 1422 en France, le successeur, fût-il le propre fils du mort, n'y assiste plus. Au cœur du rituel nouveau se trouve placée une *effigie* du défunt dont le visage en cire reproduit exactement les traits[220]. Cette *représentation* — c'est la première fois qu'apparaît le mot dans l'Ordre marchand — arbore tous les symboles de la royauté. Avant qu'elle ne quitte le palais, on la sert comme un vivant, on la nourrit aux heures prévues pour le roi, on dresse pour elle la table et lui présente des coupes. Puis, tandis que le vrai cadavre est porté discrètement dans un cercueil vers l'église où il doit être inhumé, la « représentation » du roi, parée des vêtements du sacre, traverse la ville en grande pompe.

Pour certains[220], il s'agit d'une ruse neuve qui ne vise qu'à allonger la durée d'exposition du cadavre et à permettre à plus de gens de le voir, dans la capitale devenue une ville immense. Pour d'autres[164], l'idée du double sacrifié, figure du prince, n'est pas une nouveauté, mais reprend une vieille tradition des Empires. A mes yeux, elle va bien au-delà : cette fois, le spectacle n'est pas donné aux dieux ni aux princes, mais bien à *tous* les sujets du roi ; et le corps de paille et de cire de la « représentation » figure en fait *le pouvoir dans sa continuité*, au-delà et en-dehors du roi.

La « représentation » est la première abstraction du pouvoir, sa première réalité hors du corps du roi. Elle incarne pour la première fois un pays et un peuple par-delà ceux qui les dirigent. Elle annonce, à l'échelle des nations, ce que l'Ordre marchand a déjà réalisé dans les villes où *les choses se représentent déjà par leur prix, et les propriétaires des choses par leurs élus.* Marché et droit de vote y qualifient des objets et des êtres oublieux de leurs différences, égalisés dans l'uniformité laïque.

Même si elle reste à la campagne une « grande fête messianique et égalitaire[38] », la mort, partout en ville, devient individuelle. Faute de place, les morts des villes sont enterrés dans des cimetières de plus en plus éloignés des églises. La mort devient abstraite, la durée n'est plus que dans le Nom. Le « marteloyge », jusque-là secondaire, se développe aux XIVe et XVe siècles. « Que cette fondation soit enregistrée au marteloyge de ladite église ou prieuré pour souvenance[6] », dit un testament de 1416. Les dons des seigneurs aux hôpitaux ou aux fondations « pour le salut de leur âme » n'ont pas totalement disparu. Ainsi l'acte de fondation d'un hôpital par un chevalier du début du XIVe siècle commence par : « Ne songeant qu'à mon propre salut et désirant par une heureuse transaction échanger contre les biens de ce monde[6]... » Parfois, ces dons sont encore énormes : un marchand de Metz lègue aux églises de sa ville plus de la moitié de son patrimoine[6]. L'obligation de faire dire des messes ne disparaît pas davantage. A l'église de Cergy-sur-Oise, on trouve sur une plaque murale de 1404 : « Ci-gît noble homme Pierre Grossart, en son vivant escuier, seigneur de Dammartin, lequel a laissé à l'œuvre et fabrique de cette église la somme de 6 sous parisis de rente pour chaque an sur une maison assise à Pontoise appartenant à Roger de Quos faisant le coin de la rue de Martre tenant d'une part à Robin le tourneur, aux héritiers de Richard de Quos, et de l'autre côté au Pavement du Roi, aux curés et marguilliers de la fabrique Saint-Christophe de Cergy. Moyennant que le curé de céans sera, chacun an à un tel jour que le défunt s'en est allé de vie à trépas, tenu de dire et célébrer une haute messe[6]. » Jacques Heers, cité par Ariès, y voit l'une des causes de la ruine économique de la noblesse française : « Refus d'économiser, de considérer l'avenir des siens, autant de signes d'une mentalité de classe qui paraît attardée en ce monde des affaires[6]. »

Ailleurs, chez les marchands, la mort s'installe comme laïque et individuelle, rupture absolue. Le testament est un acte de transmission de fortune à la famille. Le mort se pense jugé à sa foi, et non plus aux richesses qu'il abandonnait aux églises.

Surgit alors l'individu tel qu'en lui-même, précieux vivant. Il se met à se *représenter* dans les premiers autoportraits de Phillipo Lippi et Jean Fouquet. Il ne tolère plus qu'on le considère comme objet de troc ou de transaction, que ce soit comme esclave ou comme objet sexuel. Au XIVe siècle, la revente du droit de cuissage est peu à peu prohibée ; un arrêt du 19 mars 1409 interdit à l'évêque d'Amiens d'exiger une indemnité des hommes nouvellement mariés pour leur permettre de coucher avec leur femme la nuit de leurs noces : « Chacun des habitants peut coucher avec sa femme la première nuit de ses noces sans permission de l'évêque[444]. »

Une innovation technique accélère ce mouvement dans lequel elle s'inscrit parfaitement, comme si elle advenait au moment même où elle devenait idéologiquement nécessaire : l'*imprimerie*. En 1454 paraît à Mayence la première Bible de Gutenberg imprimée en caractères mobiles. Le procédé connaît un foudroyant succès[59]. En 1480, 111 villes d'Europe possèdent une presse à imprimer ; en 1500, on en trouve dans plus de 238 villes. L'imprimerie accentue l'essor de la lecture silencieuse, du chacun pour soi, dans les langues vernaculaires de l'Europe qui, désormais, s'écrivent et se développent.

Au lieu de faire du latin la langue de tous en Europe, comme le pensaient les intellectuels de l'époque, l'imprimé va contribuer à le faire disparaître : quand un objet produit en série remplace un service collectif, la diversité triomphe. Il faudra s'en souvenir...

Commandites et actions

Au début du XIVe siècle, la paix relative et la prospérité poussent les marchands d'Europe vers la mer et l'Orient. Venise s'impose contre Bruges et contrôle le passage des marchandises entre le nord de l'Europe et les marchés d'Extrême-Orient[67]. Avec la croissance des marchés et des populations, il faut produire plus, disposer de plus gros bateaux, de davantage de capitaux. Partout, en mer comme à terre, le risque des affaires devient trop considérable pour être pris par l'armateur ou par le marchand drapier. L'envergure des opérations devient telle qu'ils sont moins que jamais en mesure de les financer seuls. L'un et l'autre doivent rassembler du capital pour acheter les matières premières, les faire travailler, vendre les produits. Aussi s'efforcent-ils de séduire d'autres marchands, des seigneurs fonciers, de riches artisans, des hommes de loi ou des ecclésiastiques, tous ceux qui sont censés avoir de l'épargne exprimable en monnaie. L'imagination ne manque pas pour monter ces sociétés : c'est d'ailleurs à cette époque que, pour le commerce international, se mettent en place presque toutes les structures d'entreprises modernes, celles en tout cas qui *préservent le nom du propriétaire principal.*

Dans la réalité, on commence néanmoins à distinguer déjà

le financement, la direction et le travail salarié. « Le véritable capitalisme naîtra de cette distinction[137] » que le droit mettra des siècles à reconnaître.

Le système le plus ancien de financement collectif, celui de la *commande*, est né à Gênes au XIe siècle avec les « sociétés de mer » : le marchand actif y perçoit maintenant jusqu'à 50 % des bénéfices s'il apporte 33 % des capitaux, et il ne peut perdre plus que son apport. C'est un simple contrat conclu devant notaire entre marchands, destiné à faire financer certaines opérations ponctuelles d'un marchand par un autre qui recevra une part des bénéfices[137]. Peu à peu, « elle devient l'un des placements normaux du petit épargnant, et un moyen ordinaire de développement pour les petites entreprises[137] ». Parfois, le « financier » travaille aussi un peu, et le « marchand actif » apporte des capitaux. Un même marchand peut, en multipliant les participations dans des sociétés de ce genre, constituer un véritable « groupe de sociétés en nom collectif[137] ».

Quand, à la différence de la commande, le marchand qui travaille est aussi un des « financiers » de l'opération, il crée, pour faire appel à d'autres capitaux, une *société à participation*, en général bornée dans le temps et limitée à une opération précise[137] ; le partage des bénéfices s'y fait en fonction des capitaux investis et du travail effectué. C'est le cadre rêvé des activités techniquement complémentaires, « le cadre idéal des petites affaires[137] ».

Pour les grandes affaires de commerce international, qui exigent des capitaux plus importants, la *commandite* permet de collecter des capitaux sous forme de parts, égales et *cessibles*, prises dans une société non limitée dans le temps. L'opérateur conserve toute liberté de manœuvre et rémunère les capitaux selon les profits réalisés. A la différence de la commande, qui est un contrat, chacun des financiers de la commandite peut, s'il trouve acquéreur, retirer sa part quand il le désire, sans que cela nécessite un apurement des comptes[137]. De ce fait, « la commandite repose sur la continuité des réputations[137] ». Au XVe siècle, à Gênes, le capital des sociétés en commandite est divisé en vingt-quatre parts — comme le titre de l'or fin — elles-mêmes divisibles. De telles sociétés sont créées pour toutes sortes d'opérations, « de la commercialisation de l'alun d'Asie Mineure au corail de Tunisie ou au mercure d'Espagne[137] ». On va parfois chercher l'épargne très loin. Des Italiens, des Allemands et des Grecs détiennent des parts dans des mines de Bosnie[137]. Les financiers en sont parfois les ouvriers eux-mêmes : ainsi dans le Dauphiné où des mineurs d'Allevard détiennent des parts des sociétés de commandite des mines de fer où ils travaillent[136].

Il existe aussi à Florence, depuis le XIIe siècle, des *compagnies* associant dans des sociétés durables des financiers qui, contrairement à ce qu'il en est dans la commandite, assument une responsabilité collective dans les pertes[344]. Les compagnies acceptent aussi des dépôts, sans les mêler au capital. En général, les actionnaires appartiennent tous à une ou deux familles. Par exemple, les Bardi de Gênes travaillent en 1331 avec une compagnie au capital divisé en cinquante-huit actions, réparties entre onze associés[344]. La base familiale « assure la continuité des affaires, *du nom*, de la marque[137]. » Ces compagnies portent le nom de la famille fondatrice : Medici, Peruzzi, Pigelli, Fugger, Ruiz, Welser. Elles ont de très nombreuses filiales. La famille qui possède la maison mère est presque toujours majoritaire dans le capital des succursales. En 1480, les Medici de Bruges et de Londres font faillite sans que le reste de l'empire Medici soit touché, d'où l'intérêt des succursales[344]. Du fait de leur caractère international et de la lenteur des communications, les décisions sont relativement décentralisées. Il y a de véritables « directeurs généraux » salariés, tels Giovanni Benci ou Francesco Sassetti chez les Medici[137].

Le même mot est utilisé à Londres, au début du XVe siècle, quand y est créée la première *compagnie* associant l'État et des actionnaires privés pour le commerce lointain ou la découverte de terres nouvelles. Mais, à la différence des compagnies florentines, celle-ci vise plutôt à exercer une sorte de monopole du commerce extérieur, au nom d'un État, en regroupant en une société fermée tous les marchands intéressés, comme à Venise. La compagnie des *Merchant Adventurers* réunit ainsi en 1407 les marchands qui commercent avec les Pays-Bas et l'Allemagne du Nord et y exportent les laines anglaises[41].

C'est à cette époque qu'apparaissent aussi les premières sociétés ayant vocation de rassembler des capitaux pour financer des opérations industrielles. Jacques Heers cite la ville de Massa Martina, près de Sienne, où est créée au début du XIVe siècle ce qui semble être la première *société industrielle par actions*[200]. Selon les textes, chaque bourgeois de Massa est libre d'exploiter les ressources en argent du sous-sol du district épiscopal. « Le propriétaire du sol ne peut que demander une indemnité, fixée par un conseil de trois maîtres de l'Art des Mineurs[200]. » Pour mieux exploiter ces gisements, des bourgeois de la ville se regroupent en une *societas* au capital divisé en trente parts égales et *cessibles*, mais non encore négociables sur un marché[200]. Par la suite, des marais salants, des mines sont appropriés par des sociétés du même genre. A la même époque, semble-t-il, des bourgeois de Toulouse souscrivent aussi des parts dans des moulins situés sur la Garonne[371].

Simultanément se développent les techniques de prêt et de change. Les Lombards n'ont plus recours au contrat notarié pour passer un accord à distance, mais se contentent de la *lettre de change* signée. Les premières banques apparaissent pour le commerce terrestre et maritime. Elles font fortune, puis se ruinent. Au XIVe siècle, quatre-vingt seize banques vénitiennes sur cent trois font faillite à la suite de mauvaises opérations, quand la chute de Constantinople, en 1453, favorise à terme la prise de pouvoir de l'Europe sur le commerce et les monnaies d'Orient.

Richesses, misères et police

La bourgeoisie d'Europe a du mal à se dégager du modèle de réussite de l'Ordre antérieur. Économe, discrète, continente, elle n'en reste pas moins fascinée par la noblesse. Elle lui envie ses titres, ses noms, ses terres, ses signes de reconnaissance, son art de la dépense. Aussi, que ce soit en Italie ou en France, consacre-t-elle beaucoup de son argent à essayer d'y accéder. Elle achète d'abord des fiefs, puis, quand l'acquisition d'une terre, au XIVe siècle, n'entraîne plus nécessairement l'anoblissement de son acquéreur, elle achète des offices de finance, de justice et de police. Elle se fait construire en ville des figurations de châteaux, des maisons avec des tours, des immeubles de pierre ou de brique, tel, en 1401, l'hôtel du drapier Guilhem Azemar, l'un des hommes les plus riches de Toulouse[136], ou la plus prestigieuse demeure bourgeoise du XVe siècle, l'hôtel de Jacques Cœur à Bourges, énorme édifice avec des entrepôts, des salles de réception, toute une série de petits appartements[136]. Luxe extrême : dans la demeure du maître, on y trouve une salle de bains ! La bourgeoisie se rassure en arguant que tout cela est bon pour les affaires, puisque les clients eux-mêmes en sont rassurés[137].

En Italie du Nord, le riche devient collectionneur. Il commence à aménager son intérieur, à construire sa maison spécialement pour accueillir des objets d'art. Il les classe, les expose, invente des meubles pour les mettre en valeur. Un marché de l'art se crée[331]. Les artistes se libèrent de la tutelle d'un maître unique et commencent à vendre leurs œuvres dans leurs ateliers à de riches marchands.

Les grands bourgeois portent les mêmes fourrures que les membres de la haute noblesse. Comme eux, ils se font couper des habits sur mesure : en 1340, à Bruges, on trouve 197 tailleurs et 26 faiseurs de chausses, et pour les marchands moins riches, un centre de confection qui vend et exporte des vêtements prêts à porter[136]. A l'extrême, le marchand vraiment riche abandonne les affaires pour s'occuper non plus de gagner de l'argent, mais de le dépenser en s'occupant des affaires publiques. Ce qui coûte cher, « autant pour être conseiller à Lübeck que capitoul à Toulouse ou prieur des arts à Florence[137] ».

Le marchand ne se contente pas de sa gloire. Il veut celle de son nom. Aussi consacre-t-il une part considérable de l'épargne qu'il peut distraire de ses affaires à doter ses filles ou à acheter des charges et des terres à ses fils : « *La terre lave l'or*[137]. »

Tout à côté de ces énormes déploiements de richesse vivent les autres habitants de la ville, parfois dans une misère absolue. Il n'y a pas encore de beaux quartiers. Souvent les ouvriers occupent les chambres des étages supérieurs ou le fond de la cour des immeubles bourgeois[136]. Payés en pièces de cuivre[67] avec lesquelles ils peuvent acheter les produits agricoles ou artisanaux qu'ils consomment, ils ne possèdent rien. Pour eux, le luxe majeur est de pouvoir se chauffer, de disposer d'une table à tréteaux, de bancs, de coffres[136]. Le lit est une simple planche couverte d'un matelas, avec traversin, oreiller, draps, couvertures[136]. Leurs maisons, lorsqu'ils en ont, sont vulnérables au feu, au gel, à l'humidité. Souvent, ils ne peuvent se payer que des vêtements usagés : à Bruges, au XIVe siècle, on dénombre 184 fripiers et 72 marchands de pelleteries usagées[136]. La plupart sont à la frontière de la marginalité et la franchissent lorsqu'ils viennent à perdre leur emploi par suite d'un caprice ou de l'infortune d'un maître.

Plus bas encore, le vrai démuni, le mendiant sans logement : il est partout. Il n'a ni où dormir, ni où manger. Il est dans la rue et n'a rien à perdre. « Dans ces errants, écrit Geremek, la société voit déjà des vagabonds redoutables[163]. » Parfois, cette menace devient réalité : en 1302, à Bruges, les pauvres se révoltent contre les bourgeois. « Le chemin appartient à celui qui ne possède pas autre chose », dit le dicton.

Au bout du chemin, la maladie et la peste. La sagesse populaire a là encore les mots pour le dire : « Qui mange son capital prend bientôt le chemin de l'hôpital. » Bien que les riches ne soient pas immunisés contre les épidémies qui ravagent les villes, statistiquement, pauvreté coïncide avec maladie. La gestion des démunis devient redoutablement difficile.

Les hôpitaux, qui ne soignaient personne mais hébergeaient les quelques pauvres des campagnes, n'ont plus, au XIVe siècle, les moyens de gérer les masses indigentes des villes : d'une part, le clergé détourne leurs revenus à son profit ; d'autre part, l'épargne des bourgeois va moins vers les églises. Dans toute l'Europe, les revenus des églises, des monastères et des hôpitaux chutent de moitié, voire davantage. Certains hôpitaux, telle la maison Braque à Paris, est si pauvre, moins d'un siècle après sa fondation, que la rémunération du recteur et l'entretien de la chapelle en constituent les seules dépenses[12]. Pour financer certains hôpitaux, on en vend d'autres, contrairement aux vieilles règles d'inaliénabilité des biens de l'Église. Ainsi, le 7 décembre 1354, le conseil de la ville de Marseille, se substituant à l'évêque et « prenant en considération la misère des temps et la pauvreté de l'hôpital, l'autorise à vendre des propriétés immobilières[12] ». Vingt ans après, en 1372, le même hôpital de Marseille vend encore une maison reçue en legs[12].

Devant cette faillite, les bourgeois doivent prendre le relais. Il leur faut durer de leur vivant ; d'une certaine façon, pour eux, *l'enfer c'est les pauvres*. Le pauvre n'est plus plaint, il est craint. Plus simplement, il est le mal, *parce qu'il n'a pas d'argent*. Et il faut consacrer à la police l'argent qu'on refuse à l'Église.

À partir du XIVe siècle, au nom du bourgeois, le *policier* surveille et maintient le pauvre à l'écart. Il devient le défenseur du code de propriété de l'Ordre marchand. Partout en Europe, maires, capitouls, consuls, jurats et officiers royaux, consacrent des ressources considérables à organiser des polices qui, pour l'instant, se contentent d'expulser les pauvres. En France, tout fainéant qui, *n'ayant rien* et ne gagnant rien, fréquente les tavernes, doit être arrêté, interrogé sur ses facilités, banni de la ville s'il est « surpris en mensonge, convaincu de mauvaise vie ». Le beffroi dont chaque ville se dote pour affirmer sa richesse et sa puissance lui sert aussi à donner le signal en cas d'attaque d'hommes de guerre ou de mendiants. Chaque nuit, au coucher du soleil, on ferme les portes de la ville. Le guet en armes parcourt les rues pour prévenir vols et assassinats.

Mais, bien vite, il n'y a pas de police sans prison : les villes en construisent en grand nombre, où ils enferment les démunis sans qu'il soit nécessaire qu'ils aient commis quelque faute. En Angleterre, en février 1350, le pouvoir royal ordonne que les mendiants valides soient emprisonnés quatre jours, mis au pilori en cas de récidive, et, la troisième fois, « signés au front d'un fer chaud et bannis des lieux ». Quand il n'y a pas assez de prisons, on utilise les hôpitaux, bien que toutes les ordonnances contre la mendicité stipulent qu'il ne faut ni aider ni accueillir plus d'une seule nuit les pauvres valides.

En défendant la richesse des villes, la police n'en contribue pas moins à les affaiblir. Elle mobilise une part croissante de l'épargne, ce qui menace puis détruit la capacité de la ville de maintenir sa puissance. Quand les bourgeois accumulent les richesses, ils privent les paysans de terres, les artisans de capital, et ceux-ci viennent grossir la pauvreté urbaine. La ville s'endette, puis se ruine, jusqu'à ce qu'une autre forme, avatar nouveau de l'Ordre marchand, la remplace.

Comme dans les Ordres antérieurs, la concentration du bien fertile ruine l'Ordre, exigeant de consacrer de plus en plus de surplus à la protection des propriétaires contre les démunis. La survie exige la croissance.

Enclosures et propriétés

L'Ordre marchand requiert, pour poursuivre son essor, la réduction systématique du troc et de la gratuité, de la vie rurale et de la féodalité. Aussi se développe-t-il, en dehors des ports, surtout là où la propriété de la terre se concentre ; là où les paysans deviennent des salariés et ne peuvent plus consommer que des biens achetés sur un marché ; autrement dit encore, là où les grandes épidémies du milieu du XIVe siècle font disparaître des familles entières de paysans et aboutissent à une concentration de la propriété.

Le paysan anglais, surtout là où s'est manifestée la présence viking, est particulièrement préparé à une telle évolution[245]. Sa mentalité est celle d'un guerrier peu concerné par la propriété de la terre. C'est déjà un « individualiste[269] ». Comme il compte déjà avant tout sur l'argent qu'il peut gagner par son travail et que la propriété lui importe moins que le revenu, il vend volontiers la terre qui lui reste pour s'employer comme fermier chez un grand propriétaire. Aussi voit-on, au XIVe siècle, s'organiser un véritable marché foncier ; plus de la moitié des mutations foncières se font déjà hors de la famille du paysan[269].

Un autre événement pousse à la concentration des terres : en raison de la demande urbaine, la hausse du prix de la laine rend l'élevage des moutons plus avantageux que l'agriculture. Les grands propriétaires fonciers anglais s'efforcent de réunir assez de prairies pour élever leur cheptel. Ils regroupent leurs parcelles, s'approprient les terres communales, enclosent les bons pâturages pour les protéger contre les troupeaux de leurs tenanciers à qui la tradition donne accès aux terres. Ils le font d'abord en expulsant les tenanciers à l'expiration des baux, et en imposant à ceux qui restent la clôture des communaux. Puis, lorsqu'ils le peuvent, ils s'appuient sur la loi. Quand, à la fin du XVe siècle, le premier Tudor, Henri VII, abat le dernier York, Richard III, il démantèle les armées privées et tente de bâtir une monarchie absolue en s'appuyant sur les grands propriétaires. A cette fin, il accélère par la loi ce mouvement d'enclosures. Une ordonnance de 1481 y contribuera à son tour. Petits paysans et laboureurs, qui ne survivent que grâce à l'accès aux communaux, sont très touchés par ces mesures. On trouve dans un texte des plaintes paysannes de ce temps : « Tout est pris pour les pâturages, pour l'élevage des moutons ou du gros bétail : si bien qu'en sept ans, j'ai vu, dans un rayon de six miles autour de moi, une douzaine de charrues mises au rancart ; là où plus de quarante personnes trouvaient à vivre, maintenant un homme avec ses troupeaux a tout pour lui seul[41]. »

Comme en Angleterre, la grande propriété se développe en d'autres régions d'Europe : en Espagne, en Italie du Sud, au Danemark, aux Pays-Bas, en Prusse, en Autriche, en Pologne, en Bohême[65]. Mais, à la différence du cas anglais, elle ne s'accompagne pas de la naissance d'un salariat rural, mais au contraire d'une aggravation du servage.

Ainsi, à la fin du XVe siècle, quand la Castille et l'Aragon sont réunis par le mariage d'Isabelle et de Ferdinand, des grands seigneurs et des ordres religieux, tels ceux de Calatrava, de Santiago et d'Alcantara, s'approprient d'immenses territoires qu'ils reconquièrent sur les Maures[65]. Les grands propriétaires fonciers, qui représentent 2 % de la population castillane, possèdent alors 98 % des terres ; 85 % des paysans de Castille sont dans un statut voisin du servage[65]. En Russie aussi, l'Empire qui se constitue autour de Moscou rassemble des territoires considérables et réduit le nombre de paysans encore libres sur les terres des communes et les domaines des grands seigneurs. Pour quitter la terre ou se marier, ils doivent obtenir une autorisation seigneuriale ; leurs enfants doivent au seigneur des années de services domestiques[65].

Au contraire, en France, en Vénétie, en Toscane, en Allemagne occidentale, la désarticulation du système féodal profite aux petits propriétaires. Dans ces pays, la noblesse, moins soucieuse de rentabilité économique que de tenir son rang, se procure de l'argent en vendant aux paysans les terres qu'ils exploitent. Pour retarder le morcellement, le couvent est encore très utile. En 1340, le chevalier Humbert de Chalain marie son aînée avec une dot de 800 livres et envoie deux autres de ses filles avec une rente viagère de 5 livres par an dans un monastère où elles rejoignent trois de leurs sœurs[136]. Dans le même temps, les rois agrandissent leurs territoires en s'appropriant les biens sans maître, les successions en déshérence, les aubaines, les bâtardises, les terres expropriées pour cause de grands travaux et d'exploitations minières. Au début du XVIe siècle, la Bretagne devient possession de fait du roi de France par le mariage de la duchesse Anne avec Charles VIII, puis avec Louis XII. Les paysans y gagnent un peu de liberté, les corvées seigneuriales se réduisent, les différentes redevances foncières s'unifient sous le nom de *cens*. Les serfs reprennent en fermage des portions du domaine féodal jusque-là exploitées directement par les châtelains. Ils y gagnent la quasi-propriété de leur terre et le droit de la léguer.

En 1402, l'abbaye de Saint-Nicolas, dans l'Aisne, concède à ses paysans, contre une rente de 5 livres, « le droit de se succéder entre eux et aux personnes de condition libre, cela pour empêcher que les terres ne deviennent incultes[136] ». Désormais, lorsque le père de famille désigne son héritier par testament, il le choisit presque toujours parmi ses enfants. En 1438, un paysan de Doizieu, petite paroisse du Lyonnais, qui a laissé à chacune de ses quatre filles quelques florins de dot, envoie deux de ses garçons à l'Église, et désigne les deux autres comme héritiers de la terre à parts égales[136].

Dans ces pays où les terres se transmettent de génération en génération en se morcelant ou en se regroupant au gré des mariages et des successions, *la division l'emporte sur l'addition* : en France, à la fin du XVe siècle, plus de la moitié des surfaces cultivées appartiennent en fin de compte à de petits propriétaires.

Le bornage entre ces petites propriétés privées devient précis, rigoureux, sacré. En Westphalie, une ordonnance de 1454 édicte même que « si un homme a criminellement déplacé la borne de son voisin, il devra être enterré vivant, la tête seule sortant de la terre, et le sol étant ensuite labouré par des bœufs et des hommes n'ayant jamais labouré auparavant [...] et l'homme pourra s'aider du mieux qu'il peut[444] ».

Monnaie, poste et gabelle

Quand, à partir du XIVe siècle, le capitalisme se développe, l'État des villes et des royaumes prend le contrôle des biens essentiels à l'identité nationale, monnaie et moyens de transport, transforme les autres propriétés collectives en sources d'impôt et protège le faible capitaliste privé.

Les souverains concentrent le droit d'émettre les monnaies. En 1360, Jean le Bon fait frapper une pièce d'or sous le nom de *franc*. La frappe devient monopole de la nation, la monnaie devient propriété nationale et les États lui donnent leur garantie. Certes, le marchand continue de pouvoir utiliser librement les monnaies des autres, mais les États font en sorte de réduire les échanges sur leur territoire aux monnaies qu'ils contrôlent et qui les définissent : la propriété prend le double sens d'« être » et d'« avoir », et la monnaie le dit avant le reste.

Les communications postales entre un grand nombre de villes de France, d'Allemagne, d'Italie, d'Autriche, de Hollande et de Russie commencent à s'effectuer par des services publics pour ce qui concerne les messages publics. Henri IV créera deux emplois de fermiers généraux de relais de louage en 1597[398]. A partir de Louis XIII, les courriers royaux acceptent également de prendre des messages privés, aidant ainsi au commerce. De même, les ponts et routes deviennent propriété publique. En France, on les classe en « chemins royaux », « chemins publics », « chemins de traverse » et « sentiers » ; l'État fait construire la route de Champagne en Alsace, celle de Paris à Versailles, celle menant du Soissonnais en Flandre, c'est-à-dire les plus utiles au commerce.

Une des premières propriétés importantes des États et des villes depuis les Empires, le sel, devient la base d'un impôt en cessant d'être un monopole d'État[209]. Au XIVe siècle, le commerce du sel, encore monopole de nombreuses villes, y constituait la recette principale du budget communal. A Venise, le sel était concentré aux entrepôts de la Salute et un contrôle douanier garantissait au Trésor la rentrée des revenus[209]. A Lunéville, en 1324, le duc perdit au bénéfice des bourgeois son droit sur la saline, avant d'être chassé de la cité un demi-siècle plus tard. En 1396, Noyon octroya un monopole sur la propriété du sel à son grenier municipal : tout marchand devait vendre le sel à la ville et le déposer à ce grenier[209]. En Espagne, où la production était dispersée en centaines de salines réparties en Aragon, en Castille ou autour de Grenade, la propriété de salines était également concentrée ; une ordonnance du 28 avril 1338 réaffirma que toutes les salines étaient *propriétés de la Couronne* et que ceux qui les contrôlaient — grands seigneurs, institutions ecclésiastiques, monastères ou ordres militaires — devaient les restituer à l'État. En fait, la Couronne accepta de transformer progressivement ce droit de propriété sur le sel en impôt, le *droit d'alavara royal*[209].

Partout en Europe, l'État renonce bientôt à la propriété du sel pour se contenter d'en contrôler le prix et de le taxer : *l'impôt indirect naît de l'abandon du droit de propriété de l'État.*

Le 25 septembre 1315, déjà, Louis X, face à une grave pénurie de sel due aux stockages des marchands, les oblige à vendre leur sel dans les huit jours, « à prix convenable[209] ». Naît alors la *gabelle* (de l'arabe *kabala*, taxe, par l'italien *gabella*), impôt indirect d'abord sur les farines, puis sur les draps. En 1324, le mot est réservé à une « taxe » sur le *sel exporté* hors du royaume. En 1360, la gabelle devient un impôt, égal au quart du prix marchand[209] sur toutes les ventes de sel en France. Dans la comté de Bourgogne, la gabelle est prélevée directement sur la production et des péages sont exigés sur le sel provençal. En 1445, Charles VII introduit la gabelle dans l'Ouest. A Vérone, les Scaliger et les Visconti prélèvent eux aussi un impôt sur le sel dont les fermiers ont la propriété[209].

L'État marchand abandonne de même tout droit de propriété sur les biens de première nécessité tel que l'exerçait autrefois l'État impérial. Il transforme ce droit de propriété en droit d'imposer, de prélever une part du profit qui se gagne sur le marché.

Avec le meilleur rendement de l'impôt se développe une administration, royale ou marchande. En 1320, en France, une Chambre des comptes et un personnel fixe contrôlent recettes et dépenses du domaine royal ; en 1328, Philippe VI de Valois fait confectionner l'« état des paroisses et des feux », première ébauche de recensement[136]. En Angleterre, au contraire, l'impôt donne l'administration aux bourgeois, pousse les *Commons* à se réunir sans les Lords, à prendre l'initiative financière et à contrôler la monarchie. A l'ombre de l'État protecteur, l'heure y a sonné du capitalisme triomphant.

Vie privée, droit à soi

Nul doute que les XVIe et XVIIe siècles constituent une période particulière de développement du capitalisme. Marx y voit même le moment de sa naissance : « Bien que les premières ébauches de la production capitaliste aient été faites de bonne heure dans quelques villes de la Méditerranée, l'ère capitaliste ne date que du XVIe siècle[283]. » En fait, ces deux siècles se caractérisent surtout par la mise en pratique, à une échelle plus large, de techniques et de droits créés antérieurement en Italie et en Flandre.

La ligne de partage de l'Europe se précise autour du rapport entre foi et argent. Amsterdam, reprenant à son compte la version du christianisme la plus conforme à l'Ordre marchand, dont l'Église s'est détachée après le XIIIe siècle, accepte mieux le nouvel Ordre, et la laïcité du droit qu'il impose. Elle devient le « cœur[67] ».

Dans le monde marchand, la mort n'est désormais plus du tout une transition vers un ailleurs collectif et heureux, mais une rupture avec la seule vie qui compte, celle de ce monde, une « transgression » qui envoie dans un néant dont on n'a rien de précis à espérer et dont on doit seulement chercher à éviter les pires vicissitudes en s'y préparant du mieux qu'on peut : « L'art de mourir saintement est si important que, pour y réussir une fois, il faut l'apprendre toute la vie, parce que les fautes que l'on y commet sont sans recours[5]. » La vie est épargne d'avant-mort. Les obsèques restent l'objet d'un cérémonial pratiquement immuable, comme si on n'osait toucher à un rituel devenu presque dénué d'importance. Dans certains cas, le cimetière s'éloigne de l'église pour s'étendre à la périphérie des villes. Les testaments organisent pour l'essentiel la transmission de la fortune aux enfants. Plus rares sont les cas où on y lit encore, comme dans un testament français de 1667 : « Je donne et lègue à la perpétuité par chacun an à la saint Martin 100 livres de rente pour être données à une femme ou une fille capable d'instruire les filles du village de Puteaux à lire et apprendre leur catéchisme. Laquelle sera choisie par mon exécuteur testamentaire sa vie durant, et après son décès parmi les vicaires, marguilliers et principaux habitants du village[6]. » Aux obsèques urbaines, comme depuis des siècles, les quatre ordres de moines mendiants (carmes, franciscains, dominicains, augustins, etc.), présents dans les convois, recueillent de substantielles aumônes.

La vie domine la mort et le nom de famille se stabilise dans l'ensemble de la société. Les richesses se transmettent. Cela fait déjà longtemps que, chez les bourgeois, le nom se fixe et se protège, car il signifie la valeur d'une compagnie ou d'un changeur. Dans la noblesse aussi, on cesse de changer de nom à chaque acquisition de terre. A la mort du père, l'aîné prend le nom patrimonial et le cadet lui succède dans celui qu'il portait jusqu'alors. Le 15 août 1539, par l'ordonnance de Villers-Cotterêts, François Ier enjoint à chaque église de tenir un registre exact des baptêmes et de fixer les noms. Par le même texte, il fait de la langue de Paris la langue de la France : les actes juridiques doivent dorénavant être « prononcés, enregistrés et délivrés aux parties en langage maternel français[104] ». Les rois s'en mêlent activement : l'édit d'Amboise du 20 mars 1555 interdit à tout noble de changer son nom, « à peine d'amende et d'être poursuivi, d'être dégradé de tout titre de noblesse ». Pour faire vivre le nom, on protège l'enfant ; l'avortement et l'infanticide sont, plus que jamais, sévèrement réprimés. En 1556, un édit de Henri II condamne même à mort les mères qui dissimulent leur grossesse.

Les noms commencent à se diversifier : rien de plus nécessaire pour que l'individu surgisse et se fixe. Montaigne raconte encore qu'un duc des Normands, ayant rassemblé sa noblesse et « ayant eu au festin la fantaisie de la diviser en bandes par la ressemblance des noms, en la première troupe, qui fut des Guillaumes, il se trouva cent dix chevaliers[444] ».

La propriété des noms devient un élément essentiel de la *propriété* à transmettre. Aussi le nom ne peut-il se galvauder : le père en est détenteur et ne peut laisser ses enfants le partager avec qui ils veulent. En France, le même édit de 1556 déshérite les enfants qui se marient sans l'accord de leurs parents. En 1579, un autre édit assimile un mariage sans consentement parental à un rapt, et le punit de la peine de mort. Une ordonnance de janvier 1629 le confirme et ordonne aux procureurs généraux et substituts de poursuivre les coupables, même s'il n'y a pas eu plainte des intéressés. Une déclaration de novembre 1639 précise que, même si le consentement des parents intervient par la suite, ceux qui se marient sans lui — les garçons jusqu'à l'âge de trente ans, les filles jusqu'à vingt-cinq ans — encourent la peine de mort[435].

Pour la nouvelle élite, la distinction, la discrétion, la pudeur, l'isolement, la solitude deviennent des valeurs positives en lieu et place de la générosité, de la fortanterie, de la dépense et du nombre des entourages. On ne mange plus dans un plat commun ; la fourchette, la cuillère, le verre apparaissent[436]. Les bains ne sont plus publics. Comme la propriété du corps, celle de l'esprit devient privée ; le livre, prothèse de la mémoire, y joue un rôle considérable. A l'aube du XVIe siècle, dix millions de livres ont déjà été imprimés[59]. La science, le savoir deviennent des propriétés recherchées. Les marchands, hommes de l'écrit, deviennent hommes de savoir. Ils aiment voir l'homme *s'approprier le monde* non plus comme délégué de Dieu, mais par son intelligence et sa culture. Dès 1543, Copernic, « ce parvenu de l'astrologie[59] », comme dira Luther, démontre le mouvement des planètes sur elles-mêmes et autour du soleil ; en 1583, Galilée découvre l'isochronisme des petites oscillations du pendule[59]. L'ordre naturel a vécu. Et l'argent, qui pénètre jusqu'à la papauté, trouble la foi des plus fidèles.

Aussi l'individualisme du marchand pousse-t-il l'Europe commerçante à distinguer nettement l'argent de la foi. A cette fin, deux stratégies s'opposent : l'une qui veut faire revenir l'Église à l'idéal de pauvreté collective et au refus de l'argent ; l'autre qui veut au contraire la réconcilier avec la réussite du marchand.

La première est très répandue. Même le frère de Jacob Fugger, le financier d'Augsbourg, refuse de travailler avec lui, « alléguant qu'une aussi coupable entreprise mettrait en danger les chances de salut de son âme[308] ». A la même époque, les théologiens de l'université de Paris critiquent encore l'ouverture de banques[308]. A l'extrême de ce courant, le premier sans doute à en tirer des conclusions politiques à l'intérieur de l'Ordre marchand est, en 1516, Thomas More qui décrit une société où les biens seraient mis en communauté[299]. Dans son île d'Utopie, le gouvernement planifie la production et la répartit gratuitement. La propriété privée est interdite, le travail est obligatoire. Chacun exerce pendant deux ans soit l'agriculture, soit un métier urbain. Les maisons, sans serrures, changent d'occupants par tirage au sort tous les dix ans.

Dans le second courant, au contraire, pour concilier l'individualisme marchand avec la foi, on rompt avec la papauté. Quatre ans seulement après la parution du livre de Thomas More, Martin Luther publie *De la liberté du chrétien* : le chrétien y est à la fois « libre seigneur sur toutes choses » et « serviteur volontaire en toutes choses ». Pour lui, comme on l'a vu pour certains penseurs du XIIIe siècle, il n'est nul besoin de renoncer à la propriété privée pour vivre en chrétien. L'austérité de la vie doit permettre à la fois d'accumuler du capital et de mériter chaque jour l'éternité ; la « continence » remplace la « justice » comme critère de sincérité de la foi ; l'épargne quotidienne remplace la charité comme signe de pureté. Pour Luther et surtout pour Calvin, les entrepreneurs sont donc des êtres moraux. Leur activité est conforme aux exigences divines[305]. Calvin va même plus loin et fait du succès commercial « un signe de l'élection divine[305] », justifiant ainsi commerce et prêt à intérêt.

En s'opposant à ce mouvement, en oubliant ses audaces du XIIIe siècle, en s'accrochant, en France et en Espagne, au pouvoir monarchique, lui-même appuyé sur les propriétaires de la terre, bien fertile anachronique, l'Église catholique ralentit, excepté aux Pays-Bas, l'évolution vers le capitalisme des pays où elle domine.

Au total, cependant, la rupture entre le pouvoir et la terre est peut-être plus importante, plus fondatrice encore que la Réforme religieuse pour expliquer la victoire de l'Europe du Nord sur celle du Sud. Dans les sociétés libérées du poids de l'ordre naturel, le droit devient un artefact qui doit être voulu, construit par l'homme et non plus accepté, subi par lui ; qui doit être *subjectif* et non plus « objectif », *spécifique* ; qui est propre à chaque société et non plus universel.

La première traduction concrète de cette évolution de la pensée dans le droit de propriété est publiée en 1604, au « cœur » nouveau de l'Ordre marchand, par le juriste hollandais Grotius. Le premier, il ose écrire — ce qui est déjà l'évidence pour les marchands italiens depuis longtemps — que l'homme a le *droit moral de se choisir la loi* la mieux adaptée à son temps et qu'il n'a pas à obéir à une improbable loi naturelle. C'est à l'homme en société d'interdire le vol par ses lois, de faire respecter les contrats par ses juges, de protéger les propriétés par ses policiers et de faire capturer les navires ennemis par sa flotte. Nul, pas même Dieu, ne saurait le faire à sa place. En 1625, dans le *De jure belli ac paci*, Grotius va même plus loin et fait de la propriété privée le fondement majeur du droit et de l'ordre politique, et la justification de l'État. Tout est en place pour une nouvelle expansion de la marchandise.

Empires et colonies

Autour de l'Europe où s'éveille l'Ordre marchand, les empires s'endorment. En Chine, de dynastie en dynastie, à côté de puissantes villes marchandes, alternent concentration et éparpillement des terres, disputées entre les monastères bouddhiques, les empereurs, les colonies militaires, les nobles et les bénéfices particuliers. La seule constante est la misère des petits paysans, des esclaves et des serfs. Il en va de même au Japon où la caste dirigeante héréditaire continue de recevoir des terres qu'elle répartit ensuite entre les petits paysans usufruitiers de leur tenure[305]. En Inde où se constituent quelques grands royaumes, la terre reste la propriété commune de chaque village ; comme l'irrigation permet une agriculture intensive, la population s'accroît massivement[274] et un artisanat qualifié se développe pour le fer, l'acier, les textiles, la construction navale et le travail sur métaux[274]. Dans tous ces Empires, l'esclavage se maintient et l'Europe de l'Ouest se contente d'en faire le commerce. Ainsi les Vénitiens fournissent aux musulmans des esclaves pris dans les tribus slavones des bords de l'Adriatique.

L'Europe, elle, s'efforce de se reconstruire quelque Empire, non plus sur son territoire, mais par des colonies d'abord nécessaires à son commerce. Les marchands ont besoin, pour leur négoce, d'or et d'argent ; pour en quérir, il leur faut aller le prendre très loin. Ils ne fixent pas de limites à leurs rêves. Non contents de contrôler les routes du commerce des Açores à la Chine, ils commencent à installer des comptoirs en Afrique et à chercher d'autres routes, plus économiques, vers l'Inde[59].

Dès lors se pose la question de la propriété des terres ainsi colonisées. Depuis que ces voyages ont commencé, au XIIIe siècle, les monarques chrétiens reconnaissent au pape la charge d'accorder la propriété sur toute terre revendiquée par l'un d'eux[59]. Selon un texte du XIIIe siècle, « le pape, qui est le vicaire de Jésus-Christ, a pouvoir non seulement sur les chrétiens, mais également sur tous les infidèles [...]. Car tous, fidèles comme infidèles, sont les ouailles du Christ par la Création, quand bien même ils ne seraient pas du troupeau de l'Église[59]. » A ce titre, le pape doit choisir le souverain chrétien qui sera chargé d'évangéliser les infidèles — et, en passant, de s'approprier leurs biens ! Quand s'achève le XVe siècle, quelques bulles papales ont déjà reconnu au Portugal des droits sur la côte africaine « jusqu'au royaume du prêtre Jean, jusqu'aux Indiens dont on dit qu'ils adorent le Christ[59] ».

En 1492, un Borgia né à Valence, personnage dissolu, élu pape grâce à l'argent d'Espagne sous le nom d'Alexandre VI, inaugure son règne avec la question du partage des terres d'Amérique. Il ne traîne pas puisque, le 3 mai 1493, soit à peine un mois après le retour de Christophe Colomb, il accorde à l'Espagne toutes les « Indes » en fixant entre l'Espagne et le Portugal une ligne de partage léonine que, selon certaines sources[59], Colomb lui aurait lui-même suggérée : « Toute terre découverte à l'ouest d'une ligne de démarcation courant du pôle Nord au pôle Sud à cent lieues à l'ouest et au sud des îles connues communément sous le nom d'Açores et de Cap-Vert et n'appartenant pas déjà à un prince chrétien[59]. » Ce qui veut dire en fait toute l'Amérique. L'Espagne reçoit aussi « les routes des Indes par l'est, avec les terres qui pourraient y être découvertes[59] ». Le roi Jean II du Portugal refuse cette décision et, pour la contourner, négocie directement avec Ferdinand et Isabelle. Le 7 juin 1494, par le traité de Tordesillas, il obtient que la ligne de démarcation soit repoussée vers l'ouest[59], ce qui lui vaudra plus tard la propriété du Brésil.

Cette découverte est l'occasion d'un autre changement important dans le rapport à la propriété. Jusque-là, l'usage était de donner le nom du prince qui se les appropriait aux terres découvertes : ainsi Philippe II donnera encore son nom aux Philippines. Mais, avec l'Amérique, il est important de constater que, dans les mots comme dans l'action, *le prince cède la place au découvreur, à l'entrepreneur.* Ainsi l'obscur chanoine de Saint-Dié Martin Waldseemuller, qui impose le nom d'« Amérique », choisit-il celui de l'homme qu'il croit en être le découvreur[59]. Il écrit : « A présent, ces parties du globe [Europe, Afrique, Asie] ont été plus largement explorées, et une quatrième partie a été découverte par *Amerigo Vespucci.* Considérant que l'Europe comme l'Asie doivent leur nom à des femmes, je ne vois point de raison que quiconque puisse valablement faire objection à ce que l'on appelle cette partie Amerige [du grec *gê*, « terre »], c'est-à-dire terre d'Amerigo, ou Amérique, du nom d'Amerigo, *son découvreur*, homme de grandes capacités[59]. »

Quand les Européens comprennent qu'ils n'ont point trouvé la route occidentale des Indes, mais des terres nouvelles, ils y cherchent d'abord de l'or. Commence le pillage des trésors. Et autant l'Amérique du Nord est pauvre, autant celle du Sud et du Centre en regorge.

Chez les Aztèques du Mexique, les Espagnols ont tout de suite la révélation d'un monde d'abondance. Un des découvreurs, Diaz, décrit « les marchands d'or, d'argent et de pierres précieuses, de manteaux de plumes et de broderies. Puis il y avait d'autres denrées, des esclaves indiens, et je peux dire qu'ils font venir autant d'esclaves à ce grand marché que les Portugais importent de nègres de Guinée[264] ». Une fois les trésors évacués — et ce fut rapide —, les conquérants développent sur place la production d'argent et créent des ateliers monétaires à Mexico.

Venus pour la gloire, les Espagnols, à partir de 1530, prennent possession des terres. Ils s'installent d'abord en des endroits stratégiques, négligeant les terres agricoles. Puis, avec le temps, ils essaient de faire cultiver du blé, dont ils manquent, par les Aztèques. Mais, comme ils échouent, ils prennent eux-mêmes en charge la production agricole et se partagent les terres en utilisant les Indiens comme esclaves[88].

Cette prise de possession est totalement anarchique : les concessions (*estancias*) sont limitées en principe, par une décision du roi, à 1750 hectares permettant d'entretenir de 500 à 1 500 vaches[88]. Les chefs militaires espagnols fondent des villages au nom des souverains espagnols et de l'Église catholique. Le chef trace l'emplacement de la place principale, des terrains de l'église, des bâtiments publics, des rues, distribue les sols à bâtir (*solares*), trace les limites du terrain communal (*l'ejido*), nomme les autorités locales et donne son nom à la ville. Toute une masse de colons pauvres et d'artisans s'y installe dans la foulée des militaires[88].

En réalité, guerriers et autorités religieuses s'approprient d'immenses superficies sans titre et les font légitimer après coup. Une ordonnance royale de 1523 doit rappeler que toutes les concessions, même accordées par le vice-roi, doivent être ensuite approuvées par le roi. En 1542, le vice-roi décrète que les terres ne peuvent être cédées aux « églises, monastères, hôpitaux ni autres personnes ecclésiastiques[88] », et entreprend d'octroyer des concessions à des colons pour l'élevage et non plus pour l'agriculture[88]. Sous prétexte d'appliquer la coutume européenne de la vaine pâture, les éleveurs espagnols envahissent les champs des Indiens[88]. Leurs domaines sont alors considérables. Dans certaines régions du nord du pays, certains colons possèdent plus de 500 000 hectares sur lesquels paissent 150 000 vaches. En 1550, deux grands seigneurs reçoivent la concession légale de terres qu'ils occupaient depuis plusieurs dizaines d'années[88]. En 1552, le fils du vice-roi, Francisco de Velasco, reçoit à lui seul de son père onze concessions de taille légale. Devant le scandale, les vice-rois s'évertueront par la suite à limiter le nombre de celles accordées à une seule et même personne, mais ils laisseront en fait s'organiser un véritable marché de ces concessions[88]. Des prête-noms, descendants de conquérants ou de propriétaires miniers ruinés, cèdent leur nom et leurs terres à des éleveurs plus riches et transforment les concessions minières en propriétés agricoles[88].

Vers la fin du XVIe siècle, le manque de main-d'œuvre oblige à laisser de nombreuses terres concédées en friche. On passe de l'*estancia* à l'*hacienda*. Beaucoup de grandes concessions accordées pour l'élevage sont au moins partiellement utilisées pour l'agriculture[88]. Les plus riches cumulent des concessions achetées à des Espagnols ou à des caciques indiens et des terres inoccupées. Par exemple, la vallée d'Ameca est à l'époque concentrée en trois domaines dont un seul occupe 57 000 hectares. Les Indiens ne suffisent plus à cultiver ces terres[88].

Les Espagnols arrivent en Amérique du Sud vers 1520, au moment où les Incas viennent d'installer des garnisons de la Colombie à l'Argentine. Là encore, ils y créent d'immenses propriétés. Plaquant la réalité espagnole sur la complexité péruvienne, ils partagent les terres de l'Empire entre le roi, l'Église et les colons, les *encomienderos*, à qui le roi accorde la tenure, l'*encomienda*[213]. S'il y a des mines, l'*encomiendero* expédie en Europe ses métaux précieux, seuls produits américains commercialisables. Ils exploitent également les Indiens comme esclaves sur leurs terres. Si la *mita* (corvée) est limitée en principe à un adulte sur sept par village, en réalité les colons achètent aux caciques indigènes des paysans (des *yanaconas*) comme esclaves[213]. Un grand nombre de Noirs achetés sur les côtes d'Afrique sont par ailleurs débarqués pour remplacer les Indiens décimés par les maladies et les mauvais traitements. Un Flamand obtient ainsi de Charles Quint le privilège d'importer quatre mille esclaves noirs par an[444]. Au début du siècle, pour protéger les Indiens, l'évêque Las Casas conseille d'employer plutôt des Noirs. Le 13 juillet 1573, Philippe II interdit l'esclavage des Indiens. Las Casas se réjouit : on « leur a enseigné des métiers et des commerces grâce auxquels ils vivent excellemment. Tous ces avantages, les Indiens qui embrasseront notre sainte foi et obéiront à notre roi en profiteront[59] ».

Il en va de même au Mexique. En 1601, le vice-roi, cédant à la pression de l'Église, supprime les corvées des Indiens. S'ils demeurent obligés de travailler, ils peuvent se louer à qui ils veulent, et leur salaire augmente très sensiblement. En 1627, le vice-roi abroge même l'obligation faite aux Indiens de travailler. En 1639, le pape Urbain VIII renouvelle l'interdiction de les réduire en esclavage.

C'est au Paraguay que des missions de jésuites organisent à partir de 1610 une société d'échange fondée sur la propriété commune des terres. Alors que presque partout ailleurs, les Indiens sont déjà anéantis, les jésuites choisissent la charité pour faire « entrer les Indiens dans la chrétienté[196] » et les « protéger » des abus des militaires espagnols. A partir de 1628, ils se procurent des armes et organisent des milices pour se défendre, avec le soutien du Saint-Siège, contre les expéditions des Espagnols[196]. Tuteurs des Indiens qu'ils regardent comme leurs « enfants », ils organisent des villages, des *réductions*, à la frontière des possessions espagnoles et portugaises, ils répartissent la terre entre les chefs guaranis et veillent à ce que chaque Indien en cultive une portion suffisante[196] : « Tout Indien peut cultiver autant qu'il veut, le malheur est qu'il y en ait si peu qui veuillent [...]. C'est le devoir de tout chrétien de travailler pour gagner son pain, c'est le devoir des jésuites d'obliger les Indiens mineurs à s'y conformer[196]. » L'Indien possède les outils et garde la récolte, même si les jésuites l'obligent souvent à en conserver une partie comme semence. Les animaux de trait et de transport lui sont prêtés par la communauté, « mais rien, sauf sa négligence, ne l'empêche d'en posséder en propre[196] ». Chaque chef de famille reçoit à titre viager sa maison, le mobilier, les menus objets personnels, les animaux domestiques, la volaille et le petit bétail, les produits de la chasse et de la pêche[196].

Au bout d'un siècle et demi, la Compagnie de Jésus, abandonnée par le Vatican puis interdite en Espagne et au

Portugal, est expulsée du Paraguay puis bannie d'une grande partie de la Chrétienté. Jacques Soustelle écrit : « Il apparaît dans le recul du temps que les jésuites du Paraguay furent condamnés précisément à cause de ce qui fait à nos yeux leur mérite, c'est-à-dire parce qu'ils ont tenacement, vaille que vaille, avec les moyens de leur époque et de leur formation intellectuelle, défendu les Indiens[196]. » Ils auront en tout cas sauvé du génocide le peuple guarani.

Plus au nord, dans les colonies d'Amérique septentrionale, s'installent des colons qui se partagent également les terres sous le contrôle de la Couronne britannique. Car on va maintenant s'établir très loin : en 1583, Sir Humphrey Gilbert installe une colonie à Terre-Neuve ; l'année suivante, Sir Walter Raleigh fonde la première colonie anglaise en Virginie[59]. Là encore, l'esclavage est la règle. Les premiers esclaves noirs arrivent en 1619 en Amérique du Nord. L'esclavage est institutionnalisé en Virginie en 1662.

Dans les colonies des Pays-Bas, la traite est aussi considérable : de 1636 à 1645, la Compagnie hollandaise des Indes occidentales vend vingt-trois mille esclaves. L'esclavage s'institutionnalise également dans les colonies françaises : en 1685, année de la révocation de l'édit de Nantes, Louis XIV promulgue un « code » destiné en apparence à soulager le sort des esclaves. Il interdit à tout autre qu'à son représentant d'infliger la peine de mort et de torturer les esclaves[444]. Il autorise les mariages interraciaux et admet qu'un Noir puisse être légataire universel d'un Blanc, ou tuteur de ses enfants. Il ordonne au maître de traiter ses esclaves « en bon père de famille », de leur accorder le repos dominical, et qu'il veille à ce que les enfants d'esclaves ne soient jamais séparés de leurs parents, ou du moins de leur mère[444]. Mais Hilliard d'Auberteuil, dans ses *Considérations sur la colonie de Saint-Domingue*, écrit que l'« édit de 1685 n'empêche pas que des nègres ne périssent journellement dans les chaînes ou sous le fouet, qu'ils ne soient assommés, étouffés, brûlés sans aucune formalité : tant de cruauté reste toujours impunie [...]. Dans le tort que l'on fait à un esclave, les juges sont dans l'usage de ne considérer que la diminution de son prix[444] ».

Curiosité particulière, l'article premier du *Code noir* stipule : « Enjoignons à tous nos officiers de chasser de nos dites îles tous les juifs qui y ont établi leur résidence, auxquels, comme aux ennemis déclarés du nom chrétien, nous commandons d'en sortir dans trois mois[444]... » Le Roi, en révoquant l'édit de Nantes et en promulguant le *Code noir*, chasse de France tout ce qui fait différence, accentue le clivage entre deux rapports au capitalisme et à l'argent, exclut la France du « cœur » de l'Ordre marchand.

Nations et monopoles

Amsterdam, la ville-province, remplace Venise, au XVIe siècle, au « cœur » de l'Ordre[67]. Elle devient un gigantesque entrepôt ; elle contrôle l'industrie lainière à Leyde, celle de la toile à Haarlem, de la soie, du sucre, de la brasserie, de la distillerie, de la taille des diamants[41].

L'industrie de la toile, exclusivement rurale, emploie des petits paysans propriétaires, fermiers ou journaliers[41]. Les clous, les poêles, les chaudrons sont fabriqués à domicile par des paysans[41]. Parfois, la production, telle celle de la laine, est groupée dans des ateliers, alors que la filature et le tissage restent à domicile[41]. Peu à peu, cependant, la taille des industries grandit.

Se créent alors les premières *sociétés anonymes par actions* qui resteront longtemps un monopole des Pays-Bas : le mot *action* vient d'ailleurs du hollandais *aktié*[293]. Se crée aussi une Bourse des valeurs. A la fin du XVIIe siècle, les cotations à la Bourse d'Amsterdam réunissent plusieurs milliers de personnes.

En Angleterre, les houillères produisent vingt-cinq mille tonnes par an, contre quelques centaines de tonnes un siècle plus tôt. Des hauts fourneaux, des fabriques d'alun et de papier y exigent des capitaux considérables qui exercent un drainage plus large de l'épargne. Des entreprises créées par des communes pour gérer des services communs, telle la City de Londres, les *corporations* prennent une existence juridique pour durer au-delà de ceux qui les composent. Le roi a seul droit de les créer, ou du moins de les autoriser en vendant des franchises. De nouveaux intermédiaires, les *reeders*, s'intercalent entre marchands et drapiers, rassemblent les produits finis et distribuent la matière première[41]. Apparaît la *manufacture*, où la main-d'œuvre est soumise à un contrôle de plus en plus direct et permanent du capital. On commence à parler alors de *fabricants*.

En 1640, quand Charles Ier saisit les lingots déposés à la Tour de Londres, les orfèvres prennent le relais et servent de prêteurs aux marchands. Bien que les tout premiers billets de banque voient le jour à Stockholm en 1656, après une dévaluation de pièces de cuivre introduites douze ans auparavant, c'est vers 1660, avec d'autres billets libellés à la main et établis aux porteurs par les orfèvres anglais, qu'ils font vraiment leur apparition[349].

Ainsi, aux Pays-Bas, en France, en Grande-Bretagne achèvent de s'organiser des États forts qui y font naître l'industrie nationale comme un capitalisme d'État avant d'être privé.

Se forme alors une doctrine « mercantiliste » qui en organise la cohérence : pour les élites de l'époque, l'or et l'argent sont les richesses majeures. Elles permettent de s'approprier toutes les autres et ne s'obtiennent que par l'exportation des marchandises ou la colonisation des terres, c'est-à-dire par des activités qui, à l'époque, sont encore largement militaires. Il n'y a pas de surplus autre que celui qu'on prend aux autres. La concurrence est donc mauvaise entre les entreprises exportatrices d'un même pays. Il n'y a pas de capitalisme marchand sans État à son service ; ce qui était vrai pour Venise au XIIe siècle l'est encore, mais à plus vaste échelle, sur un territoire plus important au XVIIe siècle.

Pour pouvoir s'approprier une part maximale du trésor mondial, il faut réduire les péages et douanes internes à chaque pays, se doter d'armées puissantes et de marines fortes. Il faut créer des fabriques d'État et constituer des monopoles dans des secteurs essentiels. Ainsi, en France, le roi institue en 1572 le monopole de la fabrication des armes de guerre. En 1576, Jean Bodin[57] explique que le protectionnisme est nécessaire à l'exportation et que l'agriculture, dont la valeur ajoutée exportable est plus faible que celle de l'industrie, doit être sacrifiée. Il faut, dit-il, privatiser les terres communales, abaissant ainsi les prix des produits agricoles vendus en ville. Voilà l'essentiel : *le mercantilisme choisit la ville contre la campagne.*

Les souverains de l'Europe du Nord-Ouest, en particulier le roi de France, distribuent maintenant privilèges et monopoles à des industriels pour la création ou le développement de productions nouvelles ; ils contrôlent et taxent l'importation de marchandises étrangères, tels les tissus, et interdisent les exportations sans valeur ajoutée vers les autres puissances maritimes et coloniales, s'imposant ainsi face à l'Espagne et aux villes d'Italie.

Pour associer les moyens de l'État à ceux de l'industrie privée, on crée des *compagnies* sur le modèle des *Merchants Adventurers* anglais du siècle précédent[67]. Ce sont en général des entreprises financées par des capitaux privés qui reçoivent de l'État un monopole pour le commerce au loin en échange d'une part de leurs profits. Tout va très vite : en 1600 est créée la Compagnie anglaise des Indes orientales et une compagnie française pour l'Afrique. En 1601, celles des Indes orientales, de Guinée, de Chine. Les actionnaires privés de ces premières compagnies françaises perçoivent des dividendes sans exercer aucun pouvoir sur la direction que contrôle l'État[41]. En 1602, les Pays-Bas créent aussi une compagnie ayant vocation à exercer un monopole du commerce néerlandais avec l'Inde et à l'interdire aux commerçants des autres pays. Dirigée par un collège de dix-sept marchands, cette compagnie décide — pas toujours en parfaite harmonie avec les vœux de l'État — de l'organisation des flottes, de leurs destinations, des tarifs des marchandises. Elle entretient en Inde une armée de terre de dix à douze mille hommes, et une flotte de soixante vaisseaux[41]. En 1606, une compagnie est créée à Londres pour fonder les premiers établissements stables en Virginie.

On assiste en conséquence à une très forte hausse des dépenses « publiques » destinées à entretenir de véritables armées au service du commerce[293]. Aux navires marchands armés et disposant d'un équipage important succèdent des navires sans armes et équipés de peu d'hommes, mais escortés par des bateaux militaires[293]. En 1608, pour financer les opérations des compagnies hollandaises, unifier le travail des changeurs et l'organisation des lettres de change, est créée la Banque d'Amsterdam, conçue comme une banque d'État chargée de réaliser les opérations de change et de prêter à la ville et à la Compagnie des Indes[293]. La Banque d'Amsterdam reçoit des dépôts en monnaies ou lingots, et joue d'abord un rôle de banque de paiement avec une monnaie de compte, le *florin banco*, avant de devenir progressivement une banque de dépôt qui attire les épargnants de toute l'Europe[293]. Elle prête aux entreprises privées et soutiendra à la fin du siècle des établissements de dépôts et de virements qui seront aussi des sociétés d'assurance.

Il en coûtera très cher à la ville : « si celle-ci a le plus fort pouvoir d'achat d'Europe[293] », elle aura du mal à « supporter le double fardeau d'une armée de terre et de mer énorme par rapport à sa population et à son pouvoir fiscal[293] ».

Commence alors, du fait de son endettement, le basculement du « cœur » d'Amsterdam vers Londres. En 1621, après une dépression imputée à des exportations d'or destinées à payer des importations, le roi d'Angleterre concède à des entreprises totalement privées, les *compagnies à chartes*, des monopoles en vue de développer les exportations. Cette année-là, la théorie du « mercantilisme » est reformulée à Londres par le directeur de la Compagnie des Indes orientales, Sir Thomas Mun. Devant le Conseil permanent du commerce, il prend la défense de sa firme à qui l'on reproche d'exporter tous les ans trente mille livres de lingots d'or pour financer ses achats de matières premières : « Il ne s'agit pas d'accumuler les métaux précieux, mais de les faire circuler pour faire retirer plus d'or qu'on n'en sort, il faut moins exporter de matières premières et améliorer l'exportation de produits finis[41]. » Autrement dit, il faut accepter d'acheter à l'étranger des matières premières contre de l'or, pour qu'on puisse ensuite en obtenir davantage grâce aux productions qu'on exporte. Le développement des exportations compte donc maintenant plus que le contrôle des importations.

On voit ainsi, sous le mercantilisme, poindre le libre-échange, et surgir le capitalisme privé derrière le capitalisme d'État. Marx a bien vu l'importance de ce texte : « Selon Thomas Mun, le commerce est un système qui a ses propres lois, au premier rang desquelles il convient de placer la nécessaire réciprocité du commerce. Gêner la réciprocité des échanges entre les diverses parties du monde, c'est limiter les chances de profit des marchands anglais[283]. »

Le dirigisme doit d'abord aider au développement industriel privé puis lui céder la place. L'année suivante, le rapport de la commission sur la draperie au Conseil privé de Londres note : « Les remèdes que nous proposons humblement sont les suivants : pour empêcher la fabrication à l'étranger, qu'il soit interdit sous les peines les plus sévères d'exporter d'Angleterre, d'Irlande et d'Écosse de la laine des toisons, de la terre à fouler et des cendres de bois [...] ; pour empêcher les fabrications et les teintures frauduleuses et de mauvaise qualité, qu'un règlement clair soit édicté [...] ; que, dans chaque comté, une corporation soit constituée des personnes les plus aisées et les plus compétentes pour contrôler la bonne et loyale fabrication, teinture et apprêt des draps et autres étoffes[41]. »

Le mercantilisme a alors tendance à s'effacer en Angleterre, tandis qu'ailleurs les grandes puissances s'y accrochent. En 1623, sous la pression du Parlement, Jacques Ier, par le *Statute of Monopolies*, abolit tous les monopoles limitant l'industrie privée, supprime la vente du droit de créer des *corporations*, et la Compagnie anglaise des Indes orientales concentre ses activités sur l'Inde.

Au moment où l'Angleterre bascule lentement dans le libéralisme, le mercantilisme ruine les Pays-Bas et s'épanouit en France où toute grande entreprise industrielle reste plus ou moins d'État. L'État français renforce les entreprises qu'il possède, réunissant plusieurs centres artisanaux en « manufactures royales[41] ». Il en crée de nouvelles : Gobelins, Sèvres, Aubusson, Saint-Gobain. En 1661, il fonde la manufacture de Beauvais. En 1661, les Gobelins deviennent ainsi une « manufacture royale des meubles de la Couronne ». Ces « manufactures du roi », dirigées par des « officiers royaux », doivent livrer à l'État, à des prix fixés par lui, toute leur production de tapisseries, porcelaines, verrerie, sidérurgie, papeterie, armement, tissus de laine et de lin[41]. Les ouvriers n'y sont pas protégés par le système corporatif, les entreprises bénéficient de subventions et de prêts sans intérêt. Des entreprises industrielles privées se constituent à cette époque avec l'accord du roi. Ce sont des manufactures dites « royales », bien qu'elles soient privées, telles la fabrique Van Robais d'Abbeville ou la verrerie de Saint-Gobain, créée en 1692 par la fusion de plusieurs autres fabriques préexistantes. Une manufacture rassemble sous une direction unique des ouvriers spécialisés travaillant à domicile, à qui elle fournit les matières premières et achète les produits[444]. Certaines sont aussi de véritables usines, comme la plus grande, la manufacture de draps d'Abbeville, qui regroupe à l'époque quinze cents ouvriers et fait travailler environ dix mille paysans à domicile[41].

L'État français, qui a commencé à s'organiser avec Philippe Auguste, parachève sa mise en place en contrôlant les postes, les impôts et les terres. En 1672, Louvois crée une ferme générale des postes autorisée à racheter ou à louer les messageries privées. A cette époque est aussi créée une Ferme générale pour la perception des impôts, dont les gabelles ne sont plus qu'une simple branche. Par un édit d'août 1692, Louis XIV réaffirme son pouvoir « direct, royal, universel » sur les terres, mais doit encore en excepter les « alleux » et les pays de droit écrit[136].

Le roi de France se donne ainsi les moyens d'imposer l'industrie urbaine contre la campagne qu'il ruine, sans pour autant favoriser l'industrie privée ni l'épargne : la révocation de l'édit de Nantes et le Code noir en seront les tragiques et stupides manifestations.

Ce qui s'est passé au XVe siècle à propos de la terre se poursuit ainsi, au début du XVIIIe, à propos de l'industrie : là où l'Angleterre choisit la loi du marché, la France renforce celle de l'État. On verra se reproduire le même phénomène à la fin du siècle dans un autre domaine, celui des idées.

Rendre rares les idées

A cette époque, on commence en effet à réaliser que le surplus exportable peut venir — et vient en fait depuis longtemps — du *progrès technique*, et pas seulement de ce qu'on prend aux autres. On se rend compte qu'il n'est d'objet replicable ni de technique de masse sans un créateur qui invente sa « matrice », qui dit comment faire le modèle d'où sortiront les copies ; que les idées, les tours de main, les techniques ne sont pas rares par nature ; que leur rareté passe par le secret et le monopole qui permettront d'y faire fortune et inciteront d'autres à s'y consacrer. Se forme alors le concept de propriété des idées et des signes.

Jusque-là, techniciens, artistes, musiciens, écrivains, artisans d'art vivent des pensions arbitraires des princes et des caprices des collectionneurs.

Les artistes, hommes libres à l'affût d'une commande ou

bien serviteurs de luxe à demeure, vivent dans la dépendance des riches qui les paient et peuvent les protéger[11].

Pour les techniques, le souci des États de maintenir un monopole, d'éviter de perdre une position dominante ou, au contraire, d'inciter un étranger à leur apporter une technique, pousse peu à peu les princes et les villes d'Europe à accorder à des personnes des « monopoles », sorte de droit d'usage réservé d'une invention, droit de quasi-propriété non cessible, limité à un territoire et à un certain nombre d'années.

Le premier cas connu en Europe date de 1236, quand le roi d'Angleterre, maître de l'Aquitaine, accorde à un habitant de Bordeaux le droit exclusif, pour quinze ans, de fabriquer des draps « à la manière flamande, française ou anglaise ». Le second remonte à 1474, quand le doge de Venise interdit aux inventeurs vénitiens d'exporter leurs techniques sous peine de mort.

A partir du milieu du XVIe siècle, ces pratiques se multiplient et participent du mercantilisme ambiant. De façon systématique, les administrateurs des grandes villes des Pays-Bas et d'Italie, les rois de France et de Grande-Bretagne, comme ils vendent le droit de créer des entreprises, vendent à des industriels ou à des artisans l'exclusivité de méthodes de fabrication importées ou nouvelles, sous forme de lettres patentes accordées après avis d'autorités judiciaires ou techniques. La durée de la patente est variable selon la valeur de l'invention.

Le droit d'exploiter une idée acquiert ainsi une valeur marchande. Mais l'idée n'est pas encore en elle-même un bien marchand : celui qui reçoit la patente de l'État ne peut la céder et n'en tire profit qu'en l'exploitant lui-même ; le brevet s'apparente en somme encore à un office, pas à un objet marchand.

En France, les deux premières lettres patentes du XVIe siècle concernent des caractères d'imprimerie dessinés par un certain Abel Foullon, et un privilège d'importation accordé à un Italien de Bologne, Chesco Mutio, pour faire « lui seul, durant dix ans, toutes espèces de verreries à la façon de Venise[59] ». Aux Pays-Bas, le premier brevet date de 1581. En 1594, Galilée obtient un « brevet » relatif à un « édifice pour soulever les eaux et irriguer les terres[59] ».

A la même époque se pose déjà un problème voisin, celui du *droit des auteurs* à vendre des copies de leurs textes. Avec l'imprimerie, le livre est devenu un objet marchand, produit en série. Aussi auteurs et imprimeurs entendent-ils protéger leurs droits contre les contrefacteurs qui reproduisent leurs textes, les vendent et leur font concurrence. Les autorités politiques, soucieuses de contrôler le contenu des textes en circulation, concèdent alors volontiers un monopole aux libraires, afin que, du même coup, ils surveillent les auteurs. Ainsi, en France, le 16 avril 1571, le roi édicte que nul ne pourra publier ou éditer un livre sans son autorisation préalable.

Au XVIIe siècle, l'État anglais, le premier, perd le droit de propriété sur les idées, au bénéfice du marché : le libéralisme succède au mercantilisme. En 1623, le *Statute of Monopolies*, en retirant au roi le droit de vendre des franchises commerciales et industrielles, reconnaît aussi à tout inventeur d'un « art nouveau » un *droit de propriété temporaire sur son invention.* Il lui accorde ainsi une protection pour « toute fabrication nouvelle » ou « toute technique, fabrication, machine ou tout dispositif de caractère nouveau et utile, ou leurs perfectionnements[444] ». Ce privilège, de quatorze à vingt et un ans, porte le nom de « patente d'invention ».

L'Angleterre voit alors affluer chez elle les inventeurs de tous pays. La France lui envoie ainsi, par exemple, les inventions du balancier servant à frapper les médailles, du moulin à papier à cylindre, du métier à bas, de la teinture du coton en rouge, et, symbole révélateur, d'une nouvelle matrice pour la monnaie[444]...

En France, le système reste sous contrôle de l'État, et le roi, en 1634, l'étend aux *marques* : les contrefaçons des marques apposées sur les pièces de drap ou de soie sont punies. Le système devient moins arbitraire quand, en 1669, l'Académie des sciences devient l'examinatrice des nouveautés et de leur utilité et conseille le roi dans l'octroi des patentes.

De ce fossé qui se creuse entre capitalisme d'État et capitalisme privé, entre mercantilisme et libéralisme, surgit une opposition entre deux façons de gérer le problème que posent maintenant les démunis en ville.

Le pauvre au travail

Au bas de la société, la « libération » du travail rural engendre une immense misère. Avec le développement des enclosures — en Angleterre par les ordonnances de 1515, 1548 et 1597 —, les paysans pauvres, renvoyés par les grands propriétaires, sans terre ni travail ni attaches, se répandent en ville, vagabonds et mendiants. Le phénomène atteint partout des proportions considérables, incontrôlables. A l'époque, 40 % de la population française — selon Vauban — et 47 % de la population anglaise — selon King — sont des pauvres. Thomas More écrit : « Quand ils ont erré çà et là et mangé jusqu'au dernier liard, que peuvent-ils faire d'autre que de voler et voler, et alors, mon Dieu, d'être pendus avec toutes les formes légales, ou d'aller mendier[299] ? »

Face à eux, les positions des propriétaires et des pouvoirs d'État se durcissent. Le pauvre, nuisible parce que désœuvré, n'a plus sa place dans la société. L'assistance devient répression, « mariant pour toujours intentions charitables et cruautés de régimes coercitifs[163] ». Et alors, poursuit Thomas More, « on les jette en prison comme des vagabonds, parce qu'ils mènent une vie errante et ne travaillent pas, eux auxquels personne au monde ne veut donner du travail[299] ». En 1536, en Angleterre, tout mendiant valide est puni du fouet ; s'il persiste, on lui coupe l'oreille droite, et à la troisième fois, il est arrêté et jugé. En cas de nouvelle récidive, il est pendu : soixante douze mille le sont sous le règne d'Henri VIII[283].

Au XVIIe siècle, on passe de l'enfermement oisif au travail pénitentiaire : *le travail salarié commence, pour l'essentiel, comme une façon d'enfermer les paysans privés de leurs terres.* Comme l'ouvrier « libre » vend déjà son travail à un prix de misère, les pauvres doivent un travail à l'État.

Penser le travail comme une punition est une idée qui vient vite à un esprit de l'époque. La discipline manufacturière est celle de la prison ; la journée de travail y dure de douze à seize heures. Les ouvriers doivent suivre la messe en début de journée ; des cantiques rythment leurs heures de travail ; ils sont punis d'amendes, du carcan ou de la prison et ne peuvent se coaliser.

Marx décrit admirablement cette mutation de la gestion de la pauvreté, de la prison au travail : « Cette force de travail était libérée de tous ses biens et de toute forme d'existence objective et matérielle, libre de toute propriété ; pour vivre, elle n'avait que le choix entre la vente de sa force de travail ou la mendicité, le vagabondage et la rapine[283]. » Le bourgeois, lui, choisit évidemment de faire travailler le pauvre, de faire du mendiant ou du démuni un producteur forcé, de ne plus le parquer dans l'hôpital mais dans la fabrique ou à domicile, de remplacer le policier par le contremaître.

Pendant ce temps, le même clivage distingue toujours le marché et la loi : la charge en est confiée à la commune en Angleterre, à l'État en France.

En Angleterre, à l'aube du XVIIe siècle — dès 1601 —, une première « loi sur les pauvres » fait obligation à chaque paroisse de fournir un travail et un revenu minimal aux « estropiés, aux vieillards, aux impotents, aux aveugles et autres indigents incapables de travailler, et cela soit à leur domicile, soit dans les *maisons de travail* qu'il sera loisible auxdits inspecteurs de faire construire pour cet usage, sur des terrains *communaux*, aux frais des paroisses[444] ». Toute évasion est punie de mort. La commune doit également payer les frais d'apprentissage des enfants pauvres et fournir du travail « aux enfants dont les pères et les mères les négligent[12] ».

Mesure évidemment difficile, voire impossible à appliquer partout en raison des disparités entre communes.

Pour tourner cette difficulté, en France, la loi impose à l'État la prise en charge de l'enfermement. D'abord, sous prétexte de rendre plus efficace la lutte contre la pauvreté, le roi de France, en application du concordat de Bologne (1516), entreprend méticuleusement l'investissement du gigantesque patrimoine foncier du clergé[12]. Par application du droit de « régale », il fait nommer un de ses protégés pour administrer un diocèse lors de la vacance du siège épiscopal, ou lorsque l'acte de fondation est perdu. Puis, prenant prétexte de l'incroyable désordre des hôpitaux parisiens, un texte royal du 17 décembre 1543 confie leur surveillance aux officiers de la police royale : la police urbaine est maintenant une chose trop sérieuse pour être confiée aux religieux[12]. Le roi ordonne « aux sénéchaux, aux baillis et aux juges de réprimer les abus dans les hôpitaux parisiens et de remplacer les administrateurs défaillants[12] ». Deux ans plus tard, un édit du 15 janvier 1545 étend ces pouvoirs de la police à tous les hôpitaux du royaume, malgré l'opposition du pape qui rappelle le caractère inaliénable de ces richesses « grâce auxquelles les biens des fondations entrent dans le domaine des choses sacrées », et « que la spoliation encourt l'excommunication[12] ».

Deux ans plus tard encore, en 1547 — donc avant que l'Angleterre n'en décide ainsi —, le travail y devient un mode possible d'enfermement des pauvres. Une ordonnance royale déclare que « tout indigent valide, après trois jours d'oisiveté volontaire, est condamné à *servir* gratuitement deux ans celui qui l'a dénoncé. S'il s'enfuit et qu'il est repris, il est marqué au fer rouge et devient l'esclave à vie de son délateur[12] ». Ce texte, comme bien d'autres, n'est guère appliqué. Partout, en effet, la misère est si grande que les communes sont dans l'incapacité d'entretenir « leurs pauvres ». Par exemple, à Angers, en septembre 1583, le budget municipal de l'aide aux pauvres est nul[12]. Des emprunts, puis des emprunts spéciaux ne suffisent pas à combler ce vide et ne font qu'alourdir la dette. Aussi se décide-t-on à expulser les mendiants des villes, à l'exception des « pauvres malades[12] ». Ils se répandent alors sur les routes et menacent la sûreté du royaume, comme les bagaudes mille ans auparavant.

Le roi prend alors les choses en main et passe à la mise au travail systématique des pauvres, de façon centralisée. Le 27 avril 1656, il crée un « Hôpital général » placé sous le contrôle du premier président du Parlement, de l'archevêque de Paris, des premiers présidents de la Chambre des comptes et de la Cour des aides[12]. Derrière cette abstraction administrative se cachent des maisons où tous les mendiants valides doivent, « selon la mesure de leurs forces », *travailler* dans des ateliers que dirigent cinquante-deux ouvriers désignés par leurs corporations. Les prêtres missionnaires de Saint-Lazare y sont chargés de l'« instruction spirituelle » des mendiants[12]. Mais comme il est hors de question, faute de moyens, d'y mettre tous les démunis, on voit ceux-ci partout en ville. Deux fois par semaine, la police doit passer sur les marchés pour leur distribuer des subsides « destinés à compenser la hausse des prix du pain lors des mauvaises années[12] », disent pudiquement les textes de l'époque.

Au total, quand s'achève le XVIIe siècle, ni la surveillance, ni la dénonciation, ni l'enfermement, ni la charité, ni la mise au travail forcé ne sont venus, en Europe, à bout du mal : *la campagne ne peut plus fournir du travail à tous, et la ville ne peut pas encore le faire.* Les démunis assiègent les propriétaires sans que ceux-ci trouvent, pour s'en protéger, de solutions efficaces. L'Ordre marchand est menacé au « cœur » par les propriétaires ruinés de l'Ordre antérieur.

Tout cela provoque, au « cœur » de l'Ordre, une grave crise sociale. Mais, en se rebellant, les démunis ne font qu'accélérer la domination des propriétaires de l'argent sur les seigneurs fonciers, de la ville sur la campagne. Ce qui s'était déjà produit depuis longtemps dans les villes d'Italie et des Pays-Bas devient la réalité des grands États : le *bruit* des pauvres produit une fois de plus l'Ordre des riches.

C'est en Angleterre, au milieu du XVIIe siècle, que, pour la première fois (mais pas la dernière), une bourgeoisie utilise les pauvres contre la monarchie, pour ensuite les dominer, après avoir failli elle-même se faire emporter par une révolution qui la dépasse.

Niveleurs et Léviathan

Au milieu du XVIIe siècle, un premier conflit, à l'échelle d'une nation, entre bourgeoisie et monarchie oppose en effet d'un côté les grands propriétaires et la faction royaliste, qui s'appuient sur l'Église établie, de l'autre les industriels lainiers, les petits marchands et les petits propriétaires, en général puritains. Le détail du conflit vaut d'être conté, car il est déterminant pour toute l'histoire des rapports entre l'élite bourgeoise et la propriété privée : il fait rouler les dés qui, de Hobbes à Locke et à Smith, conduiront, dans les Lumières et le sang versé, jusqu'au XIXe siècle et au libéralisme.

Depuis un siècle, les puritains contrôlent largement le Parlement anglais et votent les impôts. Ils se savent puissants. Spengler les décrit très bien « comme une élite cynique pour qui toute action est justifiée déjà par le seul fait d'avoir été entreprise[382] ». Ils veulent plus et vont l'obtenir, mais après un sérieux détour.

Un mouvement plus radical, les *Levellers* (Niveleurs), « ceux qui plantent les communaux », surgit en effet à la même époque. Derrière ce nom se cachent en fait des commerçants, des artisans et des petits propriétaires urbains qui réclament le droit de vote et les droits politiques pour quiconque est, par la loi de Dieu, « propriétaire de sa propre personne et de ses propres capacités[265] » — c'est-à-dire eux-mêmes. Les salariés et les pauvres ne les intéressent pas. Ils ne dénoncent que les inégalités entre propriétaires, « qui permettaient aux riches propriétaires de dominer et d'exploiter les petits propriétaires, et même, en certains cas, de réduire ceux-ci à l'état de non-propriétaires[265] ». Certains de ces *Levellers*, dans les années 1640, vont encore plus loin dans leurs discours critiques : ils rêvent d'une « république égalitaire », d'une « *société chrétienne* » qui concernerait tous les hommes et mettrait fin à la monarchie. L'un de leurs chefs, Lilburne, écrit même : « Chaque homme et chaque femme qui a respiré dans le monde sont égaux par nature en pouvoir, dignité, autorité, majesté, aucun n'ayant, par nature, une autorité ou un pouvoir de magistère ou d'aucune autre sorte[370]. »

Le conflit commence en 1640 quand le roi Charles Ier, acculé à une impasse militaire et financière dans sa lutte contre les protestants d'Écosse, tente, par un coup de force, de reprendre au Parlement le droit de décider des impôts, et s'approprie le Trésor des marchands entreposé dans la Tour de Londres. Comme le Parlement ne cède pas et s'assure de la milice, le roi doit quitter Londres. Les chefs niveleurs — Lilburne, Overton et Walwyn — prennent parti contre le roi et pour le Parlement. En juillet 1643, une « assemblée de Westminster » décide de réformer la religion. En 1645, le roi refuse les propositions de compromis que le Parlement lui a fait connaître. L'armée du Parlement, réorganisée par un chef d'exception, Cromwell, écrase alors les troupes royales. Le roi, en 1646, est prisonnier du Parlement. L'année suivante, les Niveleurs réclament la déposition du souverain. Cromwell, conscient que les intérêts de la bourgeoisie exigent de ne pas aller aussi loin, enlève le roi et tente de négocier avec lui la création d'une monarchie constitutionnelle. Charles Ier refuse, s'échappe et traite en secret avec les Écossais. Les troubles s'aggravent dans tout le pays.

Cette année-là — 1648 —, les *Levellers* publient un nouveau programme, texte extraordinaire, très en avance sur son temps, où se dessine ce que sera, au siècle suivant, le libéralisme de Smith. Je le cite presque en entier pour son exceptionnelle prémonition :

« Nos espérances étaient que vous eussiez assis l'autorité

suprême du peuple dans cette honorable Chambre et éloigné toute apparence de pouvoir contraire du Roi ou des Lords [...], promulgué des lois ordonnant l'élection annuelle de députés [...], soumis les rois, les reines, les princes, les ducs, les comtes, les Lords et tous les citoyens également à toutes les lois du pays, existantes ou à venir [...], libéré tous les hommes du peuple de la juridiction des Lords dans tous les procès [...], libéré tout le négoce et le commerce de tout monopole et accaparement par des compagnies ou autrement [...], aboli l'excise et toutes les taxes, à l'exception des subsides [...], fait abattre toutes les clôtures récentes de fens et d'autres terres communes, ou fait enclore exclusivement ou principalement au bénéfice des pauvres [...], aboli le pesant fardeau des dîmes [...], pris pour vous-mêmes et tous les Parlements à venir l'engagement de ne pas abolir la propriété, de ne pas rechercher l'égalité des propriétés foncières ou la communauté de tous les biens[41]... »

Toutes ces réformes, qui paraissent alors extravagantes, se réaliseront peu après en Angleterre ; deux siècles plus tard, elles paraîtront encore révolutionnaires en France.

A la fin de 1648, face à ces troubles, l'armée entre dans Londres. Cromwell décide d'exclure du Parlement les partis qui soutiennent encore le roi qui vient d'être repris. En janvier suivant, le Parlement-« croupion » s'attribue le pouvoir législatif, désigne une Haute Cour de justice qui juge le roi, le condamne à mort, et abolit la royauté. Le 30 janvier 1649, Charles Stuart est exécuté en ayant fait promettre à ses fils de refuser la Couronne. Cromwell, nommé « lord protecteur d'Angleterre, d'Écosse et d'Irlande », proclame alors une « république » avec l'appui des marchands, et se retourne contre les Niveleurs qui, de leur côté, se radicalisent. Ce ne sont plus seulement des libéraux, mais, ouvertement, des ennemis de la propriété privée. Les plus extrémistes d'entre eux, les *Diggers* — les « Piocheurs » —, dirigés par Gerard Winstanley, considèrent la propriété privée — et d'abord celle de la terre, qui reste le point de mire — comme la source de tous les maux : « Elle pourrit la société. Pour éviter que ne se constitue une classe exploiteuse, elle doit être limitée[370]. » Un autre de leurs dirigeants, John Ball, écrit : « Les choses n'iront bien en Angleterre que lorsque tout appartiendra à tous, qu'il n'y aura plus ni serfs ni seigneurs, et que nous serons tous égaux[268]. » Dans leurs pamphlets les plus violents, ils « dénoncent la conspiration des détenteurs de la richesse et du pouvoir, et proposent d'y mettre fin[268]. » Ils veulent une société où chacun puisse être indépendant et disposer de lui-même, qu'il ait ou non des biens[119]. Discours inacceptable pour la bourgeoisie triomphante. Cromwell instaure alors une sorte de dictature ; il réprime la droite aristocratique, arrête les chefs niveleurs — Lilburne et Overton — et prend toute une série de mesures favorables aux marchands. Il édicte le premier *Acte de navigation* qui oblige les marchandises européennes touchant le sol anglais à n'être transportées que sur des navires de leur pays d'origine, et les produits d'Afrique, d'Asie et d'Amérique à n'être transportés que sur des navires d'Angleterre ou des colonies. Il prend des terres à l'Église et à la Couronne pour accélérer les enclosures.

C'est cette année-là — 1651 —, au milieu de cette tourmente, qu'un philosophe monarchiste, exilé avec les enfants du roi exécuté, Thomas Hobbes, publie une réflexion majeure sur ce que doivent être les institutions politiques de l'Ordre marchand, le *Léviathan*. Texte qu'on ne peut comprendre qu'en le replaçant dans son actualité la plus précise, celle d'une révolution bourgeoise qui a versé dans la violence et le chaos.

Pour Hobbes, le désordre — en particulier celui que traverse l'Angleterre de son temps — a trois sources : l'instinct primitif de l'homme, guidé par la peur de la mort, l'esprit grec et l'esprit puritain[275]. L'homme, dit-il, est « hargneux, bestial et brutal, sauf lorsqu'il est soumis à une entité plus large à des fins d'avantage réciproque[207] » ; il se croit un droit sur toutes choses, y compris sur le corps des autres, et ne se contraint jamais seul à respecter quoi que ce soit. Un de ses disciples,

Hume, dira même plus tard que « tout homme est un fripon qui n'a d'autre fin, dans tous ses actes, que son intérêt privé ». Pour Hobbes, l'homme ne pense et ne voit que l'argent. Lui-même s'achète et se vend. « La valeur d'un homme c'est, comme en toute chose, son prix, c'est-à-dire ce qu'on donnerait pour l'usage de sa force[207]. » Et, s'il est menacé, l'homme s'octroie le droit d'acheter ou de prendre la vie de l'autre si l'ordre social ne vient l'en empêcher. Aussi n'y a-t-il pas de droit naturel, de bonne société primitive ; le droit ne peut être que subjectif. Il doit, dit Hobbes, fixer des limites à la peur de l'homme, canaliser sa violence. La bonne société est comme un artefact à construire. Et pas n'importe lequel : pour éviter que la révolution ne verse dans la violence, il faut y édifier un ordre politique tel que l'individu se fonde dans une totalité, et qu'il accepte d'être *représenté* par cette totalité[275]. Pour lui, le « souverain » doit être un être abstrait qu'il appelle le « Léviathan », un dieu mortel qui *représente* tous les hommes, dont il reçoit tous les droits et qui est, en leur nom, propriétaire de tout et de tous. Dans cette *représentation*, la volonté de l'individu s'identifie à celle du tout. La liberté individuelle disparaît, sauf pour laisser se développer le commerce et la propriété privée dans les insterstices de la loi. La figure du roi mort, dans sa « représentation » funéraire, a déjà trouvé ici sa traduction politique.

Pour Hobbes — comme pour Pascal à la même époque —, le droit de propriété doit être un artefact construit par l'autorité civile, voulu comme un « établissement humain ». Mais, à la différence de Pascal, Hobbes n'entend pas fonder l'ordre social sur la grâce, mais sur le politique. L'ordre du Léviathan est assuré par la crainte et l'intérêt personnel. La propriété appartient au Léviathan qui peut, si nécessaire, la déléguer aux hommes[263]. L'homme n'est libre que dans la limite de la loi qui fait de l'État le maître tout-puissant. Telle est la matrice de la distinction majeure entre la société civile et l'État : la société civile est le lieu de l'égalité des droits ;

l'État est l'« instrument de cette société civile grâce auquel sont assurés l'ordre et la paix[275] ».

En conclusion se dégage ainsi l'idée extraordinaire que *la dictature est la figure inévitable du capitalisme*, la seule façon de le gérer sans violence.

D'ailleurs, un Léviathan réel n'est pas loin, à l'époque, de s'imposer au sommet de la révolution anglaise ; jusqu'en 1657 où Cromwell fait marche arrière et refuse la couronne que lui propose le Parlement par son « *Humble Petition and Advice* ». A sa mort, le 3 septembre 1658, son fils ne peut conserver le pouvoir, et la « République » se dissout. La bourgeoisie a besoin de rétablir l'unité du pays derrière un roi. En 1660, le général Monk organise le retour d'un Stuart, Charles II, sur le trône, et des députés exclus au Parlement. On abolit les tenures militaires, on organise des remembrements, on rend les communaux aux Lords, et les terres prises à l'Église et à la Couronne. En 1661, on crée une nouvelle pièce de monnaie d'or, la guinée, et le *Second Act of Navigation* exige que le capitaine et les trois quarts au moins de l'équipage d'un bateau transportant des marchandises vers l'Angleterre soient anglais.

La révolte, pourtant, gronde encore. Lupton écrit en 1662 : « Les enclosures rendent gras les troupeaux et maigres les pauvres gens[370]. » Cette année-là, une autre loi interdit à tout pauvre de changer de paroisse. Le retour au statut de serf est consommé : avec Charles II, la monarchie absolutiste, dont rêvait Hobbes, est revenue en force ; le démuni est devenu un travailleur, un *serf en ville*.

Locke, avant les autres

La question posée aux propriétaires par cette révolution ne va plus cesser de résonner dans les esprits de l'Europe : l'État doit-il être nécessairement dictatorial pour protéger la propriété privée ? Ou, au contraire, la propriété peut-elle être à la fois un *droit naturel*, fondé sur le travail, et un *droit positif*, fondé sur un contrat social entre de libres propriétaires ? La bourgeoisie ne peut se résoudre à accepter les réponses qu'ont données Hobbes, Cromwell puis Charles II à ces questions.

Aussi, quelques années plus tard, John Locke, médecin devenu philosophe et théoricien politique, puis professeur à Oxford et, plus tard encore, secrétaire du *Board of Trade*, ami du principal adversaire des Stuart, Lord Ashley, oppose le premier, dans une conjoncture politique redevenue favorable aux libéraux, une réponse mesurée au pessimisme de Hobbes. Il va montrer qu'on peut donner des droits à l'individu et un statut juridique aux biens privés[288]. Il connaîtra un immense succès et exercera une influence considérable sur son époque en Europe ainsi qu'en Amérique.

S'il reste dans la tradition philosophique et religieuse de son temps, s'il voit encore l'homme comme la propriété de Dieu, à la recherche d'un ordre naturel, il en fait un être autonome, grâce à la propriété privée qui est pour lui « le seul moyen de remplir sa destination[261] ». Il fonde ce que C.B. MacPherson appelle l'individualisme « *possessif*[286] » ; il concilie, pour la première fois dans l'Ordre marchand, l'individu et la société, les passions rivales et le bien public[119]. Comme Hobbes, il pense que les hommes entrent en société pour défendre leurs biens, mais, à l'inverse de lui, il propose de confier à un corps législatif, représentatif des propriétaires, le soin d'établir des règles capables de protéger les biens.

De fait, en Angleterre, la situation politique a changé. Le temps est maintenant à la réflexion constitutionnelle. A partir de 1670, Charles II, affaibli, doit se contenter d'enregistrer la désignation du *speaker* par les Communes, lesquelles peuvent refuser toutes les mesures fiscales votées par les Lords. Son frère Jacques II, converti au catholicisme en 1672 et qui lui succède en 1685, veut rétablir l'absolutisme. Locke, exilé en France puis à Amsterdam, ne revient qu'en novembre 1688, quand le Parlement, élu maintenant pour l'essentiel par quelque cinquante mille propriétaires fonciers, dépose Jacques II et le remplace par Guillaume III d'Orange, son gendre, en échange d'une « déclaration des droits » qui interdit au roi de « suspendre l'application des lois, percevoir les impôts, lever et entretenir une armée en temps de paix sans le consentement du Parlement ». Le Parlement prend ainsi le pouvoir face à un roi qui ne s'intéressera plus, jusqu'à sa mort, qu'à la Hollande qu'il gouverne en qualité de *stathouder*.

Il faut alors organiser le pouvoir. C'est Locke, deux ans plus tard, qui montrera qu'on peut le faire : il existe, dit-il, une façon de concilier propriété privée et liberté, et c'est la *démocratie parlementaire*, le régime qui justement s'instaure alors.

La logique de sa démonstration est exemplaire[156]. Pour lui, la propriété privée — la *property* — est constituée par l'ensemble des droits des individus. « Par propriété, écrit-il en 1690 dans son *Traité sur le gouvernement civil*, il faut entendre le droit propre que les hommes ont sur leur personne tout autant que sur leurs biens...[261] ». Il précise ailleurs : « leurs vies, leurs libertés et leurs biens, ce que je nomme de façon générale propriété[261] ». Or, il démontre logiquement que cette propriété est un fait de nature. Dans l'*Essai philosophique concernant l'entendement humain*, publié la même année, il montre en effet que *tout peut faire légitimement l'objet d'une appropriation privée*[156].

Dès ses origines, l'homme, pour satisfaire son premier désir, la faim, s'approprie de quoi manger ; la faim fonde donc un premier droit de propriété sur les produits de la terre. Ayant de quoi se nourrir, l'homme est alors propriétaire de sa propre vie : « Dans l'état de nature, les hommes sont libres et égaux. Le droit à la propriété est égal au droit à la vie et à la liberté[261] ». Ensuite, avec sa vie, l'homme devient propriétaire *de ses actes*, et donc « de sa personne, de ce qu'elle fait et du travail qu'elle accomplit[261]... ». Il est « propriétaire parce que travailleur, travailleur pour être propriétaire[275] ». Il est donc, par suite, propriétaire des produits de son travail. « Toutes les fois qu'il fait sortir un objet de l'état où la Nature l'a mis et laissé, il y mêle son travail, il y joint quelque chose qui lui appartient, *et, de ce fait, l'approprie*[261]. »

En conséquence, il peut devenir propriétaire privé de *la terre*, car sa mise en valeur privée favorise un rendement plus élevé que la propriété commune. Ce droit de propriété privée de la terre ne se fonde cependant pas nécessairement sur le droit du premier occupant, car nul ne doit empêcher autrui d'avoir les moyens de se nourrir.

Ainsi, de proche en proche, Locke étend la légitimité de la propriété privée de la nourriture au corps, du corps à l'esprit, de l'esprit au travail, et enfin du travail à la terre, aux biens nécessaires à ce travail, et enfin à ceux créés par le travail.

« En ce sens, le principe de propriété se confond avec celui du respect des droits naturels et imprescriptibles de l'homme » qui sont « la liberté, la propriété, la sûreté et la résistance à l'oppression[261] ». Phrase essentielle qui unit droit de propriété et droits de l'homme : *l'individualisme tient son maître a penser.*

Car la logique de Locke ne s'arrête pas là : pour lui, la propriété privée va plus loin[156]. Une fois produit des biens, il faut les accumuler. Pour cela, il faut de la *monnaie*, qui permet justement de se procurer les biens qu'on ne produit pas, afin de les stocker[156]. La monnaie permet de s'approprier de façon légitime, sans travailler, des terres et des objets. Elle permet à un homme, « par accord volontaire et tacite, de posséder plus de terre qu'il ne peut en utiliser lui-même le produit, recevant, en échange du surplus, de l'or et de l'argent qu'il peut stocker sans dommage pour personne, ces métaux ne risquant pas de se dégrader dans les mains de leurs possesseurs[261] ».

Or la monnaie, affirme-t-il, permet aussi, par le jeu de l'économie de marché, d'assurer la cohérence entre les intérêts personnels et l'intérêt public, et d'organiser les relations économiques en conformité avec les droits de l'homme, de réaliser ce que l'« état de nature » ne permet pas de faire, c'est-à-dire rendre compatibles toutes les ambitions individuelles, tous les désirs primitifs, concilier l'homme et le groupe, la durée de l'individu et celle du groupe[156]. La loi du marché est la nouvelle loi naturelle, objective, indépassable, qui crée naturellement les conditions du bien public. Une société fondée sur le désir individuel de propriété privée réalise donc nécessairement le bien-être collectif[156]. « L'amour [individuel] de la richesse est bénéfique à la société, s'il est bien orienté, alors que la charité est plutôt nuisible, car elle entretient la paresse[261]. » L'économie politique complète l'ordre naturel. (Là est, à mon sens, le passage le plus faible, le moins rigoureux du travail de Locke, qui n'a pas encore mis au jour la logique de l'économie politique, nécessaire à sa démonstration. Adam Smith réglera ce problème un siècle plus tard.)

Locke passe alors aux conséquences politiques de son raisonnement. Pour protéger leurs « propriétés », c'est-à-dire leurs droits, les hommes ont intérêt à créer un État, *par contrat*, qui ne doit rien faire d'autre que maintenir la « loi naturelle ». « Les obligations de la loi de la nature ne s'éteignent pas dans la société [...]. La loi de nature, comme une règle éternelle, s'impose donc à tous les hommes, les législateurs aussi bien que les autres[261]. » Mais la « loi de nature » n'est pas l'« état de nature » où les hommes s'opposent et se combattent, et que l'État doit éviter[156]. Celui-ci ne peut donc être une monarchie absolue, une dictature, parce que le souverain y est trop au-dessus des lois, trop extérieur à la société civile pour être un « vrai remède aux inconvénients de l'état de nature[261] ». Superbe et subtile réponse au Léviathan !

L'État doit être une *démocratie* où les citoyens — « la noblesse, le clergé, et les propriétaires éclairés, ceux qui ont démontré leur capacité politique dans la bonne gestion de leurs propriétés » — passent un contrat social et gouvernent en commun. Seuls, ils ont le droit de vote et élisent un *corps législatif souverain qui les représente*, désignent un *pouvoir exécutif* pour suppléer le législatif lorsqu'il n'est pas réuni, et un troisième pouvoir que Locke appelle *fédératif*, chargé de l'extérieur[156]. Le roi prend part à ces trois pouvoirs qui, ensemble, constituent l'État.

Quant aux démunis, il ne préconise que de les maintenir par la force : « Les vagabonds valides de quatorze à cinquante ans, pris à mendier, devraient être condamnés à servir trois ans sur la Flotte. Les jeunes mendiants de moins de quatorze ans devraient être fouettés et mis dans une école de travail[41]. »

Ainsi Locke, un demi-siècle avant les penseurs des Lumières, présente la première vision cohérente de la doctrine politique de l'Ordre marchand à l'échelle d'un État. Le premier, il réconcilie propriété privée et liberté individuelle, et montre que *la représentation de l'économie par le marché, et celle du politique par un parlement, sont indissociables.*

Les classes dirigeantes d'Angleterre et de Hollande, les juristes et les philosophes français attendaient ce corps de doctrine et se reconnaissent en lui. Le parlementarisme et le libéralisme peuvent s'instaurer sans gêner personne. Et d'abord en Angleterre : en 1694, l'Acte de triennalité prévoit que les élections auront lieu à date régulière, tous les trois ans. Jamais le Parlement n'aura été aussi populaire ; Condorcet écrira un siècle plus tard : « Depuis la révolution, les fils de pairs briguent l'honneur d'y être admis, et l'on n'y a vu appeler presque jamais que des hommes distingués par leur naissance, leur fortune, leurs places ou leurs talents[95]. »

L'année 1690 — où, fait significatif,Locke publie son traité — est fondée la Banque d'Angleterre, avec un capital de 1 200 000 livres, souscrit par des actionnaires privés, à la différence de celle des Pays-Bas[349]. Cette somme est immédiatement prêtée à l'État pour financer la guerre contre Louis XIV, ce qui provoque une brutale hausse des prix. A l'initiative de Locke — toujours présent dans le débat public —, une loi ordonne la refonte générale des pièces d'argent et le maintien de la parité de la monnaie anglaise : l'inflation ruinerait les marchands.

Locke, écrit joliment Hazard, est « l'animateur du siècle[199] ». Et quel siècle !

Les beaux quartiers de la mort

A la fin du XVIIe siècle, l'Europe se prépare donc à basculer du capitalisme d'État au capitalisme privé, du mercantilisme au libéralisme, de l'absolutisme à la démocratie. Là encore, l'évolution du rapport à la mort est significative de ce changement dans le rapport à la propriété, et elle le précède.

La mort devient totalement urbaine et laïque. Elle oppose avec cruauté les bourgeois et les autres, séparés par un fossé d'argent et non plus de terre.

Elle est d'abord préfiguration des exigences de l'hygiène : avant de concerner les villes des vivants, celle-ci concerne celles des morts. Avec la croissance urbaine, les ossements affleurent, les cimetières saturés de cadavres se dégradent. En 1737, le parlement de Paris ordonne une enquête sur l'hygiène des cimetières. En 1745, l'abbé Porée propose de les placer hors des villes, « moyen le plus sûr pour y procurer et y conserver la salubrité de l'air, la propreté des villes et la santé des habitants, *objets de la dernière importance* », ajoute-t-il[12]. Ce texte montre que l'Église elle-même fait désormais passer les vivants avant les morts, qu'elle éloigne. Elle qui avait fondé sa force première sur la réconciliation des vivants et des morts, sur l'égalité des riches et des pauvres, en vient maintenant, pour courir après son siècle, à admettre la santé comme une propriété plus importante que le salut.

En 1780, le cimetière des Innocents, puis ceux de la Chaussée d'Antin, de l'île Saint-Louis, de Saint-Sulpice, de Saint-Eustache sont fermés, et les morts qui s'y trouvent sont regroupés dans de grands cimetières généraux, plus calmes et plus lointains. Partout on conçoit les cimetières comme des parcs éloignés des églises, organisés pour la visite familiale[6].

L'hygiène devient une question de distinction. Les familles

bourgeoises ne souhaitent plus « commettre » leurs morts dans les mêmes cimetières que les pauvres. Avant que ne se distinguent les beaux quartiers dans les villes, les bourgeois veulent avoir leurs propres tombeaux, leurs propres cimetières. Ils désirent pour leurs morts la paix, le repos, un dernier domicile en propre ; la concession de sépulture devient une propriété qu'on va visiter « comme on va chez un parent[5] ». Le cimetière devient à la fois lieu de souvenir et préfiguration de la ville.

Chaque mort y a, selon ses moyens, un tombeau d'autant plus riche et durable. La nostalgie, le regret deviennent individuels. On se raccroche aux restes physiques des morts. « On alla même jusqu'à les conserver dans de grands bocaux d'alcool, comme Necker et sa femme, parents de Mme de Staël. Le souvenir confère au mort une sorte d'immortalité[6]. » Le romantisme n'est pas loin.

Les hommes illustres — artistes, héros politiques ou hommes d'affaires — perdurent maintenant dans le souvenir des vivants. On construit des statues, des monuments en leur honneur, on donne leur nom à des rues, surtout dans les beaux quartiers.

Comme les cimetières, la société urbaine tend à se diviser en deux classes qui deviendront, au XIXe siècle, clairement celle des capitalistes et celle des salariés. Le testament reste le moyen principal de traduire l'économie politique de la mort en économie politique de la vie. Mais presque nulle part en Europe, il ne contient plus de formules pieuses ni de fondations de messes ni d'aumônes ; il n'est plus qu'un acte de répartition de la fortune à l'intention des proches, par-devant notaire. Il s'agit toujours de durer par le *Nom*. La famille est maintenant stabilisée dans son nom et ses règles de succession, qui s'unifient chez les marchands, les nobles et les paysans.

De même que l'homme devient propriétaire de sa mort, il s'approprie sa vie et respecte celle des autres : les avortements diminuent, même chez les pauvres. Du coup, les enfants

« trouvés » sont de plus en plus nombreux : dans les hôpitaux de Paris, on passe de 3 000 abandons par an dans les « tours » des hospices en 1640 à 17 000 en 1750, soit 20% des enfants nés à Paris à cette époque, et jusqu'à 40% en 1771.

La foi intérieure, la vie privée deviennent des idéaux d'une fraction plus large de la société — de tous ceux qui peuvent avoir un peu d'argent « de côté » ou « devant soi », comme on dit alors. Le temps est venu, avec l'extension considérable du nombre des propriétaires, du règne du nouveau bien fertile qui fonde leur pouvoir.

Le capital en actions

La monnaie s'insinue dans un plus grand nombre de rapports sociaux. Le marché fixe de plus en plus de prix. L'artisanat se change en industrie, le monopole en concurrence, la fabrique en usine ; on passe du charbon de bois au charbon de terre, du moulin à eau à la machine à vapeur. L'industriel n'est plus le manufacturier du siècle antérieur, l'intermédiaire entre petits producteurs et petits commerçants ; il engage des ouvriers pour assembler et finir les produits livrés par les artisans, consent des avances aux petits producteurs, et fait de l'artisan un salarié ; il achète des machines et le temps de travail de l'homme.

Le mot *capital* n'est encore qu'un mot parmi d'autres pour désigner les ressources financières de l'industrie. Le mot « fonds » reste le plus utilisé. Le mot *capitaliste* apparaît comme un adjectif parmi d'autres à côté de « gens à argent », « forts », « fortes mains », « pécunieux[67] », qui servent à désigner le propriétaire de valeurs mobilières ou d'argent par opposition au propriétaire foncier[67]. Il ne désigne pas — et ne désignera pas avant le milieu du XIXe siècle — celui qui possède et s'approprie le travail des autres.

L'Angleterre, préparée depuis plus longtemps que la France, sa principale rivale, à cette exigence neuve, protégée par son isolement des ravages de la guerre, sensible aux mouvements des idées, sait mobiliser de nouvelles sources d'énergie et de richesse pour devenir le « cœur » de l'Ordre, et attire une grande partie de l'épargne de l'Europe.

A la fin du XVIIe siècle y émerge un « marché financier », grâce au développement de la dette publique. L'État anglais emprunte pour ses dépenses et ne lève des impôts que pour payer les intérêts de cette dette. Des titres publics (des rentes) peuvent alors s'échanger tout à fait librement, et les étrangers y participent à l'instar des Anglais[326]. Puis les courtiers prennent l'habitude de se rencontrer et de faire leurs affaires dans des *coffee-shops* — Garraway's et surtout New Jonathan —, embryons de bourses des valeurs[326]. Aux titres liés à la dette publique s'ajoutent bientôt les titres de quelques grandes compagnies : en 1698, l'East India Company ouvre une souscription, suivie par la Compagnie des Mers du Sud.

Les premières décennies du XVIIIe siècle connaissent un formidable développement de la finance. Mais la spéculation et les scandales — Law à Paris, la Compagnie des Mers du Sud en Angleterre — retardent l'apparition des banques de dépôt. On émet des billets garantis par des dépôts et on escompte des effets de commerce. En 1760, les courtiers peuvent négocier des fonds d'État à des bourses de valeurs. L'argent s'efface peu à peu au bénéfice de l'or et des billets de banque.

En 1762, des bourses du blé et de la laine sont créées. Le nombre des banques passe d'une douzaine en 1750 à plus de deux cents vers la fin du siècle. En 1788 est suspendue la libre frappe de l'argent à Londres. L'étalon-or s'y installe.

Dans ces premières usines, les ouvriers sont employés sans règles ni limites. Le propriétaire du capital en a la propriété, dont il use ou abuse. Une comptine anglaise montre comment les patrons font travailler à bas prix les pauvres tisserands, les peigneurs, les fileurs : « Nous trouverons des défauts, qu'il y en ait ou non, de manière à rogner sur leur salaire[41] ». En Écosse, jusqu'à la fin du XVIIIe siècle, les ouvriers des mines de houille et des salines sont de véritables serfs et portent un collier où est gravé le nom du propriétaire ; ils sont attachés à l'exploitation et vendus avec elle[41]. Les enfants des hospices travaillent, à domicile ou à l'usine, à carder la laine, filer le coton et confectionner des vêtements. Les journées sont très longues : « Toujours, note à cette époque l'abbé Berthelon, l'ouvrier devance l'aurore et prolonge ses travaux bien avant dans la nuit, pour pouvoir, par la longueur du temps, compenser la modicité des salaires insuffisants. » En 1770, un avocat alors célèbre, Simon-Nicolas-Henri Linguet, écrit que le sort des manouvriers de son temps, successeurs des esclaves et des serfs, lui paraît infiniment plus misérable que celui de leurs pères : « tout ce qu'ils ont gagné, c'est d'être à chaque instant tourmentés par la crainte de mourir de faim, malheur dont étaient du moins exempts leurs prédécesseurs dans ce dernier rang de l'humanité[260] ».

La police ne doit plus enfermer les pauvres, mais les obliger à travailler : « Le travail forme l'un des premiers éléments de la police », écrit Voltaire. En Angleterre, une loi de 1769 qualifie de *felony* la destruction volontaire des machines et des bâtiments les contenant, et prévoit à l'égard des coupables la peine de mort.

Aux colonies, l'esclavage continue de se développer dans le travail agricole : en 1756, on dénombre 20 000 esclaves en Virginie. De 1728 à 1760, les navires partant du Havre amènent aux Antilles 203 000 Noirs achetés au Sénégal, à la Côte de l'Or, à Loango[444]. Il s'agit là d'un anachronisme dont le marchand songe déjà à se débarrasser, il y faudra pourtant deux révolutions, et une guerre civile.

Des marques et des brevets

Avec le développement du capital marchand, il devient plus important de raréfier les droits d'innover ou d'utiliser une innovation. En 1730, l'Angleterre exige que soit décrit très en détail le brevet déposé, pour garantir sa publication ultérieure et sa mise à disposition du public. En 1785, la nature de la description demandée est définie dans l'affaire Arkwright par le juge Buller : « Une personne souhaitant bénéficier du monopole attaché à un brevet doit exposer son secret et décrire son invention de telle sorte que des tiers soient à même de mettre en œuvre ladite invention pour laquelle un brevet est accordé, car le but et le sens de la demande de brevet sont d'enseigner le public à l'expiration du brevet et le rendre détenteur du secret pour qu'il en bénéficie aussi amplement que le breveté lui-même [...]. Car, selon la loi, le brevet est la rémunération offerte pour une découverte, le brevet étant, par suite, frappé de nullité si l'invention n'est pas réelle ni licite[438]. » Telle est encore aujourd'hui la norme internationale de description des brevets. On ne peut pas non plus déposer un brevet sur n'importe quelle découverte. En 1790, une loi précise les inventions qui peuvent être protégées : « Tout art utile, fabrication, appareil, machine ou dispositif, ou leurs perfectionnements. » En 1793, cette liste est étendue : « Tout art, machine, fabrication ou composé ou tout nouveau perfectionnement y relatif. » Cette liste est encore valable de nos jours[438].

En France, le premier texte législatif protégeant les inventeurs de façon objective, hors de l'arbitraire des rois, est une ordonnance des consuls de Lyon du 25 octobre 1711 interdisant aux marchands et ouvriers de fabrique « de voler, vendre, prêter ou se servir des dessins de fabrique qui leur sont confiés[444] ». Une ordonnance du 3 février 1718 reconnaît à l'auteur d'un dessin le droit de poursuivre les contrefacteurs. Une déclaration du roi du 24 septembre 1762 limite à quinze ans le droit d'un inventeur à l'exploitation de son procédé, et le droit d'un dessinateur de fabrique à la reproduction industrielle d'un dessin dont il est propriétaire. Un arrêt du Conseil de 1782, concernant exclusivement la ville de Lyon, fixe également à quinze ans la durée du droit exclusif de reproduction des dessins de fabrique « sur tissus de soie destinés à l'ameublement ou à l'ornement des églises, et à six ans seulement pour les tissus brochés destinés à l'habillement ou à tout autre usage[444] ». La propriété doit donc être à l'auteur de l'invention, sauf s'il la vend.

Il n'en va pas encore de même pour les livres. Le libraire David à qui — fait significatif — on a confié la rédaction de l'article « Droit de copie » paru en 1755 dans le tome V de l'*Encyclopédie*, considère que le droit de propriété d'un libraire sur un manuscrit ou un imprimé ne saurait être discuté, « ce droit découlant du droit de propriété de l'écrivain sur ses œuvres[156] ». Mais les écrivains eux-mêmes veulent plus. En 1763, Diderot, dans sa *Lettre sur le commerce de la librairie*, explique que la propriété littéraire doit passer de l'éditeur à l'auteur : « Est-ce qu'un ouvrage n'appartient pas à son auteur autant que sa maison ou son champ ? Est-ce qu'il n'en peut aliéner à jamais la propriété ? L'auteur est maître de son ouvrage, ou personne dans la société n'est pas maître de son bien. Le libraire le possède comme il était possédé par l'auteur ; il a le droit incontestable d'en tirer telle partie qui lui conviendra par des éditions réitérées[156]. » Pour Diderot, le privilège du libraire ne réside que dans l'achat du droit de propriété de l'auteur ; il en a alors « possession définitive[156] ». La propriété littéraire devant être absolue, il écarte la notion de domaine public, l'État n'ayant pas, selon lui, les moyens d'en faire respecter les exigences[156], et l'auteur devant rester le propriétaire.

Les auteurs n'obtiendront cependant un vrai droit de propriété qu'à partir de la fin du siècle, lors de la création de sociétés d'auteurs. La première est créée en France par Beaumarchais le 3 juillet 1777. Quelques semaines plus tard, le 30 août, un arrêt du Conseil « reconnaît » que le privilège de la publication d'un livre « *pouvait* être directement octroyé à l'auteur lui-même et qu'en pareil cas, ce privilège passerait aux héritiers de l'écrivain *à perpétuité* ». Selon cet arrêt, toute édition nouvelle exige un renouvellement du privilège. Les privilèges des libraires, plus fréquents, deviennent eux aussi perpétuels.

Vu d'aujourd'hui, le XVIIIe siècle européen nous apparaît comme le moment d'un vaste débat d'idées sur la bonne façon d'organiser la propriété. Plus précisément, les nations ayant admis au siècle précédent que la propriété privée des moyens de production est la clé du développement de la société civile, se décident à organiser l'État pour la protéger. Chaque pays fraiera sa voie : l'Angleterre, qui a déjà fait sa révolution politique et économique, ira plus vite que d'autres, tels la France et les États-Unis, qui ont encore à faire la leur.

Trois courants, pour faire court, s'opposeront alors : ceux qui continuent à associer le pouvoir à la propriété de la terre (les physiocrates) ; ceux qui voient dans le marché de l'argent et la démocratie libérale le contrepoids nécessaire au pouvoir du roi ; ceux enfin qui déjà rêvent d'un au-delà du capitalisme, dans une propriété collective encore à peine marginale, porte ouverte aux révolutions, à leurs triomphes et à leurs excès.

Enclosures et physiocrates

Alors que l'individualisme possessif pousse la société anglaise vers le libéralisme et que le capital y bascule de la terre vers la ville, la France, elle, est encore tout occupée à régler ses comptes à la féodalité et à partager la terre en de petites propriétés privées.

Convertie à l'industrie, l'aristocratie anglaise confie sa terre en gérance à des paysans salariés, selon un jeu complexe de baux à durée très longue. La transformation des méthodes de production, la suppression des jachères, l'assolement triennal, la culture périodique de la luzerne et des plantes fourragères, augmentent alors la productivité agricole[274]. Elles exigent de constituer de grandes exploitations, seules capables financièrement d'investir et de produire de quoi satisfaire les besoins en nourriture des métropoles urbaines.

Par ailleurs, l'extension de l'élevage des moutons, rendu nécessaire par le développement foudroyant de l'industrie textile, requiert de fermer les terres communales. En 1760, le Parlement anglais vote de nouveaux *Enclosure Acts* qui permettent de chasser les derniers *squatters* vivant encore sur les communaux. En l'espace de vingt ans, six millions d'acres sont transformés en cinq mille enclos. A la fin du siècle, les paysans indépendants ont presque tous disparu[208] ; l'agriculture est devenue une industrie. « En termes de productivité économique, cette transformation sociale était un succès immense ; en termes de souffrance humaine, une tragédie[208]. »

En France, la situation est radicalement différente. Certes, quelques grandes propriétés se constituent dans les régions les plus fertiles de l'Ouest, du Centre, de Flandre et de Provence. Mais, partout, la petite propriété l'emporte ; et tous les propriétaires se coalisent contre les enclosures : les paysans refusent de perdre les droits de vaine pâture, les parlements se rangent à leurs côtés, les seigneurs préfèrent leur vendre les terres plutôt que prendre le risque de l'élevage. « Une conjonction d'intérêts vigilants joue contre les prairies artificielles[68]. »

Politiquement, les communaux signifient encore : distance à l'égard du seigneur. Restif de La Bretonne écrit : « Je suis né dans un village libre [Sacy, dans l'Auxerrois] où jamais la vue n'est affligée par la présence d'un maître, où la chasse est libre à qui sait porter un fusil, où l'on possède des bois communaux, où le peuple tient à ses assemblées pour élire ses syndics, ses collecteurs, ses pâtres publics, pour nommer son maître d'école, disposer d'un revenu public[156]. » Les communaux aident à survivre dans la misère qu'a provoquée le mercantilisme du siècle précédent. En 1739, le marquis d'Argenson note : « La misère, depuis un an, avance donc au-dedans du royaume à un degré inouï ; les hommes meurent comme des mouches, de pauvreté et en broutant l'herbe[41]. »

De 1760 à 1780, tout un courant politique s'efforce de favoriser en France la grande propriété et les enclosures : la physiocratie, que Marx décrit comme l'expression directe de « la décomposition de la propriété féodale en économie politique[283]. » Boisguilbert au début du siècle, puis Gournay, Quesnay, Mirabeau (le père), Turgot, Mercier de La Rivière revendiquent la liberté totale de cultiver et de clore de grandes propriétés agricoles. Pour eux, la propriété industrielle et commerciale est secondaire, et l'agriculture est la source principale de richesse. Elle seule dégage un *produit net.* Les autres activités ne font que *modifier* ses produits. Ils distinguent en conséquence la classe *productive* (paysans, mineurs, pêcheurs) de la classe *stérile* (industriels, commerçants, avocats) et des propriétaires fonciers, conservateurs de la nature[156]. Pour eux, la vaine pâture est contraire à la liberté « naturelle », et constitue un obstacle aux progrès de l'agriculture. Ils proposent donc d'abolir tous les impôts, de supprimer tous les fermiers généraux, d'instituer un impôt unique sur le produit du sol[156], d'établir des prix agricoles élevés et d'abaisser les prix industriels. Ils prônent la liberté du commerce et de la concurrence pour *exporter* les produits agricoles, et la suppression des corporations[156] pour libérer la concurrence.

Pour Mercier de La Rivière, « la propriété foncière n'est point une institution factice et arbitraire ; elle n'est que le développement de la propriété personnelle, le dernier degré d'extension dont celle-ci soit susceptible [...]. Propriété, sûreté, liberté, voilà donc l'ordre social dans tout son entier[291] ». Pour Quesnay, « la seule source de la richesse est la nature, ou plutôt la terre aidée par l'activité et l'initiative des hommes[337] ». Pour lui, dit Dumont, « l'ordre commande la propriété et la propriété commande la liberté[119] ». Toutes les stratégies du pouvoir ne doivent être que de « simples commentaires » des lois physiques du monde. Pour Turgot, dans l'article « Fondation » de l'*Encyclopédie*, « tout homme sain doit se procurer sa subsistance par son travail, parce que, s'il était nourri sans travailler, il le serait aux dépens de ceux qui travaillent[397] ». Appelé aux affaires, il essaiera en vain, de 1774 à 1776, d'appliquer ces idées.

En 1780, l'assemblée provinciale de l'Ile-de-France accorde au propriétaire d'un terrain le droit de l'enclore pour créer une prairie artificielle, si sa superficie ne dépasse pas le dixième de l'ensemble des terres qu'il possède[68]. Mais rien n'y fera, et le refus des communaux sera au cœur des doléances des États généraux. Dans un cahier lorrain, on trouve écrit que « depuis la création du monde, le second surpoil appartient aux communautés[68] ». Il y a déjà alors en France plus d'un million de propriétaires fonciers pour 27 millions d'habitants ! « D'une part, écrira Tocqueville, le paysan français était devenu propriétaire foncier, et, de l'autre, il avait entièrement échappé au gouvernement de son seigneur[393]. »

Le marché ou le roi

Ailleurs, on cherche une autre conciliation entre le propriétaire et la société, entre le droit de propriété, subjectif, et le droit social, qu'on veut encore considérer comme naturel, objectif. Il faut, pour ce faire, répondre à la question que Locke avait si mal résolue : les propriétaires peuvent-ils, sur le marché et sans le roi, concilier leurs intérêts ?

Avec l'arrivée au pouvoir à Londres de la dynastie de Hanovre en 1714, il devient difficile, pour le roi anglais, de maintenir des ministres sans l'accord de la majorité des députés des Communes, élue par les riches propriétaires et quelques représentants de la petite noblesse des comtés et des bourgs, circonscriptions électorales sans plus de rapport avec les réalités démographiques du pays. L'État est à présent si faible que marchands et capitalistes sont pris de peur. Il devient particulièrement urgent de répondre affirmativement à la question que Locke n'a su que poser : l'économie de marché, faite d'échanges entre les propriétaires privés, assure-t-elle à elle seule, sans État fort, l'intérêt général des marchands ? La concurrence est-elle vraiment cette nouvelle loi naturelle qui permet de fonder une société harmonieuse sur le seul droit de propriété privée ? Pour la bourgeoisie anglaise qui ne veut plus d'un contrôle étatique sur la propriété privée, hormis les missions de police et de guerre, une telle question est essentielle. Et de sa réponse dépend sa légitimité.

C'est un professeur écossais de logique et de théologie, Adam Smith, qui, le premier, va la formuler. En 1759, il explique dans sa *Théorie des sentiments moraux* que « le *désir inné en tout individu de faire fortune* est illusoire... Son seul intérêt est d'exciter l'industrieuse activité des hommes et de les tenir dans un mouvement continuel. C'est cette illusion qui leur fait cultiver la terre de tant de manières diverses, bâtir des maisons au lieu de cabanes, fonder des villes immenses, inventer et perfectionner les sciences et les arts[59]. » Il ajoute : « La société peut subsister entre les hommes comme elle subsiste entre les marchands par le sentiment de leur utilité, sans aucun lien d'affection, à l'aide de l'échange intéressé de services mutuels auxquels on assigne une valeur convenue[59]. »

En 1776 — année où se joue l'indépendance américaine — il décrit dans ses *Recherches sur la nature et les causes de la richesse des nations*, le capitalisme et ses manufactures, ses « fabriques », ses ouvriers ayant un « tour de main[41] », sa division du travail, « conséquence nécessaire, quoique fort lente et progressive, d'un certain penchant de la nature humaine qui ne vise nullement une aussi vaste utilité ». Il s'étonne « du penchant à troquer, marchander et échanger une chose contre une autre », clé de l'amélioration humaine limitée par l'« étendue du marché[375] ». Il attribue à la terre « une sorte de générosité particulière dont ses propriétaires recueilleraient les fruits comme par l'effet d'une grâce spéciale[375] ». Mais le créateur de la richesse n'est pas la nature, comme chez les physiocrates, *mais l'homme* : « Le travail est la seule mesure réelle et définitive qui puisse servir dans tous les cas de toutes les marchandises. Il est leur prix réel. » Il esquisse ainsi une théorie de la valeur-travail où les marchandises valent la quantité de travail qu'elles contiennent : « Le travail est donc la mesure de la valeur relative échangeable de toute marchandise[375]. »

La rémunération « normale » du travail doit seulement assurer la subsistance du travailleur, et le profit est la juste appropriation du surplus dont les propriétaires font bon usage : « Aussitôt qu'il y aura des capitaux accumulés dans les mains de quelques particuliers, certains d'entre eux emploieront naturellement ces capitaux à mettre en œuvre des gens industrieux, auxquels ils fourniront des matériaux et des subsistances afin de faire un profit sur la vente de leurs produits ou sur ce que le travail de ces ouvriers ajoute de valeur aux matériaux[375]. » L'accumulation du capital permet donc d'« enrichir à la fois le peuple et le souverain[375] » ; « la nature de la richesse est l'échange », et le marché, par une « main invisible », règle au mieux l'usage efficace des ressources et les répartit entre tous.

Smith en déduit qu'il faut renoncer aux monopoles et aux privilèges, laisser à chacun le choix de son travail, permettre le mouvement des capitaux, la circulation des produits, les importations, les exportations et le commerce avec les colonies. L'État doit seulement assurer le respect de l'ordre du marché par un impôt sur les profits retirés par chaque citoyen du travail ; le législateur doit seulement protéger la propriété telle qu'elle est : « Le principe suprême de la sécurité exige le maintien de ses modes de répartition, même s'ils sont différents[375]. » En dehors de cela, l'État doit s'effacer.

En ce sens, Smith représente bien les marchands de l'époque, et, écrira Spengler avec cruauté, leur « haine contre l'État et contre les “perfides animaux” qu'on appelle hommes d'État [...]. Effectivement, ils doivent faire sur l'authentique commerçant le même effet que le policier sur le cambrioleur, ou le croiseur sur le corsaire[382] ».

Peu après, Jeremy Bentham ira plus loin. Dans la ligne de Hobbes, il posera que *le bonheur se mesure à l'argent dont on dispose* : « Ceux qui trouvent cet instrument trop imprécis doivent en découvrir un autre qui soit plus satisfaisant, sinon qu'ils fassent leurs adieux à la politique et à la morale[42]. » Encore le bonheur ne croît-il pas proportionnellement à la richesse[268]. Si à « chaque part de richesse correspond une part de bonheur [...], l'excès de bonheur du plus riche ne sera pas aussi grand que l'excès de ses richesses [...]. En conséquence, la somme globale de bonheur sera d'autant plus grande que la distribution des richesses sera égalitaire[42]. »

Smith et Bentham ouvrent les vannes du libre marché, témoignent du triomphe de la rationalité de la propriété privée et de l'effacement de l'État.

Ils ne sont d'ailleurs pas les seuls à penser ainsi[156]. En France, une école voisine se constitue à peu près à la même époque. Diderot considère en effet, lui aussi, que « le droit de propriété est un droit naturel, inviolable et absolu, indissociable de l'existence politique, économique et sociale de l'individu[107] », et que la richesse privée est la source du bonheur. S'il déplore qu'« entre les hommes, l'indigence condamne les uns au travail, tandis que d'autres s'engraissent de la peine et de la sueur des premiers[107] », il voit « une protection de l'individu dans la propriété privée[107] ». Il écrit : « La forme des sociétés dépend du plus ou moins de biens que leurs membres possèdent ou peuvent posséder, et dont ils veulent s'assurer la conservation et la propriété[107]. » C'est là tout l'esprit de l'*Encyclopédie* qu'il dirige. A l'article « Propriété », qui n'est pas signé, on lit : « Propriété : c'est le droit que chacun des individus dont une société civile est composée a sur les biens qu'il a acquis légitimement. Une des principales vues des hommes, en formant des sociétés civiles, a été de s'assurer la possession tranquille des avantages qu'ils avaient acquis ou qu'ils pouvaient acquérir. La propriété privée y trouve sa justification économique et politique[156]. »

Voltaire pense également le droit de propriété comme un droit naturel et le marché comme socialement et politiquement utile à l'ordre : « Il est certain que le possesseur d'un terrain cultivera beaucoup mieux son héritage que celui d'autrui. L'esprit de propriété double la force de l'homme[407]. » Il s'y *résigne*, en fait, sans vraiment y aspirer ni le vouloir. A l'article « Égalité » du *Dictionnaire philosophique*, il écrit : « Il est impossible, dans notre malheureux globe, que les hommes vivant en société ne soient pas divisés en deux classes : l'une de riches qui commandent, l'autre de pauvres qui servent, et ces deux se subdivisent en mille. Et ces mille ont encore des nuances différentes[406]. »

Voici venus les moralistes résignés.

Le moralisme résigné

Car le XVIIIe siècle n'est pas seulement celui où se prépare la victoire des propriétaires, mais celui où s'annoncent, dans la grave crise des campagnes françaises et des villes anglaises, les débuts de l'industrialisation et le refus de la propriété privée[156]. Refus fondé soit sur la révolte contre les terribles conditions des travailleurs des fabriques, soit sur l'utopie de la cité des pauvres telle que la conçoivent les Évangiles, soit sur un après-capitalisme où tous auraient accès aux richesses, soit sur un avant-capitalisme où tous seraient égaux[328]. En général, ces critiques morales finissent néanmoins en résignation, la propriété privée se révélant en fin de compte, pour elles, moins dangereuse que les révolutions.

Au début du siècle, un des premiers[156], le curé de campagne Jean Meslier laisse un « mémoire » (qui sera publié beaucoup plus tard) où il s'en prend à la propriété privée, cause des jalousies, des vols et des meurtres. Il propose de créer une nouvelle société d'où elle serait exclue et qui serait fondée sur l'égalité totale des individus : « Tous ceux et celles qui sont par exemple d'une même ville [...] ou d'une même paroisse et communauté, ne composent tous ensemble qu'une même famille, se regardant et se considérant tous les uns les autres comme frères et sœurs, et par conséquent devraient vivre paisiblement et en commun ensemble [...], s'appliquant aussi également tous à la besogne, c'est-à-dire au travail...[156] »

Un peu plus tard, Montesquieu considère que la propriété privée, création de la loi[156], peut « être limitée par l'État pour le bien de tous ». L'État peut partager les terres : « Les lois du nouveau partage des champs demandées avec tant d'insistance dans quelques républiques, étaient salutaires par leur nature. Elle ne sont dangereuses que comme action subite[298]. » En 1721 déjà, dans les *Lettres persanes*, il fait l'éloge des troglodytes, peuple très heureux sans la propriété privée : « Le peuple troglodyte se regardait comme une seule famille : les troupeaux étaient presque toujours confondus ; la seule peine qu'on s'épargnait ordinairement, c'était de les partager[298]. »

De même, Helvétius critique l'inégalité des propriétés[156] : « Il n'est dans la plupart des nations que deux classes de citoyens : l'une qui manque du nécessaire, l'autre qui regorge de superflu. La première ne peut pourvoir à ses besoins que par un travail excessif[202]. » Le bon gouvernement doit « diminuer la richesse des uns et augmenter celle des autres. » Pour cela, il veut faire de chacun un propriétaire : « Tous les citoyens ont-ils quelque propriété ? Tous sont-ils dans une certaine aisance et peuvent-ils, par un travail de sept ou huit heures, subvenir abondamment à leurs besoins et à ceux de la famille ? Ils sont aussi heureux qu'ils peuvent l'être[202]. » Il ne s'agit plus d'exclure le démuni, mais de l'intégrer.

Dans la même ligne que Meslier, Morelly publie en 1755 son *Code de la nature ou le Véritable Esprit de ses lois de tout temps négligé ou méconnu*, d'abord attribué à Diderot. Extraordinaire texte qui annonce tout le socialisme français du siècle suivant, avec son romantisme, son attachement à la terre, son ignorance de l'industrie et sa vision du monde idéal comme une juxtaposition de couvents autonomes : « Écoutez-les tous, ils vous poseront pour principe incontestable et pour base de tous leurs systèmes cette importante proposition : l'Homme naît vicieux et méchant. Non, disent quelques-uns, mais la situation où il se trouve dans cette vie, la constitution même de son être l'exposent inévitablement à devenir pervers[300]. » L'homme, pour Morelly, naît bon et actif : « La paresse n'est engendrée que par les institutions arbitraires qui prétendent fixer pour quelques hommes seulement un état permanent de repos que l'on nomme prospérité, fortune, et laisser aux autres le travail et la peine. Ces distinctions ont jeté les uns dans l'oisiveté et la mollesse, et inspiré aux autres de l'aversion et du dégoût pour des devoirs forcés...[300] » D'où : « Je crois qu'on ne contestera pas l'évidence de cette proposition : *que là où il n'existerait aucune propriété, il ne pourrait exister aucune de ses pernicieuses conséquences*[300]. »

Il faut donc remplacer toutes les lois par trois articles, « pour couper racine aux vices et à tous les maux d'une société :

> — Rien dans la société n'appartiendra singulièrement ni en propriété à personne, que les choses dont il fera un usage actuel, soit pour ses besoins, ses plaisirs ou son travail journalier ;
>
> — Tout citoyen sera homme public, sustenté et entretenu aux dépens du public ;
>
> — Tout citoyen contribuera pour sa part à l'utilité publique, selon ses forces, ses talents et son âge ; c'est sur cela que seront réglés ses devoirs, conformément aux lois distributives[300] ».

Morelly décrit en détail sa société idéale, pyramide de communautés autonomes[156] : tout citoyen devra se marier. Le célibat ne sera permis qu'après l'âge de quarante ans. Le divorce pourra être autorisé après dix ans de mariage. A l'âge de cinq ans, tous les enfants sont éduqués en commun. A dix ans, ils passent dans les ateliers et y reçoivent une instruction professionnelle. L'éducation des enfants devra éviter de laisser se développer chez eux tout goût pour la propriété. « Les magistrats veilleront avec soin à ce que les lois et règlements pour l'éducation des enfants soient partout exactement observés, et surtout à ce que les défauts de l'enfance qui pourraient tendre à l'*esprit de propriété* soient sagement corrigés et prévenus. Ils empêcheront aussi que l'esprit ne soit imbu dans le bas âge d'aucune fable, conte ou fiction ridicule[300]. » Dans les villes, les citoyens sont répartis en quartiers, bâtiments d'habitation et d'exploitation, hôpitaux, asiles pour les vieux, et prisons. Le travail et les vêtements sont répartis par décrets. Le commerce est interdit. Tout citoyen, sans exception, est obligé de pratiquer l'agriculture de vingt à vingt-cinq ans. Le gouvernement repose sur un système compliqué de rotation automatique des fonctions entre familles regroupées en tribus, elles-mêmes rassemblées en cités et en provinces. On y fait peu de lois. Il est interdit par-dessus tout de tenter de rétablir la propriété privée : tout citoyen, quel que soit son rang, qui aurait tenté « d'abolir les lois sacrées pour introduire la détestable propriété, [...] après avoir été convaincu et jugé par le Sénat suprême, [...] sera enfermé pour toute sa vie, comme fou furieux et ennemi de l'humanité, dans une caverne bâtie dans le lieu des sépultures publiques : son nom sera pour toujours effacé du dénombrement des citoyens ; ses enfants et toute sa famille quitteront ce nom et seront séparément incorporés dans d'autres tribus, cités ou provinces[300] ».

Mais c'est dans l'œuvre de Jean-Jacques Rousseau que se trouve la version la plus explicite de cette *résignation* à la propriété privée qui caractérise les penseurs français de la fin du XVIIIe siècle[156]. Pour lui, le droit de propriété n'existe pas dans l'état de nature : il est créé par l'évolution économique et historique. Mais, une fois institué, il est un droit intangible ; et le rôle des gouvernements et des lois est de le protéger, même s'il n'est pas juste. Cet aller et retour entre réfutation et résignation rend très complexe sa théorie de la propriété[156]. Pour lui, l'homme originel est un envieux qui ne se juge que par rapport à l'autre. Son moteur est l'amour-propre, et son critère de valeur la *richesse* qui « sert aisément pour acheter tout le reste ». « Tant que les hommes — écrit Rousseau en 1755 dans son *Discours sur l'origine de l'inégalité* — se contentèrent de leurs cabanes rustiques, tant qu'ils se bornèrent à coudre leurs habits de peaux avec des épines ou des arêtes, à se parer de plumes et de coquillages [...], à tailler avec des pierres tranchantes quelques canots de pêcheurs [...], en un mot tant qu'ils ne s'appliquèrent qu'à des ouvrages qu'un seul pouvait faire, et qu'à des arts qui n'avaient pas besoin du concours de plusieurs mains, ils vécurent libres, sains, bons et heureux autant qu'ils pouvaient l'être par leur nature[357]. » L'institution de la société doit donc protéger les riches contre leur propre richesse : « Plus le riche accroît sa richesse, plus il devient vulnérable, plus son être — incluant ses possessions — est menacé par plus d'individus non riches. Les seules forces qui puissent éventuellement le sauver sont donc les forces des autres, ce sont ceux-là mêmes qui l'attaquent ou le menacent[357]. » Il faut donc équilibrer les propriétés. Nul citoyen ne doit être « assez opulent pour en acheter un autre ». La propriété ne peut être fondée que sur un « titre positif » et ne saurait se confondre avec la possession, qui n'« est que l'effet de la force ou le droit du premier occupant[357] ».

En 1758, la résignation de Jean-Jacques, dans son *Discours sur l'économie politique*, devient plus grande encore. Il écrit : « Le droit de propriété est le plus sacré de tous les droits des citoyens et plus important à certains égards que la liberté même [...]. La propriété est le vrai fondement de la société civile. » Elle est donc au moins aussi sacrée que la liberté, car « plus difficile à défendre[355] ». Mais, pour éviter qu'elle n'aggrave l'injustice, il faut qu'un *contrat social* consacre la propriété, un contrat signé entre *propriétaires* pour protéger leurs biens et leurs vies, tel que la volonté générale soit ainsi respectée[156]. La propriété « doit être multipliée en nombre, mais plus limitée en surface[355] ». « Ce que l'homme perd dans le contrat social, c'est sa liberté naturelle et un droit illimité à tout ce qui le tente et qu'il peut atteindre ; ce qu'il gagne, c'est la liberté civile et la propriété de tout ce qu'il possède[355]. » Dans ce contrat, la propriété privée n'est plus qu'une délégation de l'autorité collective[355].

Pour Rousseau, le gouvernement idéal est d'abord une sorte de dictature[156] ; puis il se « résigne » à proposer la démocratie.

Dans une lettre de 1767 au marquis de Mirabeau, il écrit qu'il n'est plus sûr qu'il soit possible de trouver « une forme de gouvernement qui mette la loi au-dessus de l'homme[156] », et que, si ce n'est pas possible, « il faut passer à l'autre extrémité et mettre tout d'un coup l'homme autant au-dessus de la loi qu'il peut l'être, par conséquent établir *le despotisme arbitraire et le plus arbitraire qu'il est possible* ; je voudrais que le despote pût être Dieu. *En un mot, je ne vois point de milieu supportable entre la plus austère démocratie et le hobbisme le plus parfait ; car le conflit des hommes et des lois qui met l'État dans une guerre intestine continuelle est le pire de tous les états politiques*[156] ». Toute la Révolution française est dans cette incertitude...

Déjà se profilent ceux qui en seront les acteurs. En 1767, un avocat célèbre de l'époque, dont on a déjà parlé, Simon-Nicolas-Henri Linguet, publie la *Théorie des lois civiles ou Principes fondamentaux de la société.* Pour lui, *société* et *propriété* ont même base : la violence. La propriété repose sur l'usurpation. L'esprit de propriété, dès qu'il « a commencé de s'emparer des âmes [....], les a rétrécies, matérialisées pour ainsi dire. Il les a fermées presque à tout autre motif qu'à l'intérêt[260] ». Les lois ne sont faites que pour favoriser les riches et les propriétaires.

Pour Linguet, l'État peut contraindre la propriété « en fixant le prix de vente du blé, afin de permettre au peuple d'avoir du pain à un juxte prix [...]. La grande loi, la plus sacrée de toutes les lois, c'est le salut du peuple[260] ». Mais lui aussi se résigne vite au respect de la propriété[156] : « Il est clair, cependant, qu'il faut la respecter, et quiconque la viole devient coupable envers la société[260]. » Toute réforme risque donc de conduire à pire que ce qu'elle prétend corriger.

L'année suivante, Gabriel Bonnot de Mably, frère de Condillac, s'inspire de Morelly pour critiquer les physiocrates[156] : « La propriété n'est pas indispensable pour donner le goût du travail, car les Indiens du Paraguay comme les moines d'Europe cultivent avec beaucoup de soin leurs terres alors qu'ils vivent en communauté[266]. » Il fait de la pratique de la vertu la base de la vie politique et sociale, et pense que des lois sages, « c'est-à-dire le plus possible conformes à la nature, et propres à refréner les passions, dont la plus dangereuse est le goût de l'argent[266] », sont nécessaires. « Je crains que votre ordre naturel ne soit contre nature [...]. Quand la propriété foncière serait beaucoup plus favorable à la reproduction des richesses qu'elle ne l'est en effet, il faudrait encore préférer la communauté des biens[266]. »

A la même époque s'expriment en Angleterre des théoriciens du même genre. En 1775, par exemple, Thomas Spencer publie *The Real Rights of Man* où il propose de faire de chaque paroisse une cellule égalitaire. En 1780, William Ogilvy, professeur de latin et de grec, dans un *Essai sur le droit de propriété foncière*, propose de partager également le sol. En 1793, William Goldwin, dans l'*Essai sur la justice politique et son influence sur la moralité et le bonheur*, prétend que « la propriété n'est légitime que si les choses sont distribuées à proportion des besoins de chacun[172] ».

En 1775, Necker, dans son *Essai sur la législation et le commerce des grains*, écrit que « les désordres économiques de l'époque sont dus à la libre concurrence et à l'inégalité des fortunes[156] ». Pour lui, l'égalité des propriétés est « le système social qu'on a toujours envisagé comme le plus conforme à la félicité publique », qui favorise l'équilibre du pays et les exportations. En 1780, Jacques-Pierre Brissot de Warville, dans la ligne de Rousseau et de Mably, fait de la propriété le fondement de la division sociale et la source de toutes les inégalités. Pour Brissot, « le droit de propriété, que la nature accorde aux hommes, n'est restreint par aucune borne que celle du besoin satisfait ; il s'étend sur tout et à tous les êtres[70] ». Le premier, il fait l'apologie du *vol en cas de famine*, mais comme une exception à la règle de respect de la propriété privée[156] : « Non pas que je prétende conclure là qu'il faille autoriser le vol et ne pas respecter les lois sur la propriété civile... Sans doute il faut que celui qui a travaillé jouisse du fruit de son travail. Sans cette faveur attachée à la culture, point de denrées, point de richesses, point de commerce. Défendons, protégeons la propriété civile...[70] »

Un arpenteur de la Somme, François Babeuf, réfléchit quant à lui à la question agraire. Il critique les grandes exploitations, dans lesquelles il voit une source d'inégalités et de misère : « Leur maintien, écrit-il au début de la Révolution, constitue une sorte de monopole de l'agriculture entre les mains de la classe la moins nombreuse[156] », ce qui tendrait de plus en plus à produire l'inégalité des fortunes. Pour lui, la solution au problème foncier se trouve dans les « fermes collectives » : « Je substitue la ferme collective à la ferme à preneur unique. 50, 40, 30, 20 individus viennent à vivre en associés sur cette ferme autour de laquelle, isolés qu'ils étaient auparavant, ils végétaient à peine ; de la misère, ils passeront rapidement à l'aisance[156]. »

De même, cette année-là, Marat écrit que les non-possédants ont droit à la révolte[156] : « Qui vole pour vivre, tant qu'il ne peut faire autrement, ne fait qu'user de ses droits [...]. Loin d'être obligés d'en respecter les ordres [des oppresseurs], ils doivent, à main armée, revendiquer contre eux les droits sacrés de la nature[156]. »

Ainsi s'esquissent les fragiles audaces et les timidités fondatrices de la Révolution.

Les paradoxes de Condorcet

Qui, alors, doit avoir le droit de siéger dans les assemblées politiques ? *Les propriétaires*, disent Turgot et d'Holbach — après Locke et Montesquieu. À l'article « Représentants » de l'*Encyclopédie*, d'Holbach écrit : « Ces assemblées, pour être utiles et justes, devraient être composées de ceux que leurs possessions rendent citoyens et que leur état et leurs lumières mettent à portée de connaître les intérêts de la nation et les besoins des peuples ; en un mot, c'est la propriété qui fait le citoyen ; tout homme qui possède dans l'État est intéressé au bien de l'État...[156] »

Mais c'est Condorcet, mathématicien devenu le fondateur de la science politique moderne[161], monarchiste puis girondin qu'on peut classer dans la ligne des physiocrates, qui fait basculer l'Ordre marchand dans la science et construit la première théorie quantitative de l'Ordre marchand. Après avoir étudié les inévitables paradoxes de tout système de vote et démontré mathématiquement que la démocratie interdit la rationalité des décisions publiques[16], il essaie de définir le meilleur système de vote pour une démocratie. Ses idées auront une influence considérable sur le siècle qui suivra. Il liera en théorie, comme cela est déjà lié en pratique, *droit de vote et propriété.*

En 1775, dans la *Lettre d'un laboureur de Picardie à M. Necker*, il écrit : « Vous dites que nous sommes tentés de regarder les riches comme des *êtres d'une nature différente*, que leur grandeur est *une magie qui nous en impose.* Ah ! Monsieur, que nous sommes éloignés de ces idées [...]. Nous sentons que si leur argent leur donne la facilité d'acheter des jouissances dont nous sommes privés, il ne leur donne aucun droit de tenir sur nous des distinctions ou préférences[95]. »

Mais, dit-il, les inégalités de fortune sont inévitables, au moins en Europe. En 1788, dans ses *Lettres d'un bourgeois de New Heaven... sur l'inutilité de partager le pouvoir législatif entre plusieurs corps*, il explique : « Nulle part le citoyen domestique, ouvrier, fermier d'un citoyen très riche, n'est son égal. Nulle part l'homme dégradé, abruti par la misère, n'est l'égal de l'homme qui a reçu une éducation soignée [...]. Il y a nécessairement deux classes de citoyens partout où existent des gens très pauvres et des gens très riches ; l'égalité républicaine ne peut exister dans un pays où les lois civiles, les lois de finances, de commerce rendent possible la longue durée des grandes fortunes[95]. »

La même année, dans son texte *Essai sur la constitution et les fonctions des assemblées provinciales*, il écrit : « Puisqu'un pays est un territoire circonscrit par des limites, on doit regarder les propriétaires comme étant seuls les véritables citoyens. En effet, les autres habitants n'existent sur le territoire qu'autant que les propriétaires leur ont cédé une habitation ; ils ne peuvent donc avoir de droit que celui qu'ils ont reçu d'eux[95]. »

Après avoir étudié et réfuté d'autres systèmes directs, il échafaude un système électoral complexe à deux échelons, où votent les propriétaires et où sont éligibles les plus riches d'entre eux. Pour lui, les propriétaires moyens ont plus d'intérêt à l'ordre social et à la loi que les très riches ou les très pauvres.

Les femmes ne doivent pas être exclues du vote, si elles sont propriétaires. Doivent l'être « les mineurs, les moines, les domestiques, les hommes condamnés pour crime, [...] tous ceux qui peuvent être supposés n'avoir pas une volonté éclairée, ou une volonté propre, [...] ceux qu'on peut légitimement soupçonner d'une volonté corrompue ». Il exclut aussi les étrangers, les voyageurs.

Il ajoute à cette liste tous les démunis : « *L'exclusion des hommes qui n'ont aucune propriété tient au même principe que celle de ces derniers ; le motif est le même, quoique moins fort, et la justice n'est pas plus violée à l'égard des non-propriétaires qu'elle ne l'est à l'égard des étrangers, des mineurs, etc., qui tous sont soumis à des lois qu'ils n'ont point faites*[95]. » Ce texte servira de base morale à la démocratie censitaire du XIXe siècle partout en Europe. Un peu plus tard, il se prononcera pour le suffrage universel.

Aucun auteur, hormis un nommé Reveillon, ne s'interroge encore sur la propriété des manufactures, comme si elle était indiscutablement privée ou bien sans importance pour le débat qui se noue maintenant sur le terrain politique.

Les codes des marchands

Dans les deux grands pays du « milieu » de l'Ordre, la propriété de la terre, encore source du pouvoir, va dicter le sort de deux révolutions.

La France et les colonies anglaises d'Amérique sont alors des contrées encore rurales, dominées par des petits propriétaires terriens. Vers 1780, la moitié du sol français est cultivé par de petits et moyens propriétaires, et 80 % des quatre millions d'Américains vivent de la terre. Mais les deux situations politiques sont fort opposées : à la différence de la France, l'Amérique est une terre sans mémoire et sans racines, où le changement qu'imposent la concurrence et l'argent peut facilement s'introduire. C'est un lieu pour des individus sans passé, nés pour l'échange, le marché et la propriété privée. En 1835, Tocqueville ajoutera que les Américains sont « nés égaux au lieu de le devenir », qu'ils sont en somme nés citoyens, et conformistes : « Je ne connais pas de pays où il règne en général moins d'indépendance d'esprit et de véritable liberté de discussion qu'en Amérique [...] où un despotisme doux s'installe, celui de la similitude et de l'absence d'élite[393]. » Ces « jumeaux » du commerce, comme aurait pu dire Griaule, vont jouer leur révolution sur la défense de leurs droits de propriété et sur la conquête de la citoyenneté qui, depuis Locke, doit en découler.

Depuis le milieu du XVIIIe siècle, certains des pionniers cherchent à consigner leurs droits dans des textes aussi concrets que possible, qui ne signifieraient pas nécessairement rupture avec l'Angleterre ; puis ils se révoltent, et refusent de payer des impôts tant qu'ils n'auront pas de représentants élus pour les décider ; *propriétaires, ils se veulent citoyens.* En 1753, les treize colonies présentent un projet de confédération, mais sans s'imposer face à la forte opposition métropolitaine. En 1763, cependant, quand la France cesse de constituer une menace potentielle pour devenir le meilleur soutien de cette révolution, Montesquieu, Voltaire, Rousseau exercent une influence considérable dans le choix du régime, qui devra avoir « la force de la monarchie et les avantages intérieurs de la république[22] ». En 1763, le *Boston Globe* publie des extraits de *L'Esprit des lois* et parle de « ce Français qui a plus d'idées qu'aucun de nous sur les lois civiques[22] ».

Tout commence en fait en Virginie par une déclaration des droits, le *Bill of Rights*, rédigée par un certain George Mason et votée le 12 juin 1776 par le Congrès de la colonie. Mason note que « les colons ont appris que l'écrit est une arme contre la tyrannie, contre les empiétements du pouvoir ». Il élabore une liste des droits dont nul ne peut être privé. Et, parmi eux, au premier rang, le droit de l'homme à la propriété de lui-même, et donc à ses propriétés telles que Locke les a définies, à savoir « la jouissance de la vie et de la liberté, *l'accession et le droit à la propriété*, la recherche et la jouissance du bonheur et de la sécurité ». L'article 6 de son texte précise que « l'élection des représentants du peuple » est faite par le vote de « tous les hommes qui montrent en permanence un *intérêt suffisamment évident et de l'attachement pour la communauté* [...]. Ils ne peuvent pas être privés de leurs biens ni imposés sans leur propre consentement ou celui de leurs représentants. Ils ne sont pas liés par les lois qui n'ont pas été adoptées de cette façon conforme au bien public ». Enfin, l'article 7 confie au juge, et non à la loi, la gestion de la propriété : « Dans les controverses portant sur la propriété, dans les procès opposant un homme à un autre, le procès traditionnel devant jury est préférable. Il sera tenu pour sacré. »

Quelques semaines plus tard, le 4 juillet 1776, la Déclaration d'indépendance ne reprend pas le droit de propriété parmi la liste des droits inaliénables, mais cite « les obstacles à l'*appropriation* des terres nouvelles » comme un des principaux reproches adressés aux occupants. Et Jefferson, sur la pression des gens du Sud, s'abstient d'y reprocher à George III le système de la traite et l'esclavage.

Pendant les dix années qui suivent, la guerre contre les

Anglais responsables de cette lutte d'indépendance à comprendre que le régime confédéral ne suffit pas. Ils élaborent une Constitution fédérale et, en 1787, quatre ans après l'Indépendance, un État fédéral s'approprie toutes les corporations, les compagnies du colonisateur et toutes les terres nouvellement découvertes. Il les subdivise en *townships* de 36 miles carrés, elles-mêmes réparties en 36 sections et vendues sous la responsabilité du secrétaire au Trésor.

Les deux principaux rédacteurs de la Constitution, James Madison, fils d'un propriétaire terrien de Virginie, et Alexander Hamilton, fils d'un commerçant des Indes occidentales britanniques, veulent établir un pouvoir fédéral fort qui soit le garant de la propriété et des libertés, afin de réduire les risques de séparatisme des États[384]. Comme Locke, ils pensent que si chaque citoyen a un intérêt matériel dans le gouvernement, il le défendra. Comme Adam Smith, ils pensent qu'un « bon » gouvernement doit se limiter à aider chacun à se consacrer à la défense de ses intérêts et à protéger la propriété privée pour que les citoyens puissent, sans crainte pour leurs biens, exprimer leur point de vue. Afin d'éviter d'excessives inégalités, génératrices de désordre, le gouvernement fédéral doit donc assurer à chacun le droit de travailler, de devenir propriétaire et d'accumuler des biens, autrement dit permettre la mise en place du « meilleur système économique possible[384] », celui du libre commerce. En mars 1787, Madison explique que « la sécurité de la propriété est l'un des premiers objectifs de toute société civile ». Hamilton, devenu secrétaire au Trésor de George Washington, président, explique que la constitution vise à construire une « république commerciale ». Le 17 septembre 1787, la Constitution des États-Unis d'Amérique confie à un Congrès la responsabilité de défendre la propriété, notamment le soin de « favoriser le développement de la science et des arts utiles en garantissant pour une période de temps déterminée aux auteurs et inventeurs le droit exclusif à leurs écrits et à leurs découvertes[384] ».

Tandis que commence le processus de ratification[59], Hamilton et Madison, pour expliquer leur projet, publient du 27 octobre 1787 au 15 août 1788 quatre-vingt-cinq articles dans plusieurs journaux de New York, qu'ils regroupent ensuite sous le titre *Le Fédéraliste*[191]. La propriété privée y est présentée comme garante et moteur de la liberté ; le droit ne sert qu'à faire respecter les règles de la propriété privée et de sa circulation sur le marché[384]. Dans le premier de ces articles, Hamilton écrit que les Américains doivent fonder un gouvernement « par réflexion et choix », et non être le « jouet du hasard et de la force » : c'est la victoire définitive du droit subjectif sur le droit naturel. Dans le dixième, Madison explique que le libre marché est la condition de la démocratie : « Pour éviter les conflits politiques, il faut concentrer l'énergie des citoyens vers le commerce[191] », garantir la propriété et faire respecter la concurrence.

Un peu plus tard, Madison précisera : « Ce n'est pas un gouvernement juste, et la propriété n'est pas garantie si des monopoles peuvent refuser aux citoyens l'usage libre de leurs facultés et le libre choix de leur métier, *qui constituent leurs propriétés* au sens le plus large du mot, ou qui sont *leurs moyens d'acquérir de la propriété*[384]. »

Dès que la Constitution est adoptée, dix amendements élaborés du 9 au 22 septembre 1789 — et définitivement ratifiés par les États en décembre 1791 — définissent les droits de l'homme et les conditions de leur protection. Deux concernent la propriété. L'un, le troisième, stipule qu'« aucun soldat ne sera, en temps de paix, logé dans une maison sans le consentement du *propriétaire*, ni en temps de guerre si ce n'est de la manière prescrite par la loi ». Le cinquième stipule que « nul ne sera privé de vie, de liberté *ou de propriété* sans procédure légale régulière. Nulle propriété privée ne sera prise pour usage public sans une juste indemnité ». L'Amérique a ainsi ouvert la voie à la France, alors en pleine effervescence. Par un étrange retour des choses, c'est elle, à présent, qui va l'influencer.

Au début de cette année 1789, Thomas Jefferson, ambassadeur en France du gouvernement américain, se trouve à Paris au milieu d'une crise financière largement provoquée par le soutien du roi à la guerre d'Indépendance américaine. Cette crise financière est déjà une crise politique. Le 24 janvier 1789, pour la première fois depuis cent cinquante ans, le roi se résout à convoquer des États généraux. Les cahiers de doléances sont rédigés au début de 1789. Celui qu'envoie Augan, petit village de Bretagne, montre bien l'importance considérable que revêtent encore les contraintes féodales et les règles de propriété qui en découlent [439] :

« 1) Nous nous plaignons d'être seuls assujettis à la corvée des routes qui a dépeuplé nos campagnes de gens riches et augmenté notre misère ; 2) du sort de la milice qui nous enlève des enfants utiles et souvent nécessaires ; 3) des corvées et servitudes féodales trop étendues et trop onéreuses, et d'autant plus onéreuses qu'elles donnent lieu à la vexation des officiers des seigneurs, à la dévastation de nos campagnes [...] ; 7) de la servitude aux moulins où l'on nous prive de la plus grande partie de notre substance ; 8) du droit de guet pour lequel il faut payer 5 sols par homme et chacun an ; 9) de l'injustice des impôts particuliers à notre ordre [...] ; 11) de n'avoir eu jusqu'ici aucun représentant aux états de la province ; d'où vient sans doute que les charges de l'État sont entassées sur nos têtes [...]. Que, dans ces assemblées, nos représentants soient au moins en nombre égal à celui des ordres privilégiés et que leurs voix soient comptées par tête. Que nos représentants puissent n'être ni nobles ni ecclésiastiques, mais toujours de notre ordre : ils seraient trop intéressés à suivre des impulsions étrangères. Que, dans nos assemblées, nul ne puisse nous présider que dans la mesure où la réunion des suffrages l'aura fait élire, et que notre liberté soit aussi sacrée que celle de tout autre citoyen[439]. »

Beaucoup de ces aspirations vont être réalisées dans les trois années qui suivent. L'enjeu de la propriété de la terre sera central ; pas celui de l'argent. Le 5 mai, le roi ouvre les États généraux. Comme le laissaient entendre les cahiers de doléances, les débats commencent par la question de savoir s'ils doivent voter par ordre ou par tête. On se met à réfléchir aux compétences que les États généraux pourraient recevoir ou prendre. L'expérience américaine attire tous les regards. Dès le 2 juin, La Fayette et Rabaut-Saint-Étienne prient Jefferson de rédiger pour eux un projet de constitution qu'ils se proposent de demander au roi de promulguer. L'Américain suggère que les États généraux soient, à compter du 1er novembre 1789, rendus responsables du budget, de l'armée et de la liberté de la presse, le roi conservant un droit de veto sur ces décisions.

Mais les événements en décident autrement. Le 23 juin, le roi casse la décision prise par les trois ordres de délibérer ensemble, ce que le Tiers État refuse en se déclarant Assemblée constituante. Tout est dit. Le 20 juillet, l'archevêque de Bordeaux, Champion de Cicé, qui préside l'Assemblée, demande de nouveau à Jefferson de travailler à la rédaction d'une Constitution car, lui dit-il, « il n'y a pas d'étranger pour nous, quand il y va du bien-être d'une nation tout entière ». Jefferson décline cette fois la proposition. Le 12 juillet 1789, La Fayette demande à l'Assemblée constituante de faire précéder la future constitution, à l'image de celle des États américains, d'une Déclaration des droits de l'homme et du citoyen. Le 4 août — soit deux ans avant le vote final du *Bill of Rights* américain —, l'Assemblée abolit les privilèges et décrète le rachat des droits féodaux. Plusieurs millions de paysans se trouvent ainsi en situation de devenir des propriétaires fonciers ; tous les privilèges sont abolis, dont celui d'imprimerie, mais on ne touche pour l'instant ni aux corporations ni au privilège d'invention. La Déclaration des droits de l'homme et du citoyen, votée le 26 août, reprend nombre des termes du texte américain : la *propriété* y est déclarée un droit « naturel imprescriptible » (art. 2), « inviolable et sacré » (art. 17), « et nul ne peut en être privé, si ce n'est par nécessité publique entérinée par une loi, et moyennant une indemnité préalable et juste » (art. 17).

Le 18 septembre 1789, venu à l'Assemblée nationale critiquer l'abolition des privilèges, Louis XVI les présente comme le meilleur soutien de la petite propriété paysanne : « Les droits féodaux détournent les riches d'accroître leurs possessions de toutes les petites propriétés qui environnent leurs terres, parce qu'ils sont intéressés à conserver le revenu honorifique de leur seigneurie [...]. Les riches chercheront, en perdant ces avantages, à augmenter leurs possessions foncières, et les petites propriétés diminueront chaque jour. Cependant, il est généralement connu que leur destruction est un préjudice pour la culture ; que leur destruction circonscrit et restreint l'esprit de citoyen en diminuant le nombre de personnes attachées à la glèbe ; que leur destruction, enfin, peut affaiblir les principes de morale en bornant de plus en plus les devoirs des hommes à ceux de serviteurs et de gagistes. »

Le 2 novembre, faute de moyens financiers, à l'initiative de Talleyrand, évêque d'Autun, on nationalise les biens du clergé : c'est la première « nationalisation » en Europe. On crée pour 400 millions d'assignats, bons à intérêt garantis par les biens du clergé devenus biens nationaux. Ceci va donner pour quelques années à l'État les moyens de faire la guerre, tout en renouvelant la classe des riches.

Dès le mois de septembre, s'est ouvert le premier débat sur la question électorale, et s'est posée la question de savoir qui doit voter. Le premier projet distingue trois catégories de citoyens : les citoyens *passifs*, qui, payant une contribution inférieure à trois journées de travail, ne disposent pas du droit de vote (environ trois millions de personnes) ; les citoyens *actifs*, qui paient une contribution supérieure ou égale à la valeur de trois journées de travail, et qui participent à la désignation des municipalités et des électeurs, soit quatre millions de personnes ; enfin les *électeurs*, qui payent une contribution égale à dix journées de travail et participent à la désignation des députés, des juges, des membres des administrations départementales, et qui ne sont que cinquante mille[444]. Parmi eux se recrutent les *éligibles*, qui ont une propriété foncière représentant deux cents journées de travail. L'exclusion des domestiques vise, dit-on, à empêcher les maîtres de multiplier leur pouvoir électoral en influençant les leurs[444].

Desmoulins, Marat, Robespierre sont opposés à ce projet. Les premiers, ils se prononcent en faveur du suffrage universel total. « Les *citoyens actifs*, écrira Desmoulins après le vote, le 22 décembre 1789, ce sont ceux qui ont pris la Bastille ! Quand le pauvre était appelé à la défense des frontières, lui demandait-on ce qu'il payait d'impôt, et ce citoyen qu'on déclarait passif quand il y avait à voter, le déclarait-on passif quand il y avait à mourir ? Ô prêtres stupides, prêtres fourbes qui avez voté cette loi, ne voyez-vous pas que Jésus-Christ aurait été inéligible, et que vous reléguez votre Dieu parmi la canaille ! » Condorcet vote lui aussi avec les tenants du suffrage universel, qui est rejeté.

La Révolution continue à faire disparaître les bases de l'ordre féodal et à unifier les règles de droit. Le 11 mars 1790, Dupont de Nemours fait voter la suppression de la gabelle ; les fermiers généraux sont maintenus en fonctions, mais comme fonctionnaire d'une régie d'État. Tirant les conséquences de la nuit du 4 août, un décret du 15 mars 1790 abolit toutes les prérogatives féodales (le servage, le droit de mainmorte, les corvées, les justices seigneuriales) et déclare les redevances rachetables. Un décret du 3 mai fixe le prix de rachat à vingt fois le montant des droits annuels en monnaie, et à vingt-cinq fois celui des droits en nature[245]. Montant énorme ! De plus, aucun crédit n'est possible et les seigneurs ne sont pas tenus d'accepter de vendre. La loi crée une contribution *foncière*, une contribution *personnelle et mobilière* et une *patente*, trois impôts assis sur la propriété et assurant le droit de vote. Comme l'Assemblée constituante fait disparaître monopoles et compagnies commerciales, l'État se trouve à la tête d'un patrimoine immobilier considérable qu'il mobilisera en émettant des papiers-monnaie gagés sur les domaines nationaux, les assignats, au cours forcé, qui lui permettront de régler les achats rendus nécessaires à cette époque.

En France, si la Révolution n'a pas encore touché aux privilèges dépendant du roi lui-même, c'est par le droit de propriété des idées qu'elle commence à s'y attaquer. Le système des privilèges que le roi vend à son profit est encore fondé sur l'idée de « nouveauté absolue » dont l'Angleterre s'est débarrassée il y a plus d'un siècle et les États-Unis le 3 janvier 1790. Aux États-Unis, ce jour-là, George Washington déclare en effet devant le Congrès qu'il faut « encourager efficacement l'introduction d'inventions nouvelles et utiles de l'étranger, ainsi que le savoir-faire et les compétences pour les réaliser dans le pays ». Une loi nouvelle rémunère l'inventeur par un monopole d'exploitation de son invention limité dans le temps. Elle organise la délivrance de patentes et impose l'examen préalable de la nouveauté en reprenant le système français de validation par l'Académie des sciences, mais en le rendant obligatoire et automatique. Au mois d'août, à Paris, les « artistes-inventeurs » présentent au Comité d'agriculture et de commerce de l'Assemblée constituante une pétition « dans laquelle ils sollicitent une législation conforme à celle des patentes anglaises ». Ils regrettent que « dans la nuit à jamais mémorable du 4 au 5 août, les privilèges d'invention ne furent point compris dans ce généreux holocauste brûlé sur l'autel de la Patrie[444] ». Le 30 décembre, un député, M. de Boufflers, dans un rapport à l'Assemblée, propose de reconnaître que l'inventeur est propriétaire de son invention : « L'arbre qui naît dans un champ n'appartient pas aussi incontestablement au maître de ce champ que l'idée qui vient dans l'esprit d'un homme n'appartient à son auteur. L'invention, qui est la source des arts, est encore celle de la propriété : elle est la propriété primitive, toutes les autres ne sont que des conventions[444]. » Il suggère d'imiter les Anglais et les « sages Américains » qui, « dans leur nouvelle constitution, ont adopté la législation anglaise comme le plus sûr moyen d'assurer aussi l'affranchissement et la prospérité de leur industrie ». Il est suivi. Le 7 janvier 1791 est votée la « loi relative aux découvertes utiles et aux moyens d'en assurer la propriété à ceux qui seront reconnus en être les auteurs ». Pour la première fois, une loi française désigne sous le nom de « propriété » le droit d'un inventeur ou du possesseur d'une marque, bien qu'il ne s'agisse là en fait que d'un droit d'exploitation exclusif, d'une « patente » accordée pour cinq, dix ou quinze années pour « toute découverte ou nouvelle invention » ou « pour toute invention de perfectionnement », ou à « quiconque apportera le premier en France une découverte étrangère ». La description en est rendue publique « afin que tout citoyen puisse librement l'exercer et en jouir ». On admet donc que « la première présentation à une autorité chargée de délivrer le brevet vaut découverte », ce qui favorise l'importation des techniques étrangères sur simple requête, sans examen préalable.

Le 13 janvier 1791, une loi votée avec le soutien de Beaumarchais, de Mirabeau et de Robespierre, étend les droits des auteurs dramatiques à l'ensemble du territoire national et interdit la représentation théâtrale des œuvres sans l'autorisation des ayants-droit (les œuvres passeront dans le domaine public cinq ans après la mort de l'auteur). Ce jour-là, Le Chapelier, président du Comité de constitution, avocat au parlement de Rennes, qui va jouer un rôle considérable dans l'élaboration de tous les textes de ces deux premières années touchant la propriété, déclare que la propriété littéraire est « la plus sacrée, la plus légitime, la plus inattaquable et [...] la plus personnelle des propriétés ». Le 8 mars 1791 est créé un Bureau de perception des droits des auteurs et des compositeurs dramatiques.

Le 17 mars, le droit de propriété industrielle, dégagé des privilèges, est reconnu dans son principe. La liberté absolue du commerce et de l'industrie permet la constitution sans contrôle de sociétés par actions, encore inconnues en France.

Le 14 juin, la loi Le Chapelier confirme que « la plus sacrée et la plus personnelle de toutes les propriétés est l'ouvrage, fruit de la pensée d'un écrivain ». Elle abolit en même temps les droits de glane, les corporations, et interdit les grèves et les coalitions. Chacun devient désormais propriétaire de son travail.

Une loi du 12 juillet 1791 déclare le sous-sol propriété de la nation : « Les mines sont à la disposition de la nation, en ce sens seulement que ces substances ne pourront être exploitées que de son consentement et sous sa surveillance. »

La Constituante élabore aussi un Code rural. Il ne supprime pas la vaine pâture ni les droits similaires, mais, au contraire, abolit les droits seigneuriaux sur les communaux. Comme dit Fernand Braudel, on rend « aux communautés leurs anciens droits qu'elles n'avaient pas vraiment perdus[68] ». Les paysans n'ont pas encore tiré de réel profit individuel de la Révolution.

1792 est largement occupée par les problèmes extérieurs, par la montée des revendications des *citoyens passifs*, par les premières demandes de destitution du roi. Sous la pression des masses paysannes, le 18 juin, l'Assemblée législative supprime, sans indemnité, les droits féodaux dont les seigneurs ne peuvent faire la preuve. L'arrestation du roi, le 10 août, est suivie le 21 septembre, de la réunion de la Convention nationale élue en vertu de la constitution de 1791, et de la proclamation de la République. La veille, l'armée prussienne a été arrêtée à Valmy.

Les plus critiques, qui veulent que le peuple tout entier, propriétaire ou non, exerce le pouvoir, commencent à prendre le dessus. Le 2 décembre 1792, Robespierre déclare à la tribune de la Convention : « La première loi sociale est celle qui garantit à tous les membres de la société les moyens d'exister ; toutes les autres sont subordonnées à celle-là ; la propriété n'a été instituée ou garantie que pour la cimenter ; c'est pour vivre d'abord que l'on a des propriétés. Il n'est pas vrai que la propriété puisse jamais être en opposition avec la subsistance des hommes [...] Tout ce qui est indispensable pour conserver la vie est une propriété commune à la société entière. Il n'y a que l'excédent qui soit une propriété individuelle et qui soit abandonné à l'industrie des commerçants. » Selon lui, il faut « assurer à tous les membres de la société la jouissance de la portion des fruits de la terre qui est nécessaire à leur existence, aux propriétaires ou aux cultivateurs le prix de leur industrie, et livrer le superflu à la liberté du commerce ».

Chacun y va alors de son plan de réforme sociale et de son projet de constitution. Les Girondins, qui regroupent la bourgeoisie libérale de province, confient à une commission de treize membres, dont Condorcet, le soin de rédiger une Constitution. Mais, dès la fin mai de 1793, les Montagnards, hétéroclite coalition de bourgeois centralisateurs et de représentants du petit peuple parisien, qu'on pourrait presque dire autogestionnaires, s'emparent du pouvoir et font reprendre le travail constitutionnel par cinq membres du Comité de salut public, dirigés par Hérault de Séchelles. En quelques jours, pour satisfaire le peuple, on fait adopter en juin un projet qui reprend à Condorcet l'idée du suffrage universel. Louis Blanc dira que le projet de Condorcet était « rationaliste et individualiste[51] », alors que celui de Séchelles est « sentimental et fraternel[51] ». Dans le texte des Montagnards, l'article 12 stipule : « La Constitution garantit à tous les Français l'égalité, la liberté, la sûreté, la *propriété*, le libre exercice des cultes, une instruction commune, des secours publics, la liberté indéfinie de la presse, le droit de pétition, celui de se réunir en société populaire. » L'article 21 de la Déclaration énonce que « la société doit la subsistance aux citoyens malheureux, soit en leur procurant du travail, soit en assurant des moyens d'exister à ceux qui sont hors d'état de travailler ». Alors que le projet de Condorcet faisait désigner par le suffrage universel jusqu'aux ministres et aux hauts fonctionnaires, celui de Séchelles les fait nommer par l'Assemblée[51].

Dans un très beau discours qui décrit bien l'esprit du temps, Robespierre propose d'adjoindre à ce texte un nouveau projet de Déclaration des droits de l'homme[51] : « Je vous proposerai d'abord quelques articles nécessaires pour compléter vos théories sur la propriété [...], dit-il en guise d'exposé des motifs. Que ce mot n'alarme personne ! Ames de boue qui n'estimez que l'or, je ne veux point toucher à vos trésors, quelque impure qu'en soit la source. Vous devez savoir que cette loi agraire, dont vous avez tant parlé, n'est qu'un fantôme créé par les fripons pour épouvanter les imbéciles... Il s'agit bien plus de rendre la pauvreté honorable que de proscrire l'opulence... Posons donc de bonne foi les principes du droit de propriété ; il le faut d'autant plus qu'il n'en est point que les vices des hommes aient cherché à envelopper de nuages plus épais. Demandez à ce marchand de chair humaine ce que c'est que la propriété... il vous dira, en montrant cette longue bière qu'il appelle un navire, où il a encaissé et serré des hommes qui paraissaient vivants : "Voilà mes propriétés ; je les ai achetées tant par tête." Interrogez le gentilhomme qui avait des terres, des vassaux, et qui croit l'univers bouleversé depuis qu'il n'en a plus, il vous donnera de la propriété des idées à peu près semblables [...]. Interrogez les augustes membres de la dynastie capétienne, ils vous diront que la plus sacrée de toutes les propriétés est, sans contredit, le droit héréditaire, dont ils ont joui de toute antiquité, d'opprimer légalement et monarchiquement les vingt-cinq millions d'hommes qui habitaient le territoire de la France sous leur bon plaisir... »

La propriété, aux termes de ce projet, ne fait plus partie des droits de l'homme, qui sont « de pourvoir à la conservation de son existence et de sa liberté » (art. 2). La propriété est considérée comme une « institution sociale » : « le droit qu'a chaque citoyen de jouir et de disposer de la portion de biens qui lui est garantie par la loi » (art. 7), « borné, comme tous les autres, par l'obligation de respecter les droits d'autrui » (art. 8) et qui « ne peut préjudicier ni à la sûreté, ni à la liberté, ni à l'existence, ni à la propriété de nos semblables » (art. 9). « Toute possession, tout trafic qui viole ce principe est essentiellement illicite et immoral » (art. 10).

Mais la Déclaration des droits de l'homme qui est finalement adoptée avec le texte de la Constitution va beaucoup moins loin : « Le droit de propriété est celui qui appartient à tout citoyen de jouir et de disposer à son gré de ses biens, de ses revenus, du fruit de son travail et de son industrie » (art. 16).

En votant ce texte timide, la Convention essaie de se concilier les paysans propriétaires ou qui aspirent à le devenir. Le 10 juin 1793, quelques jours après l'arrestation des Girondins, dans le même sens, elle ordonne qu'il soit procédé au partage des communaux dans les huit jours par une assemblée des habitants, les lots, de même valeur, devant être répartis par tirage au sort. Mais les traditions bi-millénaires sont plus fortes que la Révolution : la majorité des communes refusent d'appliquer cette loi et la Convention s'aliène les paysans les plus pauvres.

Le 17 juin, la Convention supprime sans indemnité toutes les « redevances ci-devant seigneuriales, droits féodaux, censuels » ; les rentes non féodales sont maintenues, les titres des droits supprimés doivent être brûlés. Dans le même temps, les terres de l'Église, des immigrés et des condamnés politiques sont confisquées et l'État les vendra peu à peu, par petits lots, à bas prix, avec des délais de paiement pour favoriser la petite propriété. En réalité, comme, depuis 1789, ce sont quelques grands bourgeois (et même des nobles) qui les achètent, « l'égalité des fortunes, dont avaient rêvé les plus ardents révolutionnaires, ne progressa pas sensiblement[444] ».

Une loi du 10 juillet 1793 fait du droit des écrivains et des artistes, auteurs, compositeurs de musique, peintres et graveurs, un véritable droit et non plus un privilège octroyé. Elle condamne la contrefaçon. Lakanal, rapporteur du projet, déclare que « nulle propriété n'est moins sujette à contestation que celle des productions de l'esprit », et il s'étonne qu'une loi positive soit nécessaire pour consacrer ce « droit évident[444] ». L'article premier de la loi prévoit que « les auteurs d'écrits en tous genres, les compositeurs de musique, les peintres et dessinateurs qui feront graver des tableaux ou dessins, jouiront durant leur vie entière du droit exclusif de vendre, faire vendre, distribuer leurs ouvrages dans le territoire de la République, et d'en céder la propriété en tout ou partie[444] ». Le droit pour les productions littéraires et artistiques s'étend à la reproduction. L'article 7 parle même « de toute production de l'esprit ou du génie qui appartient aux beaux-arts[444] ».

Entre-temps, le travail du groupe chargé d'élaborer un Code civil destiné à remplacer les anciennes lois et coutumes progresse dans l'ombre. Le 9 août 1793, Cambacérès propose un premier projet. Certaines parties — sur le mariage, les successions, la puissance paternelle — sont déjà au point. La Convention le rejette néanmoins, le « trouvant trop empreint des idées de l'Ancien Régime », et décide, en octobre, de nommer une nouvelle commission de philosophes chargée de sa rédaction, qui ne sera jamais créée. Les adversaires les plus radicaux de la propriété s'expriment désormais ouvertement ; le 26 février 1794 et le 3 mars, Saint-Just fait voter les décrets de Ventôse visant à redistribuer la propriété et à remettre aux indigents les biens confisqués à trente mille suspects : « La Révolution nous conduit à reconnaître ce principe que celui qui s'est montré l'ennemi de son pays n'y peut être propriétaire [...]. Celui-là seul a des droits dans notre patrie qui a coopéré à l'affranchir. Abolissez la mendicité qui déshonore un État libre ; les propriétés des patriotes sont sacrées, mais les biens des conspirateurs sont là pour tous les malheureux. » Ce texte, comme bien d'autres, ne fut jamais appliqué. François Babeuf, un arpenteur devenu administrateur du district de la Somme, propose de son côté la suppression de la propriété individuelle, l'interdiction de vendre et de léguer, la mise en commun de toutes les terres[51]. Opposant de gauche au Comité de Salut public, à la Convention thermidorienne, puis au Directoire, il disparaîtra trois ans après Robespierre, lui-même guillotiné le 10 thermidor.

Au total, le rêve égalitaire de certains des hommes au pouvoir sous la Terreur n'aura accouché que de lois inapplicables, d'une redistribution des terres entre les petits paysans, sans faire basculer la France dans l'Ordre marchand, certains diront même en le retardant. Dans le désordre financier, la paysannerie aura réglé, bien après l'Angleterre, ses comptes avec l'Ordre féodal, sans accoucher d'une classe ouvrière ni d'une classe de marchands.

Le cours de l'histoire de France retrouve alors son lit : après le temps de la mort du roi, voici celui du Léviathan ; après Thermidor, la nouvelle Constitution du 22 août 1795 confie le pouvoir au Directoire qui entre en fonction le 31 octobre. Un système de trois filtres successifs d'électeurs et de députés garantit que le pouvoir restera aux propriétaires fonciers. Pour participer aux « assemblées primaires », il faut avoir vingt et un ans et payer une contribution directe. Pour être éligible aux « assemblées électorales » qui désignent ensuite les membres du Conseil des Cinq-Cents (qui lui-même choisit les cinq directeurs, chefs de l'exécutif), il faut avoir vingt-cinq ans et « *être propriétaire ou usufruitier* d'un bien évalué à un revenu égal à la valeur locale de deux cents journées de travail, ou être *locataire* soit d'une habitation évaluée à un revenu égal à la valeur de cent cinquante journées de travail, soit d'un bien rural évalué à deux cents journées de travail[444] » (ce qui correspond à une fortune de l'ordre de 4 000 livres, et concerne environ trente mille personnes). Le 24 septembre 1795, un article de la *Gazette de France* explique que « *la propriété foncière est la garantie de la sagesse politique* » : « Dans toutes les associations policées, les propriétaires seuls composent la société. Les autres ne sont que des prolétaires qui, rangés dans la classe des citoyens surnuméraires, attendent le moment qui puisse leur permettre d'acquérir une propriété. La richesse acquise est l'indice du mérite dans le domaine privé, et la bonne gestion du domaine privé induit celle du domaine public. L'État doit être régi par ceux qui ont su gérer leur patrimoine ; c'est la condition de son efficacité. La fonction politique découle de la fonction sociale la plus éminente, la propriété[444]. » La seconde assemblée, le Conseil des Anciens, est, elle aussi, désignée au suffrage censitaire.

A court de ressources financières, sans moyens d'augmenter

les impôts, inquiet de la montée des extrêmes, le Directoire, pour se concilier les campagnes, suspend l'application de la loi sur le partage des communaux. Des spéculateurs se constituent d'énormes domaines. En 1796, Cambacérès, chargé par le Conseil des Cinq-Cents de lui soumettre un projet de Code civil, présente un troisième texte, mais la discussion est à nouveau ajournée[444].

Juste après son coup d'Etat de Brumaire, Bonaparte signe un arrêté nommant une commission de quatre membres pour en finir avec le problème du Code civil. En quatre mois, ce projet est bouclé : « Les lois civiles seront revues, et réformée la législature, et il sera fait un code général de lois simples, claires et appropriées à la Constitution. »

Quoique prétendant rétablir le suffrage universel, la constitution de l'an VIII établit un système de liste à trois degrés, chacune d'entre elles étant composée de dix fois moins de citoyens que la précédente. Choisis parmi les six cents citoyens les plus imposés du département, les membres du collège électoral sont entre deux et trois cents ; ceux des collèges d'arrondissement, entre cent vingt et deux cents. Le pouvoir reste aux mains d'une caste très restreinte de propriétaires fonciers et de militaires, bientôt nouveaux nobles détenteurs de domaines.

Le Code civil, dont la rédaction s'achève alors, résume des siècles de coutumes tout en innovant. Le 21 mars 1804, une loi promulgue ce texte sous le titre de *Code civil des Français*, comportant 3 livres et 2 281 articles. Le livre premier traite des personnes (art. 7-515) ; le deuxième, « des biens et des différentes modifications de la propriété » (art. 516-710) ; le troisième, « des différentes manières dont on acquiert la propriété » (art. 711-2281). Il fusionne le droit romain, le droit coutumier, le droit canonique et les conquêtes de la Révolution. Les bases en sont, dit Cambacérès, « liberté, propriété, libre contrat ». Il révèle ce qu'est la France qu'il juge et régit : écrit pour des propriétaires fonciers, il s'intéresse peu à la propriété mobilière, mais s'efforce de régler très en détail le droit de conserver et de partager *le Nom*, qui reste au cœur de l'Ordre.

L'article 544, qui fait écho à l'article 17 de la Déclaration de 1789, définit la *propriété* comme « le droit de jouir et disposer des choses de la manière la plus absolue, pourvu qu'on n'en fasse pas un usage prohibé par les lois ou par les règlements[79] ». Ce droit est absolu, exclusif, inaliénable et perpétuel. Le propriétaire peut user et abuser de sa chose. Les juges doivent résoudre les questions de propriété « suivant les règles et les inspirations de l'équité[79] ». L'article 1716 prévoit que dans un conflit, la parole du propriétaire l'emporte sur celle du locataire.

Les successions se règlent sur le principe d'égalité entre les enfants et ne laissent qu'une initiative limitée à la volonté du testateur. La dot, « bien que la femme apporte au mari pour supporter les charges du mariage[79] » et les besoins de la famille (art. 1541), est sous la responsabilité du mari (art. 1549), qui ne peut l'aliéner (art. 1554) si elle est composée de terres. Le Code ne parle pas du cas de la dot constituée de biens mobiliers : oubli significatif. Cette inaliénabilité bloque une partie des patrimoines hors des circuits de l'échange. Le Code met aussi la femme sous la dépendance absolue de son mari : une infidélité est un motif suffisant pour que le mari demande le divorce ou l'enfermement dans une maison de correction, mais la réciproque n'est pas vraie[79].

Révélateur de la faiblesse numérique et politique du salariat de l'époque, le Code ne contient presque rien sur le droit du travail ; alors qu'il comporte un grand nombre d'articles sur les contrats de vente, d'échange, de location (trente et un articles sur les locations de bétail), il n'en compte que deux, tous deux repris de coutumes de l'Ancien Régime, sur l'ouvrier et ses relations avec son employeur[79], l'un qui interdit l'esclavage : « On ne peut s'attacher les services d'un ouvrier ou d'un domestique que pour une période ou pour une tâche déterminées[79] », l'autre qui indique la nature de la soumission : « En cas de conflit sur le salaire, la parole du maître, en l'absence de documents écrits, l'emporte sur celle de l'employé » (art. 1781).

L'article 1832 définit l'*entreprise* comme « *un contrat* par lequel deux ou plusieurs personnes conviennent de mettre quelque chose en commun dans le but de partager le bénéfice qui pourra en résulter ». Un peu plus tard, en 1807, le Code de commerce laissera toute liberté de créer sans autorisation gouvernementale des sociétés en commandite par actions, mais, revenant sur la loi Le Chapelier, il obligera les *sociétés anonymes*, qui commencent à apparaître en France, à être autorisées par l'État[79]. Cette autorisation ne sera supprimée que le 24 juillet 1867. Le capitalisme aura, seulement alors, acquis sa place dans le droit français.

Vie et mort bourgeoises

Comme toutes les périodes d'achèvement et d'épanouissement d'un Ordre, le XIXᵉ siècle n'est pas en lui-même un moment d'innovation du droit. Les concepts nés dans les siècles antérieurs ne font qu'y trouver leur expression la plus large : ce qui, il y a cinq ou six cents ans, n'était que la loi de quelques marchands d'une poignée de villes marginales et parfois rebelles, devient la norme de toute l'Europe.

Le « cœur » est maintenant clairement en Angleterre. Deux « milieux » lui font concurrence : la France, alourdie par son passé féodal, et l'Amérique, portée par son absence de traditions.

L'économie politique s'y exprime toujours par le jeu de la mort. Partout où le capitalisme règne, se consomme la coupure entre les vivants et les morts, entre l'épargne et le sacré, dans un mouvement qui a commencé au Moyen Age avec l'éloignement du cimetière de l'église. Le cimetière n'est plus maintenant dans la ville, mêlé au vivant, à ce monde « bruissant, affairé, turbulent, commerçant[6] ». Il est un lieu isolé, réservé aux morts ; il est même le seul lieu où la mort ait encore droit de cité, où elle soit encore « une réalité reconnue[6] ». La mort ne porte plus d'avenir en elle-même. Elle n'est plus un moyen de gérer l'éternité. La ville fait tout pour qu'on l'oublie, elle la range, la relègue, la nie. Et, pour cela, elle la rend laïque, abstraite, clinique. Le mort devient quelqu'un qui dort, « calme et paisible, pour l'éternité[6] », quelqu'un dont on se souvient avec nostalgie et regret. On ne lui consacre plus que de quoi lui assurer des obsèques dignes, et, si l'on peut, une dernière résidence fastueuse dans le caveau où on ira plus tard le rejoindre.

Le monde des vivants, lui, appartient à tous ceux — chefs d'entreprise, inventeurs d'un produit ou d'une technique, marchands, propriétaires fonciers ou rentiers — qui ont assez d'argent pour faire plus que survivre, pour l'épargner et vivre de ce qu'il rapporte. Les *bourgeois* existent par leurs propriétés et durent en les transmettant, en les augmentant ; leur durée, telle qu'ils la conçoivent, dépend de leur capacité d'accumuler, d'épargner, de protéger et d'assurer l'avenir du nom.

L'épargne remplace le don. La frugalité remplace la générosité. Pour le bourgeois, prospérité et discrétion sont désormais indissociables. Il a des domestiques, il est collectionneur, mais il cache sa fortune. « Faire de l'argent » est devenu respectable. Alors que dans les pays encore féodaux — tels le Japon, la Chine, la Russie —, celui qui « fait de l'argent » s'expose au blâme, en Europe, la propriété discrète de l'argent est signe de statut social positif. Le « but de la production, c'est la possession[283] », et le bourgeois a bonne conscience : ce que produit son argent est utile à la collectivité, à la prospérité et à l'ordre de la nation[133].

Pour durer, il doit aussi *faire prospérer son nom*, c'est-à-dire s'élever dans la hiérarchie des noms, et, pour ce faire, tisser des alliances, acheter des places pour ses enfants dans des familles plus haut placées. Le mariage d'un enfant est la meilleure façon de progresser, de faire savoir ce qu'on « vaut », et un moyen de « valoir plus ». En 1853, J. Droz écrit : « Le mariage est en général un moyen d'accroître son crédit, sa fortune et d'assurer ses succès dans le monde[418]. » Les principales dépenses du bourgeois, usages majeurs de l'épargne hors de l'entreprise, sont la dot de ses filles et les études de ses fils. « Pour la grande majorité de la bourgeoisie, le mariage était la plus grande opération financière de leur vie[418]. » Son propre nom compte moins que celui qu'il peut acquérir en entrant ainsi dans la noblesse qui, en cédant son nom à de riches capitalistes, selon le terrible mot de l'époque, « *fume ses terres* ». Ainsi les quatre filles du fondateur de la dynastie Schneider épousent des nobles. Un de ses petits-fils se marie avec une Orléans. Partout, l'aristocratie de la terre et la bourgeoisie d'argent se mêlent au sein des conseils d'administration des banques, des sociétés d'assurances, des compagnies de chemins de fer, des mines et des aciéries.

L'héritage est la clé de la reproduction. Il va en général au fils aîné — en dépit des dispositions du Code civil —, selon une répartition qui protège l'ordre et préserve la fortune. Mais le couvent et l'Église ne permettent plus — ou moins aisément — d'écarter les cadets. En témoignent des contrats nouveaux, où les notaires jouent un rôle considérable. Vers 1860, un notaire de Besançon écrit qu'ils « assistent à l'origine et à la fin de toutes choses, comme le prêtre dans l'ordre religieux [...], intermédiaires presque obligés pour le mouvement des propriétés et des capitaux[418] ».

L'idée de *progrès* fait son entrée dans la société, et non plus seulement dans la science. Et la durée du nom est faite de progrès, d'évolution, de stratégies de conquête. La propriété privée elle-même devient un aboutissement de la société, le signe de son progrès depuis les « temps barbares » où elle n'existait pas, où les hommes mettaient tout en commun. Ainsi Thiers écrit en 1848 que « la propriété est un fait général, universel, *croissant*[388] ». Une croissance qui devient nécessaire : elle est dans l'ordre du temps.

L'anonymat, la marque et le monopole

A partir de 1798, la Banque d'Angleterre fait crédit à l'industrie et au commerce pour un montant supérieur à ses dépôts. La bourgeoisie obtient la liberté de commercer, de produire, de se défendre contre les coalitions ouvrières (qu'une loi interdira en 1799), d'exercer la profession ou l'activité de son choix, et le droit de concurrence. L'épargne est l'outil de l'ambition : il faut transmettre son nom, son entreprise à ses enfants.

La forme de propriété du capital reste très sommaire : un patron et quelques ouvriers, selon une forme juridique vague, ou des coopératives ouvrières, très nombreuses. En 1802, les agents de change de Londres se réunissent en une Bourse des valeurs qui commence pour la première fois à coter des actions de sociétés anonymes[326]. Se développent à Londres les sociétés anonymes par actions et les banques de dépôt pour collecter l'épargne nécessaire aux grandes industries. La production à domicile et la manufacture restent dominantes ; vers 1800, la fabrique voit néanmoins le jour dans le tissage du coton. Des bourses du drap, du charbon et du blé, des chambres de commerce font leur apparition[41]. A Paris est fondée en 1800 la Banque de France et en 1807, le Code de commerce reconnaît la commandite par actions, qui existait déjà ailleurs depuis plus d'un siècle ; puis, quelques années plus tard, on reconnaît la société anonyme par actions. La multiplication des valeurs mobilières devient alors l'une des clés du développement du capitalisme européen et américain.

L'alphabétisation ayant gagné de plus larges couches de la société, la banque commence à drainer l'épargne dans des comptes courants et à mettre des crédits à la disposition non seulement de l'État — par des rentes —, mais aussi de petits entrepreneurs désireux de se moderniser ou de s'agrandir. De grandes banques de dépôt se créent et ouvrent de nombreuses succursales. La Banque d'Angleterre, à partir de 1815, reconnaît que le billet, comme moyen de règlement, n'est couvert que partiellement par l'or[349]. La monnaie peut maintenant se développer et, avec elle, le crédit. Il n'y a pas là d'innovation juridique majeure, mais une simple extension des pratiques de la Renaissance italienne.

L'innovation majeure, involontairement suicidaire pour le capitalisme, est la *société anonyme*, qui naît avec les Bourses. Car, avec elle, le nom à faire durer n'est plus le *nom de famille*, mais celui *de l'entreprise* ; le capital nécessaire n'est plus à la portée d'une famille, et l'entreprise devient elle-même la nouvelle famille, au sein de laquelle le capital essaie d'inscrire actionnaires et ouvriers dans un commun concept de durée. Mais l'anonymat rend difficile, voire impossible, l'unité du groupe : on ne s'y sent ni possédé ni possédant. On se sent *aliéné*, extérieur, sans prise sur l'épargne et son usage.

En conséquence, pour donner un sens à la société anonyme, le *nom commercial* devient une propriété privée très protégée, et son vol est puni de peines particulières, en France, par une loi du 28 juillet 1824. Chaptal, dans son rapport à la Chambre des pairs, dit que le *nom commercial* est « la propriété la plus sacrée qu'on pût imaginer[133] ». Une loi du 23 juin 1857 affirme même l'existence d'un véritable droit de propriété au profit du créateur d'une *marque*.

Pour les inventions, une loi du 5 juillet 1844 instaure enfin en France le système des brevets. Selon le rapporteur de la loi, Ph. Dupin, il s'agit d'un « monopole temporaire que la société lui concède en échange de l'avantage qu'elle retire de la découverte, et il ne saurait être question d'une véritable propriété, dont l'essence est d'être perpétuelle, là où il n'y a qu'un privilège temporaire[444] ». Une convention internationale, signée à Berne le 20 mars 1883, crée une Union pour la protection de la propriété industrielle ; le droit d'invention devient universel.

Le capitalisme est encore essentiellement européen. L'industrie britannique aménage des usines et des canaux en Grande-Bretagne, conquiert des marchés en Amérique, en Asie, notamment vers les Indes et la Chine. La Belgique, la

France et la Rhénanie s'industrialisent. Mais il se passe encore relativement peu de choses ailleurs. Dans tous les États-Unis, en 1806, on ne dénombre encore que dix-huit fabriques de coton et trois cent trente-cinq « corporations ». L'invention de la machine à coudre et l'Embargo Act de 1807 y stimulent la production en réduisant les importations venues de France et de Grande-Bretagne. Puis le marché américain s'étend après la découverte des gisements aurifères de Californie.

Commencent alors à y apparaître des entreprises industrielles, sous forme de *partnerships* et de *corporations*. L'entreprise américaine naît des « compagnies à chartes » que la puissance anglaise a laissées en se retirant. Au lieu d'être dépendantes de l'exécutif fédéral, elles sont tout de suite rattachées au parlement de chaque État. Mais ce système ne fonctionne pas de manière satisfaisante, car les exécutifs naissants n'ont guère les moyens de rédiger les statuts ou les contrats, encore moins de résister aux pressions et aux corruptions. De plus, il ne s'agit plus seulement d'obtenir une « charte » pour construire un pont ou obtenir un monopole d'exploitation, ni même de demander une simple licence pour implanter une ligne de chemin de fer ; il s'agit désormais de construire des fabriques de biens de consommation sans relation aucune avec un service public. La charte n'est donc plus qu'un mécanisme juridique permettant de rassembler des capitaux, de prendre des décisions et de limiter les risques des actionnaires, comme le sont par nature ceux des prêteurs. A partir de 1811 à New York, et partout en 1837, la charte d'entreprise devient, comme en Angleterre, — sauf pour les assurances, les banques ou les services publics — une simple formalité administrative sans lien avec un monopole et sans intervention spécifique des parlements. Étrange ruse de l'Histoire : le capitalisme privé naît aux États-Unis, comme en Europe, de la dissolution du capitalisme d'État.

L'essentiel du capitalisme reste encore anglais et la « compagnie à charte » laisse bientôt la place à un mécanisme plus automatique : en 1825, 276 compagnies britanniques sont devenues des sociétés anonymes cotées au Stock Exchange dans les secteurs du gaz, des canaux, des ports, de l'assurance et de la banque[326].

Mais, contrairement à ce que pensait Adam Smith, le jeu de la libre concurrence aboutit très vite à la concentration des entreprises et à de nouveaux *monopoles*, provoqués cette fois par le jeu du marché et non pour s'y opposer. Le premier signe en est donné en Grande-Bretagne, en 1817, par la cartellisation privée du commerce du sel du Cheshire, puis, à Newcastle, de la production et de la vente du charbon le long des rivières Tyne et Wear[274]. Alors qu'en 1830, en France, près d'un tiers des entreprises manufacturières sont encore des coopératives ouvrières appartenant en propriété indivise à tous les ouvriers, vingt ans plus tard, la concurrence des entreprises proprement capitalistes les a presque toutes éliminées du marché[245]. Le textile, l'acier, la banque, les mines, qui exigent des capitaux considérables, sont les premières activités à se concentrer.

Au long du siècle, à travers toute l'Europe, dans l'industrie et la banque, d'immenses fortunes se font et se défont. L'industrie lourde en est un exemple significatif : entre 1806 et 1891, la valeur des actions de la Compagnie des mines d'Anzin est multipliée par 23 ; de 1859 à 1891, celle des mines de Courrières par 150 ; celle des mines de Lens par 10. Le pouvoir a définitivement basculé entre les mains du capital. Au milieu du siècle, la famille Pereire contrôle à elle seule plus de cinquante sociétés. Un polémiste, Duchêne, écrit que 183 individus possèdent les deux tiers des actions des entreprises françaises et contrôlent le Conseil de la Banque de France. Nombre de ces familles sont aussi de grands propriétaires fonciers qui ont commencé à se reconvertir dans le développement industriel. Ainsi naît l'idée des « deux cents familles[418] », qui traversera le temps jusqu'au milieu du XXe siècle.

Travail-marchandise

En Angleterre, le paysan est à présent en ville, coincé entre les enclosures d'un côté, le chômage urbain de l'autre. On ne peut plus l'enfermer. Il faut l'amadouer. La loi dite de Speehamland — du nom du lieu où elle a été conçue — qui, depuis 1795, garantit à chacun, dans la paroisse où il vit, un revenu minimal indexé sur le prix du pain, reconnaît à chacun un droit de propriété sur la vie et fait basculer les ouvriers de l'enfermement dans l'assistance[96]. Mais cette loi se révèle vite inapplicable et les pauvres doivent bientôt se contenter des misérables salaires qu'offre le travail d'usine. Lorsqu'en 1839, le *Poor Amendment Bill* abroge le revenu minimal garanti par la loi de Speehamland[96], la seule propriété reconnue aux ouvriers est leur force de travail qu'ils doivent vendre sur le marché, quel que soit le prix qu'on leur en propose. Au cours de la première moitié du siècle, l'ouvrier reste encore une sorte de serf en ville. Il possède un livret, comme dans les manufactures d'Ancien Régime, avec son nom, son signalement et son lieu de travail. Il n'a pas le droit de changer d'emploi sans un certificat de son patron établissant qu'il ne lui doit rien ; dans le cas contraire, celui-ci inscrit la dette sur le livret de façon que l'employeur suivant la lui rembourse en en retenant le montant sur le premier salaire[41]. Ce livret fait office de passeport. Sans ce document, l'ouvrier est considéré comme un vagabond passible d'emprisonnement. Chacun, en Angleterre comme en France, doit être mis au travail. Stuart Mill décrit fort bien cette situation : « La majorité des ouvriers, dans ce pays comme dans la plupart des autres, ont aussi peu de liberté dans le choix de leur occupation et dans leurs déplacements, et dépendent autant de règles rigoureuses et de la volonté d'autrui que dans n'importe quel autre système, à l'exception de l'esclavage pur et simple[294]. » Engels décrit les « ouvriers d'usine proprement dits » comme vivant « un esclavage où la bourgeoisie a enchaîné le prolétariat[41] ». L'ouvrier n'a pas non plus le droit de changer de domicile :

ainsi est limitée — du moins en théorie — la concentration urbaine des plus pauvres.

Durant la première moitié du XIXe siècle, le salaire diminue : à Bolton, en Angleterre, le salaire hebdomadaire réel d'un tisserand passe de 33 shillings en 1795 à 14 en 1815 et à 18 en 1849. En France, le salaire réel baisse de 10% de 1810 à 1850. Pour maintenir la paix sociale malgré ces bas salaires, les industriels anglais s'efforcent de diminuer le prix des biens que consomment les ouvriers. A cette fin, ils essaient d'obtenir du Parlement l'autorisation d'importer davantage de produits agricoles étrangers, ce qu'interdisent les grands propriétaires, depuis la fin des guerres napoléoniennes, par les *Corn Laws* de 1815. En 1838, des industriels de Manchester créent l'*Anticorn Law League*. Mais les grands propriétaires terriens britanniques, qui dominent encore le Parlement, réussissent à freiner cette évolution jusqu'en 1846.

L'ouvrier urbain n'a pas de biens en propre. Il doit se procurer une paillasse pour dormir, une casserole pour cuire sa nourriture. Il mange du pain, des galettes, des pommes de terre, parfois quelques œufs, rarement un peu de poisson fumé. La misère urbaine est profonde. En 1840, à Paris, 17% seulement de la population possèdent un capital suffisant pour se payer des funérailles. En 1839, à Lille, on dénombre 24 000 assistés réguliers. En Angleterre, en 1848, on compte 1 400 000 indigents et 2 millions de détenus dans les *workhouses*. Vers 1851, plus de 100 000 Parisiens officiellement recensés sont des « vagabonds ou gens sans aveu [...] qui n'ont ni domicile certain, ni moyens de subsistance, et qui n'exercent habituellement ni métier, ni profession[74] ». Certains gagnent néanmoins leur vie : en France, des caisses d'épargne sont créées en 1818, et, au milieu du XIXe siècle, 120 000 des 420 000 ouvriers parisiens y sont déposants. On en crée à la même époque en Écosse, en Allemagne, en Suisse, au Danemark, au Royaume-Uni, en Irlande, aux États-Unis, en Hollande.

Ces travailleurs ne peuvent encore se coaliser. En France,

le Code pénal l'interdit depuis la Révolution. Aux États-Unis, en 1806, une cour de Pennsylvanie déclare la coalition contraire à la Constitution, car elle rompt l'égalité devant le marché. Remarquable texte : « Une coalition de travailleurs visant une hausse des salaires peut être considérée de deux points de vue : l'un en fonction de leur avantage, l'autre du désavantage de ceux qui n'en sont pas membres. La loi condamne les deux[384]. » En 1824, le Parlement britannique — le premier à s'intéresser sérieusement au sort de la classe ouvrière — autorise les *trade-unions*.

Vers 1840, la situation ouvrière s'améliore un peu. Des lois commencent à réglementer le travail et à protéger les travailleurs. La coalition ouvrière devient légale et contribue peu à peu à faire émerger le concept de « classe ouvrière ». En France, la loi du 22 mars 1841 interdit le travail en manufacture avant l'âge de dix ans, limite à six heures par jour la journée jusqu'à l'âge de treize ans, interdit le travail de nuit et pendant les jours fériés jusqu'à l'âge de seize ans. Marx écrit que les « lois de fabrique [...] refrènent la passion désordonnée du capital à absorber le travail [...] au nom d'un État gouverné par les capitalistes et les *landlords*. Sans parler du mouvement des classes ouvrières, de jour en jour plus menaçant, la limitation du travail manufacturier a été dictée par la nécessité[282] ». En 1842, la cour suprême de l'État du Massachusetts déclare que l'activité syndicale ne constitue pas une conspiration illégale.

Au cours de la seconde moitié du XIXe siècle, les salaires progressent partout en Europe. La nourriture se diversifie. Les ouvriers se constituent en une force sociale de plus en plus puissante, de plus en plus consciente de son existence.

En France, le délit de coalition et de grève est supprimé en 1864, et en 1884, la liberté d'association ouvre la voie au syndicalisme. Le 15 novembre 1881, à Pittsburgh, est créée la *Federation of Organized Trade and Labor Unions* ; l'article premier de sa charte demande « au Congrès et aux États de *permettre d'avoir le droit de protéger leur propriété comme l'est celle des autres individus et personnes morales*[384] ». Texte très important : l'ouvrier y demande à rester à l'intérieur de l'Ordre, et non à le changer.

Tout au long de cette seconde moitié du siècle, de nombreux ouvriers se coupent de leurs racines rurales. Ceux qui sont embauchés dans la grande usine sont pris par le désir de consommer des biens industriels auxquels ils commencent à avoir accès. Vers 1890, à Carmaux, la majeure partie des ouvriers ne vivent plus que de leur salaire et leurs besoins se diversifient : « Le boutiquier auprès duquel les ouvriers étaient constamment endettés faisait étalage de nouveaux aliments bien tentants, bientôt considérés comme indispensables. Dans les années 1890, ils ne se plaignent plus seulement du coût de la nourriture, mais de celui de “bien des choses essentielles à notre existence” : les vêtements, par exemple, les intéressent davantage, ce que ne peuvent comprendre les directeurs de la compagnie pour qui la frugalité des ouvriers est naturelle », et tout le reste « prétentions[309] ».

Le siècle aura fonctionné comme une machine à convertir des paysans désœuvrés en ouvriers surexploités. Quand il s'achève, les trois quarts de la population active anglaise, les deux tiers de la population active américaine et allemande, plus de la moitié de la population active française sont salariés. Tous sont à la recherche de deux propriétés essentielles : un toit et la santé.

L'urbain infatigable

Pour que l'ouvrier travaille, il doit « avoir la santé ». Or le développement anarchique des bas quartiers, la dégradation sensible des conditions d'hygiène, la réapparition des épidémies (choléra, typhus), poussent les bourgeois à s'inquiéter[12]. Quand les épidémies commencent à atteindre les beaux quartiers, le démuni menace. Pour le calmer, l'amadouer, il faut en faire un propriétaire, ou du moins lui louer un logement propre. Le serf en ville prend le contrôle de sa tenure. L'ennemi n'est plus le pauvre, mais la pauvreté[12]. C'est alors le début des « politiques urbaines ». Elles visent à rendre le démuni en ville propriétaire et libre, à en faire d'abord un « urbain infatigable », puis à le rendre propriétaire et épargnant.

Aux yeux de Chaptal qui théorise l'État pour le compte de Napoléon, les grandes agglomérations d'ouvriers « sont les plus grands dangers [...]. Je crois, dit-il, qu'il est d'une sage et prudente politique de les prévenir : outre qu'elles menacent à chaque instant la tranquillité publique, elles compromettront le sort de l'art lui-même[133] ». Dans un premier temps, l'idéologie patronale souhaite maintenir le lien entre travail d'usine et travail agricole, et rêve de faire de l'ouvrier *un paysan propriétaire.* En 1825, le fondateur de la fonderie de Fourchambault, Émile Martin, écrit : « Ce serait un grand moyen de moralisation de faire de l'ouvrier manœuvre un petit cultivateur[309]. » Mais il faut bientôt y renoncer : l'ouvrier est en ville, qu'il y reste. Les manèges forains lui rappelleront les animaux de son ancien environnement. Pour le reste, il convient d'éviter les « immorales constructions » des quartiers ouvriers parisiens, de « faire disparaître le prolétariat de la société moderne[309] », de supprimer « l'homme qui n'a rien, qui n'est de nulle part[309] », et donc de lui donner la propriété de son logement pour lui signifier son appartenance au corps social, en faire un citoyen de l'Ordre marchand, un défenseur de la fortune des riches pour protéger la sienne propre. Mais il ne s'agit encore que de louer des gîtes et de tenir l'ouvrier par la crainte de perdre son logement avec son travail[309].

En 1844, Louis-Napoléon Bonaparte écrit dans *L'Extinction du paupérisme* : « La classe ouvrière ne possède rien, il faut la rendre propriétaire. Elle n'a de richesse que ses bras, il faut donner à ces bras un emploi utile pour tous [...] ; il faut lui donner une place dans la société et attacher ses intérêts à ceux du sol[41]. » Le 13 avril 1850, élu président de la République, il décide la création de commissions d'hygiène et le recensement des logements[74]. Un décret du 25 janvier 1852 prévoit qu'une somme de dix millions de francs provenant de la vente des biens confisqués à la famille d'Orléans sera utilisée à l'amélioration de l'habitat dans les grands centres manufacturiers. Le 14 mai 1853, il annonce son intention de faire construire à Paris des immeubles de plusieurs étages, « propres et à bas prix[74] ». Mais ce n'est là qu'une figure de style : en 1867, on peut y loger 1 120 familles, alors que 110 000 personnes sont inscrites dans les bureaux de bienfaisance[74].

Les grands industriels, partout en Europe, participent à cette action intégratrice. Les Schneider, les Chagot, les Morny, les Wendel entreprennent de construire des *villes de travail*. Des industriels d'Alsace — Dollfüss et Kœchlin — font édifier 560 maisons pour leurs salariés. Au Creusot, à la Compagnie des mines d'Anzin, chez Menier à Noisiel, chez un filateur d'Auch, on crée des foyers destinés aux ouvriers célibataires et on fait bâtir des maisons ouvrières[74]. En 1855, Charles de Wendel crée à Stiring une cité modèle pour y implanter les frontaliers allemands. Chaque maison est entourée de son jardin : ainsi, le mineur « ne se détache pas tout à fait de la terre, il ne sombre pas dans le prolétariat de faubourg[309] ». A. Perret, décrivant une cité ouvrière de Mulhouse, écrit : « Lorsqu'en 1864, M. Duruy, ministre de l'Instruction publique, vint à Mulhouse, il voulut voir la Cité ouvrière. Ayant rencontré la femme d'un ouvrier dans la maison qu'il avait demandé à visiter dans tous ses détails, il lui adressa plusieurs questions, celle-ci entre autres : "Où votre mari passe-t-il ses soirées ? — Avec nous, depuis que nous avons *notre* maison", répondit la femme, résumant naïvement d'un mot ce qui fait la grandeur de l'homme[74]. »

A l'Exposition universelle de 1867, à Paris, un concours visant à récompenser les « industriels ayant créé des institutions réalisant l'harmonie de tous ceux qui coopèrent aux mêmes travaux », est remporté par les auteurs de jardins ouvriers qui réalisent « l'alliance des travaux agricoles et manufacturiers » et grâce auxquels des « ouvriers employés dans les manufactures cultivent les jardins qui leur sont loués ou vendus avec l'habitation[74] ». A Carmaux, la compagnie vend aux ouvriers un lopin de terre où ils cultivent ce dont ils ont besoin pour eux-mêmes. En 1866, elle construit 91 maisons pour ses ouvriers, mais elle ne parvient à en louer que 20, car les ouvriers ne se font pas à l'idée de voir leur loyer retenu sur leur salaire et refusent d'avoir à payer les dommages qu'ils causeraient[74]. A la fin du siècle, 37% des mineurs sont propriétaires de leur logement, et 44% possèdent un lopin de terre. Un industriel, P. Dupont, écrit en 1867 : « Là où il ne serait point possible de posséder, il n'y aurait point de patrie. » Mais cette politique reste encore timide et illusoire, elle relève plutôt du simulacre. Les loyers sont très élevés, et bien peu d'ouvriers peuvent acquérir un logement. Quand ils le peuvent, ils n'en sont d'ailleurs pas vraiment propriétaires : le règlement de police des cités minières interdit aux mineurs de vendre leur maison.

En ville, dans le même temps, rien ne résiste à la formidable spéculation immobilière qui chasse les ouvriers des beaux quartiers. Maints auteurs protestent contre cette évolution et proposent de réglementer les loyers. En 1858, E. Juvin suggère de fixer le loyer selon « le cubage d'air, la situation du quartier, de la rue, de la maison et de l'étage[74] ». A. Perrin en 1860, A. Guérout en 1861 demandent que les loyers soient réglementés : « C'est ce qui a lieu pour le pain, pour l'argent, pour les chemins de fer, c'est ce qui doit arriver pour le logement[74]. »

Mariage et héritage

Si l'agriculture n'est plus la source principale de richesse, elle n'en reste pas moins une propriété essentielle, symbole de pouvoir et source d'autonomie.

En Angleterre, l'évolution est achevée : la majeure partie

du sol appartient à quelques propriétaires — dont certains possèdent plusieurs centaines de milliers d'hectares — qui le louent avec des baux de longue durée à une maigre population de paysans. En 1851, 4 000 propriétaires contrôlent 4/7e des surfaces cultivées, confiées à 250 000 fermiers qui emploient eux-mêmes 1 250 000 personnes. La petite propriété agricole n'existe plus que dans les Highlands d'Écosse et dans certaines régions du pays de Galles.

En France, au contraire, la propriété foncière demeure très dispersée. La Révolution a fait augmenter massivement le nombre des propriétaires fonciers qui est passé d'un million en 1788 à plus de quatre millions en 1800. Un tiers des exploitations ont moins de dix hectares, un autre tiers ont de dix à cinquante hectares ; elles représentent 5 % des sols[444]. Les 122 000 plus grandes propriétés — soit moins de 3 % de l'ensemble — représentent plus du tiers du sol. En prescrivant le partage égal entre les enfants lors de la succession, le Code civil fonctionne comme une « machine à hacher le sol[444] » et accélère le morcellement. L'évolution serait même plus rapide s'il n'y avait les mariages, et la concentration pour raisons économiques. A l'article « Propriété » d'une encyclopédie de la fin du XIXe siècle[444], on trouve la jolie remarque : « Le mariage reconstruit l'héritage divisé », car « l'influence de la loi de succession suffit à peine à contrebalancer la force de concentration inhérente au capital et à la propriété[444] ».

Cette division de la propriété foncière, pratiquement unique dans les pays capitalistes de l'époque, fait de la France une curiosité qu'on observe avec intérêt de l'étranger : pour Malthus, par exemple (1798), « il se fait en ce moment en France une expérience dangereuse sur les effets d'une grande subdivision de la propriété. La loi des successions y prescrit le partage égal de toutes espèces de propriétés entre les enfants [...]. Il y a tout lieu de croire que le pays, au bout d'un siècle, sera tout aussi remarquable par sa grande pauvreté que par l'égalité extraordinaire des fortunes[273] ».

Le XIXe siècle n'aura pas, à cet égard, une politique très

novatrice. L'économiste catholique Le Play, qui voit dans les grandes propriétés la source du bien-être général, est plutôt isolé[246]. Pour durer, tous les pouvoirs qui se succèdent essaient de satisfaire les campagnes, donc de ne rien changer, si possible, à l'ordre environnant, de laisser se poursuivre le morcellement et de partager les communaux à un rythme acceptable pour les paysans.

La loi du 5 novembre 1814 rend aux émigrés la part non vendue de leurs terres. L'article 9 de la Charte de 1814 stipule que « toutes les propriétés sont inviolables, sans aucune exception de celles qu'on appelle nationales, la loi ne mettant aucune différence entre elles[274] » ; l'article 12 précise : « La confiscation des biens ne pourra jamais être rétablie. » L'affaire des biens nationaux a marqué les esprits. En 1816, Louis XVIII restitue aux municipalités les terres communes non encore vendues. Après 1830, le morcellement s'accentue. A partir de 1840, certaines communes vendent leurs communaux aux enchères, bouleversant l'économie agricole[274]. En 1849, un député du Bas-Rhin écrit au ministre de la Justice : « Par la perte du pâturage et du parcours dans les forêts, les habitants ont été obligés de renoncer presque entièrement à l'élevage du bétail, et tel village qui avait encore, il y a vingt-cinq ans, cent cinquante à deux cents vaches et trois cents à quatre cents porcs, ne possède plus maintenant que soixante à quatre-vingts vaches et cinq à six porcs[274]. » Vers 1840, un recensement indique que 35,7% des paysans sont des propriétaires exploitants, 13% des fermiers, 7% des métayers et 44,3% des salariés. Sur les terres à haut rendement, telles la Flandre et la région parisienne, les grandes propriétés foncières se concentrent[274]. Leurs propriétaires sont souvent aussi des industriels. En 1859, Léonce de Lavergne écrit : « On trouverait probablement la plupart des familles que la Révolution avait cru ruiner, plus riches aujourd'hui qu'en 1789[444]. »

Hors d'Europe, les colonies qui se libèrent doivent gérer au mieux l'attribution des terres aux colons venus du Vieux Continent. Aux États-Unis, en 1812, le Congrès fédéral crée un Office général de la terre qui vend les terres nouvelles, de droit propriétés fédérales. En 1834, l'État vend ainsi 4,65 millions d'acres ; en 1836, 20 millions ; en 1854, 15 millions. En Alabama, dans le Mississippi, en Louisiane, dans l'Illinois, dans l'Iowa, le Missouri, l'Arkansas, le Wisconsin et le Michigan, des spéculateurs se partagent l'essentiel des lots à des prix très proches du minimum légal. On accorde en effet à celui qui occupe une terre un droit de propriété pour un montant minimal correspondant à une superficie de 160 acres[274]. Les Indiens s'opposent autant qu'ils le peuvent à cette appropriation de leurs terres. En 1810, Tecumseh, un chef shawnee, déclare au gouvernement de l'Indiana : « L'hommme blanc, jamais satisfait, empiète toujours sur nos terres [...]. Les Blancs n'ont aucun droit sur la terre des Indiens. » Plus tard, en Californie, une doyenne wintue constate : « Les Blancs se moquent de la terre, du daim ou de l'ours [...]. L'homme blanc retourne le sol, abat les arbres, détruit tout [...]. Il arrache les arbres et ébranle jusqu'à leurs racines [...]. Il scie les arbres. Cela leur fait mal. Comment l'esprit de la terre pourrait-il aimer l'homme blanc ? [...] Partout où il la touche, il laisse une plaie[426]. » En trente ans, le génocide des Indiens réglera, pour l'essentiel, le problème de la propriété de la terre aux États-Unis.

En d'autres pays, eux aussi nouvellement peuplés, les paysans s'approprient la terre avec moins de résistance. Dans certains, comme l'Australie, la terre est distribuée gratuitement aux Blancs et les aborigènes en sont expulsés. De 1875 à 1900 sont cédés à des colons 30 millions d'hectares de terres publiques en Argentine, 3 millions en Algérie, 1,4 million en Tunisie, un million au Maroc[245]. En Rhodésie du Sud, 100 000 colons s'approprient 50 millions d'acres, soit le double de la surface des terres aux mains des 1,6 million d'Africains[245]. Au Kenya, 29 000 colons s'approprient 12 750 kilomètres carrés alors que 5 millions d'Africains se partagent à peine trois fois plus. La terre reste la clé du pouvoir, non seulement pour ce qu'elle rapporte, mais pour les réseaux qu'elle permet de mettre en place.

Des réseaux pour tous

Dans tout l'Ordre marchand, les moyens de *communication* sont souvent, depuis que l'État existe, propriété collective : presque partout, routes, canaux et postes sont devenus publics.

L'État est depuis le XIe siècle l'accoucheur du capitalisme. Nécessaire à sa naissance, à son développement et à sa survie, dès le début de l'Ordre marchand, il socialise les *coûts d'organisation*, coûts de production des travailleurs et des consommateurs, coûts de défense de la propriété, coûts de circulation des biens, des signes et des hommes.

Avant l'électricité, l'eau, le gaz et le téléphone, le chemin de fer voit le jour comme réseau privé. Comme eux, il ne le reste pas longtemps et, après que tout eut été fait par l'État pour rentabiliser les capitaux engagés par les propriétaires privés, il fait l'objet de la première *nationalisation* industrielle, à la demande même des défenseurs du capital.

Pourtant, au début du XIXe siècle, rien ne prépare la bourgeoisie à accepter de faire de l'État un propriétaire industriel : le monde idéal à ses yeux serait une juxtaposition d'entreprises concurrentes — qui peuvent être des coopératives — produisant des biens achetés par les bourgeois et leurs salariés. L'État, comme le disait Smith, ne sert qu'à protéger la propriété, à défendre les bourgeois contre les démunis par une législation stable, sans imprévus. Chaptal, cité par Ewald, écrit : « La propriété n'est garantie qu'autant que la législation est stable [...]. Mieux vaudrait peut-être une législation imparfaite, mais stable, que celle qui varie chaque jour selon les caprices de l'autorité ou les besoins du Trésor[133]. » L'État napoléonien est ainsi celui qui a su protéger le petit paysan contre ceux qui auraient voulu annuler les conquêtes de la Révolution. En 1848 encore, Bastiat écrit :

« La propriété est d'institution divine, et c'est sa sûreté ou sa sécurité qui est l'objet de la loi humaine[33]. »

L'État ne doit intervenir dans l'industrie ni pour la posséder ni pour l'influencer. Chaptal ajoute : « Un gouvernement qui veut diriger l'industrie sort des limites de ses attributions ; et l'on doit être un peu étonné que les arts, retenus captifs sur le chemin de la routine, aient fait si peu de progrès depuis Colbert jusqu'à ces derniers temps [...]. Un gouvernement qui veut s'immiscer dans les moyens de fabrication, influer sur les achats et sur les ventes, régler les transactions, ne peut qu'entraver l'industrie et nuire à ses intérêts[133]. » L'auteur anonyme de l'article « *État* » d'une encyclopédie de la fin du XIXe siècle écrit : « Il est évident, aujourd'hui, que toute intervention de l'État est non seulement superflue, mais encore nuisible. La seule protection efficace que l'État puisse et doive donner à l'industrie et au commerce consiste à écarter les obstacles qui rendent la production moins économique et moins perfectionnée, à faciliter l'entrée des matières premières en les affranchissant de droits, à développer les voies de communication qui permettent de transporter les marchandises à bon marché[444]. »

L'État doit donc se contenter de « représenter » les marchands, pour qui le marché et la démocratie, le commerce des marchandises et celui des idées, la libre allocation des ressources et celle des votes sont maintenant indissociables.

Nul encore, à l'époque, n'en a fourni de démonstration formelle. Mais la bourgeoisie pense, depuis Locke, que propriété privée signifie liberté individuelle, et, depuis Smith, que le marché assure la meilleure répartition des ressources, permet à des individus, égaux dans leur droit à la propriété des biens, de prétendre l'être dans la propriété de leurs actes. En fait, nul n'a démontré que le marché est incompatible avec l'absolutisme ; seules l'*expérience* et l'histoire conduisent à le penser : « Je ne sais, écrit Tocqueville, si l'on peut citer un seul peuple manufacturier et commerçant, depuis les Tyriens jusqu'aux Florentins et aux Anglais, qui n'ait été un peuple libre. Il y a donc un lien étroit et un rapport nécessaire entre ces deux choses : liberté et industrie... La liberté est donc particulièrement utile à la production des richesses. On peut voir au contraire que le despotisme lui est particulièrement ennemi[393]. » On n'ira jamais beaucoup plus loin que cette phrase, même si, pendant un siècle, toute une école de pensée s'efforcera de démontrer que l'intervention de l'État dans l'économie ne peut que nuire à la démocratie et que la propriété privée est nécessaire à la liberté.

Cette idéologie du laisser-faire traverse tout le siècle, en France comme en Angleterre et aux États-Unis. Pourtant, si seule la Prusse construit un capitalisme fort selon une voie vraiment dirigiste, à cette époque tous les États ne cessent, ailleurs, d'accroître leur rôle dans la société et leur part dans la propriété des moyens de production. En France, une loi du 21 avril 1810 fait du sous-sol une propriété publique distincte de la surface, mais concède les mines à perpétuité à des particuliers : « Il faut que les mines cessent d'être des propriétés précaires, incertaines, non définies, changeant de main au gré d'une législation équivoque, d'une administration abusive, d'une police arbitraire, de l'inquiétude habituelle de leurs possesseurs. Il faut en faire des propriétés auxquelles toutes les définitions du Code civil puissent s'appliquer[133]. » L'État prend également la propriété de certains terrains pour y construire des routes, des ports, des monuments. Partout en Europe se développent des entreprises associant capitaux privés et publics pour aménager ports et canaux. Aux États-Unis, par contre, le système de corporations mixtes mis en place au moment de l'indépendance disparaîtra en 1837.

L'État accroît en particulier son rôle en s'appropriant dans de nombreux pays un nouveau réseau de communication, le *chemin de fer*. On tente d'abord d'en confier la construction à l'initiative privée, puis, en France comme ailleurs, l'État est obligé d'intervenir. La première ligne française — Saint-Étienne-Andrézieux —, construite en 1832, est privée. Une loi du 9 juillet 1836 confirme le caractère privé des chemins de fer. Mais, très vite, leur rentabilité se révèle insuffisante. Aussi, le 16 mars 1838, une loi décide-t-elle d'organiser la construction d'un grand réseau national puis d'accorder des concessions avantageuses à des entreprises privées. La ligne devient propriété d'État, louée à des compagnies cotées en Bourse, aux termes d'un bail qui fixe les conditions d'exploitation et le tarif. Au cours du débat, Lamartine s'inquiète devant les députés de la puissance future de ces compagnies : « Le peuple aura beau demander, se plaindre, accuser les tarifs, il sera et vous serez vous-mêmes, pour des demi-siècles ou pour des quarts de siècle, en la puissance des compagnies [...]. Vous les laisserez, vous, partisans de la liberté et de l'affranchissement des masses, vous qui avez renversé la féodalité et ses péages [...], vous les laisserez entraver le peuple et murer les territoires pour la féodalité de l'argent [...]. *Je vous le prophétise avec certitude, elles seront maîtresses du gouvernement et des Chambres avant dix ans*[320]. »

Le pronostic se révélera loin d'être inexact : une loi du 7 juillet 1838 concède pour soixante-dix ans la ligne de Paris à Orléans à une compagnie privée. Mais peu d'épargnants acceptent d'en être actionnaires, et les cours en Bourse baissent : la ligne est trop longue pour être rentable[345]. Aussi une loi du 1er août 1838 autorise-t-elle la compagnie à renoncer à la concession au-delà de Juvisy, sans enrayer pour autant la baisse des cours. Une loi du 15 juillet 1840 supprime alors les embranchements de Pithiviers et Arpajon, porte la concession à quatre-vingt-dix-neuf ans et, pour la première fois, garantit même un profit minimal à la compagnie[345]. Une autre loi concède le chemin de fer de Paris à Rouen, pour soixante-dix ans, à la « Compagnie des Plateaux », et la ligne de Strasbourg à Bâle à une autre compagnie, pour quatre-vingt-dix-neuf ans, moyennant un prêt de l'État dont l'intérêt ne sera versé que si le profit, pour les actionnaires privés, dépasse 4% du capital investi[320]. Là encore, c'est une première : *s'il ne peut rendre rentable, l'État subventionne.*

L'État se mêle alors de plus en plus de la construction des

chemins de fer. Une loi du 3 mai 1841 l'autorise à exproprier des terrains pour y faire passer des lignes (s'ajouteront plus tard aux motifs d'expropriation légale les fouilles d'intérêt historique ou artistique, les améliorations agricoles ou urbaines, les travaux d'hygiène...). L'État prend aussi à sa charge, par une loi du 11 juin 1842, une partie des coûts de construction des lignes nouvelles[345]. Dans certains cas, tel celui du Paris-Lyon, les compagnies doivent rembourser les dépenses de construction et prendre à leur charge les travaux de terrassement et d'édification des ouvrages d'art. A l'expiration du bail, l'État doit racheter le matériel roulant[345]. Tout cela se révèle insuffisant pour rentabiliser le faible trafic de voyageurs et de marchandises : plusieurs compagnies en difficultés financières doivent alors être mises sous séquestre d'État, autrement dit être nationalisées de fait, faute d'actionnaires privés. Après 1850, pour en réduire les frais, l'État fusionne les compagnies, uniformise les tarifs, impose, hors des exigences de la rentabilité, la construction de lignes secondaires, et constitue ainsi de plus vastes réseaux au statut ambigu[345].

Au total, l'extension des chemins de fer structure le capitalisme de la seconde moitié du XIXe siècle, pousse à la création de nouvelles industries et au développement de la sidérurgie, et permet de faire circuler les marchandises et les armes. Un pareil essor des chemins de fer eût été impossible sans des États forts, expropriateurs de terres et propriétaires des lignes, garants, par leurs Banques centrales et leurs Trésors, de leur financement.

Sempiternelle illusion du libéralisme qui ne peut se développer que par l'État et ne peut se penser que sans lui...

La profession des gens égaux

Quand, à l'aube du XVIIIe siècle, Montesquieu parlait du commerce comme de la « *profession des gens égaux*[298] », il annonçait que la bourgeoisie allait concevoir le parlementarisme comme le seul système politique compatible avec le marché.

Tout au long du XIXe siècle, dans tous les pays de l'Ordre marchand, libéraux, réactionnaires et « révolutionnaires » vont se battre sur la question de savoir qui a le droit de participer à la décision publique, de désigner des représentants à ces assemblées où se fait désormais la loi et où se forment les gouvernements.

Pour les uns, il faut étendre le droit de vote aux propriétaires de biens mobiliers. Pour les autres, on est parvenu, avec le vote censitaire, à la plus grande égalité possible en laissant s'exprimer les « supériorités naturelles », et il n'y a rien à changer. Pour les derniers, enfin, il faut instaurer un suffrage universel. En France, on verra que les réactionnaires « ultras » sont eux aussi de cet avis, mais animés d'autres raisons...

Les États-Unis, où le suffrage, selon les États, est plus ou moins universel, sont perçus par les intellectuels européens comme un système idéal. L'utopie n'est déjà *plus anglaise*, et le nouveau « cœur » s'esquisse en politique avant d'apparaître en économie.

Pour Tocqueville, la démocratie universelle existe dans l'ouest des États-Unis : « La population y échappe à l'influence des grands et des richesses, mais aussi à cette naturelle aristocratie qui découle des lumières et de la vertu[393]. » En 1819, J.-B. Say propose l'État du Kentucky, le premier constitué à l'ouest des Appalaches en 1792, comme une utopie à imiter. Jeremy Bentham constate lui aussi qu'aux États-Unis, ceux qui n'ont « pas assez de propriété pour assurer leur subsistance[42] » ont « soumis la propriété des riches à leur pouvoir juridique[42] », sans jamais porter pour autant atteinte à cette propriété[268].

Il faut dire que l'Angleterre n'est plus, aux yeux des intellectuels de l'époque, un modèle de démocratie. Les députés des Communes restent élus à raison de deux par « bourg », mais selon une répartition géographique qui ne correspond plus à aucune réalité démographique. Seuls votent les hommes ayant des revenus fonciers supérieurs à 49 shillings par an. Le nombre d'électeurs s'accroît donc avec la dévaluation de la monnaie anglaise. En 1830, néanmoins, on n'en compte encore que 500 000 . Avec la montée des difficultés sociales dues à l'industrialisation apparaît le risque d'une révolution politique, surtout si la classe moyenne n'est pas suffisamment associée au système politique et n'a pas, elle aussi, quelque chose à défendre[89]. En 1832, une réforme de la loi électorale intègre les propriétés des commerçants et des industriels dans le décompte du capital donnant accès au droit de vote et fait passer le nombre des électeurs à 813 000. Mais la petite bourgeoisie, les artisans et les ouvriers en restent exclus[89].

John Stuart Mill écrira plus tard que cette réforme, « remportée par l'étalage de la force physique plutôt que par sa véritable utilisation, avait donné une leçon à ceux qui, par la force des choses, ont toujours la force physique de leur côté, et qui ne cherchaient qu'à s'organiser, ce qu'ils étaient en train de faire, pour transformer cette force physique en une puissance sociale et morale. Il était désormais incontestable qu'il fallait faire quelque chose pour rendre l'ordre établi acceptable pour la multitude[294] ».

Philosophe autodidacte, disciple de Bentham, Stuart Mill essaie de dégager des lois invariantes de l'économie, valables quel que soit le pays, en vue de bâtir une « science générale de la société[294] ». Il s'intéresse au meilleur système de gouvernement à associer à la propriété privée. Dans un de ses premiers articles, « Gouvernement », il écrit : « Nous sommes donc d'avis que le gouvernement est à proprement parler l'affaire des riches et qu'ils s'en empareront toujours par de bons ou de mauvais moyens[294]. »

En France, avec moins de pragmatisme, on connaîtra des évolutions à la fois plus brutales et plus illusoires vers le suffrage universel. Dès la chute de l'Empire, le débat porte sur la « restauration » d'un tel suffrage. Étrange vocabulaire, puisqu'il n'a jamais été vraiment appliqué ! Paradoxalement, les ultras y sont favorables, à l'instar des plus radicaux des républicains. Leur chef, Villèle, exprime ce choix de la façon la plus cynique : « La classe moyenne [...] compose la partie révolutionnaire dans tous les États. Si vous voulez que la première (la plus riche) arrive dans vos assemblées, faites-la nommer par les auxiliaires qu'elle a dans la dernière classe, descendez aussi bas que vous pouvez, et annulez ainsi la classe moyenne qui est la seule que vous ayez à redouter[97]. » Les autres conservateurs entendent continuer à réserver le droit de vote aux seuls propriétaires fonciers, alors que les libéraux souhaitent l'étendre aux propriétaires de capitaux. Dans un premier temps, les libéraux l'emportent. Le 4 juin 1814, la Charte constitutionnelle fixe un cens permettant à un homme de plus de trente ans de voter, et un autre pour qu'il soit éligible[97]. En mai 1815, les collèges d'arrondissement comptent 47 000 électeurs. En août 1815, la modification du cens porte le nombre des électeurs à 71 622, puis, en octobre 1816, à 69 024. En février 1817, après la dissolution de la Chambre élue par les collèges impériaux recréés pendant les Cent-Jours, on compte 110 000 électeurs. La loi du 29 juin 1820 accorde un *droit de double vote* aux 25 000 personnes payant les contributions les plus élevées, qui sont pour la plupart des propriétaires terriens[97]. Puis, sous la pression des conservateurs, le nombre des électeurs est réduit à 105 000 en 1820, à 99 000 en 1824, et à 89 000 en 1827. Avec la monarchie de Juillet, une ordonnance de 1830 supprime le second vote. L'âge minimal pour voter passe à vingt-cinq ans, le cens est abaissé pour certaines catégories. Le corps électoral passe alors à 166 000 âmes, et, avec la dévalorisation de la monnaie, à 241 000 en 1847[97].

Puis le suffrage universel est proclamé par la République, le 5 mars 1848, au bénéfice de tous les Français de sexe masculin âgés de plus de vingt et un ans et résidant dans une commune depuis au moins six mois, soit huit millions d'individus, et il trouvera à s'appliquer dès la prochaine consultation, en avril 1848. « C'était, écrit Tocqueville, une chose extraordinaire et pénible de voir dans les seules mains de ceux qui ne possédaient rien toute cette ville immense, pleine de tant de richesses[393]. » Tocqueville a des raisons de s'inquiéter : les républicains ont deux millions de voix en milieu urbain. Aussi, en vue des élections prévues pour 1852, la majorité conservatrice fait-elle voter, le 31 mai 1850, une loi qui exclut les « indigents » du droit de vote et oblige l'électeur à être inscrit au rôle de la taxe personnelle et à justifier de *trois ans* — et non plus de six mois — de résidence continue dans le même endroit. Devant l'Assemblée, Thiers justifie ainsi cette réforme : « Ces hommes que nous avons exclus, sont-ce les pauvres ? Non, ce n'est pas le pauvre, c'est le *vagabond* [...]. Ce sont ces hommes qui forment non pas le fond, mais la partie dangereuse des grandes populations agglomérées. Les vrais républicains redoutent la multitude qui a perdu toutes les républiques[444]... » Voilà les démunis à nouveau privés d'existence politique.

L'opération est efficace : trois millions d'électeurs sont rayés des listes électorales. Mais les élections de 1852 n'auront pas lieu : le 2 décembre 1851, le président de la République, Louis-Napoléon Bonaparte, renvoie le Parlement et rétablit le suffrage universel pour en faire — selon une stratégie que n'auraient pas désavouée les ultras de Villèle — la base d'un régime plébiscitaire s'appuyant sur les paysans propriétaires contre les masses ouvrières urbaines[97]. Marx écrira : « L'élu des paysans, ce n'était pas le Bonaparte qui se soumettait au Parlement bourgeois, mais le Bonaparte qui dispersera ce Parlement. » De même, Proudhon, dans *La Capacité politique des classes ouvrières*, écrira : « Napoléon III, de même que Napoléon Ier, est encore pour les masses l'ennemi du vieux régime, l'homme qui protège le campagnard contre le féodalisme bourgeois[336]. »

Pendant ce temps, en Angleterre, l'évolution vers le suffrage universel se poursuit dans l'épanouissement d'une bourgeoisie triomphante, divisée maintenant en deux partis aux Communes : les conservateurs et les libéraux.

En 1859, Stuart Mill suggère d'exclure du suffrage *un tiers* de la population[268], car « alors, les avantages d'un bon gouvernement, dont tous bénéficieraient, l'emporteraient aux yeux des membres du corps électif sur les avantages d'un mauvais gouvernement dont il serait seul à tirer parti[294] ». Il propose donc un système « qui priverait du droit de vote les gens qui n'ont pas de propriété ou n'en ont que de faible importance, tout en permettant la formation d'un corps d'électeurs dont les intérêts seraient identiques à ceux de la collectivité ». Pour cela, il propose un *système de vote pluriel*, selon le principe esquissé en France sous la Restauration, où un entrepreneur (« agriculteur, fabricant ou commerçant ») aurait trois ou quatre voix, où les intellectuels, les gens de carrière libérale et les artistes en auraient cinq ou six, et les femmes une ou deux. Les « pauvres » — les ouvriers agricoles — n'en auraient aucune, parce qu'« ils ont échoué sur le marché[294] ». Cette idée ne sera jamais appliquée, même si, en réalité, les votes des électeurs les plus pauvres sont encore soumis, à l'époque et pour longtemps, à l'influence financière et politique des plus riches.

Après l'échec, vers 1860, d'une pétition en faveur du suffrage universel, l'Angleterre se désintéresse du problème electoral, jusqu'en 1867, année où Disraeli, alors chef des conservateurs, fait admettre un million de nouveaux électeurs, ce qui correspond à un doublement du corps électoral. Onze ans après la mort de Stuart Mill, en 1884, Gladstone, chef des libéraux, réduit encore le niveau de fortune requis pour être électeur, fait passer à environ 4,5 millions le nombre des électeurs, et assure le secret du vote. Les ouvriers agricoles, qui forment la partie la plus basse du prolétariat, peuvent désormais voter. Le suffrage est pratiquement devenu universel, en tout cas pour les hommes[89].

En France, c'est la IIIe République qui rétablira le suffrage universel. Là encore, la notion de propriété se retrouve au cœur de la démocratie : « Ah ! messieurs les défenseurs attitrés de la propriété, s'écrie Jules Ferry à l'adresse des députés de l'Ordre moral, j'ai plus de foi que vous en la solidité [de votre démocratie], car je sais qu'elle repose sur le cœur et les bras de plus de dix millions de *propriétaires* ; et c'est parce que la démocratie française est une *démocratie de propriétaires* qu'elle sortira [...] de toutes les passes difficiles[89]. »

Quelques années auparavant, aux États-Unis, le Congrès a adopté un amendement constitutionnel accordant le droit de vote aux Noirs[230]. Unanime, le Sud refuse de l'appliquer. Ce sera une des causes de la guerre de Sécession, puis de la fin de l'esclavage, devenu définitivement inutile en terre d'Amérique.

Fin de l'esclavage

L'Ordre marchand n'a jamais eu besoin d'esclaves en son « cœur ». A la fin du XIXe siècle, il cesse d'en avoir besoin en son « milieu ».

Le 10 juin 1806, après une tentative avortée de Pitt quinze ans plus tôt, la Chambre des Communes interdit la traite d'esclaves dans toutes les possessions britanniques. Mais pas encore l'esclavage lui-même. En France, la Révolution, qui a aboli l'esclavage, est bien oubliée, et il reste en vigueur dans toutes les colonies, comme il sévit dans le sud des États-Unis où il est particulièrement codifié.

En Louisiane, dans les deux Carolines et d'autres États du Sud, existent des *Codes* où l'esclave est désormais décrit comme « la propriété absolue de son maître. C'est un immeuble que celui-ci peut échanger, vendre, hypothéquer, emmagasiner, inventorier, jouer sur le tapis vert, transmettre[162]... ». En particulier, le *Code noir de Louisiane* stipule : « La condition de l'esclave étant simplement celle d'un être passif, il doit à son possesseur et à tous les membres de la famille du maître un respect sans limites et une obéissance sans bornes [...]. Il ne peut rien posséder en son nom propre, rien vendre ou acheter sans l'aveu de son maître ; il n'a pas d'existence légale ; il ne saurait plaider en justice ni servir de témoin, si ce n'est contre ses frères accusés de conspiration. Il ne peut monter à cheval ou porter des armes. Il n'a pas le droit d'aller et venir, de sortir de la plantation sans un permis. Il lui est interdit de se promener sans permis, de monter à cheval sans autorisation[444]. » Un autre Code précise le sort des affranchis : « Les affranchis ne peuvent même pas servir de témoins, si ce n'est contre des esclaves ou des affranchis. Il leur est défendu de porter des armes. Pas plus que les esclaves, les affranchis n'ont l'autorisation d'assister en grand nombre à une réunion de prières avant le lever ou après le coucher du soleil. Ils n'ont pas le droit de passeport, ils ne peuvent voyager hors de leur commune ni résider dans un autre État à esclaves, sous peine d'être fouettés une première fois et d'être vendus aux enchères en cas de récidive. Tout homme de couleur arrivant dans un port du Sud à bord d'un navire était immédiatement transféré dans la prison de ville, et le capitaine devait promettre de le reprendre à son bord en fournissant une caution de 1 000 dollars[444]. »

Les « planteurs » qui les possèdent ne sont pas des capitalistes et ne les emploient pas à produire de la valeur au sens de l'Ordre marchand. Leur mentalité n'est donc pas celle d'entrepreneurs. Tocqueville note déjà qu'à la différence de l'habitant de l'Ohio, « tourmenté du désir de richesses » et « capable de n'importe quelle entreprise, de n'importe quel effort pour faire fortune », celui du Kentucky « poursuit moins la fortune que l'agitation et le plaisir ; l'argent a perdu une partie de sa valeur à ses yeux[162] ». On retrouve là l'opposition entre la prodigalité du seigneur et la frugalité du bourgeois.

Mais l'économie esclavagiste secrète sa propre limite : comme il n'y a pas, dans le Sud, assez de débouchés pour les produits agricoles qu'il produit, toute cette partie du pays a besoin du libre-échange pour exporter, alors que le Nord a besoin d'une politique protectionniste pour développer son industrie[162].

De surcroît, le développement du coton rend l'esclavage de plus en plus pénible : « Tant que la production dans les États du sud de l'Union américaine était dirigée principalement vers la satisfaction des besoins immédiats, le travail des nègres présentait un caractère modéré et patriarcal. Mais à mesure que l'exportation du coton devint l'intérêt vital de ces États, les nègres surmenés et la consommation de leur vie en sept années devinrent partie intégrante d'un système froidement calculé[162]. »

L'Amérique, sur ce plan, se trouve de plus en plus isolée. En l'espace de quelques années, dans les colonies des pays d'Europe, l'esclavage, devenu inutile, a été aboli. Le 30 avril 1833, la monarchie de Juillet supprime la taxe d'affranchissement, les peines de mutation et la marque, crée un état civil pour les affranchis de métropole. L'esclavage n'est pas encore aboli par la France quand, le 15 août 1833, la Grande-Bretagne décide pour sa part l'affranchissement des esclaves, qui devront néanmoins encore sept ans d'« apprentissage » à leurs maîtres. Le 11 juin 1839, le pape Grégoire XVI interdit la traite. Mais l'évolution est lente : le 5 janvier 1840, on ordonne dans les colonies françaises l'instruction primaire et religieuse des esclaves, on leur concède un jour libre par semaine, on autorise la réunion des esclaves mariés ; cette année-là, pourtant, l'évêque du Mans, Mgr Bouvier, approuve encore l'esclavage et la traite dans ses *Institutions théologiques*[444].

Le 22 mai 1842, Lord Stanley, secrétaire aux Colonies de la Couronne britannique, dresse un premier bilan positif de l'abolition de l'esclavage décidée neuf ans auparavant : « Les nègres sont heureux et satisfaits, ils se livrent au travail, ils ont amélioré leur manière de vivre, augmenté leur bien-être, et en même temps que les crimes ont diminué, les habitudes morales sont devenues meilleures. Le nombre des mariages a augmenté ; sous l'influence des ministres de la religion, l'instruction s'est répandue[444]. »

Une loi française du 18 juillet 1845 limite la durée du

travail des esclaves et fixe leur droit au repos dominical. En Suède, en 1846, le Parlement accorde un crédit au gouvernement pour racheter les 531 derniers esclaves de l'île de Saint-Barthélemy. Au Danemark, le roi Christian VIII décrète le 28 juillet 1847 l'abolition de l'esclavage.

Avec l'instauration de la IIe République en France, l'esclavage est interdit par le gouvernement provisoire, puis aboli le 23 mai 1848 à la Martinique, le 27 mai en Guadeloupe, le 10 juin en Guyane, le 20 décembre à la Réunion. On comptait alors 74 447 esclaves à la Martinique, 87 087 en Guadeloupe, 12 525 en Guyane, 10 350 au Sénégal. Il est désormais interdit à tout Français, même vivant à l'étranger, sous peine de perte de sa citoyenneté, d'acheter ou de posséder des esclaves. L'Assemblée est chargée de fixer les indemnités dues aux anciens propriétaires.

En 1850, la traite est abolie au Brésil, en 1860 dans les possessions hollandaises d'Asie, en 1863 en Guyane et aux Antilles néerlandaises. Le 25 août 1856, l'esclavage est aboli en Inde portugaise. Lors de leur accession à l'indépendance, la plupart des pays d'Amérique latine l'ont aboli. L'Espagne ne le supprime qu'au moment des batailles de 1868. A ce moment, à Cuba, on dénombre encore un million d'esclaves, et 300 000 à Porto Rico.

A la même époque, l'esclavage s'est durci dans le sud des États-Unis avec les développements de l'industrie cotonnière et l'encouragement, en 1857, d'une décision de la Cour suprême. En 1859, le Missouri, l'Arkansas, la Louisiane bannissent de leur territoire tous les hommes de couleur libres. Ceux qui ne partent pas sont vendus aux enchères comme esclaves : « Le produit de la vente est employé à fonder des écoles pour les enfants pauvres. » La Georgie condamne tous les Noirs libres « convaincus de paresse ou d'immoralité » à un an d'esclavage et, en cas de récidive, à l'esclavage définitif[162]. Le Maryland autorise les Blancs à faire travailler les enfants noirs sans le consentement de leurs parents. Tous les États esclavagistes interdisent les affranchissements et punissent de mort « toute personne dont le langage, les signes ou les actions pouvaient exciter une certaine irritation parmi les nègres libres ou les esclaves, tous ceux qui, sciemment, introduisaient dans l'État des journaux, brochures ou livres contraires à l'institution de l'esclavage[444] ». Après l'élection à la présidence d'Abraham Lincoln, en décembre 1860, la Caroline du Sud prend l'initiative de la sécession et d'une guerre à l'issue de laquelle disparaîtront le mode de vie des planteurs et le régime esclavagiste, dernier système de droit, au sein de l'Ordre marchand, où l'homme pouvait encore être propriété de l'homme.

A la même époque également, en Chine, au Japon ou en Russie, des paysans continuent de vivre selon un système de corvée et de servitude très proche de l'esclavage, et la défaite des États esclavagistes en 1865 y ouvre une voie d'espoir à ceux qui souhaitent mettre fin à ce système, comme à ceux qui, un peu partout, souhaitent s'attaquer désormais à la nouvelle forme de l'aliénation, celle du salariat dans le travail en usine : « Non seulement, écrit Marx, nos sociétés modernes vivent sans l'esclavage, mais encore elles se trouvent fort bien de sa suppression, et, à moins qu'il n'arrive quelque épouvantable catastrophe qui viendrait arrêter l'essor de notre civilisation moderne, ce qui n'est malheureusement pas impossible, il est probable que nos sociétés modernes, si elles savent conserver leur liberté, se débarrasseront de ce dernier reste de l'esclavage qu'on appelle le salariat[283]. »

Le Progrès au travail

Avec le développement des machines thermiques et des horloges s'impose, dans la seconde moitié du XIXe siècle, une conception nouvelle du temps : il n'est plus cyclique, mais orienté ; l'ordre n'est plus naturel et stable, mais artificiel et toujours menacé. Le savoir scientifique, mais aussi l'Histoire et le capital, évoluent et progressent. Contre Hobbes et Hegel,

Carnot, Darwin, Marx et beaucoup d'autres parlent maintenant la nouvelle langue, celle du *progrès*.

Par suite, la critique de l'Ordre marchand devient radicalement neuve : il ne s'agit plus de partager la terre, mais de s'approprier le nouveau bien fertile : le capital, et l'épargne qu'il permet d'accumuler *au cours du temps*. Ce projet anticapitaliste, qui s'appelle « *socialisme* » dès le début du siècle, plonge ses racines dans la pensée utopique la plus ancienne, déjà évoquée ici, de Platon à Thomas More, de Campanella à Mably. Il fallait s'attendre à sa naissance : nul ouvrier ne peut se sentir aisément propriétaire de sociétés anonymes où il travaille comme il le faisait partiellement dans les corporations dont il portait jadis le nom ou l'emblème, ou à la campagne. La lutte sociale bascule de la terre à l'argent.

A la toute fin du XVIIIe et au début du XIXe siècle s'écrivent encore des discours critiquant la propriété privée de la terre, comme aux siècles antérieurs, et il y est surtout question de la redistribuer. En 1793, par exemple, William Goldwin considère la propriété privée du sol comme incompatible avec la justice : « Les vices qui sont inséparables du système actuel de la propriété disparaîtraient dans une société où tous partageraient également les dons de la nature[162]. » Thomas Spencer et William Ogilvy considèrent que la propriété privée foncière, « pendant des siècles, a porté atteinte et constitué un obstacle au bonheur de l'humanité bien davantage que, tout à la fois, la tyrannie des rois, l'imposture des prêtres et les chicanes des hommes de loi[105] ».

A la même époque commence néanmoins une réflexion sur le progrès industriel et ses conséquences. Face à l'extrême misère des salariés, à la richesse de ceux qui les exploitent et qui accumulent, à l'apparition des premiers monopoles industriels, se fait jour avec Sismondi l'idée que le travail produit plus que ce que permet d'acheter le salaire. Il introduit les termes de *mieux-value* et de *plus-value*, et esquisse une première analyse de la concentration du capital et de la paupérisation du prolétariat qui est censée en découler : le premier, il donne au temps de l'économie industrielle une direction, le sens d'une évolution dans une trajectoire de longue durée[374].

De son côté, Ricardo a démontré auparavant que le travail du salarié industriel est la véritable source de la richesse et que les propriétaires fonciers s'enrichissent sans travail au détriment des capitalistes et des salariés[346]. Reprenant l'idée de *valeur-travail*, naguère introduite par Smith — dont j'ai montré que la source est à rechercher au moins au XIe siècle chez les penseurs arabes —, il définit le salaire comme le *prix naturel du travail*, c'est-à-dire la somme de biens et de richesses, variable dans le temps et dans l'espace, « permettant aux travailleurs de perpétuer leurs espèces[346] ». Pour lui, la valeur d'une marchandise dépend de la quantité de travail nécessaire pour la produire, non du salaire payé à l'ouvrier ; le profit représente un solde après paiement des salaires et de la rente : on est alors au bord de l'analyse de l'exploitation du travail par le capital et de la définition de la plus-value que Marx fera vers 1850.

Parmi les pionniers de cette première moitié du siècle, il faut aussi citer un Écossais injustement oublié, Thomas Hamilton. En 1833 — soit peu avant Tocqueville —, il montre que la société américaine évolue vers l'émergence de classes sociales et mentionne l'existence, à New York, d'un groupe de radicaux, les *Workies*, qui protestent violemment contre les inégalités de fortune et d'éducation, et qui revendiquent une redistribution périodique des fortunes et des terres. « Égaliser la propriété, disent-ils, cette victoire du consommateur vaut bien à elle seule des siècles de lutte. » Hamilton en conclut que la démocratie bourgeoise aura une fin, que la victoire de la classe ouvrière américaine est inéluctable : « La démocratie mène nécessairement à l'“anarchie” et à la confiscation ; *la longueur du chemin qui nous y mène n'a pas d'importance.* » Hamilton, que cite Rubel dans sa préface au *Capital*[283], exercera une grande influence sur la pensée d'un jeune Allemand qui commence alors à se former à la réflexion intellectuelle : Karl Marx.

En France, plusieurs traditions se partagent la réflexion critique sur la propriété. Pour le catholicisme social, l'industrie engendre l'anarchie, la baisse des salaires, le chômage, la misère et la dégradation de l'homme, créature de Dieu. Avec Fourier s'expriment les aspects les plus révolutionnaires d'une telle critique : « Plus la propriété s'accroît, plus l'ouvrier est obligé d'accepter à vil prix un travail trop disputé ; et, d'autre part, plus le nombre des marchands s'accroît, plus ils sont entraînés à la fourberie par la difficulté des bénéfices [...]. Tout industrieux est en guerre avec la masse et malveillant envers elle par intérêt personnel[144]. »

Mais l'essentiel de la réflexion française, dans la première moitié de ce siècle d'industrie et de progrès technique, reste dans la ligne des penseurs du XVIIIe siècle : on réfléchit sur l'essence de la propriété, non sur ce qu'elle a de concret. Dans cette ligne, mais pressentant la novation qu'introduit l'irréversibilité du temps industriel, un autodidacte, P.-J. Proudhon, exercera une influence considérable sur la pensée de son époque en écrivant en 1840 au début de son ouvrage le plus célèbre — *Qu'est-ce que la propriété ? Recherches sur le principe du droit et du gouvernement* — : « *Qu'est-ce que la propriété ? C'est le vol* » : « Cinq mille ans de propriété le démontrent : la propriété est le suicide de la société. » Pour lui, « la propriété est un *droit d'aubaine*, c'est-à-dire le pouvoir de produire sans travailler[336] ». Alors que toute production est due à « la force immense qui résulte de l'union et de l'harmonie des travailleurs », les « capitalistes » — le premier, il utilise couramment le mot — jouissent du surplus. Le 9 mai 1848, il écrit : « La question sociale tout entière se résume pour nous dans la propriété. » Le premier, dépassant ce qu'il a lu dans Vico, il analyse l'Histoire comme une juxtaposition d'étapes. L'Histoire, dit-il, est un « *travail de nivellement* » et traverse quatre âges : l'*âge du langage*, l'*âge psychique*, l'*âge révolutionnaire* — « où le genre humain cherche la théorie de ses lois morales et économiques et s'efforce de la réaliser par la politique et la religion » —, enfin l'*âge social* où le principe économique s'appuie « sur les deux grands principes antérieurs, maintenant subalternisés et éliminés, de religion et de gouvernement ». Il distingue la propriété de la « possession », qui peut contribuer à garantir la liberté individuelle contre l'emprise sociale : « Supprimez la propriété en conservant la possession et, par cette seule modification dans le principe, vous changerez tout dans les lois, le gouvernement, l'économie, les institutions[336]. » A la fin de sa vie, Proudhon prend acte de ce que son hostilité à la propriété privée n'est pas comprise : « Le peuple, même celui du socialisme, veut, quoi qu'il dise, être propriétaire ; et si l'on me permet de citer ici mon propre témoignage, je dirais qu'après dix ans d'une critique inflexible, j'ai trouvé sur ce point l'opinion des masses plus dure, plus résistante que sur une autre question. J'ai fait violence aux convictions, je n'ai rien obtenu sur les consciences. Et, chose à noter, qui prouve jusqu'à quel point la souveraineté individuelle s'identifie dans l'esprit du peuple avec la souveraineté collective, plus le principe démocratique a gagné du terrain, plus j'ai vu les classes ouvrières des villes et des campagnes interpréter ce principe dans le sens le plus favorable à la propriété[60]. » Dans sa désillusion perce une espérance qui est maintenant Histoire, génératrice de progrès et de justice. Dans les dernières lignes de *La Capacité politique des classes ouvrières*, il écrit : « Le jour où les classes ouvrières se placeront dans la loi, elles s'approprieront la loi, elles la domineront, elles la feront. La légitimité de leur pouvoir ne sera plus ni contestable, ni contestée[60]. »

En Angleterre, au milieu du siècle, Thomas Hogdskin, William Thompson, Oray et Stuart Mill considèrent le profit industriel comme une part de la valeur volée aux travailleurs. Oray écrit : « Le travail est le seul fondement de la propriété, et, en fait, toute propriété n'est rien de plus que du travail accumulé[105]. » Stuart Mill considère, lui aussi, la répartition des richesses comme totalement injuste, même si, à ses yeux,

« l'explication de cette injustice [...] se trouvait dans un accident historique, et non pas dans la nature même du capitalisme[294] ».

En Allemagne, marquée par une tradition prussienne plus étatique, la pensée socialiste apparaît comme naturellement dirigiste. Dans la lignée de Hegel à Fichte, on critique l'État s'il ne permet pas à chacun de disposer de ce qui est nécessaire pour vivre « décemment ». L'État, centre du pouvoir, doit être garant de tels principes et veiller à ce que « nul n'en soit privé, nul n'en fasse un usage abusif ». Wilhelm Weitling, réfugié à Vienne puis à Paris, publie clandestinement, en 1838, *L'humanité telle qu'elle est et telle qu'elle devrait être*[414]. Pour lui, le salarié est exploité par le détenteur du capital.

Marx, qui découvre l'économie politique en lisant Weitling, et l'idéologie politique en critiquant Hegel, le premier relie alors histoire et économie et nie la primauté de l'État sur le citoyen. Il fait le pont entre toutes les lectures de l'industrie de son époque et, en les fusionnant, sait trouver le maillon encore manquant et construire une théorie globale.

Il commence à répartir les individus en classes selon la nature des biens qu'ils possèdent : travail ou capital. L'*homme* n'existe et ne dure que *par sa classe*. C'est la classe qui agit. Les relations de propriété entre les classes constituent l'infrastructure de la société « sur laquelle s'élève une superstructure juridique et politique et à laquelle correspondent des formes définies de conscience sociale[282] ». Marx écrit : « L'économie politique part de la propriété privée comme d'un fait. Elle ne nous l'explique pas. » L'homme n'existe plus ; il n'est que le jeu des lois qui gouvernent les rapports entre les classes. Tout bien n'est que du travail, ou presque : « La valeur des choses leur vient en quasi-totalité du travail. » Le capital n'est que du « travail cristallisé », du « travail accumulé », du « travail mort qui, semblable au vampire, ne s'anime qu'en suçant le travail vivant, et sa vie est d'autant plus allègre qu'il en pompe davantage. Le temps pendant lequel l'ouvrier travaille est le temps pendant lequel le capitaliste consomme la force de travail qu'il lui a achetée[283] ».

Approfondissant les intuitions de Smith et de Ricardo, Marx clarifie la *double* valeur du travail, valeur d'*échange* et valeur d'*usage*. Par nature, il produit (c'est sa « valeur d'usage ») *plus* que ce qu'il coûte à reproduire (c'est sa « valeur d'échange »). La différence, mesurée en temps de travail dans un objet donné, est la *plus-value* que s'approprie le capitaliste qui a acheté la force de travail et qu'il accumule à son profit. En conséquence, le salarié qui ne reçoit pas les *deux* valeurs du travail est exploité, aliéné : « Être privé de ces produits de son travail, c'est *être aliéné*. Le travailleur est donc aliéné dès qu'il travaille pour autrui[283] », dès que quelqu'un est propriétaire des fruits de son travail, et même dès qu'il y a division du travail, dès qu'il y a marché, dès qu'il y a concurrence et droit de licencier.

L'aliénation, touchant de plus en plus de gens, ne peut que s'aggraver. La concurrence entre capitalistes, la lutte qu'ils se livrent pour survivre en tant que tels, conduit à la concentration du capital entre les mains de ceux d'entre eux qui ont les moyens d'en produire le plus, c'est-à-dire dans les entreprises où le *taux de profit* — rapport entre la plus-value dégagée et le capital engagé — est le plus élevé. Les capitalistes eux-mêmes sont ainsi victimes de la loi du marché. De plus, avec le temps, le taux de profit de l'économie est condamné à baisser en raison des nécessités techniques et des luttes sociales. Aussi le capital, pour se maintenir ou pour au moins ralentir son inévitable agonie, doit-il s'appuyer sur un État, voire même se l'approprier. L'État capitaliste est au service exclusif des propriétaires, et non, comme le pensaient Hegel et les autres penseurs prussiens, au service de la société tout entière.

L'histoire économique et politique du capitalisme se résume donc à l'extension du capital et de sa mise en valeur, « moteur et fin de la production[283] ». « La production n'est qu'une production pour le capital, et non l'inverse, et le cours de l'Histoire qui libère l'homme du féodalisme est par nature contradictoire [...]. Le mode de production capitaliste est un moyen historique de développer la force productive matérielle et de créer le marché mondial correspondant. Mais il représente en même temps une contradiction permanente entre cette tâche historique et les rapports de production sociaux qui lui correspondent[283]. » Au total, le capitalisme est donc *suicidaire* : son développement entraîne « l'expropriation d'une large masse de petits propriétaires (artisans, paysans, petits capitalistes, etc.) et une concentration et une centralisation du capital entre les mains d'un nombre restreint de propriétaires[283] ». Or, lorsque tout le monde, ou presque, est devenu *prolétaire*, c'est-à-dire démuni, il est facile aux prolétaires de détruire l'ordre capitaliste, de s'emparer de la propriété des moyens de production et du pouvoir pour le compte de la classe alors dominante, la classe ouvrière. « Le mode de production capitaliste est arrivé à ce point que le travail de direction, complètement séparé de la propriété du capital, court les rues [...]. Les capitalistes étaient devenus tout aussi superflus, au niveau de la production, que les prêteurs d'argent et les propriétaires fonciers [...]. Un chef d'orchestre ne doit nullement être le propriétaire des instruments de musique et il ne lui appartient pas de s'occuper du salaire de ses musiciens[282]... »

Mais la morale exige d'accélérer l'inévitable. Aussi faut-il *vouloir* le « socialisme », non parce qu'à défaut d'une telle volonté il ne se réaliserait pas, mais parce qu'autrement, la classe ouvrière, qui vivra de toute façon son éternité dans sa victoire, aura subi d'inutiles souffrances.

Marx attache avant tout de l'importance à sa thèse sur la valeur du travail : « Ce qu'il y a de mieux dans mon livre, écrit-il à Engels le 24 août 1867, c'est, premièrement, d'avoir démontré dès le premier chapitre le double caractère du travail, selon qu'il s'exprime comme valeur d'usage ou valeur d'échange (toute intelligence des faits repose sur cette thèse) ; deuxièmement, d'avoir analysé la plus-value indépendamment de ses formes particulières, le profit, l'intérêt, la rente foncière, etc.[282] »

Mais cette thèse ne trouve sa force, et le marxisme, au-delà de sa dimension économique, ne résonne dans la conscience de l'époque, que parce que, pour la première fois, dans le discours socialiste en formation, *est donnée au démuni une espérance de durée*, celle de la *classe*, où l'individu se retrouve dans une famille neuve, celle du travail. Et, pour Marx — ce que lui reproche Proudhon —, la révolution doit être politique, appropriation du pouvoir d'État par la classe des prolétaires et durée dans un parti.

Sans le vouloir vraiment, Marx ne parle lui aussi que de la mort et de la façon de la contourner. Son originalité majeure par rapport aux autres doctrines est de se couler dans le moule du temps, de comprendre que le capitalisme, par le jeu de la concurrence et de la *plus-value*, se modifie au fil du temps, qu'il se défait et se réforme, qu'il se concentre en se détruisant au point de se détruire en se concentrant. Il fait du « socialisme » une nouvelle parousie où se réconcilient l'homme et son œuvre, où l'homme accède à l'éternité par sa classe, *qui, en prenant le pouvoir, le réalise en le niant :* tout l'avenir est dans cette redoutable ambiguïté.

Le projet socialiste : durer ensemble

Dans la première moitié du XIXe siècle, les théoriciens français et anglais du socialisme sont très hostiles à l'État qui soutient les patrons contre la classe ouvrière. Ils veulent créer de nouvelles familles de travail (coopératives, phalanstères ou mutuelles) où on puisse durer *ensemble* contre la solitude de la ville et du travail.

James Mill, Owen, Fourier, Buchez, Proudhon proposent ainsi de créer des coopératives où cesserait l'exploitation du travail par le capital, où tous seraient propriétaires de l'outil de production et éliraient les chefs. Seuls Saint-Simon et

Louis Blanc proposent l'intervention de l'État dans l'économie, la création d'ateliers nationaux et même la planification[113].

Au début du siècle, Sismondi propose de faire accéder les salariés à la propriété du capital et d'obliger les entrepreneurs à payer les salaires, même en cas de chômage technique ou de maladie. Vers 1820, Fourier propose de créer des phalanstères où toutes les activités humaines seraient paradisiaques, parce qu'elles obéiraient à ce qu'il appelle la « loi des séries passionnées[144] ». Pour lui, seuls ceux qui travaillent à la production de richesses ont droit à la propriété : « Le droit individuel de propriété ne peut être fondé que sur l'utilité commune et générale de l'exercice de ce droit, utilité qui peut varier selon le temps[144]. » Pour aboutir à une société juste et égalitaire, James Mill, le père de John Stuart, suggère la constitution de coopératives ouvrières et — audace extrême pour l'époque — la suppression de l'héritage, ou du moins sa limitation *en fonction de la fortune de l'héritier.* Robert Owen[316], pour qui « le caractère de l'homme est un produit dont il n'est que la matière première », prône un système capable de produire un homme nouveau, système fondé sur la *coopération mutuelle* d'où la propriété privée serait bannie (le mot *socialisme* apparaît d'ailleurs en 1822, en anglais, dans une lettre d'un certain Edward Oppen adressée à Robert Owen). Owen finance plusieurs expériences de ce type aux États-Unis ; chaque ouvrier y perçoit un salaire, même s'il n'a pas de travail. Mais il échoue : « Il a, remarque Spengler, voulu montrer comment la classe inférieure anglaise pourrait adopter l'idéal de propriété réservé jusque-là à la classe supérieure dominante. Ce socialisme, par sa manière, *ne se distingue pas d'un capitalisme de la classe inférieure*[382]. » Jugement cynique et implacable, mais bien compréhensible de la part de ce Prussien pour qui l'État est nécesaire à toute noblesse du pouvoir.

En 1830, Fourier distingue la propriété « simple », « droit absolu d'un individu », et la propriété « composée », « assujettissement des possessions individuelles aux besoins de la masse[144] ». Il faut mettre en commun, « socialiser » les instruments de travail, en créant des *coopératives* où chaque sociétaire serait assuré d'avoir un revenu minimal« qui garantit son droit à la vie » et permet de durer dans l'entreprise. Les bénéfices de la coopérative seraient répartis entre le travail manuel (5/12), le capital (4/12) et les connaissances (3/12). Ce n'est pas là une fin en soi, mais la première étape vers ce que Fourier appelle l'« État sociétaire généralisé[144] ». Car l'État est nécessaire, en particulier pour assurer à chacun la santé. Il invente explicitement le concept d'*Assurance publique* : « La médecine sera rétribuée par la collectivité non pas pour entretenir la maladie, mais conserver la santé [...]. Elle améliorerait la qualité du travail et augmenterait le rendement *au point de remplacer le mode capitaliste de production*[144]. »

Beaucoup d'autres penseurs avancent l'idée de développer la propriété collective à côté du secteur privé. Au printemps de 1848, Lamennais propose, dans son journal *Le Peuple constituant*, la création de *mutuelles* : « Pourquoi le travailleur, qui ne possède rien, ne peut-il emprunter le capital qui achèverait de l'affranchir ? Parce qu'il n'a d'autre gage à offrir que son travail futur, dépourvu de valeur vénale, et son travail futur est dépourvu de valeur vénale parce qu'il peut n'être jamais, à raison de la maladie et de la mort possible [...]. Pour que le travail futur devienne un gage réel, il faut donc qu'il devienne certain, et *il le devient par l'association*[233]. »

En 1850, Buchez suggère, lui aussi, la constitution d'*associations ouvrières*, propriétaires des instruments de travail et dont le capital serait « inaliénable et indissoluble[71] ». Aucun des associés ne pourrait en réclamer le partage ni se retirer de l'association, « même s'il a contribué par son travail à l'accroissement du capital social de l'association[71] ». Celle-ci pourrait admettre de nouveaux associés. Les bénéfices nets seraient partagés entre les membres de l'association, les indigents et l'augmentation du capital. Si quelqu'un apporte du capital à l'association, il touche l'intérêt de ce capital, mais il ne participe aux bénéfices qu'en tant que travailleur. A terme, il ne doit plus y avoir de hiérarchie des salaires[71].

Proudhon propose, au printemps de 1848, de créer des coopératives, des *compagnies ouvrières* dont « tout employé aurait droit de propriété », et une *banque nationale coopérative et mutuelle* où l'argent serait prêté sans intérêt aux petits propriétaires et aux ouvriers. En janvier 1849, il crée une *Banque du Peuple*, sans capital et sans bénéfice, faisant circuler des bons d'échange gagés sur le produit du travail de chaque membre. Il veut aussi créer une *Banque foncière*, « instrument de révolution à l'égard des dettes et des usures, pour permettre au paysan de se libérer de l'exploitation. Tout paiement de redevance pour l'exploitation d'un immeuble acquerra au fermier une part de propriété dans l'immeuble et lui vaudra hypothèque[336] ».

Il se créé alors près de trois mille coopératives, notamment dans l'imprimerie, qui se maintiendront plus d'une dizaine d'années.

Au lendemain des révolutions de 1848, l'État est devenu plus fort. Pour les socialistes, il n'est plus à négliger, mais à prendre et à utiliser. La nationalisation devient alors un des projets de plus en plus fréquemment évoqués. Cabet propose que « les moyens de production et les matières premières soient centralisés, que les professions soient attribuées par concours et les salaires selon les besoins[77] ». Laponneraye, Lahutière, Pillot, Dézamy, héritiers de Babeuf, sont partisans de la « communauté des propriétés, du travail et de l'éducation[105] ». Louis Blanc — le premier socialiste d'Europe à exercer des fonctions gouvernementales — suggère de « détruire le monstre hideux de la concurrence[50] » et de créer « dans les branches essentielles de l'économie des ateliers spéciaux dont les profits serviront à l'entretien des vieillards, des malades, des infirmes, et à l'allégement des crises qui pèsent sur d'autres industries[50] ». Il le fait ; c'est un échec.

Mais les échecs des coopératives d'Owen, des phalanstères de Fourier, comme des ateliers nationaux de Louis Blanc, et la quasi-disparition en Europe des coopératives de production qui s'étaient formées au début du siècle, la déroute des révolutions nationalistes laissent, dans la seconde moitié du siècle, le champ presque libre au marxisme. Là encore, on ne peut comprendre sa « victoire » qu'en étudiant sa généalogie et la façon dont, seul dans son cas, il invente une façon crédible de *durer* pour le démuni, au-delà de l'entreprise et de la famille, dans la *classe sociale*.

En Allemagne, W. Weitling propose la mise en place d'une propriété communautaire, sans transition, à partir d'un État fort : « Si on a le pouvoir, il faut écraser la tête du serpent... Il ne faut pas accorder d'armistice aux ennemis, ouvrir des négociations avec eux ni croire en leurs promesses[414]. » Mais, à partir de 1845, jugé trop « messianique », Weitling voit son influence régresser au profit des « athées », surtout de Karl Rodbertus, qui réclame l'appropriation collective des moyens de production, et de Karl Marx. Celui-ci, s'attachant surtout à détruire l'idée d'une inévitable socialisation des moyens de production découlant comme naturellement de la socialisation progressive de la production et du capital, n'expose pas clairement le projet de socialisme qu'il a en tête. Il veut abolir la « propriété bourgeoise », c'est-à-dire « le pouvoir d'assujettir, en se l'appropriant, le travail d'autrui ». Pour lui, le trait essentiel de la société « *communiste*[285] » — le mot prend avec lui le sens de socialisme réalisé — est la paix et l'harmonie, ce qui implique en particulier la satiété des besoins. « Ce qui caractérise le communisme, ce n'est pas l'abolition de toute espèce de propriété, mais l'abolition de la propriété bourgeoise[282]. » On y accéderait par « saut » du « règne de la nécessité » au « règne de la liberté ». Le communisme est une société d'« êtres libres et égaux » ; l'homme de la société communiste sera un « homme nouveau », « total », réconcilié avec lui-même et avec la nature. Il sera « riche en besoins », comme résultat de sa liberté. Le travail sera « non seulement un moyen d'existence, mais le premier besoin vital », rendu créateur par la réduction de sa durée et son libre choix. La spécialisation et la division du travail y seraient restreintes. Le communiste sera libre de « faire une chose aujourd'hui et autre chose demain, chasseur le matin, pêcheur l'après-midi, éleveur le soir, sans jamais devenir un chasseur, un pêcheur ou un pâtre[282] ». A propos de la Commune de Paris, Marx parlera aussi de la nécessité d'une « autogestion des producteurs ». Ce sera alors la fin de l'Histoire : il n'y aura plus de domination ni de rapports de classe, puisqu'il n'y aura plus de propriétaires ; l'État sera donc devenu inutile.

Marx reste néanmoins très flou sur la transition, sur ce qu'il appelle la *dictature provisoire du prolétariat*, qu'il esquisse dès 1852. Pendant la phase intermédiaire, « l'État ne saurait être autre chose que la dictature révolutionnaire du prolétariat [...]. Le prolétariat se servira de sa suprématie politique pour arracher petit à petit tout le capital à la bourgeoisie, pour centraliser tous les instruments de production dans les mains de l'État, c'est-à-dire du prolétariat organisé en classe dominante, et pour augmenter au plus vite la quantité des forces productives. Cela, naturellement, ne pourra s'accomplir, au début, que par une violation despotique du droit de propriété et du régime bourgeois de production[282] ». Il ne parle que vaguement de la nationalisation comme seule solution compatible avec la nécessaire centralisation des moyens de production.

Peut-être faut-il penser que sa réticence à décrire cette transition vient de ce qu'il voit poindre dans la réalité, chez Hegel et en Prusse, l'État bureaucratique qu'il refuse.

Engels sera plus précis ; dans l'*Anti-Dühring*, il écrit : « Le prolétariat s'empare du pouvoir de l'État et transforme les moyens de production en propriété de l'État. Mais il se supprime ainsi lui-même en tant que prolétariat, il nie toutes les différences et les antagonismes de classes, et supprime ainsi l'État en tant qu'État. » Il propose une « organisation planifiée » où le « gouvernement des hommes fait place à l'administration des choses[127] ».

En 1861, l'Allemand Ferdinand Lassalle essaie d'élaborer la

pensée juridique du socialisme dans sa *Théorie systématique des droits acquis*[236]. Il faut, dit-il, renforcer l'État qui seul est à même de s'opposer à la bourgeoisie.

Là commence, à proprement parler, l'histoire politique du socialisme. Marx crée avec d'autres, en 1864, la Première Internationale, qui s'effondre en 1876 après la scission des anarchistes de Bakounine en 1872. Le *premier parti social-démocrate* se constitue en Allemagne en 1875, au congrès de Gotha, à partir de l'Association générale des ouvriers allemands de Lassalle (dont le programme se résume à l'instauration du suffrage universel et à la création de coopératives ouvrières) et de l'Union des associations de travailleurs allemands de Bebel, Liebknecht et Bernstein, leur théoricien qui propose la nationalisation des entreprises monopolistes et l'instauration du socialisme d'État pour se glisser dans l'État prussien, plus fort et plus moderne qu'aucun autre à l'époque[113].

Le marxisme s'installe ainsi dans la prophétie et la durée ; il donne aux démunis une science de l'avenir. Mais ce que Proudhon voulait — « brûler la propriété à petit feu » par les mutuelles et les coopératives —, n'est pas mort. Viendra bientôt aussi le temps du socialisme au quotidien, de la durée vécue, voulue ensemble, à quelques-uns.

Durer par l'épargne

Car, contrairement aux prédictions des socialistes, mais conformément à ce qui se lisait en filigrane dans la pensée de Hegel, le capitalisme ne s'effondre pas avec le siècle. Au contraire, il réussit de plus en plus à entraîner dans sa logique et dans son idéologie ceux que les marxistes voyaient comme ses premiers adversaires : les salariés eux-mêmes. C'est qu'il leur apporte la durée en en faisant, volontairement ou non, des épargnants, par l'invention de l'assurance comme façon de financer la santé du peuple.

Le temps est révolu où la charité protégeait les pauvres ;

voici venu celui de l'assistance contre la pauvreté et contre son double inévitable, la maladie. Une analyse scientifique de la pauvreté et de la maladie, devenues métaphores l'une de l'autre, est illustrée à la fin du siècle par ce texte d'un certain professeur Barthélemy : « Le paupérisme est un phénomène naturel. C'est une infirmité de l'organisme social, comme la goutte est une infirmité du corps humain. On peut en combattre les causes ; on peut en arrêter le développement et en affaiblir l'intensité. L'hygiène peut ainsi réduire le nombre de goutteux et la thérapeutique peut atténuer leurs souffrances. Mais personne n'a l'illusion qu'un jour viendra où la goutte aura disparu de l'humanité. Il n'est pas moins chimérique d'attendre l'aurore qui se lèvera sur une société à jamais délivrée du fléau de l'indigence[12]. » Le mal social est donc maintenant associé à la maladie à soigner, voire à éliminer.

On voit apparaître ici un nouveau lien très simple entre la durée et la propriété : celui qui, par la *médecine*, relie santé et épargne, autrement dit cotisation d'assurance et espérance de vie.

Le lourd appareil de la charité ne convient plus. Au droit des pauvres se substitue une économie de la pauvreté. Économistes, médecins et hommes politiques demandent que l'on remplace les institutions de charité par un système permettant l'intégration des travailleurs dans l'Ordre nouveau. Pour augmenter leur durée de vie comme machines au service du capital, on instituera d'abord l'Assistance sociale, puis l'Assurance[12].

Dans les pays démocratiques, c'est la pauvreté qu'on va soigner en permettant à chaque pauvre d'avoir les moyens d'épargner. Mais comment demander aux plus démunis des ouvriers d'épargner alors qu'ils ne gagnent pas le nécessaire ? Il faut les y forcer, les contraindre à acheter leur santé en finançant le risque de leurs maladies. L'assurance devient constitutive de l'idéologie de l'État régulateur, d'un État qui assure déjà, par ailleurs, contre les conséquences du libre jeu du marché. Les ultras le comprennent et le redoutent. Le

Times écrit en 1854 : « Nous préférons prendre le risque d'attraper le choléra et la peste, plutôt que d'être brutalisés et contraints par l'État[12]. » Celui-ci fait acheter à chacun le droit d'escompter un gain dans son espérance de vie. L'État vend du probable, du statistique. La cotisation permet d'acheter, par l'épargne, une *probabilité de durer plus longtemps.* C'est la véritable naissance d'une *ère des masses* : la décision politique intègre la statistique.

L'assurance-maladie s'organise d'abord sous forme de mutuelles financées par des cotisations ouvrières annuelles obligatoires et par des subventions patronales ; elle assure le remboursement des frais médicaux et pharmaceutiques, verse des indemnités journalières aux malades, couvre les frais d'enterrement.

Dès 1850, la bourgeoisie américaine urbaine contracte des assurances contre les maux du siècle : tuberculose et accidents de chemins de fer. Bientôt, certaines entreprises organisent elles-mêmes la couverture des risques du mal ; quelques compagnies minières vont jusqu'à salarier des médecins pour soigner leurs employés.

Dans un rapport présenté le 20 mai 1855 au Comité d'économie sociale, le docteur Penot décrit ainsi les pratiques mutualistes en Alsace (région d'Europe, avec le nord de la France, la Prusse et les Midlands, où elles sont mises en place le plus tôt) : « Depuis un grand nombre d'années, on voit fonctionner dans toutes les fabriques du Haut-Rhin des caisses de secours mutuels, en cas de maladie, qui s'alimentent d'un *prélèvement fait sur les salaires* et qui fournissent gratuitement en retour, aux associés malades, les visites d'un médecin, les médicaments ordonnés par l'homme de l'art et une certaine somme journalière pour subvenir à leurs autres besoins. En cas de décès, la caisse acquitte aussi tous les frais de sépulture au moyen d'une somme fixée d'avance par un règlement[12]. »

Au début de la seconde moitié du XIXᵉ siècle, partout en Europe, l'État remplace peu à peu les institutions locales ou privées. En France, bureaux, services, administrations se mettent en place pour contrôler l'assistance et l'hygiène. En Prusse est créé, en 1876, un Office national de la santé. En 1879, l'Association professionnelle des imprimeurs crée la première assurance-chômage[12]. Avec la grande crise économique des années 1880, la violence syndicale et l'existence d'une réelle menace socialiste poussent Bismarck à intégrer les travailleurs dans l'Ordre marchand. L'État capitaliste donne une réponse à Marx : l'ouvrier n'a nul besoin d'espérer par sa propre classe, son épargne privée lui suffit ; l'État se charge du reste. Ainsi s'annonce le XXe siècle.

L'idée d'une assurance contre la pauvreté, le chômage et la maladie, progresse. En 1891, dans l'encyclique *Rerum Novarum*, le pape Léon XIII demande aux États de « pourvoir d'une manière toute spéciale à ce qu'en aucun temps l'ouvrier ne manque de travail, qu'il ait un fonds de réserve destiné à faire face non seulement aux accidents soudains et fortuits, inséparables du travail industriel, mais encore à la maladie, à la vieillesse et aux coups de mauvaise fortune. »

Des sons, des images... et des levures

C'est aussi au XIXe siècle que surgissent — tout en passant alors quasi inaperçues — trois innovations qui joueront un rôle essentiel dans la conception de la propriété au siècle suivant : le gramophone, la photographie et la biologie.

Vers 1850, beaucoup d'artistes travaillent encore sur commande. Ils prennent peu à peu un poids politique notable : « Ils occupent toujours le devant de la scène et accumulent richesses, honneurs et considérations[331] », remarque K. Pomian. Alors qu'un siècle auparavant, Watteau est mort pauvre tandis que les graveurs de ses œuvres faisaient fortune, les artistes entrent à présent dans le jeu de l'argent. Déjà, vers 1820, Léopold Robert vend lui-même, en un an, un million d'exemplaires de l'estampe de ses célèbres *Moissonneurs* ; Ingres cède pour 24 000 francs le droit de reproduction de ses œuvres. Le peintre s'octroie la propriété de son œuvre[11]. L'écrivain améliore aussi sa position : un décret du 5 février 1810 porte à vingt ans la transmissibilité du droit de propriété littéraire en ligne directe, et à dix ans pour les autres cas. Un projet de loi, élaboré en 1825, repris en 1836 et en 1841, propose de porter cette période à cinquante ans. Lamartine s'étonne même que « la création des rudes labeurs de la pensée ne soit pas transmissible *à perpétuité* à la postérité de l'auteur, comme le champ que le cultivateur défriche et qu'il s'est ordinairement approprié par son travail et sa sueur[444] ». En 1878, Victor Hugo fonde l'Association littéraire et artistique internationale. Une convention conclue à Berne le 9 septembre 1886 assure la protection internationale de la propriété littéraire et artistique.

Devant la multiplication des cabarets où on utilise leurs partitions sans leur accord, les musiciens créent des sociétés de perception des droits d'auteur. La première au monde est la S.A.C.E.M., créée à Paris le 11 février 1850 pour prélever des droits sur l'usage de partitions[11]. En France, une loi du 16 mai 1886 autorise l'usage des « instruments mécaniques » (orgue de Barbarie, boîte à musique, puis gramophone en 1877), substituts aux orchestres dans les bals, et, plus généralement, autorise « la fabrication et la vente des instruments servant à reproduire mécaniquement des airs de musique[11] ».

Avec la photographie, qui prend son essor en 1839 quand l'État français achète lui-même et rend publique l'invention de Daguerre, le problème de la propriété de l'image ne se posera que lorsqu'il deviendra possible de la reproduire.

On se contente d'abord de la recopier par la gravure et la lithographie. Le premier à tenter de vendre des photos à des journaux pour les y faire reproduire est un nommé Matthew B. Brady qui prend, sans être commandité par personne, des milliers de clichés de la guerre civile américaine, avec le concours d'une vingtaine de photographes[148]. Pour financer ce « reportage », il emprunte des capitaux. Mais la vente en est faible et il doit céder ses clichés à son principal créancier, la firme de produits photographiques qui lui a fourni le matériel. Elle les fera imprimer et publier durant plusieurs années ; M.B. Brady, lui, est ruiné[148].

Ces reproductions restent rares, jusqu'au 4 mars 1880, date à laquelle on trouve dans le *Daily Herald* de New York la première photographie reproduite par des moyens purement mécaniques, proches de la typographie. A la fin du siècle, de telles reproductions se développent ; aucune n'est encore signée, et les premiers reporters sont plus choisis pour leurs capacités physiques que pour leur talent. La photo est propriété du journal. Nul ne peut encore s'opposer ni à la photographie, ni à la polygraphie. En particulier, personne n'est encore propriétaire de son image.

De façon plus subreptice encore commence à se faire jour, à l'époque, un droit de propriété sur la *matière vivante* : en 1873, l'Office américain des brevets et des marques accorde à Louis Pasteur un brevet portant sur une « levure exempte de germes organiques de maladie, en tant que produit de fabrication[438] » ; puis il accordera un brevet pour un sérum antitoxique en 1877, pour une bactérie-vaccin en 1904, pour un virus-vaccin en 1916. Ainsi se constitue un usage : les découvertes scientifiques et les inventions de l'élevage, de la sélection végétale, des traitements médicaux, ne sont pas brevetables ; l'est ce qui revêt un caractère *technique*, la manipulation qui permet la « production d'artefacts », d'objets vivants jusqu'ici inconnus.

***

Tel est le « cœur » du capitalisme et de l'Ordre marchand depuis qu'il s'est construit à compter du XIe siècle. Étrange ordre qui s'est formé sans le dire, qui s'est développé sans s'avouer comme traduction du vivant en objet, du naturel en artefact, du sacré en monétaire. Si le mot « capitalisme » ne s'impose qu'à la fin du XIXe siècle, bien après celui de

« socialisme », c'est parce que celui-ci est un projet, alors que celui-là est une réalité très ancienne qui n'a nul besoin de nom pour dominer le monde et y produire encore, au siècle suivant, d'immenses richesses et de grandes misères.

Déjà, au cœur du XIXe siècle, s'annonce ce que sera le suivant : les écrivains, avec Hugo, Novalis et Poe, commencent à douter de leur propre rôle dans la création et de leurs droits de propriété sur leurs propres textes ; bientôt, avec Mallarmé et les surréalistes, ils ne se verront qu'en « opérateurs » non responsables, dessaisis d'eux-mêmes. Ils laissent ainsi entendre l'avènement de l'ère des grandes machines, d'artefacts si puissants qu'ils imposeront leurs propres lois à chaque sujet, comme la nature imposait jusqu'ici les siennes.

CHAPITRE IV

Le propre de l'homme

VIVRE, TOUT COURT. — FIGURE DE CHASSE. — MONOPOLE ET MÉTROPOLE. — POUR QUI ROULE L'ÉTAT. — ÉCONOMIE DE GUERRE ET D'APRÈS - I. — LE PARTI DE DURER. — VIVRE ARYEN. — DOMINANTS/DOMINÉS. — PROPR(I)ÉTÉ. — L'ÉTAT DU NEW DEAL. — ÉCONOMIE DE GUERRE ET D'APRÈS - II. — MORTS EN PILE. — LE DON JUAN ET L'*EJIDO*. — MARCHÉ, PLAN, PROPRIÉTÉ. — LES PROPRIÉTÉS DES OBJETS. — VERS LES ÉTOILES. — LE MARCHÉ PROPRIÉTAIRE. — NARCISSE ENCOMBRÉ. — PRODUIRE ET CONSOMMER LA DETTE. — ÉCONOMIE MIXTE FIN-DE-SIÈCLE. — PRIVATISER. — LE SOCIALISME A USAGE PRIVÉ — L'OBJET NOMADE. — PROPRIÉTÉ ET CITOYENNETÉ. — AVOIR, SAVOIR. — L'OBJET-VIE. — COLLECTION DE SOI. — ON NE MEURT QUE TROIS FOIS. — LE PROPRE DE L'HOMME.

En 1434, un riche bourgeois de Lucques épouse à Bruges une jeune femme dont il est très amoureux. Ils sont beaux ; ils sont riches. Mais ils sont graves, et peut-être même tristes. C'est que, derrière l'apparence du bonheur bourgeois, lui, Giovanni Arnolfini, et elle, Elisabeth (on ne connaît pas son nom de famille), savent qu'ils ne créent pas une famille, qu'ils ne laisseront pas d'héritage à l'enfant attendu, et qu'ils ne se survivront pas par leur nom : ils ne sont pas du même rang ; leur mariage trouble l'ordre social ; il n'est acceptable ni pour l'Église, ni pour la bourgeoisie. On le tolère, mais il doit *s'oublier* tout de suite après eux. Aussi, pas de cérémonie, pas de fête, pas de sacrement ; seulement deux témoins, et un chien.

Mais l'un de ces témoins s'appelle Jan Van Eyck. Témoin pour les hommes, témoin pour l'Histoire, il laisse de l'événement l'un des plus grands chefs-d'œuvre de la peinture occidentale. L'un des plus prémonitoires aussi, où se glisse, dans l'un de ces rébus que seuls savent rêver ou concevoir les grands artistes, les traces symboliques de toutes les façons de durer, de tous les biens fertiles que connaissent les hommes de son temps : les *femmes*, les fruits de la *terre*, l'*argent*. Sans oublier, derrière, reflet presque invisible dans un miroir convexe, le dernier de ces biens, celui qui s'invente aujourd'hui et se devine à peine alors, celui grâce auquel, contre les lois de Dieu et des hommes, on n'oubliera jamais Giovanni et Elisabeth : l'*artiste*, le créateur, l'homme lui-même et ce qui le rend unique — sa capacité de représenter, inventer, *figurer* le monde.

Au commencement du XXe siècle, un long chemin demeure à parcourir avant que cette intuition ne devienne évidence. Reste encore à explorer, dans la démesure, le massacre, la barbarie, l'absurdité, l'ignorance, toutes les voies offertes à l'Ordre marchand. Reste à vivre l'extrême diversité des sociétés qui se succèdent ou s'affrontent, mais qui toutes mettent en valeur un même code, le *code marchand*, un même bien fertile, l'*argent*, au service de différents maîtres, tous soucieux de trouver une façon d'épargner pour assurer leur durée.

Seule change, au XXe siècle, la conception morale, philosophique et politique de ce qui dure : en certains lieux, c'est encore la *famille*, comme à Florence au XIIe siècle, ou l'*État*, comme à Venise au XIIIe siècle, ou la *compagnie*, comme à Amsterdam au XVIIe siècle, ou la *société anonyme*, comme à Londres au XIXe siècle ; c'est désormais aussi, fait nouveau, la *nation* comme à Berlin, le *parti* comme à Moscou, les *managers* comme à New York.

Pour comprendre ce qui se joue au fil de ce long chemin, et ce qui s'y annonce pour nous, il faut s'adosser à cette longue histoire, la raconter pour mieux déceler, dans l'amoncellement du quotidien, ces bribes d'essentiel et ce que sera demain le *propre* de l'homme.

Vivre, tout court

Au début de ce siècle, la mort n'est plus qu'une propriété parmi d'autres des vivants, une sorte de résidence secondaire dont ils ne souhaitent point trop parler, de peur d'indisposer leurs contemporains. Le romantisme a disparu, et, avec lui, la nostalgie et le culte du souvenir ; subsiste seulement une vague présence des ancêtres les plus récents, à côté de soi, comme un double. On consacre peu d'argent à préparer la mort, hormis pour les obsèques et le tombeau lui-même. Rien de plus. Pratiquement plus de messes, plus de fondations. « De même que nous manifestons notre opulence en nous assurant, dans la ville, pignon sur rue, de même nous confirmons cette opulence en nous munissant, dans la nécropole, d'une maison posthume, somptueuse et durable », écrit au début du siècle Émile Magne dans *L'Esthétique des villes.*

La durée change de fondement : dans les pays les plus avancés du capitalisme, la terre n'est plus le principal bien fertile. Certes, les grands propriétaires, à la campagne et en ville, continuent d'exercer une forte influence, surtout là où la propriété de la terre est très concentrée. En Grande-Bretagne, les deux mille individus qui possèdent la moitié des terres cultivables, la centaine d'entre eux qui en cumulent un sixième, ont encore un poids considérable. Même en France où les sols sont beaucoup plus morcelés, les grands propriétaires fonciers jouent un rôle électoral très important. Dans l'Allemagne des junkers, au-delà de l'Elbe, en Italie méridionale, en Hongrie, en Russie, en Chine, le pouvoir appartient encore aux seigneurs fonciers. Au Japon, où les droits féodaux sont abolis avec la révolution Meiji, les grands propriétaires gardent encore le contrôle du pays.

Mais, pour l'essentiel, dans les pays de l'Ordre marchand, on dure désormais par l'*argent* et par l'usage qu'on en fait, dots et héritages. De savantes alliances valorisent le nom, construisent l'avenir, aident à s'approprier ancêtres et héritiers. Le *rentier*, celui qui vit du travail de son argent ou ses biens fonciers sans travailler lui-même, reste le prototype idéal, avec l'*entrepreneur* qui bâtit et développe une entreprise sur le marché. Dans le même temps, chacun prend conscience de soi, la vie privée se développe, et on veut durer pour *soi-même.* On se met à épargner pour vivre soi-même, tout court, pour s'approprier une espérance de vie plus longue grâce aux soins médicaux et à l'hygiène, aux vacances et aux loisirs.

Cette recherche n'est pas qu'individuelle. Car la santé est un *bien non exclusif.* Au contraire, chacun a même intérêt à ce que l'autre en bénéficie aussi, la maladie de l'un menaçant la durée de vie de l'autre. Aussi le médecin est-il financé par la collectivité pour soigner les pauvres et servir ainsi la santé des riches. *Chacun y gagne un droit de vivre plus, et accepte que les plus riches vivent mieux. Chacun des plus riches se sent alors investi d'une responsabilité morale vis-à-vis des pauvres.*

A cette époque, tout naturellement, l'Église catholique admet la « responsabilité sociale du propriétaire ». En 1891, Léon XIII s'adresse, dans son encyclique *Rerum novarum*, « aux riches et aux patrons » : « Ils ne doivent point traiter l'ouvrier en esclave ; il est juste qu'ils respectent en lui la dignité de l'homme, relevée encore par celle du chrétien. Le travail du corps [...], loin d'être un sujet de honte, fait honneur à l'homme. »

En quelques années, le système de santé prussien, jusqu'alors considéré comme scandaleusement « socialiste », se généralise en s'adaptant. La Grande-Bretagne, fidèle à sa tradition de décentralisation, organise l'assurance des travailleurs sous la responsabilité de chaque employeur — jusqu'à la naissance du parti travailliste et à la conquête de la majorité parlementaire par les libéraux en 1905, qui rend l'assurance obligatoire. En France, après qu'une loi du 15 juillet 1893 s'est bornée à entériner les pratiques de médecine gratuite élaborées durant tout le siècle écoulé, en 1910, l'assurance généralisée s'accompagne de la gratuité des médicaments et de l'hospitalisation pour les personnes âgées. En 1912, le système touche douze millions de personnes. Malgré les réticences des associations de médecins qui s'évertuent à maintenir la fiction de l'échange médical, le tiers-payant aujourd'hui est juridiquement reconnu conforme à l'éthique médicale[12].

Dès le tournant du siècle, le progrès est sensible : chacun a gagné une plus longue vie ; dans la plupart des pays où l'assurance a été instituée, on dépasse les cinquante ans de longévité moyenne. En particulier, pour la première fois dans l'histoire humaine, on constate un déclin de la mortalité urbaine, surtout infantile.

Cette idée que, dans l'Ordre marchand, le bien de l'un contribue au bien de l'autre, se trouve alors réaffirmée par les discours des sciences humaines encore balbutiantes : Léon Walras, le premier, établit que l'ordre économique doit rester *naturel* — autrement dit être l'ordre qui prévaut alors, celui du marché — aussi longtemps qu'on ne saura organiser scientifiquement la société : « Prétendre organiser l'industrie, la propriété, la famille, le gouvernement, quand l'économie, l'éthique n'existent pas, c'est, à mon sens, aussi fou que de vouloir faire du pain quand on n'a pas pris le soin de moudre du blé en farine, et quand on n'a même pas pris celui de semer du blé[411]. » En 1909, il écrit : « Faire librement la science d'abord, et faire ensuite rationnellement la politique. Tout est là[411]. » Le naturel, c'est le marché. Le laisser-faire devient ainsi un comportement fondé sur la modestie scientifique.

Même si d'autres, à la même époque, comme Wilfried Pareto[318] ou Barone, soutiennent que l'idéal économique peut théoriquement être réalisé par une planification parfaite — par le « ministère de la Production » d'un État propriétaire de la société, qui poserait et résoudrait un système d'équations traduisant l'équilibre simultané de tous les marchés —, l'un comme l'autre reconnaissent que c'est *en pratique irréalisable*, et que l'ordre naturel s'impose du fait de la complexité de toute tentative pour influer sur lui ou le contrarier.

L'ordre libéral pense donc qu'il est le seul à pouvoir vivre *tout court*, tout autre que lui étant trop complexe pour ne pas se révéler fragile et donc mortel.

Figure de chasse

Contrairement aux apparences, le XIXe siècle n'a pas été un grand siècle de consommation. Certes, y sont apparus le gramophone, le téléphone, la cuisinière, la machine à coudre, la montre, la photographie, mais l'industrie ne les a pas encore produits comme des objets de masse. La priorité était à la constitution de grands réseaux, à l'essor des industries textile et chimique. Il s'agissait encore de se nourrir, de se vêtir, de se loger, de se déplacer.

Avec les premières décennies du XXe siècle, tout change : la classe moyenne a maintenant assez de revenus pour acheter de quoi se loger, se meubler, se vêtir, manger *mieux*. En Europe et aux États-Unis, elle se constitue en une classe nouvelle qui vit directement ou indirectement des dépenses des salariés : commerçants, petits industriels, médecins, avocats, ingénieurs. Elle achète en masse les objets existants. De plus, un nouvel objet fait irruption pour satisfaire son désir de propriété : l'*automobile*.

Rendue à la fois possible et nécessaire par toute une série de mutations techniques et culturelles, celle-ci va donner un nouvel élan à l'Ordre marchand. Tout commence par l'opposition d'une nouvelle source d'énergie, le *pétrole*, plus individualisée que le charbon, qui permet d'animer une machine utilisable en privé, le *moteur à explosion*, inventé par le Français E. Lenoir en 1860, qui joue le rôle que joua pour Londres, un siècle plus tôt, la machine à vapeur : il augmente l'efficacité des usines et celle des transports ; il permet le travail en série et, bientôt, une production en masse d'automobiles.

L'automobile est un objet très particulier et nouveau : elle bouge, se montre, obéit comme jamais personne n'a obéi à qui que ce soit. C'est le premier objet marchand à se concevoir ouvertement comme métaphore de l'homme[117] — ou plutôt de la femme : on l'« alimente », elle est « nerveuse », « élégante », elle a une « carte d'identité », un « habillement », etc. Avoir une automobile devient un moyen de dire sa force, sa puissance, sa virilité. En même temps, pour la première fois, un objet de consommation permet de jouer avec la mort, de risquer sa vie et celle d'autrui. On en verra d'autres...

Dès les débuts du XX^esiècle, l'Europe, avec le plus dense réseau routier du monde, est adaptée à sa circulation. L'industrie automobile y voit le jour : ce sont des Français, comme Alphonse Beau de Rochas en 1867, puis des Allemands, comme Daimler et Benz en 1887, qui inventent l'automobile équipée d'un moteur à explosion[10]. Mais la classe bourgeoise européenne est encore fort peu tentée par la consommation de biens durables, et réticente à exhiber ses richesses.

Aux États-Unis, au contraire, la mentalité semble mieux adaptée à la vitesse : peuple individualiste affichant sa fortune, aimant mieux le chariot que le train, peuple sur roues depuis sa naissance, pour qui la réduction de la durée des trajets intérieurs est un facteur d'unité nationale, les Américains semblent les mieux placés pour maîtriser la nouvelle innovation et rassembler le capital nécessaire à son développement[10].

Quand les autres ne fabriquaient encore que des trains, l'Amérique s'essayait déjà à construire des voitures individuelles à vapeur. Dès 1880, le moteur à explosion y est utilisé dans des machines-outils, puis, vers 1890, dans l'automobile. De 1904 à 1908, 241 entreprises de construction automobile y sont créées, dont Ford, en juin 1903, qui, dès sa première année de fonctionnement, vend 1 700 véhicules. L'industrie automobile devient un secteur entraînant, sans se tailler pour autant une place majeure dans l'ensemble de la production industrielle[10].

Alors qu'en 1900, il n'y a en France que 3 000 véhicules, 100 000 y circulent en 1906 ; la production française est alors de 25 000 voitures par an. Cette année-là, la France produit les deux tiers des automobiles exportées dans le monde, soit dix fois plus que l'Angleterre et autant que les États-Unis. Mais quand se présente le marché des taxis parisiens — qui exige de produire les véhicules en série —, les ouvriers de Renault, composés pour l'essentiel d'anciens de l'industrie des fiacres, refusent l'industrialisation et l'organisation du travail, et contraignent Louis Renault à ne pas se lancer dans la production en masse de voitures[10].

Or, en 1908 — au moment précis où l'endettement général conduit à une grave crise financière et force le système financier américain à envisager de créer une banque centrale[15] —, apparaît aux États-Unis une voiture de conception simple, la Ford T, qui change la nature même de l'objet et son mode de production. En quelques années, l'industrie américaine produit des voitures en série ; avec des ouvriers travaillant à la chaîne ; la stabilisation des salaires permet aux ouvriers de dépenser, de *s'intégrer à l'Ordre*, et développe par contrecoup les revenus d'une classe moyenne qui, elle, peut acheter des automobiles.

Avec la production en série, les prix baissent : en 1914, le modèle « T » vaut moitié moins qu'en 1909. L'Angleterre, empêtrée dans son Empire, perd alors le contrôle du « cœur ». Elle ne produit annuellement que 34 000 voitures. L'Allemagne, partie de rien, en est presque à la talonner avec 23 000 véhicules. La France la devance avec 45 000 voitures. Les États-Unis sont déjà loin devant avec une production de 485 000.

L'effet sur l'économie est considérable : en amont, l'automobile stimule le développement des aciéries, des mines, de l'industrie du verre ; en aval, celui de la banque, de l'assurance, du commerce et des villes géantes.

Un bien de consommation, une nouvelle propriété, figure de chasse, image de conquête, métaphore du Don Juan, a résolu la crise et changé la forme en intégrant le *démuni*. Ce ne sera pas la dernière fois.

Monopole et métropole

Les grands pays sont tous devenus des sociétés à dominante urbaine. Londres atteint quatre millions d'habitants. Partout les villes grandissent et les campagnes se vident. Alors qu'en 1880, un quart des Américains habitaient des villes de plus de huit mille habitants, en 1900 ils sont un tiers, et sont la moitié dix ans plus tard. C'est en ville qu'on vit, qu'on meurt et qu'on fait fortune. L'automobile, qui permet de se déplacer à l'intérieur d'une grande agglomération, d'habiter en ville à un endroit éloigné de celui où l'on travaille, en accélérant ce processus, ne tarde pas à bouleverser la hiérarchie des grandes cités.

A vouloir défendre son Empire, Londres s'essouffle et s'endette. Plusieurs autres villes — Berlin, Paris, New York, Philadelphie, Boston — se disputent sa place comme « cœur » de l'Ordre marchand, lieu principal d'appropriation de l'épargne.

En France et en Angleterre, la plupart des sociétés industrielles sont encore possédées par quelques familles qui contrôlent aussi l'essentiel des sièges de conseils d'administration des sociétés anonymes. Le *Partnership Act* anglais date de 1890. Les bourgeoisies anglaise et française continuent d'investir dans la terre et de prêter aux féodalités les moins solvables. Le système bancaire français et anglais oriente l'épargne vers les titres d'État, les compagnies d'assurances, les emprunts municipaux et les placements dans les colonies. Ces deux pays détiennent les deux principaux portefeuilles de titres du monde. Ainsi, pour aider à créer une puissance industrielle russe face à l'Allemagne, le huitième des sommes épargnées par les Français entre 1900 et 1914 est investi en Russie ; les épargnants français possèdent alors le tiers de toutes les participations étrangères dans l'industrie russe, et les trois quarts des emprunts russes souscrits à l'étranger.

Au début du siècle, ce centre de l'Ordre bascule de l'autre côté de l'Atlantique. C'est là, en effet, que se trouvent réunies les conditions d'une expansion considérable, d'une nouvelle forme qui s'appuie d'abord sur le développement de l'industrie sidérurgique, de l'armement, de l'industrie chimique, de la construction ferroviaire et des constructions navales, puis sur celui de l'industrie automobile. Le nord-est de l'Amérique assure alors à lui seul plus du tiers de la production industrielle mondiale.

Aux États-Unis — c'est aussi le cas en Allemagne —, de

nouveaux entrepreneurs apparaissent et investissent leur épargne dans l'industrie. En particulier en Amérique se créent des banques d'affaires et des compagnies financières qui attirent l'épargne d'Europe, contrôlent le développement des entreprises privées, placent leurs actions et empêchent la constitution d'entreprises rivales. Ainsi, le 10 janvier 1899, John P. Morgan déclare aux dirigeants de toutes les sociétés de chemins de fer à l'ouest du Mississippi : « Les banques ne négocieront pas, et feront tout ce qui est en leur pouvoir pour empêcher la négociation d'actions ou d'obligations visant la construction de lignes ferroviaires parallèles ou l'extension de lignes qui ne seraient pas unanimement approuvées par elles[274]. »

Le mouvement s'étend peu à peu dans le pays ; les restrictions (limitation de la taille des sociétés ou de leur capital, réglementation et contrôle de leurs secteurs d'activité, limitation de la durée des « associations », limitation de l'endettement autorisé...) disparaissent progressivement. C'est vers 1880 que la « libre entreprise » devient une réalité juridique sur l'ensemble du territoire, mais sous des formes relativement diverses. D'un État à l'autre, les modalités de création des corporations diffèrent parfois sensiblement. Certaines sont détenues par quelques personnes qui sont aussi leurs dirigeants, et gèrent donc leur propre fortune avec des effectifs limités, d'autres sont d'énormes firmes avec plusieurs dizaines ou centaines de milliers d'employés, des centaines ou des milliers d'actionnaires. La dispersion de la propriété n'empêche pas le maintien de la concentration du pouvoir. L'homogénéisation de la législation américaine est progressive : le *Uniform Limited Partnership Act* de 1916 et le *Uniform Business Corporation Act* de 1928 seront peu à peu adoptés par tous les États.

Dans les pays les plus industrialisés, la dynamique de la concurrence entraîne la concentration du capital en quelques entreprises puissantes — des *monopoles*, selon le mot qui apparaît à l'époque sous la plume de Lénine et de Hilferding :

« Les secteurs, autrefois distincts, du capital industriel, commercial et bancaire, sont désormais sous le contrôle de la haute finance où les magnats de l'industrie et des banques sont étroitement associés[205]. »

De fait, même s'il ne s'agit pas de « monopoles » au sens étymologique, ni au sens qu'avait ce mot au XVIIe siècle, il y a bien concentration du capital. En Grande-Bretagne, de 1880 à 1918, la taille des filatures et des hauts fourneaux double ; 655 entreprises fusionnent en 74 ensembles ; au lieu des 250 banques qui existaient en 1880, on n'en compte plus que 48 en 1913. Aux États-Unis, la Standard Oil se constitue en un quasi-monopole de l'industrie pétrolière. En 1871, des raffineurs de Pennsylvanie, pour faire baisser les coûts du transport de leur pétrole, se regroupent autour de l'un d'eux, Rockefeller, en un cartel, la Southern Improvment Company[274]. Mais ils ne parviennent à rassembler que 10 % de la capacité de raffinage des États-Unis. En 1875, un cartel plus important, la Central Association, regroupe la majorité des raffineries avant de se transformer, en 1884, en un holding financier, la Standard Oil, qui contrôle désormais l'essentiel des pipelines et du raffinage américains[274]. En 1900, de grandes entreprises contrôlent de même, en Amérique, plus de la moitié de la production du textile, du verre, du papier, des produits d'alimentation, des métaux non ferreux, de la chimie et de l'acier. Les entreprises qui fusionnent ont une capitalisation totale de 240 millions de dollars en 1880, de 710 millions en 1898, de 2,24 milliards en 1899[274]. En Allemagne, l'industrie des biens d'équipement se cartellise et se concentre sous l'impulsion d'une politique dirigiste : en 1911, A.E.G. contrôle environ deux cents sociétés, emploie plus de soixante mille salariés et se partage les marchés mondiaux d'électricité avec le groupe américain General Electric[274]. La France, elle, reste à l'écart du mouvement : ses entreprises restent de petite taille, dirigées par des propriétaires peu enclins à s'endetter, hésitant à mécaniser leurs usines, à concentrer des masses ouvrières.

Partout ailleurs, où augmente la taille des entreprises, le salariat se développe. En 1900, en Grande-Bretagne, aux États-Unis et en Allemagne, les quatre cinquièmes de la population active sont salariés. Dans ce dernier pays, la moitié des travailleurs est déjà employée dans l'industrie[274]. En 1913, seulement un quart des vingt millions de travailleurs français sont des salariés ; alors que l'agriculture emploie encore 40 % des travailleurs, moins d'un tiers sont dans l'industrie.

A l'aube du XXe siècle, l'usine est devenue ainsi un lieu de travail de masse. D'un usage flou du temps au travail, on est passé à un chronométrage détaillé de chaque geste du salarié. S'accentue alors l'intensité du travail industriel, se généralise la rémunération aux pièces, s'instaurent de nouveaux modes de surveillance. Des institutions systématisent les expériences de contrôle patronal sur la vie de l'ouvrier. D'où la réapparition d'une certaine cohésion sociale dans l'usine : la « cohérence fonctionnelle qui s'impose objectivement par la division du travail », écrit Durkheim[123]. Le travail est la propriété du Capital.

Au total, le salariat normalise la société urbaine, « case » les démunis, les intègre, tout en perpétuant une grande disparité des salaires et des revenus, et en autorisant une certaine mobilité sociale sur plusieurs générations[3]. Les salariés gagnent de l'argent avec leur travail ; les patrons font travailler l'argent ; ensemble, ils forment une étrange collectivité où le patron se reconnaît une responsabilité sur ceux qu'il exploite. L'écrivain chrétien Léon Duguit l'exprime bien lorsqu'il écrit en 1905 : « Le détenteur d'une richesse a, du fait qu'il détient cette richesse, une fonction sociale à remplir : tant qu'il remplit cette mission, ses actes de propriétaire sont protégés. S'il ne la remplit pas, ou la remplit mal, *l'intervention des gouvernants* est légitime[157]. »

Par ce biais s'annonce l'intervention de l'État. Car il faut plus d'État : pas d'automobiles, en effet, sans voirie urbaine et sans policiers.

Pour qui roule l'État

Dès avant le commencement du XXe siècle, malgré la diversité apparente de son rôle selon les pays, l'État s'organise partout pour « caser » les salariés et en faire des propriétaires d'objets.

A côté des fonctions traditionnelles de défense de la propriété, de l'identité nationale et de la circulation des biens, les États suscitent partout des entreprises nouvelles sous la forme de services publics d'abord concédés à des entreprises privées. C'est dans les réseaux de communication que se situent pour l'essentiel ces entreprises ; et d'abord dans le désordre des débuts du chemin de fer qui va se révéler difficilement rentable pour les capitalistes.

A bien chercher, il semble que ce soit en France que, pour la première fois, on ait proposé une nationalisation volontaire : Gambetta, le 3 février 1872, suggère d'abord — sans qu'il y ait de suite — que l'État rachète l'ensemble du réseau des chemins de fer. Puis, par une étrange ironie, la première nationalisation industrielle du XIXe siècle aura lieu quelques mois plus tard, quand, en août 1872, sous l'impulsion de Thiers, les entreprises privées fabriquant des allumettes — qui, un an auparavant, ont été lourdement taxées pour financer la guerre — sont nationalisées et regroupées en un monopole d'État[217].

Partout en Europe, le développement du chemin de fer atteint une limite. Le phénomène est cumulatif : les industriels font pression sur les gouvernements pour que les tarifs n'augmentent pas, ce qui empêche l'extension des réseaux, limitant le marché intérieur des entreprises et poussant celles-ci à réclamer des tarifs de transports plus bas encore.

En France, Freycinet propose en 1878 un plan audacieux, d'inspiration saint-simonienne, visant à créer une demande collective de biens de consommation par la construction de nouvelles lignes de chemins de fer. C'est la première fois qu'on avance l'idée de se servir de l'État pour relancer la croissance industrielle.

Le 18 mai 1878, on nationalise 2 614 kilomètres de lignes de l'Ouest, peu rentables et mal entretenues ; le 17 juillet 1879, l'État décide de construire 8 800 kilomètres de lignes en dix ans. Mais ce projet reste sans suite, faute de moyens de financement[217].

De leur côté, les salariés — qui s'organisent à présent en syndicats sur la base du socialisme utopique ou, pour une fraction d'entre eux, en partis sur celle du socialisme marxiste —, réclament la socialisation des biens essentiels : l'Éducation, la Santé, le Logement.

A cette époque, en effet — en France en 1879, en Russie en 1883 —, se constituent des partis socialistes qui préconisent, entre autres, la nationalisation de tous les outils de production et des logements ouvriers. En 1879, Jules Guesde et Paul Lafargue fondent le Parti ouvrier français qui, lors de son premier congrès, demande « l'affectation par les municipalités des fonds disponibles à la construction, dans tous les terrains appartenant aux communes, de bâtiments de nature diverse, tels que maisons d'habitation, bazars de dépôt, pour les louer sans bénéfice aux habitants[74] ». Jules Guesde écrit dans *Le Citoyen* : « Tant qu'il y aura des propriétaires, les choses ne se passeront pas autrement pour les locataires écorchés jusqu'à l'os ou jetés dans la rue, comme tant qu'il y aura des patrons, plus les ouvriers produiront, plus ils seront misérables. Pas de salut pour les uns et pour les autres en dehors de l'expropriation de leur ennemi, qui ne fait qu'une seule et même classe[74]. » Les anarchistes veulent aller plus loin en supprimant toute propriété privée du logement. L'anarchiste James Guillaume écrit : « *Toutes les maisons sont propriétés de la commune* [...]. Les logements nouveaux seront construits aux frais de tous, c'est-à-dire que la jouissance en sera gratuite et que personne n'aura à payer à la commune une redevance, un loyer en échange de l'appartement qu'il occupera[74]. »

Pour la plupart des partis, la nationalisation des logements est exclue, tout comme leur construction par l'État, même si les villes menacent de se révolter. En 1880, le républicain modéré Georges Picot déclare à Londres devant un « Congrès pour la défense de la propriété et de la liberté » :« Quelle que soit l'étendue du mal, nous sommes les ennemis déterminés de la construction de logements par l'État ou les municipalités[74]. »

Aux yeux des républicains, la nationalisation peut néanmoins être admise lorsqu'il s'agit d'affaiblir les ennemis économiques de la République : ainsi en France, en 1881, après que des grèves dans certaines grandes sociétés minières eurent été provoquées par le comportement intransigeant des patrons, les républicains sociaux et les radicaux réclament le « *retour à la Nation* » des mines, pour la « défense de la République[352] ». Le sénateur radical Tolain écrit : « Nous sommes livrés, pieds et poings liés, à la merci d'une oligarchie financière et royaliste » qui « tient à prouver à tous les mineurs du Nord que la République est impuissante à les protéger[352]. »

En France, le débat se poursuit essentiellement sur l'éventuelle nationalisation des chemins de fer. Débat très intéressant sur le secteur public, qui préfigure toutes les polémiques ultérieures.

Certains socialistes craignent que des nationalisations ne servent qu'à renforcer l'État, sans rien changer au statut de l'ouvrier. Jean Jaurès écrit ainsi en 1888 : « Certes, l'État s'interdit à lui-même certains abus de détail, certains actes aussi mesquins qu'odieux que se permettent quelques compagnies, mais, dans l'ensemble, il administre selon les mêmes principes, il applique le même niveau de salaires et il essaie, lui aussi, d'amortir et de rémunérer le capital engagé, en réduisant au minimum la part des salariés [...]. Que le patron s'appelle l'État ou Schneider, c'est toujours la même dépendance et la même misère[352]. » Aussi, pour lui, la nationalisation d'une entreprise industrielle ne serait-elle acceptable que si elle s'accompagnait de l'élection des responsables de l'entreprise par ses salariés, dans le cadre d'une « discipline nationale » qu'assurerait un « Conseil national du travail » où des délégués de tous les secteurs industriels, commerciaux et agricoles, et des représentants de la Nation, « dégagés de toute préoccupation corporative, seront les arbitres naturels des intérêts en présence[352] ». De même, les marxistes les plus rigoureux, dont Jules Guesde, ne sont favorables à la nationalisation des grandes entreprises que si elle concourt à affaiblir l'État, « l'ennemi, l'arsenal et la forteresse de la classe ennemie, que le prolétariat devra avant tout emporter s'il veut s'affranchir[352] ». Pour cela, dit-il, il faut *« républicaniser la propriété comme le Tiers État a — au moins en partie — républicanisé le pouvoir[352] »*.

Ailleurs, la nationalisation n'intéresse guère les socialistes. Ni en Angleterre, ni en Allemagne où Bismarck fait voter contre eux, en 1878, la loi d'exception, ni aux États-Unis où le socialisme est écrasé dans la violence, on ne voit apparaître de tentatives de ce genre. Certains se livrent à des expériences mineures de propriété ouvrière, qui restent isolées : par exemple, en 1884, William Lever, créateur de la Lever Brothers, devenue depuis lors Unilever, crée en Angleterre la première association publique pour l'actionnariat ouvrier, l'*Industrial Participation Association.*

En 1875, le Parti socialiste allemand se transforme en Parti social-démocrate. Dès 1895, un de ses théoriciens, Bernstein, propose d'abandonner la lutte de classe et la dictature du prolétariat, d'améliorer la situation de l'ouvrier dans le cadre existant, et de *« généraliser la condition bourgeoise »*. Il l'emporte contre la minorité de Liebknecht et de Rosa Luxemburg. Bismarck, qui a créé en Allemagne le premier système de protection sociale, laisse toute l'industrie au secteur privé.

Mais partout la forme s'essouffle. En 1893, un million d'Américains sont au chômage. En France, les salaires baissent cette année-là de 20 %. La production et les taux d'intérêt s'effondrent. Cette crise durera plus de dix ans. Chacun y répond à sa manière. Aux États-Unis, la loi interdit désormais à la plupart des États et municipalités de posséder des entreprises, d'y détenir des actions, ou de leur accorder des crédits. En 1903 est néanmoins créée une première société entièrement contrôlée par l'État fédéral, la Panama Canal Company.

En France, gauche et droite s'entendent pour nationaliser le réseau téléphonique, déficitaire, puis, on l'a vu, le réseau des chemins de fer de l'Ouest : ni l'un ni l'autre n'ont de valeur pour l'industrie, alors que les sociétés rentables du réseau ferré restent aux mains de capitalistes privés. Deux députés du centre, Guillemet et Camille Pelletan, « habillent » cette proposition en demandant la nationalisation des Compagnies de l'Ouest et du Midi pour « permettre qu'il soit fait une expérimentation sérieuse et absolument concluante des avantages et inconvénients de la nationalisation[217] ». Habile façon de présenter des projets souhaités en fait par les propriétaires en déroute.

Les socialistes français se regroupent, en avril 1905, autour d'idées très radicales au sein de la S.F.I.O., « parti de lutte de classe ayant pour objetif le socialisme ». Jaurès y prend de plus en plus d'influence face à Jules Guesde. Sa charte vise à l'« organisation politique et économique du prolétariat en parti de classe pour la conquête du pouvoir et la socialisation des moyens de production et d'échange, c'est-à-dire la transformation de la société capitaliste en une société collective ou communiste ».

L'idée d'expropriation est d'ailleurs assez bien partagée, et on l'envisage jusque dans les milieux chrétiens. Léon Duguit écrit en 1905 : « S'il arrive un moment où la propriété individuelle ne répond plus à un besoin social, le législateur doit intervenir pour organiser d'autres formes d'appropriation des richesses[105]. »

L'occasion se présente, l'année suivante, de passer aux actes, quand le gouvernement Clemenceau décide le rachat de la Compagnie des chemins de fer de l'Ouest, déjà proposé treize ans plus tôt. « Parce que le collectivisme veut l'État partout, dit Clemenceau, je ne crois pas que nous devrions ne le mettre nulle part. » Pour lui, on créera ainsi une sorte de compagnie-témoin afin d'imposer aux autres « les améliorations économiques et sociales que nous ne pouvons pas leur imposer[217] ».

Au cours de ce débat apparaît — vingt ans après sa mise en œuvre en Angleterre — l'idée d'associer les travailleurs à la propriété de l'entreprise où ils travaillent, de manière à éviter l'étatisation, et, dit un député de droite, Pierre Biétry, pour « empêcher la formation de grands monopoles d'État qui conduirait le peuple vers un régime où tous les hommes seraient fonctionnaires, c'est-à-dire livrés à l'arbitraire du pouvoir exécutif[217] ». Un député socialiste, Jules Coutant, lui répond alors : « Les ouvriers qui n'appartiendront pas aux Chemins de fer, qu'auront-ils ? Il n'y a plus de raisons pour que l'on ne dise pas : les montres aux horlogers, les machines aux mécaniciens ! [...] Vous voulez créer une caste privilégiée[217]. »

Les socialistes les plus durs continuent de se méfier des nationalisations, voire de s'y opposer. En 1911, au congrès du Parti socialiste réuni à Saint-Quentin, Jules Guesde déclare : « *Le parti socialiste n'est pas le parti du rachat, il est le parti de l'expropriation.* Il n'a pas à racheter ; il a à reprendre, par et pour le prolétariat, ce qui a été volé au prolétariat ; et, pour un pareil but, il n'y a qu'un moyen qui s'impose, c'est la prise du pouvoir politique [...]. Quand vous entrez dans la voie des rachats, si fructueux pour les capitalistes, vous faites purement et simplement le jeu de ces requins[352]. » Jean Jaurès, qui est maintenant au sommet de son influence, accepte pour sa part la nationalisation des chemins de fer, expliquant qu'« il serait impensable qu'un parti socialiste soit du côté des compagnies, contre la collectivité [...]. *Il n'y a de socialisme que là où il y a volonté délibérée, méthodique, de transférer à la collectivité la propriété du capital de production*[352] ».

Comme les précédentes, la forme qui s'est mise en place

n'est pas durablement auto-organisatrice : l'urbanisation, rendue nécessaire par le développement de l'automobile, est de plus en plus coûteuse ; le marché des biens de consommation est vite saturé, les ouvriers ne pouvant y avoir accès ; les colonies ne dégagent plus assez de surplus ; les placements financiers sont moins rentables. La crise est là. Pour un temps, l'endettement et l'armement relaient la demande civile et masquent la crise. La Grande Guerre, par l'usage inévitable des armes accumulées, contribue à retarder la nécessaire réorganisation. Mieux que quoi que ce soit d'autre, elle efface les dettes.

Économie de guerre et d'après - I

Dans tous les pays du champ de bataille, la Première Guerre mondiale pousse à une plus grande imbrication de l'État et de l'industrie, ce qui ouvre aux multiples formes de dirigisme d'après-guerre. Tout s'y invente même de l'État d'aujourd'hui.

En France, dès la déclaration de la guerre, le 2 août 1914, le ministère de la Guerre prend le contrôle des chemins de fer, sans les nationaliser, et organise la répartition de la force de travail encore disponible. Le 20 mai 1915, un secrétariat d'État à l'Armement prend en charge la production d'armes et de munitions. Puis des offices et des comités sont créés pour contrôler la production dans d'autres secteurs. Une planification s'installe et s'organise ; l'État décide des quantités, des prix, des systèmes de production. L'Allemagne, devenue la première puissance industrielle du monde en 1913, crée en 1914 des Offices des matières premières, de la pomme de terre, des céréales ; en 1916, un Office du ravitaillement peut y réquisitionner, répartir et fixer les prix de tous les produits alimentaires ; le 28 août 1916, un Office de la guerre répartit les moyens financiers, les matières premières et la main-d'œuvre qualifiée entre les industries, donnant la priorité à l'armement. Dans la logique de l'État prussien, l'État allemand s'arroge alors un pouvoir considérable qu'il avait refusé jusque-là d'exercer ouvertement — pouvoir peu éloigné, en fait, de ce qu'espéraient les plus radicaux des socialistes à travers l'Europe.

Lénine écrit d'ailleurs à ce moment : « Les prémices objectives de la révolution socialiste existent sans nul doute dès avant la guerre dans les pays les plus évolués ; elles continuent à mûrir très rapidement du fait de la guerre. Le capitalisme de monopole se transforme en capitalisme monopoliste d'État[244]. » Les marxistes allemands espèrent alors, eux aussi, récupérer l'État, devenu tout-puissant, pour se l'approprier au nom de la classe ouvrière.

En France, la revendication est identique : avant les partis, les syndicats, pour la première fois, inscrivent alors le principe de la nationalisation dans leur programme. Pourquoi travailler pour l'État si celui-ci n'est pas propriétaire ? La C.G.T., le 4 janvier 1915, propose d'instituer la participation dans les entreprises, pour une « véritable renaissance industrielle[352] », puis, en novembre 1916, elle réclame des nationalisations contrôlées par les syndicats et les coopératives, car la « socialisation des moyens de production et d'échange ne doit pas être dirigée seulement par l'État, mais aussi être sous le contrôle d'organes collectifs nouveaux [...], administrés par des représentants qualifiés des producteurs et des consommateurs[352] ». On retrouve là des idées émises peu auparavant par Jaurès.

Au lendemain de la victoire, la C.G.T. demande, le 13 décembre 1918, la nationalisation de toute l'industrie et le maintien des contrôles de l'état de guerre : « La réorganisation économique ne pourra produire tous ses effets utiles que si la Nation reprend, maintient ou établit son droit social sur la propriété des richesses collectives et des moyens de les produire ou de les échanger, et si elle en confie de plus en plus la gestion autonome et contrôlée aux départements, communes, coopératives et surtout à des organismes collectifs dotés de la personnalité civile et administrés par des représentants qualifiés des producteurs et des consommateurs[352]. » Aucun parti politique n'épouse en Europe occidentale ces vues et les contrôles de la guerre sont partout supprimés — sauf, on le verra, en Russie où vient de commencer la révolution.

C'est, dans le reste de l'Europe, l'occasion d'une rupture à l'intérieur des partis socialistes. En février 1920, lors du congrès socialiste de Strasbourg, le problème des nationalisations est peu discuté. Mais les syndicats continuent de plaider en leur faveur. Lors des grèves du printemps, la C.G.T. propose que tout service d'utilité publique soit dirigé par un conseil d'administration composé de trois parties égales (État, producteurs et consommateurs) ; pour elle, une entreprise doit être nationalisée « lorsqu'elle n'est plus exploitée qu'en vue des besoins de la communauté et qu'elle n'a d'autre but que de procurer aux consommateurs le maximum d'utilité et d'économie[352] ». Le 6 mai, elle réclame la nationalisation des chemins de fer. Le 6 août de la même année, le congrès de la Troisième Internationale adopte les vingt et une conditions que doit remplir tout parti désirant y adhérer ; elles portent essentiellement sur l'organisation de ces partis, et non sur la nature de la propriété. C'est une évidence pour Léon Blum lui-même : au contraire, le problème de la révolution est la « transformation totale du régime de la propriété » et la conquête « révolutionnaire » du pouvoir politique.

Le 30 décembre, les « thèses » dont l'adoption détermine l'adhésion à cette Internationale portent sur la prise du pouvoir par le prolétariat, le Parti communiste, le parlementarisme, les syndicats, la solidarité internationale, la question agraire et industrielle, et les conditions d'admission. Dans la sixième thèse sur l'agriculture, on peut lire : « La socialisation des moyens de production agricole ne saurait être réalisée suivant le même processus que celle des moyens de production industrielle. Il faut encourager les coopératives de production agricole, les communes agraires [...]. *La monopolisation des moyens de répartition et d'échange par l'État prolétarien, en privant les propriétaires moyens de la possibilité de spéculer, en fixant le prix des denrées, supprimera peu à peu la raison d'être de la propriété moyenne, en réduisant les avantages qui y sont attachés*[352]. » La socialisation des moyens de production est à la fois une condition nécessaire et une utopie inaccessible.

La guerre en Occident est également l'occasion d'instaurer définitivement le suffrage universel : tous, hommes et femmes, ont œuvré à la victoire, et ont donc le droit de décider de la paix. En Angleterre, alors qu'en 1911, moins de 60 % des hommes peuvent voter, en 1917 le droit de vote est accordé à tous les hommes âgés de plus de vingt et un ans et aux femmes de plus de trente ans, puis étendu en 1928 à toutes les femmes de plus de vingt et un ans. De même aux États-Unis : alors que dans beaucoup d'États du Sud, pour bénéficier du droit de vote, il fallait avoir un grand-père électeur à la date du 1er janvier 1867, ce qui excluait les Noirs, le 18e Amendement institue en 1913 le suffrage universel masculin, et, en 1920, le 19e Amendement l'étend aux femmes. En France, il faudra attendre vingt-cinq ans et une autre guerre mondiale pour parvenir à cette seconde mesure.

Le parti de durer

Alors qu'en Europe occidentale, le capitalisme a su faire rêver en donnant la liberté, la démocratie et les moyens de consommer, en Russie impériale, l'ordre et le pouvoir restent encore liés à la propriété de la terre et le capitalisme reste marginal. Pourtant, c'est là que le projet de Mars s'impose. L'histoire russe permet de comprendre le surprenant engrenage qui aboutit, au début du XXe siècle, à la suppression de la propriété privée.

Dès le milieu du XIXe siècle, le débat sur le pouvoir tourne en Russie autour de la question de la propriété de la terre, du contrôle social de la paysannerie et de sa mise au travail. La grande majorité de l'intelligentsia russe souhaite mobiliser la paysannerie contre le tsarisme afin de construire une société rurale, fraternelle, libérée de l'esclavage. Pour mieux attacher les paysans à la terre, le 19 février 1861, alors que commence outre-Atlantique la guerre de Sécession, le tsar libère ses propres serfs, puis ceux des seigneurs, et leur octroie la propriété de lopins qu'ils devront payer en travail ou en argent. Décision qui n'est pas d'une grande générosité : aucun paysan ne peut refuser le lot qu'on lui attribue et il doit le mettre en valeur sous peine de le perdre. « Le travail, dit la loi, est la seule et unique source des droits à l'usage et à la jouissance des biens[259]. » Conformément aux anciennes traditions du *mir*, les paysans libres doivent se grouper dans des *obchinas*, communautés rurales collectivement responsables des emprunts contractés par les paysans pour racheter leurs terres. Jusqu'à ce qu'ils aient fini de payer leur lot, les paysans restent « provisoirement les obligés[259] » de leur ancien seigneur, qui garde sur eux un droit de surveillance et qui leur loue souvent leur terre et leur travail. Une fois « propriétaires », ils ne peuvent ni vendre leur lot ni quitter la communauté[259].

L'*obchina* est dirigée par un chef élu qui délivre les passeports intérieurs et gère les terres communes. Appuyé sur un conseil des anciens, il rend la justice, prélève l'impôt et désigne ceux qui doivent partir pour l'armée. Des tribunaux locaux dont les membres sont d'abord élus, puis désignés par le chef de l'*obchina*, règlent les problèmes d'héritage, de répartition des lots, de contrats, de vols. La propriété privée est si sacrée qu'un voleur est puni de mort dans le village même, alors qu'un meurtrier sera remis aux autorités. « Le coupable [d'un vol] pouvait alors tenter de sauver sa peau en avouant un meurtre imaginaire, et il gardait alors quelque chance d'être remis entre les mains de la police au lieu d'être atrocement mutilé[259]. » Il est interdit de distiller de l'alcool, de couper du bois sans autorisation.

Dans nombre de communes, les paysans réclament plus d'indépendance, de propriété privée, et « souhaitent l'abandon de la tenure communale au profit des foyers[259] » ; à côté des *obchinas* commencent à se créer des coopératives agricoles.

Comme l'industrie est encore très faible, les premiers socialistes russes se montrent favorables à la commune et y voient la source du socialisme futur. Les précurseurs des populistes, tel Tchernychevski, pensent que, faute de classe ouvrière, l'*obchina* peut servir de base au développement socialiste, « à condition d'abolir la possession seigneuriale des terres et d'installer une république démocratique[259] ». Il propose que la propriété d'État de la terre soit organisée sous forme de « possession par l'*obchina* [...]. Nous voulons que la terre appartienne non à une personne, mais au pays ; que chaque communauté ait son lot, qu'il n'existe pas de possesseurs individuels, qu'on ne puisse pas vendre la terre comme on vend des pommes de terre et des choux [...]. Nous voulons conserver le mode de possession de la terre par l'*obchina*, en procédant à des redistributions après de grands délais[259] ».

Au contraire, en 1882, dès la traduction du *Capital*, les premiers marxistes russes du groupe *Osvobjdenia Trouda* (le « Groupe pour la libération du travail »), dont Plekhanov et Axelrod, entendent mettre fin à l'*obchina*, « base de l'arriération politique, économique et sociale de la Russie, entravant le capitalisme, stade nécessaire du prolétariat ». Pour eux, c'est la classe ouvrière qui fera la révolution. Certains d'entre eux souhaitent développer le syndicalisme, d'autres veulent s'allier à la bourgeoisie libérale et aller vers une évolution à l'allemande ou à l'anglaise. Créé en 1898, le Parti ouvrier social-démocrate russe, sous la direction de Lénine, aspire, dans cette ligne, à une révolution urbaine. En 1895, Lénine organise à Saint-Pétersbourg l'Union de lutte pour la libération de la classe ouvrière. Il souhaite instaurer la dictature du prolétariat par une alliance entre paysans et ouvriers. En 1899, il écrit que « le mouvement révolutionnaire russe triomphera seulement en tant que mouvement des ouvriers, ou ne triomphera pas du tout ».

En 1901, Tchernov fonde le Parti socialiste-révolutionnaire

qui, dans la foulée du *populisme*, entend fonder le socialisme sur le *mir*. Le mouvement social-démocrate russe, qui progresse au même pas que le capital industriel, très concentré dans de grandes entreprises, rallie alors Lénine. Celui-ci impose en 1903, à Londres, sa conception d'un parti ouvrier centralisé et de la primauté du politique, provoquant la scission des mencheviks. Dans son programme, il propose « l'arrêt du paiement par les paysans de leur maison et des terres, et de toutes les redevances sur la paysannerie, la confiscation des terres appartenant aux couvents et aux églises, de celles qui appartenaient à la famille du tsar, et la création d'un fonds pour les besoins culturels et l'aide aux communautés paysannes[259] ».

Au tournant du siècle, les cent vingt millions de paysans russes sont pour l'essentiel regroupés en *obchinas*, sauf en Sibérie et sur les terres de conquêtes. Le déploiement du réseau de chemins de fer développe la demande des villes et favorise l'essor de l'industrie laitière, de la culture des plantes fourragères, du lin, de la pomme de terre et de la betterave sucrière. Partout le salariat se développe, certains paysans deviennent riches, rassemblent des terres et épargnent. Ainsi apparaîtront les *koulaks*.

Les grands propriétaires, se rendant alors compte que les paysans détenteurs d'une terre défendent la grande propriété avec la leur, souhaitent développer l'idée de propriété privée, car, dit le comte Witte, elle « n'a pas encore pénétré dans la conscience du paysan[259] ». De fait, au printemps de 1905, après que des mouvements paysans ont provoqué une première révolution manquée, qui n'accouche que d'une Douma, le ministre Stolypine entreprend de transformer en propriétaires tous les paysans membres des *obchinas*. Lénine voit le piège. Il peste contre les paysans. Le 11 mai 1905, il écrit dans son rapport à la VIIe Conférence panrusse : « Les paysans sont les alliés les plus naturels de la bourgeoisie démocratique[259]. » S'il dit toujours vouloir associer les paysans à la réforme, il préfère en fait aller vers le « type américain du capitalisme agraire », et contre les grandes propriétés rurales de type prussien.

Les démocrates antitsaristes sont eux aussi très inquiets de cette évolution. En 1906, le premier congrès du parti social-révolutionnaire adopte un programme de socialisation des terres, « conforme aux traditions russes[259] », et marque la réunification des courants. Cette année-là, Stolypine, devenu président du Conseil des ministres, lance sa « révolution par le haut » et autorise les paysans à quitter l'*obchina* dont ils sont membres, en gardant leur lot, pour « démêler le véritable écheveau des rapports de propriété qui avaient prévalu jusqu'ici et inculquer une soif d'acquisitions[259] ». C'est un semi-échec. En 1913, le groupe bolchevik se sépare des autres.

Jusqu'en 1915, deux millions et demi de paysans quittent volontairement l'*obchina* dont ils sont issus, et un million sept cent mille le font de force. Mais la plupart des fermes privées, sauf celles situées sur les terres fertiles et qui pratiquent l'assolement triennal, n'ont pas de surplus à vendre aux villes ; le prolétariat ouvrier, peu nombreux mais politiquement puissant, s'impatiente et gronde. Un théoricien du populisme, Ioujakov, compare alors la Russie à une « maison en feu ». Les soviets ouvriers se multiplient. Stolypine est assassiné, et bientôt, avec le déclenchement de la guerre, l'industrie et la campagne sont placées au service de l'État. Les forces du peuple sont tout entières jetées dans les combats.

Revient alors le rêve de révolution. En 1916, l'évolution du capitalisme, écrit Lénine, « conduit aux portes de la socialisation intégrale de la production [...]. Dans ces conditions, la tâche immédiate des révolutionnaires, après la prise du pouvoir d'État et l'expropriation des capitalistes, consistera à mener à son terme la tendance du capitalisme en réunissant toutes les entreprises en un grand “trust” unique sous l'autorité de l'État[244] ».

Lénine est alors très minoritaire. Les populistes, c'est-à-dire les socialistes-révolutionnaires et la tendance menchevique alors majoritaire du parti ouvrier social-démocrate ne partagent ni sa conception de l'État ni sa vision de l'économie.

En 1917, la révolution éclate et des *soviets* se forment dans les usines ; le parti social-révolutionnaire, majoritaire au sein du *soviet* de Petrograd qui prend le contrôle du pouvoir d'État, est divisé sur la question de la paix et sur la nature de la coalition à établir avec les bourgeois qui souhaitent instaurer, quant à eux, une sorte de démocratie à l'anglaise.

Le gouvernement du prince Lvov est constitué. Le 1er avril 1917, les ouvriers de Petrograd demandent des élections immédiates à l'Assemblée consultative. Le 6 avril, les marins de Cronstadt réclament le transfert de la terre au peuple, ainsi que la paix (thèses d'avril). Le 16, Lénine arrive à Petrograd et, dans sa célèbre adresse — *Réveillez-vous !* —, exhorte à ne pas en rester là. Menacé après l'échec du coup d'État bolchevik à la mi-juillet, il se réfugiera ensuite en Finlande. Le 8 août, le IVe Congrès bolchevique, semi-clandestin, adopte un programme prévoyant la mise en place d'un contrôle ouvrier sur l'ensemble de la production industrielle et la socialisation des plus grandes entreprises. Le gouvernement Kerenski, constitué en juillet, perd alors le contrôle du pays et les mencheviks du parti ouvrier entendent organiser « toute l'économie nationale comme la Poste ». Bien que le tsar eût abdiqué dès le 2 mars, le 14 septembre, Kerenski fait proclamer la République. Le 20 octobre, dès l'ouverture des débats de l'Assemblée consultative, Lénine réclame la paix et la nationalisation des sols. Le 25, les bolcheviks s'emparent du pouvoir et — dira Lénine le 26 — expédient les réformistes « dans les poubelles de l'Histoire ».

Voici donc le parti ouvrier, devenu, en mars 1918, *parti communiste*, aux affaires. Là commencent les vraies difficultés : que construire ? « De quels outils intellectuels disposait-il ? De quelques slogans, suggestions ou critiques exprimés en quelques mots et formant un ensemble incohérent. Par rapport à l'ampleur du problème, presque rien de tangible ni de précis[227]. » Il n'y a rien, dans les textes de Marx, ni sur la taille optimale du secteur public, ni sur la planification, ni sur le calcul des coûts et des prix en économie socialiste.

Faut-il, par exemple, utiliser la *monnaie* ? Certains proposent d'estimer les valeurs des produits en quantité de travail, d'autres en énergie. Pour N.I. Boukharine et E.A. Preobrajenski, la monnaie n'est pas utilisable : « La loi de la valeur ne peut jouer que dans le cadre d'une économie marchande soumise aux lois du marché, et non dans celui du socialisme où toutes les catégories bourgeoises — argent, prix, salaires, intérêt, rente foncière, profit, etc. — disparaissent[313] » pour céder la place à la comptabilité. L'Ordre socialiste, disent-ils, n'est plus marchand.

Il n'y a pas non plus de règle de fixation des *salaires*. Léon Trotski, cité par A. Nove, déclare que « le principe de l'obligation du travail a remplacé tout aussi radicalement et sans retour le principe de l'embauche volontaire que la socialisation des moyens de production a remplacé la propriété capitaliste [...]. Pour ces raisons, les salaires, tant en argent qu'en nature, doivent être mis en concordance le plus exactement possible avec la productivité du travail individuel[313] ». Tout cela ne fait ni une doctrine, ni même un programme. Ce qui n'empêche pas d'aller de l'avant, sans projet autre que politique.

Le 8 novembre 1917, un décret nationalise sans indemnisation la grande propriété foncière des particuliers et de l'Église. La terre est partagée entre les paysans « comme premier pas dans la voie du transfert complet des fabriques, des usines, des mines, des chemins de fer et autres moyens de production et de transport en propriété de la République ouvrière et paysanne des soviets[259] ». Une semaine plus tard, les entreprises industrielles passent sous contrôle ouvrier ; les patrons demeurent en place et la propriété du capital reste théoriquement privée. On supprime l'héritage, on confisque or et devises. Devant la débandade des cadres et des propriétaires, on empile les nationalisations les unes sur les autres, sans plan d'ensemble, sans architecture, sans projet, sans volonté cohérente. Le 14 décembre, le gouvernement décide la nationalisation des banques et l'annulation des emprunts extérieurs. Le 15, il décide l'armistice avec l'Allemagne. Le 18, on crée un Conseil supérieur de l'économie nationale pour préparer des nationalisations industrielles. Le 27, Lénine signe le premier décret de nationalisation de quatre-vingt-une entreprises industrielles à Moscou, dans l'Oural, en Ukraine et à Petrograd.

On a recours au rouble-papier, rebaptisé *sovnazki*. Le 14 janvier 1918, la Déclaration des droits du peuple travailleur fixe à la révolution l'ambition de « supprimer toute exploitation de l'homme par l'homme, d'abolir complètement la division de la société en classes ». Le 18 janvier, quelques jours après son élection, l'Assemblée consultative — où le parti social-révolutionnaire a une large majorité — est dissoute. Le 10 février, le IIIe Congrès des soviets de députés ouvriers, soldats et paysans, inquiet de cette dérive, réaffirme l'abolition de la propriété privée de la terre : « Toutes les terres sont déclarées propriété nationale et sont remises aux travailleurs sans aucune espèce de rachat, sur les bases d'une répartition égalitaire en usufruit. Les forêts, le sous-sol et les eaux ayant une importance nationale, tout le bétail et tout le matériel, ainsi que tous les domaines et toutes les entreprises agricoles modèles, sont déclarés propriété nationale. » En mars, le congrès du Parti confirme le transfert de toutes les banques à « l'État ouvrier et paysan, comme une des conditions de l'affranchissement des masses laborieuses du joug du capital ». En avril, le commerce extérieur passe à son tour sous contrôle de l'État.

Là s'arrête, pour Lénine, l'extension du secteur public ; car tout va mal : l'essentiel des salaires des ouvriers et des fonctionnaires est désormais réglé en nature ; les échanges entre villes et campagnes se réduisent à un troc forcé ; toute l'économie est désorganisée par la guerre, par le refus de coopération des rares bourgeois encore présents et des paysans propriétaires, les *koulaks*. En mars, l'aile gauche des socialistes-révolutionnaires, qui avait accepté de siéger aux côtés des bolcheviks, quitte le gouvernement, en désaccord sur le projet de paix. Les mencheviks, eux, passent à la clandestinité.

Lénine souhaite donner un coup d'arrêt à cette évolution. En mai 1918, il écrit : « Hier, il fallait essentiellement nationaliser, confisquer, battre la bourgeoisie et briser le sabotage avec le maximum de résolution. Aujourd'hui, il n'est que des aveugles pour ne pas voir que nous avons nationalisé, confisqué, brisé et démoli *plus* que nous n'avons réussi à compter. Or la socialisation diffère de la simple confiscation précisément en ceci qu'on peut confisquer avec la seule "résolution", sans être compétent en matière de recensement et de répartition rationnelle de ce qui a été confisqué, tandis qu'on ne peut socialiser à défaut de cette compétence[244]. »

La machine d'État mise en marche par la révolution ne s'arrête pas pour autant. On nationalise l'industrie du sucre le 2 mai 1918, celle du pétrole le 20 juin ; le 28, c'est le tour de la grande industrie et du transport ferroviaire, des entreprises industrielles d'un capital supérieur à 500 000 roubles. En juillet, la Constitution déclare tous les instruments de production propriété d'État, « c'est-à-dire du peuple tout entier ». Elle prévoit le suffrage universel, « sauf pour ceux qui vivent du travail des autres », c'est-à-dire les rentiers, les employeurs, le clergé, auxquels s'ajoutent les anciens policiers.

Tout se dégrade entre la ville et la campagne. Le 6 août 1918, des détachements armés d'ouvriers commencent à prendre aux paysans la nourriture nécessaire aux villes. Le 4 décembre, le commerce intérieur privé est nationalisé. L'année suivante, l'intervention étrangère, la guerre civile, l'anarchie et la pénurie rendent la situation incontrôlable, et poussent Lénine à nationaliser, le 29 novembre 1919, « toutes les entreprises de plus de cinq personnes ayant un moteur mécanique, ou de plus de dix personnes sans moteur mécanique ».

En mars 1920 sont institués un Plan d'investissement à long terme et un Conseil supérieur de l'économie nationale.

Là semble commencer la première « économie de commandement[313] » jamais mise en place dans les temps modernes ; mais elle ne dure qu'un an, dans l'échec. La production industrielle est inférieure de 85 % à celle de 1913, la production agricole de 40 % : la preuve est faite, pour Lénine, qu'on est allé trop loin. En mars 1921, il peut enfin revenir sur certaines nationalisations et imposer la diversité économique, en même temps qu'il décide, après l'insurrection de Cronstadt au début de l'année, d'instaurer *la dictature du parti unique : pour lui, l'irréversible est d'ordre politique, et non pas économique.* Il offre à ceux qui n'apprécient pas le régime une porte de sortie : gagnez de l'argent, laissez-nous le pouvoir.

Si l'industrie lourde, les transports et le commerce extérieur restent propriété de l'État, l'agriculture, la petite industrie de moins de dix ouvriers et le commerce de gros et de détail — soit dix mille entreprises — sont privatisés. Lénine autorise même la création de nouvelles petites entreprises privées. Les salaires sont diversifiés, les métaux précieux et les produits agricoles cessent d'être réquisitionnés, on laisse aux paysans le soin de vendre leurs récoltes. Voilà les effets de la N.E.P. (nouvelle politique économique).

Le 15 avril 1921, dans un texte fondamental, Lénine fait alors le point de sa pensée sur la propriété. Son choix est clair : l'avenir de l'Union soviétique, c'est le *capitalisme d'État.* Il le dit et le répète : « Le capitalisme est un mal par rapport au socialisme. Mais le capitalisme est un bien par rapport au Moyen Age, par rapport à la petite production, par rapport à la bureaucratie qu'engendre l'éparpillement des petits producteurs [...]. Aussi devons-nous l'utiliser *(surtout en l'orientant dans la voie du capitalisme d'État)* comme maillon intermédiaire entre la petite production et le socialisme ; comme moyen, voie, procédé, modalité assurant l'accroissement des forces productives[244]. » Quelques jours plus tard, le 21 avril, il précise : « Si nous pouvions en Russie réaliser sous peu un *capitalisme d'État*, ce serait une victoire. Notre ennemi principal, c'est la petite bourgeoisie avec ses habitudes, ses coutumes, sa situation économique[244]. » Et encore : « Établir à présent le *capitalisme d'État*, c'est appliquer le recensement et le contrôle qu'appliquaient les classes capitalistes. L'Allemagne nous offre un modèle de *capitalisme d'État*. Nous savons qu'elle s'est révélée supérieure à nous. Mais si vous réfléchissez tant soit peu à ce que signifierait en Russie, dans la Russie des soviets, la réalisation des bases de ce *capitalisme d'État*, quiconque a gardé son bon sens et ne s'est pas bourré le crâne de fragments de vérités livresques, devra dire que le *capitalisme d'État* serait pour nous le salut[244]. »

En 1922, Lénine autorise même la création d'entreprises avec des capitaux privés étrangers, et accorde en concessions des mines et des terres à des capitalistes allemands et américains. Il charge un nouvel établissement, la *Gosbank*, de mettre progressivement en circulation un nouveau rouble, et, à l'usage exclusif des grandes entreprises d'État, un *tchervonetz* qui correspond théoriquement à 7,742 grammes d'or fin, soit dix fois la parité du rouble d'avant-guerre[349]. Pour aider l'agriculture, on contrôle les prix des produits artisanaux qu'achète le paysan. Lénine écrit alors dans un des derniers textes qu'il publie : « Il faut baisser les prix pour que le paysan se rende compte de la différence entre la dictature bourgeoise et la dictature prolétarienne, et pour que son entreprise se développe au lieu de déchoir, et pour que la petite production puisse éviter les voies du développement capitaliste[244]. »

En février 1923, au moment où Lénine perd tous moyens physiques d'agir, les neuf dixièmes des entreprises et du chiffre d'affaires de l'industrie russe sont redevenus privés ; près de cent cinquante mille petites entreprises privées emploient plus de 10 % de la main-d'œuvre industrielle totale[259].

Cette année-là, on publie même un Code civil dont l'article premier déclare que, sauf pour la terre, « le droit de propriété est protégé s'il est exercé dans un sens conforme à sa destination économique et sociale », et que « le propriétaire d'une chose a le droit d'en disposer librement dans les limites de la loi, il peut la revendiquer contre quiconque la détient sans droit, et repousser toute usurpation ».

L'éloignement de Lénine rouvre le débat sur la propriété. Trotski et Preobrajenski demandent qu'on n'attende pas de miracles du marché et qu'on accélère l'industrialisation par une planification centralisée qui attribuerait le surplus à l'industrie. La majorité du Comité central s'y oppose encore, donnant priorité au développement agricole et maintenant la ligne de Lénine. Mais, après la mort de ce dernier, en janvier 1924, sa ligne politique commence à être remise en cause. Certes, elle constitue un succès économique : si le secteur privé produit la moitié du revenu national, la production industrielle et agricole totale est revenue à son niveau de 1913. Mais, politiquement, elle a créé de nombreux problèmes à la campagne : la baisse des prix agricoles a conduit à la faillite de nombreux petits paysans et à la concentration des terres entre les mains de *koulaks* qui, dit la propagande du Parti, commencent à vouloir s'exprimer politiquement et à refuser de livrer leurs produits. Alors qu'en 1913, 1,3 milliard de tonnes de farine de céréales avaient été commercialisées, en 1927, l'État ne parvient qu'à en collecter 600 millions, les paysans refusant de vendre leur récolte en raison de l'effondrement de la livraison de produits artisanaux et des confiscations de terres.

L'année 1927 est cruciale, et le sort de la N.E.P. s'y joue. Elle a encore des partisans : Boukharine, favorable à un développement de l'agriculture privée, propose même d'aller plus loin, vers la privatisation qui favorise naturellement l'agriculture par rapport à l'industrie ; il s'oppose à Preobrajenski, partisan, lui, d'un transfert forcé des profits de l'agriculture vers l'industrie par le biais de prix agricoles bas. Dans un précis d'économie politique publié en 1927, I.A. Lapidus et K. Ostrovitianov, porte-parole de Staline, s'opposent publiquement à cette thèse et écrivent : « La politique de surindustrialisation du pays au détriment des paysans exploités par les hauts prix des produits de l'industrie, politique obstinément préconisée, au cours des dernières années, par Preobrajenski, serait néfaste[313]. »

Mais les industrialistes auront finalement gain de cause. Non pour des raisons économiques, mais parce que l'unité du politique est menacée par la diversité de la société civile et qu'il faut favoriser la classe ouvrière et le parti qui la représente. Et le politique l'emporte sur l'économique, *le figuré sur le réel.*

En quelques mois, Staline décide de donner priorité à l'industrie, d'en finir avec les groupes privés et d'accélérer l'industrialisation par le Plan et l'affectation administrative des moyens de production aux entreprises. En 1927, au XVe Congrès du parti communiste, Molotov parle de la nécessité d'un « renforcement du poids spécifique » des éléments collectivistes, mais sans encore proposer aucun programme concret. Le parti bolchevique suggère de lancer alors la surindustrialisation « sur une échelle qui n'avait jamais été conçue par l'opposition[274] ». Peu à peu, le Plan s'impose.

Les conséquences en sont brutales pour la paysannerie russe ; l'U.R.S.S. subit en deux ans ce que l'Angleterre a vécu en deux siècles : un pouvoir mate les paysans pour faire basculer la richesse vers l'argent, le pouvoir vers la ville.

Pour ce faire, Staline se décide à traiter les paysans par la manière forte, à faire marcher le système « sur deux jambes égales », le secteur socialiste dans les villes, le secteur coopératif dans les campagnes[259]. Aussi, pour collecter les céréales que dissimulent des paysans et dont ont besoin les ouvriers des villes nouvelles, met-il sur pied une organisation paramilitaire. Il ferme les marchés privés et désigne les *koulaks* — c'est-à-dire ceux qui « possèdent soit deux salariés ou trois animaux de trait, ou une superficie ensemencée supérieure à dix hectares, ou une entreprise de transformation, ou un commerce (même sans salariés), ou une machine agricole complexe, ou une quantité importante d'outils agricoles de bonne qualité[259] », soit 4 % des paysans — comme les ennemis du peuple. Cela ne suffit pas. En janvier 1928, Staline change de camp et rejoint Trotski. Une nouvelle crise d'approvisionnement des villes entraîne, en 1930, la généralisation de kolkhozes — fermes coopératives — et de sovkhozes — fermes d'État — à l'image des *obchinas* de naguère, pour augmenter les livraisons à l'État. « Le but était de créer en quatre ou cinq ans un secteur étatique et collectif limité..., faisant appel essentiellement aux paysans pauvres et bénéficiant d'une aide considérable de l'État[259]. »

Ces mesures ne font d'abord que perturber les réseaux commerciaux traditionnels sans qu'un réseau étatique s'y substitue et améliore l'approvisionnement des villes, et sans pouvoir financer les inportations de machines.

En février 1929, l'instauration de cartes de rationnement et la hausse des prix agricoles donnent la mesure de la gravité de la pénurie. Le Plan voté en mai n'en prévoit pas moins le développement de l'industrie lourde comme si l'agriculture était domestiquée. L'industrie ne l'est pas davantage : l'absence de critères de gestion clairement définis pousse au grandiose, au monumental. L'entreprise, qui sait qu'elle est assurée de durer, n'a nul besoin d'épargner. Devenue irréversible comme la dictature du prolétariat, indépendante de la volonté — positive ou négative — de ceux qui y travaillent, elle attend de l'État les moyens d'exister, et est sûre de les obtenir. Dans l'agriculture, le Plan prévoit le développement d'un secteur étatique et collectif performant — seulement 4 % des terres sont alors collectives — pour obliger, par le jeu de la concurrence, le secteur privé à vendre ses excédents ; il n'envisage pas encore ouvertement la disparition des *koulaks* ni la remise en cause de la domination du secteur privé dans l'agriculture.

En juin 1929, lors du XVIe Congrès du parti communiste, la discussion sur les *koulaks* ne porte que sur la question de savoir s'ils pourraient être admis dans les grands kolkhozes. Mais les résultats agricoles se révèlent de plus en plus catastrophiques. Quelques jours après qu'a éclaté en Occident la grande crise boursière, le 31 octobre 1929, un article de la *Pravda* propose d'affecter tous les paysans au développement des fermes collectives[259].

C'est à ce moment que s'annonce la collectivisation totale des terres. En novembre sont mises en place les organisations locales chargées de la mener à bien. En décembre, pour en finir — par la force si nécessaire — avec les *koulaks*, un impôt vient frapper tout paysan disposant d'un salarié permanent ou d'une « entreprise industrielle » pourvue d'un moteur ou d'un moulin (meunerie, beurrerie, sécherie de fruits et légumes...), ou donnant à louer, même de façon saisonnière, des locaux d' habitation ou servant à une entreprise[259], ou encore percevant des revenus non exclusivement tirés du travail (commerce, usure, ministère du culte) — soit environ huit millions de personnes possédant un dixième des surfaces cultivées et le cinquième des machines agricoles et des céréales commercialisées[259].

Le 27 décembre, Staline ordonne la « liquidation des *koulaks* en tant que classe ». Cela coûtera la vie, d'une manière ou d'une autre, à cinq millions de personnes en l'espace de cinq ans. La spoliation collective a précédé le meurtre collectif. Au total, écrit Moshé Lewin, « la collectivisation forcée n'est pas le résultat d'un dogme d'appropriation collective, mais résulte d'un engrenage entre le pouvoir et la masse des paysans moyens[259] ». Je dirais plutôt : d'un conflit entre les exigences contradictoires de deux biens fertiles, l'argent et la terre. En février 1930, Staline en vient à interdire le salariat agricole et la location de matériel par les paysans individuels.

Le discours se précise : tout propriétaire de moyens de production, toute personne en situation de s'approprier le travail d'un autre est un ennemi de la classe dominante et doit être éliminé. Celui qui n'appartient pas à la classe ouvrière est un *démuni* : il ne peut prétendre à la durée par l'appartenance au Parti, qui seule donne accès aux fonctions essentielles. Commence alors à se former une nouvelle classe dominante, propriétaire *par délégation* du surplus dégagé par le travail du peuple. Ainsi se trouve réalisée la fusion de l'élite sociale et de l'État, de la classe et de la bureaucratie : le Parti qui représente la classe s'incarne dans l'État. L'économie, qui doit obéir à l'un, sert l'autre. Il faut donc que tout lui appartienne.

Tout va désormais aller très vite. En mars 1930, 58 % des terres sont devenues collectives[274]. La production industrielle privée, qui représente encore 20 % en 1926, est devenue nulle en 1932. Le commerce privé passe de 75 % en 1927 à 22 % en 1928, et devient nul en 1932. La plupart des paysans se retrouvent alors dans une collectivité semblable à l'*obchina* où les paysans, soumis à l'obligation de la *barshina*, la corvée, ne pouvaient quitter la terre sans l'accord du seigneur. En 1935, un nouveau statut reconnaît aux paysans des kolkhozes le droit d'exploiter en usufruit un petit lopin et d'avoir une maison et quelques animaux d'élevage[274]. En 1936, ces lopins individuels ne représentent plus que 4 % de la surface cultivée, mais les paysans sont encore propriétaires privés de la moitié des têtes de bétail, dont le nombre a diminué des deux tiers.

Entre-temps, une fraction importante de la classe paysanne — l'élite sans doute, et en tout cas les jeunes, en l'absence de toute perspective à la campagne — a basculé dans la classe ouvrière. Cette année-là, le 5 décembre, une nouvelle Constitution redéfinit avec une précision d'une étrange minutie les diverses catégories de propriétés. Elle distingue d'abord la propriété *d'État*, *coopérative* et *kolkhozienne*. Sont propriétés d'État (« biens du peuple entier ») « la terre, le sous-sol, les eaux, les forêts, les usines, les fabriques, les mines de charbon et de minerais, les chemins de fer, les transports par eau et par air, les banques, les Postes, les grandes entreprises agricoles organisées par l'État (sovkhozes, stations de machines et de tracteurs, etc.) ainsi que les entreprises municipales et la grande masse des habitations dans les villes et les agglomérations industrielles ». Les biens pouvant être propriétés privées sont exhaustivement définis : « les revenus et l'épargne provenant du travail, la maison d'habitation, l'économie domestique auxiliaire, les objets de ménage quotidien, les objets d'usage et de commodité personnels [...] ; le droit d'hériter de la propriété personnelle de ces biens est protégé par la loi ».

L'État fixe alors lui-même les prix de tous les produits industriels et agricoles, ce qui engendre beaucoup de gaspillage. En 1936, un économiste polonais enseignant aux États-Unis, Oskar Lange, s'évertue pourtant à démontrer qu'une économie socialiste peut réaliser un état optimal de non-gaspillage en fixant les prix par le Plan, sans avoir pour autant à résoudre un nombre considérable d'équations, ainsi que le soutiennent Hayek, Mises, Pareto. Il propose une procédure de tâtonnement « semblable à celle que décrit Léon Walras pour le commissaire-priseur de la concurrence parfaite[234] ». Pour lui, « une fois les prix proposés, le bureau du Plan impose aux entreprises de choisir les combinaisons de facteurs minimisant le coût par unité produite, et les volumes de production égalisant le coût marginal au prix de chaque produit[234] ». Jamais, naturellement, une telle procédure ne se révélera applicable à une économie réelle.

Quand éclate la Seconde Guerre mondiale, l'unité politique et économique de l'Empire est recréée. 2,6 % des travailleurs sont encore indépendants, 16 % du commerce de détail est encore privé, mais 25 millions de petites fermes ont fusionné en 240 000 kolkhozes et 4 000 sovkhozes[259]. Quoique nul ne le reconnaisse, la monnaie règle tous les échanges, même si la plupart des marchés sont bloqués et les prix fixés. Alec Nove signale un article, paru en 1943 dans une revue soviétique, affirmant que « la loi de la valeur » fonctionne encore bel et bien dans l'économie soviétique, mais sous une « forme transformée[313] ». Avec la guerre, le gouvernement laisse se développer les marchés libres et rend à quelques-uns la propriété privée de lopins de terre. La part du privé dans le commerce de détail se développe. Des paysans, tournant le statut des kolkhozes, s'approprient près de cinq millions d'hectares[274].

En Chine, le processus est assez différent, pour conduire à un résultat voisin. Le Parti communiste, fondé en 1921 par des intellectuels, est d'abord le porte-parole des revendications du prolétariat urbain dans un immense Empire en plein chaos. Après l'échec, en 1927, du mouvement révolutionnaire urbain, le Parti se tourne vers les campagnes, et, en 1933, se donne un programme agraire assez radical, prévoyant la confiscation et la redistribution de la plupart des terres. La propriété industrielle y joue un très faible rôle. En 1940, Mao écrit dans *La Démocratie nouvelle* que « la question paysanne devient le problème fondamental de la révolution chinoise, et la paysannerie est la force principale de la révolution chinoise[276] ». De fait, à la veille de la Seconde Guerre mondiale, « la terre est tellement divisée et la petite propriété est tellement la règle normale que les statistiques officielles considèrent comme "grande" toute propriété dépassant trois hectares[286] ».

En raison de la densité de la population, la révolution va regrouper les terres et collectiviser les entreprises. La propriété privée est progressivement remplacée par la propriété « socialiste d'État » et la propriété « socialiste collective des masses laborieuses ». Les terres sont divisées en communes populaires, elles-mêmes divisées en brigades et en équipes. L'équipe est propriétaire de la terre, des animaux de trait et des outils ; la brigade, des ateliers de transformation, des vergers, des réservoirs d'eau, du dispensaire et de l'école ; la commune, des grands moyens de production : station de tracteurs, centrale hydraulique, installation d'irrigation, usines, école secondaire, hôpital, coopérative. Les membres des communes populaires ont le droit de cultiver un lopin sans en être propriétaires. Une loi du 28 juin 1950 précise que « toutes les terres appartenant aux paysans riches et cultivées par ces derniers avec l'aide d'une main-d'œuvre salariée, ainsi que leurs autres biens, seront protégés et ne pourront être touchés ».

Là encore, les paysans n'ont pas droit à la mobilité : ils sont tenus de rester à la campagne. On ne veut pas de *démunis* en ville...

Au total, dans l'une et l'autre de ces révolutions, le groupe qui dure le mieux est celui qui gère l'épargne collective et la répartit. Élite instable et fragile au sommet de l'appareil d'État, regroupant les membres du Parti, les éléments supérieurs de l'armée et de l'industrie de défense, elle s'invente une logique et un discours, voire un rapport à la mort. Pour elle, la durée est dans la place réservée dans les cimetières officiels, le souvenir laissé au fil des pages des livres d'histoire, et jusque dans la longueur, le lieu de publication et le nom du signataire de la notice nécrologique, comme le suggère ironiquement Alexandre Zinoviev dans *Para bellum*[419]...

Vivre Aryen

Exclure pour exister, et, pour exclure, interdire d'avoir. Staline l'a fait avec une classe ; Hitler le fait avec un peuple. Là encore, il commence par spolier de toute propriété privée du bien fertile celui qu'il voudra tuer ensuite. Il lui interdit d'être en lui interdisant d'avoir. Comme si la spoliation annonçait le génocide, comme si le vol était une préfiguration du meurtre.

En Allemagne, où se sont forgés certains traits de l'État moderne, où « durer » a pris le sens de vivre, l'obsession de la propriété n'a d'égale que celle de la pureté du peuple. Dans l'Allemagne wilhelmienne, l'antisémitisme se fonde sur une critique des propriétés détenues par les Juifs ; le Juif est l'ennemi, le parasite, le voleur, l'accapareur de richesses, le microbe, la cause des déceptions engendrées par le capitalisme, le suceur du sang du peuple. Pour un des penseurs de ce temps, Adolf Stöcker, « la question sociale, c'est la question juive[418] ».

A l'inverse, être antisémite, c'est avoir la propriété essentielle, c'est être membre du groupe, c'est exister. Être *contre* le Juif, c'est être *dans* le groupe. Et quiconque est dans le groupe a le droit d'être ou de devenir propriétaire. Pour le Prussien, écrit Spengler, la propriété « n'est pas un butin individuel, mais une mission au service de la collectivité ; non pas signe et moyen d'un pouvoir personnel, mais propriété mise en gérance dont on exige du propriétaire qu'il rende compte à l'État[382] ».

A partir de là, tout est dit : les bases des idées nazies sur la propriété et les prémisses de la solution finale sont en place. Elles vont permettre d'explorer une autre voie de l'Ordre marchand : durer comme Nation, vivre comme Aryen.

Dès 1916, les partis de droite allemands font du Juif le responsable de l'internationalisme qui, disent-ils, a amené le pays à la guerre et va le conduire à la ruine[428]. Le Juif est l'étranger, le parasite du corps social, espion et traître. Il faut donc le priver de propriété, l'exclure. Et, par là, s'opposer au capitalisme international, égalitaire et apatride : être nationaliste *et* socialiste.

Dès les années 1920, Otto Strasser, animateur de la tendance socialisante du parti nazi, exprime bien ce point de vue : « L'industrie allemande, l'économie allemande entre les mains du capital financier international, c'est la fin de toute possibilité de libération sociale, c'est la fin de tous les rêves d'une Allemagne socialiste [...]. Nous, jeunes Allemands de la guerre, nous, révolutionnaires nationaux-socialistes, nous engageons la lutte contre le capitalisme et l'impérialisme dont l'incarnation est la paix de Versailles[428]. » La nationalisation des moyens de production n'est donc pas nécessaire ; il suffit de diriger l'économie d'une main de fer et d'interdire aux Juifs d'être propriétaires.

Pour d'autres nazis, néanmoins, il faut aussi nationaliser toutes les sociétés anonymes, car derrière l'anonymat se cache forcément le Juif, l'abstrait, le cosmopolite, l'étranger.

Le premier programme du parti national-socialiste, en 1920, est donc tout naturellement à la fois antisémite et anticapitaliste. Il préconise la nationalisation de toutes les sociétés par actions et leur transformation en « biens de la communauté nationale[428] ».

Dans ce même programme, le discours antisémite est clairement relié à la propriété : on reproche aux Juifs leur extranéité, leur matérialisme, leur incivisme, « la soif d'argent et de pouvoir » qu'ils satisfont « sans scrupules et sans pitié [...]. Tout ce qui pousse les hommes vers quelque chose d'élevé, que ce soit la religion, le socialisme ou la démocratie, pour le Juif n'est qu'un moyen de satisfaire le désir d'argent et de domination[428] ». Hitler propose d'ailleurs cette année-là d'astreindre tous les Juifs allemands à la législation sur les étrangers, puis de les *éliminer* par l'émigration volontaire ou forcée : « Seul un gouvernement fort est capable à la fois d'*éliminer* les Juifs et de les priver de leurs droits. » Le mot est là ; reste à en préciser le sens. Et ce sens est clair pour qui veut bien lire et entendre : dès ce moment, la métaphore amalgame l'étranger, le Juif, le malade et le microbe : à détruire. Le 7 août 1920, Hitler déclare : « Ne croyez pas que vous pouvez lutter contre une maladie [l'esprit juif] sans tuer l'agent, sans anéantir le virus ; et ne croyez pas que vous pouvez lutter contre la tuberculose raciale sans entreprendre de libérer notre peuple de l'agent de cette tuberculose raciale[428]. » Or le Juif s'emploie à détruire le peuple aryen, car, dit Hitler, il manque d'« expérience morale et profonde » et utilise l'argent « pour détruire l'État ». « Pour y parvenir, il crée le capital boursier et le capital prêté » (à la différence du capital placé dans l'industrie), il prêche l'égalité de tous les peuples, il diminue le « niveau racial » des autres, de telle sorte que « c'est lui qui reste en toute pureté de race et capable de dominer tous les autres », en sapant « l'autorité de la raison dans l'État » et en lui substituant « l'autorité de la majorité[428] ».

Tout est dit, là encore, dans ce texte essentiel : *le commerce, le libéralisme, la démocratie, le judaïsme sont des ennemis de l'Allemagne, parce qu'ils font les gens égaux, parce qu'ils nient la spécificité du peuple allemand et sa propriété essentielle : d'être seul aryen.* En conséquence, le programme du parti propose de retirer aux Juifs la citoyenneté allemande (point 4), de leur refuser l'accès aux emplois publics (point 6), d'expulser les « ressortissants étrangers, si nécessaire, pour assurer l'alimentation de la population » (point 7).

Mais, comme si tous ces ennemis ne suffisaient pas, voici qu'en apparaît un autre à l'Est. Le 13 mars 1921, Hitler écrit dans le *Völkischer Beobachter* : « Le peuple allemand ne ressuscitera que le jour où sera brisée la *vague marxiste*[428]. » Il ajoute : « Il faut empêcher les Juifs de saper notre peuple, si nécessaire en enfermant les agitateurs *dans des camps de concentration*[428]. » Première précision donnée sur le sens de *l'élimination*, pour qui n'aurait pas encore compris.

Un peu plus tard, dans *Mein Kampf*, il pousse la métaphore pathologique à son terme : « Le Juif est un ver dans le corps pourrissant, c'est une pestilence pire que la peste noire d'autrefois, un porteur de bacilles de la pire espèce, l'éternel schizomycète de l'humanité qui suce lentement le sang du peuple à travers ses pores, une bande de rats qui se battent au sang, le parasite dans le corps des autres peuples, le type même du parasite, c'est un pique-assiette qui prolifère comme un bacille nuisible, l'éternelle sangsue, le vampire des peuples[428]. » Le Juif est responsable de tout : du capitalisme, de l'art dégénéré, et même du bolchevisme de Lénine « dont l'origine est dans un bolchevisme infiniment plus ancien, celui de Moïse[428] ».

Mais tout cela fait beaucoup trop d'ennemis à la fois. Il faut choisir. Et, à partir de 1925, deux tendances s'opposent dans le parti nazi. D'une part, les nationaux pour qui l'ennemi principal est le Juif et l'étranger ; d'autre part, les populistes, hostiles à l'industrie, à la finance, à l'argent, qui rêvent d'une société rurale où l'Allemagne se retrouverait pure de toute influence étrangère. Ces derniers veulent, avec leur théoricien Strasser, la nationalisation de toutes les banques et de la terre, et l'expropriation des familles princières.

Pour Hitler, cette thèse va trop loin : certes, l'argent est destructeur, mais il faut bien vivre avec, en n'excluant de sa maîtrise que ceux qui ne sont pas aryens. En 1926, lors d'un conseil des dirigeants du Parti réuni à Bamberg, Hitler met Strasser en minorité, et, en 1928, limite le programme du parti à une réforme agraire et à l'expropriation des Juifs, tout en prenant la défense de la propriété privée des autres, les Allemands. La même année, huit de la dizaine de députés nazis au Reichstag votent même contre une proposition de loi donnant à l'État un droit de préemption sur les terres. En 1930, Strasser doit quitter le parti.

La position du parti national-socialiste sur la propriété privée est alors définitivement arrêtée : pour durer, le peuple allemand doit garder pour lui le contrôle du bien fertile et éliminer les non-Aryens qui se le sont indûment approprié. Pour prendre le pouvoir, on a trop besoin des finances de l'industrie allemande, et on s'abstient donc de la gêner. Cette même année, quand les députés nazis au Reichstag réclament à la fois la confiscation des biens des Juifs arrivés en Allemagne après 1914 et la nationalisation de toutes les banques, Hitler fait retirer cette dernière proposition.

S'annonce alors clairement ce que va être l'ambition d'Hitler : purifier l'Allemagne et l'Europe des parasites, rendre aux Aryens leurs propriétés, pour leur permettre de vivre « des millénaires » en tant que peuple. Chacun doit y souscrire sous peine de perdre sa propriété. Le nouvel idéologue du parti, Huber, écrit : « S'il ne faisait pas son devoir, le paysan pouvait être chassé de ses terres, le chef d'entreprise exproprié, et l'ouvrier licencié[428]. »

Les autres, de toute façon, doivent être éliminés. Nul ne doit durer s'il n'est pas pur. Dès novembre 1932, la chambre des médecins du Wurtemberg se prononce pour une stérilisation légale des « gens de valeur inférieure[12] ».

Tout est désormais prêt pour qu'Hitler prenne le pouvoir et décide la séparation du microbe racial, la protection de la pureté du peuple, la spoliation des Juifs et le contrôle de l'économie.

En février 1933, une de ses premières décisions comme chancelier porte sur la stérilisation des malades jugés atteints de maux héréditaires : « faiblesse mentale congénitale, schizophrénie, folie circulaire, épilepsie héréditaire, danse de Saint-Guy héréditaire, cécité héréditaire, surdité héréditaire, toute difformité héréditaire grave [...]. Toute personne héréditairement malade doit être rendue incapable de procréer si, d'après les expériences de la science médicale, on peut s'attendre, avec une forte probabilité, à ce que les descendants soient atteints d'une tare héréditaire physique ou mentale grave[12] ».

La seconde de ses décisions est l'organisation du boycott des commerces et industries juives, leur exclusion de la vie publique ; au moins soixante-quinze mille commerçants et négociants juifs seront éliminés des affaires en l'espace de deux ans.

La propriété doit être mise au service du peuple, et sa nouvelle élite, le parti nazi, doit la contrôler sans avoir besoin de la posséder. Le 25 juillet 1933, une loi organise la cartellisation forcée de nombreux secteurs. Le 27 novembre 1934, l'État constitue des ententes dans chaque secteur et s'octroie le pouvoir de fermer d'office des entreprises. Les nationaux-socialistes contrôlent ainsi le secteur privé et constituent parallèlement un secteur proprement nazi (Goering-Werke, Volkswagen, l'aéronautique...), expropriant systématiquement des terres pour y construire des autoroutes, des canaux, des barrages ou des terrains militaires. Une nouvelle économie de commandement se met en place. L'État en est le quasi propriétaire, sans en avoir les titres juridiques. « Si l'on appelle propriété le droit de déterminer l'usage et de disposer des biens matériels, alors il faut considérer que c'était l'État nazi qui, dans la réalité, détenait les véritables prérogatives généralement associées au droit de propriété », écrit très justement Peikoff[319]. On verra qu'il en sera ainsi plus tard dans toutes les grandes organisations de l'Ordre marchand...

L'Allemagne produit des voitures populaires et des biens domestiques. En 1935, la production à outrance d'armements soutient cette croissance. Entre 1933 et 1938, la production d'acier, de ciment et d'aluminium triple. Dans le même temps, l'État a « casé » ses propres *démunis* : il a donné un emploi à tous les Aryens grâce au lancement de grands travaux.

Mais le marché allemand est exigu, l'Allemagne a besoin de constituer un réservoir de main-d'œuvre, de contrôler des sources de matières premières et de vastes terres agricoles : la guerre apparaît vite indispensable à l'économie du Reich.

Le travail devient partout forcé. Et, à l'extrême, il a lieu dans les camps où, à partir de 1935, on enferme les Juifs et les ennemis politiques. A proximité, on installe des usines alimentées par cette main-d'œuvre. Là, deux stratégies s'opposent[48] : celle de la W.V.H.A., avec les S.S., qui souhaite valoriser au maximum le travail des prisonniers et prétend démontrer l'intérêt de prolonger de quelques mois la vie des déportés ; celle du R.U.S.H.A. (Service de santé), qui, avec la Gestapo, est déjà partisan de la solution finale.

Le travail concentrationnaire commence vraiment le 30 janvier 1937 avec un discours de Hitler proclamant la nécessité d'astreindre les détenus politiques « à des occupations utiles[48] ».

A ce moment, les Juifs sont déjà exclus de tous les emplois publics et de toute activité sujette à un contrôle d'État. On saisit leurs biens et on contrôle leurs investissements. Il ne leur reste que le droit de travailler pour leurs coreligionnaires ou de vivre de leurs rentes. La volonté de les détruire devient alors ouverte et totale. Hitler déclare : « Aujourd'hui, je serai encore prophète : si la finance juive internationale en Europe et hors d'Europe devait parvenir encore une fois à précipiter les peuples dans une guerre mondiale, alors le résultat ne serait pas la bolchevisation du monde, donc la victoire du judaïsme, au contraire, ce serait l'anéantissement de la race juive en Europe[428]. »

En septembre 1939, les derniers Juifs demeurés en Allemagne sont privés de l'ultime propriété qui leur reste : le droit au savoir. Ils sont exclus « des universités et écoles, musées et concerts, piscines ou compétitions sportives[428] » ; forcés d'adopter des noms à consonance juive ; privés du droit de posséder un permis de conduire, un téléphone, une radio, bref, coupés du monde.

Pour l'appareil nazi, il est évident que la mort est la conséquence inéluctable de l'interdiction faite aux Juifs de toute propriété. Mais on discute encore de la forme et du délai. En 1939, le ministre du Travail continue de souhaiter utiliser les Juifs comme main-d'œuvre. Mais la Chancellerie et Goering refusent. Le 3 juin 1940, on finit par interdire pratiquement tout emploi aux Juifs. A la fin de l'automne, la Gestapo recense tous « les chômeurs juifs âgés de dix-huit à cinquante-cinq ans et aptes à participer à un programme de travail spécial[48] ». *Travail spécial :* il n'est d'autre travail possible pour eux que forcé.

Quand éclate la guerre, la société allemande tout entière forme un univers militaire ; il est devenu impossible de parler pour qui que ce soit de propriété privée. L'État et les trusts sont imbriqués : le premier conclut des contrats par lesquels il garantit aux seconds leurs coûts, un volume minimal de ventes et une marge de profit raisonnable. Il ne reste aux propriétaires du capital que le droit de gérer le capital selon des normes que fixe l'État. Celui-ci plafonne même les profits par une loi de juin 1941 qui fixe le maximum des dividendes à 6 %. Les bons *Mefo*, émis par l'État, permettent de garantir les profits du privé selon le principe de l'« autoresponsabilité de l'industrie privée » développé par Speer[48]. Le *Reichsverband* du charbon, instauré le 20 mars 1941, est dirigé par les patrons de grands monopoles. Le chef de la *Reichsgruppe Industrie*, Wilhelm Zangen, est le directeur général du trust de l'acier Mannesmannwerke, et siège au conseil d'administration du trust électrique A.E.G. Les Juifs n'ont plus rien à y faire.

Alors que, le 19 décembre 1941, le ministre du Travail demande à tous les services placés sous son autorité de protéger les travailleurs juifs contre les agressions de la Gestapo, un mois plus tard, à la conférence de Wannsee, Heydrich fixe pour objectif, à ceux qui s'occupent des Juifs, l'« extermination par le travail[48] ».

On sera peut-être surpris du lien que j'établis ici entre l'extermination des Juifs et la conception nazie de la propriété. Jo Billig, dans son livre impitoyable[48] sur le travail forcé, cite un cas particulier extraordinaire qui devrait suffire pour en convaincre.

Un certain O. Ohlendorf, « qui voyait dans le nazisme un mode de vie et d'activité foncièrement renouvelé par rapport au capitalisme et au marxisme[48] », occupait depuis 1938 un poste de direction au sein du « Groupement du Reich pour le commerce ». Au début de l'agression contre l'U.R.S.S., Himmler le charge du commandement de l'un des quatre *Einsatzgruppen* chargés de « l'extermination des communistes, des Juifs et des Tziganes dans les territoires soviétiques occupés[48] ». Ohlendorf accomplit « consciencieusement la tuerie en masse et avoua avoir ainsi dirigé l'extermination de quatre-vingt-dix mille personnes, presque tous des Juifs. Il rentre en juin 1942 en Allemagne et reprend ses activités dans le S.D. et au sein du *Reichsgruppe Hande*[48] ». Il passe ainsi sans difficulté de l'extermination des Juifs à la gestion de l'économie. A l'automne 1942, ce même Ohlendorf, toujours à la recherche d'une société idéale de type « germanique », soumet à Himmler un mémoire contre la politique de Speer, en tant qu'elle favorise « l'entrelacement de l'autorité de l'État et les intérêts de l'économie privée[48] ». Dans une lettre à Himmler du 16 octobre 1942, il l'assure qu'il a appris par Lammers (de la chancellerie du Reich) que « le Führer s'opposait résolument à une politique attribuant aux entrepreneurs des tâches relevant de l'État[48] ». Mais Himmler, dans sa réponse du 21 octobre, lui explique que « s'il agissait contre l'ordre entièrement capitaliste de l'économie allemande, il s'exposerait alors aux reproches d'avoir entravé le rendement de l'économie de guerre. Pendant la guerre, une transformation radicale de notre économie totalement capitaliste est impossible[48] ». Billig conclut : « D'après la déposition d'Ohlendorf à son procès, Himmler était lui-même conscient du développement de l'économie allemande dans le sens d'un capitalisme monopoliste [...]. La S.S. cultivait le rêve d'un germanisme paysan et artisanal, rêve qui hantait Himmler depuis sa jeunesse [...]. Ils situaient la réalisation future de ce rêve dans l'immense périphérie du Grand Reich où devrait se développer une société de paysannerie et de grand artisanat, et où les villes ne seraient autre chose que des centres culturels. L'Allemagne devrait rester le noyau hautement industrialisé du Grand Reich[48]. »

Tout se relie. Ainsi se construit l'identité d'une nation qui, excluant tout ce qui la gêne, veut durer par sa pureté et, pour ce faire, doit tuer après avoir spolié.

A la veille de sa mort, le 29 avril 1945, Hitler le confirmera encore dans son testament politique : « Mais je n'ai pas non plus laissé subsister de doute là-dessus : si les peuples d'Europe sont de nouveau considérés seulement comme les paquets d'actions de ce conspirateur d'argent et de finance, alors des comptes seront demandés à ce peuple, car le véritable coupable de cette lutte meurtrière, c'est le judaïsme[428] ! » Les dernières lignes sont les suivantes : « Je fais une obligation au gouvernement de la nation et au parti de l'observation scrupuleuse des lois raciales et de la résistance impitoyable au judaïsme international, *empoisonneur mondial de tous les peuples*[428]. »

Dominants / dominés

Durant les dix années qui suivent la Première Guerre mondiale, on assite chez les vainqueurs, semble-t-il, à un retour en force des idées libérales : l'étalon-or est mort, les taux de change flottent, les gouvernements de droite sont aux affaires. En réalité, derrière ces apparences, de nouvelles forces montent qui se feront plus visibles un peu plus tard, dans la crise : de *grandes entreprises* se constituent et des États forts s'annoncent. D'abord ils hésitent dans l'attitude à adopter vis-à-vis de la crise. Ils refusent les impôts qu'exige la croissance, laissent se développer un formidable appareil de spéculation financière qui suscitera le paroxysme de la crise et provoquera la naissance d'une nouvelle forme d'État de consommation et de propriété privée.

Comme à chaque fois, une crise aura été le moment de la transformation d'un service collectif rendu par des hommes à des hommes en objet industriel. Comme à chaque fois, elle aura été l'occasion d'une nouvelle concentration du capital et de la propriété, et d'une mutation du rôle de l'État : celui-ci prend un rôle nouveau au moment où il en cède un.

Car la crise devient impossible à contenir : dans l'état de répartition des revenus et des fortunes, l'industrie automobile a épuisé ses capacités réorganisatrices ; partout les coûts de production augmentent, les salaires s'élèvent, les villes deviennent difficiles à entretenir. Aussi la rente à consacrer à l'organisation s'élève-t-elle rapidement.

Or la Première Guerre mondiale a brutalement transféré la propriété du capital financier. Créancière du monde jusque-là, l'Europe est devenue débitrice ; elle n'est plus propriétaire. La moitié de ses avoirs à l'étranger a disparu.

L'Amérique, qui a su constituer un formidable réseau de collecte de l'épargne intérieure pour financer l'effort de guerre, devient le premier prêteur du monde et, dans les désordres de l'après-traité de Versailles, soutient seule la faible croissance de l'économie mondiale. Partout l'industrie automobile est impulsée par l'effort routier ; l'industrie chimique fait des progrès et la production de colorants, de soude, d'acide sulfurique, de produits pharmaceutiques se développe.

La cartellisation se renforce, l'économie se centralise. En 1927, Lord Melchet écrit : « La concurrence est dépassée », elle aboutit à la « coopération par la fusion des entreprises et par la constitution d'ententes internationales[274] ».

La taille des entreprises augmente et le capital se concentre en quelques-unes. Avec le passage au taylorisme, le nombre des constructeurs automobiles aux États-Unis passe de 265 en 1909 à 44 en 1926. En Grande-Bretagne, il passe de 88 en 1922 à 20 en 1936, dont 5 fabriquent 95 % de toute la production. Au début des années 1930, les deux cents sociétés les plus importantes des États-Unis représentent 35 % du chiffre d'affaires de l'ensemble des sociétés existantes, la moitié des produits industriels y sont produits dans des secteurs où moins de cinq entreprises produisent à elles seules plus des trois quarts de la production[274].

La propriété du capital est très concentrée. En 1929, 1,4 million d'Américains possèdent des titres en Bourse. En 1935, 43 actionnaires de l'American Telephone & Telegraph Co détiennent plus d'actions que les 242 000 autres. En France, il en va de même : en 1930, 144 personnes dirigent chacune au moins dix sociétés, et la plupart sont liées par mariage. Les fortunes commencent à se lire dans les statistiques : en 1933, alors que plus de la moitié des Français meurent sans laisser d'héritage, 1 512 laissent plus d'un million de francs chacun, soit, à eux seuls, le tiers des richesses léguées au cours de l'année. La richesse foncière, même en France, ne représente plus que le tiers de la fortune totale du pays en 1929, contre la moitié encore vers 1914.

Du fait de cette *concentration de fortune et de pouvoir*, partout la croissance de l'industrie se bloque, faute de marché et donc de profit.

Pendant un certain temps, l'emprunt supplée l'épargne. En France, après une première réforme du système bancaire en 1917, on autorise la création de banques populaires. On crée en 1920 la Caisse nationale de crédit agricole. La Banque de France ouvre des succursales dans tous les départements et laisse se développer des banques, qui prennent des parts croissantes dans le financement des entreprises. Aux États-

Unis, on stimule artificiellement la demande par le crédit. La Réserve fédérale laisse le système bancaire prendre des risques.

On permet ainsi aux ouvriers d'entrer dans la consommation. En France, en 1927, l'État accorde un secours aux chômeurs. L'ouvrier européen consacre encore la moitié de son revenu à sa nourriture ; mais le vêtement, le chauffage et l'éclairage occupent une place double de celle qu'ils avaient en 1914. En 1930, un système d'assurances sociales organise le regroupement de divers risques jusque-là couverts par des assurances distinctes. C'est encore peu. Pas suffisant, en tout cas, pour soutenir la croissance industrielle, vaguement portée par la spéculation boursière.

En octobre 1929, un effondrement boursier, prévisible depuis au moins trois ans, pousse les États-Unis et, à plus ou moins long terme, chaque pays à la récession, pour conserver son or, et à freiner les importations. En 1933, le volume des échanges mondiaux est inférieur d'un tiers de celui de 1929. La Bourse américaine s'est effondrée de 90 %. La Réserve fédérale ne fournissant pas aux banques les liquidités nécessaires pour satisfaire la demande d'encaisses. Entre 1929 et 1933, 40 % des vingt-cinq mille établissements de crédit que comptaient les États-Unis ont fait faillite, ce qui entraîne un enchaînement à la baisse et un retrait des dépôts qui accentue la crise du crédit.

Le débat sur la crise oppose alors deux écoles de pensée : d'une part, les libéraux, tel Hayek[198], pour qui la crise est due à un dérèglement de la société mondiale par les politiques suivies pour faire face à l'inflation ; d'autre part, ceux — économistes allemands partisans du nouvel ordre économique, économistes anglo-saxons, sans oublier Trotski — pour qui la crise annonce l'essoufflement du capitalisme.

Aux yeux des libéraux, il convient de laisser jouer les automatismes, y compris la concurrence internationale, et de revenir à la liberté de la propriété privée et à la loi du marché. Pour Hayek, par exemple, une croissance artificielle s'est créée et a dû se dissoudre dans la crise[198]. A ses yeux, la bureaucratie d'État et les banques en sont cause et constituent une menace contre les libertés individuelles. Le système bancaire doit être réduit au minimum, tout comme l'État. Les biens publics, s'ils ne peuvent être privatisés, doivent être fournis par les gouvernements locaux.

Pour les autres, la crise vient au contraire de ce que les lois d'équilibre du marché ne peuvent fonctionner, les entreprises n'obéissant plus à la seule loi du profit et ayant besoin d'autres motivations pour investir. L'ouvrage très important d'Adolf A. Berle et Gardiner C. Means, *The Modern Corporation and Private Property*[39], publié en 1932, montre pour la première fois que, dans les grandes entreprises, le pouvoir tend à passer des mains du propriétaire à celles du gestionnaire, lequel tend à accumuler une épargne excessive, ce qui provoque la crise en réduisant la demande. Ils montrent que, sur les deux cents plus importantes sociétés non financières des États-Unis, quatre-vingt-huit sont contrôlées par des *managers* que les actionnaires ne peuvent révoquer, sauf circonstances exceptionnelles. Le pouvoir n'appartient plus aux seuls détenteurs du capital, qui le délèguent à ceux qui ont le savoir technique et qui, par cette division du travail, fondent leur nouveau pouvoir sur la *propriété du savoir*.

Les dominants ne sont plus ceux qu'on croit. Il faut donc agir pour les déposséder d'un pouvoir excessif. Il faut passer à une économie contrôlée par l'État, où le *manager* deviendra un serviteur public désintéressé, un responsable conscient de ses devoirs.

Tel est aussi, peu après, le point de vue de J.M. Keynes, qui écrit : « La situation des sociétés par actions ayant atteint un certain âge et une certaine taille rappelle beaucoup plus celle des entreprises publiques que celle de l'entreprise privée individuelle. L'un des faits nouveaux les plus intéressants, quoique resté inaperçu, de ces dernières décennies, a été la tendance des grandes entreprises à se socialiser. A partir d'un certain point de leur développement [...], les propriétaires du capital, c'est-à-dire les actionnaires, se trouvent à peu près complètement écartés de la gestion, avec cette conséquence que leur intérêt personnel direct à faire de gros profits est relégué au second plan. Ce seuil franchi, le management accorde la priorité à la stabilité et à la bonne renommée de l'entreprise, et non plus à la recherche d'un profit [maximal][223]. » Il convient alors de donner plus d'ampleur à la demande publique. Comme, par ailleurs, il n'existe pas de mécanismes permettant aux taux d'intérêt de s'ajuster automatiquement au volume des investissements, l'État, pour Keynes, doit produire lui-même la demande complémentaire et compenser ainsi l'insuffisance du marché.

Tout est en place pour que la crise soit alors le moment de résolution des difficultés.

Les produits nouveaux, les techniques nouvelles, les nouvelles propriétés qui font rêver sont là aussi : déjà, la première station de radio a été ouverte en 1920 par Westinghouse ; la machine à laver, le réfrigérateur existent. L'État est prêt, lui aussi, à soutenir et à promouvoir la nouvelle classe dirigeante, et à donner aux *démunis* les moyens de s'intégrer.

Propr(i)eté

Depuis le XIe siècle, c'est en ville que l'Ordre marchand s'est développé ; c'est là que se sont fixées ses règles de propriété. J'aurais pu conter toute cette histoire en me bornant à suivre la façon dont s'y est modifiée la propriété du sol et des maisons. Chaque forme marchande y a eu ses lois, préférant tour à tour les palais luxueux ou discrets, les jardins ou les terrasses, les quartiers séparés ou le mélange des classes.

New York, où va se résoudre la crise des années 1930, est, de ce point de vue, une ville particulièrement intéressante. Quand est découverte la possibilité de généraliser l'*électricité*, elle est la première ville au monde à en être bouleversée : la nouvelle énergie y rend possible le moteur électrique, donc l'ascenseur, donc le gratte-ciel. Dès lors, tout se vend, y compris l'air au-dessus du périmètre de chaque maison. Chaque domicile dispose ainsi d'une source d'énergie toujours disponible, permettant de faire fonctionner des objets industriels en les substituant à des services : téléphone, radio, gramophone, réfrigérateur, machine à laver, puis téléviseur vont y trouver place.

Comme toujours, la solution est apparue bien avant le problème. L'invention par Nicolas Tesla, en 1889, du premier moteur électrique adapté aux machines domestiques a permis en 1910 d'actionner les ventilateurs, puis, en 1920, de créer les premières machines à laver. En 1923, on compte déjà aux États-Unis vingt mille réfrigérateurs, même si cette diffusion des premiers équipements domestiques passe encore presque inaperçue.

Encore une fois, c'est aux États-Unis que le progrès trouve son premier lieu d'épanouissement. Alors qu'il faudra attendre 1926 pour que l'*Electric Supply Act* organise le système électrique anglais, aux États-Unis, dès la fin du XIXe siècle, l'État fédéral a pris en main la création du réseau électrique national. En 1917, un quart des logements américains sont électrifiés. En 1920, le *Federal Water Power Act* institue un contrôle public sur les sources d'énergie hydraulique. En 1928, on aménage le rio Colorado. Tout va très vite : la moitié des logements sont électrifiés en 1920, 80 % en 1930. En 1921, on produisait 2,5 millions d'appareils sanitaires, qui deviennent 5,1 millions en 1925. En dix ans, la salle de bains atteint une forme standardisée.

La femme devient propriétaire d'objets au moment même où elle devient électrice Les journaux féminins et le mouvement féministe préparent l'acceptation de cette consommation féminine et de ce nouveau travail à domicile : on valorise la famille, on pousse la femme à travailler, à consommer des objets marchands, donc à réduire la part du travail gratuit. Je dois à Yves Stourdzé[385] d'avoir compris que la source de cette évolution se trouve au plus profond des rituels du premier

Ordre : toute femme est un bien fertile qui, lorsqu'elle cesse de l'être, menace l'Ordre par son impureté. Ainsi, pour prendre place dans l'Ordre, elle doit être capable de *propreté* et de *propriété* ; l'objet domestique dont elle est désormais propriétaire à domicile lui rappelle en permanence, par sa présence culpabilisante et sa fonction même, son rapport singulier à la propreté.

De même, la science économique qui l'emporte à ce moment est fondée sur ce souci de promouvoir la femme. Alors que Hayek ne propose que de réduire les coûts d'organisation, Keynes, lui, montre comment soutenir la consommation des « ménages ». Étrange mot derrière lequel se profilent la femme, le réfrigérateur, la télévision, la machine à laver. Se mettent alors en place les revenus de la femme : salaires, allocations familiales, aides au logement, assurance-maladie.

Aux États-Unis, en 1929, le Baylor's University Hospital de Dallas organise la première assurance-maladie. Des programmes d'assurance destinés à tous les habitants d'une même ville sont mis au point par les hôpitaux de Sacramento, en Californie.

En France, la loi du 30 avril 1930 ne finance que le remboursement des dépenses de maladie-maternité des plus pauvres. En Grande-Bretagne, on construit 1 600 000 logements, dont près d'un million avec l'aide de l'État ; en Allemagne, on en construit près de 2 millions ; en France, 1,8 million, dont 160 000 par des organismes d'habitation à bon marché. Ces « revenus » nouveaux produisent une demande d'objets. On compte aux États-Unis 3,5 millions de réfrigérateurs en 1941. Le nombre des employés de maison s'est réduit de 1,8 million en 1910 à 1,4 million en 1930, et chute à 300 000 en 1940... La crise est ainsi résolue bien plus sur la consommation privée, soutenue par des revenus publics, que par le lancement de travaux publics.

L'État du New Deal

L'État devient ainsi une superstructure de transfert de propriété qui s'approprie une part du surplus et aide à produire des biens en le redistribuant. Simultanément, le secteur public s'étend très lentement.

Tout a commencé dès l'après-guerre. En France, une loi du 29 octobre 1921 renouvelle les concessions aux grandes compagnies de chemins de fer et supprime la garantie d'intérêt. Elle crée un Conseil supérieur et un Conseil directeur chargés de coordonner l'action des réseaux privés et de fixer les tarifs.

On ébauche même, en vain, une première privatisation — on parle, dans le vocabulaire de l'époque, de *désencombrement*[217] de l'État —, celle des allumettes. En février 1923, Poincaré confie à cette fin un rapport à une commission présidée par André Citroën, qui conclut en novembre au maintien du monopole. Malgré cela, le 22 mars 1924, Poincaré fait voter la « privatisation des allumettes ». Mais le Cartel des gauches, élu le 11 mai, l'annule. En avril 1927, Poincaré propose à nouveau de privatiser cette activité en la confiant à une société privée contrôlée par un industriel suédois. « Y a-t-il, écrit-il, dans la fabrication de ces petits bouts de bois, une attribution essentielle de l'État comme on peut le soutenir pour les postes, pour les téléphones, pour les télégraphes et d'autres moyens de communication et de transport ? [...] L'État ne vend pas de bougies, ni des plumes, ni des crayons, ni du papier à lettres. Il ne vend même pas la lumière électrique, qui fait cependant concurrence aux allumettes[217] ! » Le projet est néanmoins rejeté le 10 juin 1927.

La crise va accélérer le développement du secteur public, pour éviter des faillites. En Allemagne, la République de Weimar nationalise les chemins de fer allemands, puis la Dresdner Bank, puis Vereinigte Stahwerke, la plus grande entreprise métallurgique d'Europe. Aux États-Unis, on crée la Port Authority de New York, puis, à partir de 1933, dans le cadre du New Deal, quinze autres sociétés pour l'aménagement du bas Colorado au Texas, celui de la vallée du Tennessee, pour la construction d'autoroutes, de ponts, de tunnels, de chemins de fer, pour l'électrification ou l'irrigation de zones rurales. Roosevelt crée une Reconstruction Finance Corporation et le Congrès nomme des responsables pour réglementer les banques et les firmes de courtage. Des agences de surveillance voient le jour : la Federal Desposit Insurance Co en 1933, la Securities and Exchange Commission en 1934, le National Labor Relations Board en 1935. Le Congrès vote l'*Agricultural Adjustment Act* en mai 1933, le *National Industrial Recovery Act* en juin 1933, le *Railroad Emergency Act* la même année, puis, en 1935, le *Public Utility Holding Company Act* qui, en vingt ans, va réorganiser le réseau et les lignes électriques permettant aux villes d'accéder facilement à l'énergie domestique.

En 1936, F.D. Roosevelt présente la Tennessee Valley Authority comme « une corporation vêtue de la puissance du gouvernement et animée de l'initiative et de la flexibilité d'une entreprise privée[274] ». Il ajoute : « Ce n'est ni du poisson, ni du gibier, mais, quoi que ce soit, ce sera merveilleusement bon pour la population de la Tennessee Valley. Il ne s'agit pas de renverser le capitalisme : tout au contraire. C'est mon administration qui a sauvé le système du profit privé et de la libre entreprise[41]. »

Soixante-trois firmes sont alors entièrement contrôlées par l'État fédéral, et trente sous son contrôle partiel. Le secteur public fédéral est dominant dans la production électrique, les assurances, les entrepôts, les banques, la flotte, les transports routiers. Roosevelt note alors : « Ce que nous sommes en train de faire aux États-Unis, ce sont certaines des choses qui on été faites en Russie, et même certaines qui ont été faites sous Hitler en Allemagne. Seulement, nous, nous les faisons posément[274]. »

Mais on ne va pas jusqu'à collectiviser l'assurance-maladie, comme dans certains pays d'Europe. En 1939, le projet d'une sécurité sociale généralisée, qui a resurgi avec une proposition

Wagner Murray, est dénoncé comme un « premier pas vers un système totalitaire de type soviétique, dont les médecins seraient les surveillants et les esclaves[13] », et est rejeté par le Congrès.

Au début des années 1930, en France, les nationalisations deviennent un enjeu important du pouvoir. Les socialistes réclament celles des chemins de fer, de l'industrie aéronautique qui dépend totalement des commandes publiques, et de la Banque de France, encore dirigée par des gouverneurs représentant les plus grands capitalistes. La C.G.T., la C.F.T.C. et les « frontistes » exigent la nationalisation des industries clés.

En 1936, le Front populaire nationalise la Banque de France une dizaine d'entreprises d'armements ; le 31 août 1937 est créée la S.N.C.F., dont l'État prend 51 % du capital. Après cette première vague de nationalisations, le 26 novembre 1937, le Parti communiste déclare « prendre à son compte les propositions de la C.G.T. pour la nationalisation des monopoles de fait dans les mines, l'électricité et les assurances dominées par l'oligarchie financière[352] ». Il « s'est convaincu que les nationalisations sont le moyen d'assurer une forte croissance de l'industrie française. Elles mettront à la dispostion de l'État une masse considérable de capitaux qui lui permettront d'abaisser le coût des biens d'équipement. En même temps, elles assureront une alliance entre l'État et les classes moyennes qui seront ainsi protégées des trusts[352] ».

Toute l'Europe évolue alors dans la même direction. En Italie, en 1933, le gouvernement fasciste crée l'I.R.I. qui rachète et regroupe des entreprises, dont le téléphone et la sidérurgie. En Espagne, l'I.N.I., créé en 1941, prend le contrôle de soixante sociétés (sidérurgie, pétrole, électricité, transports) ; les chemins de fer, comme les tabacs et le téléphone, sont nationalisés.

L'État a *socialisé les pertes*, diront les marxistes. Il a *relancé la croissance*, diront les keynésiens. Il a *retardé la crise*, diront les libéraux.

Quoi qu'il en soit, il a ainsi préparé une nouvelle fois l'entrée dans une économie de guerre.

Économie de guerre et après - II

Dans le second conflit mondial, comme durant la Grande Guerre, on assiste dans tous les pays démocratiques à une mainmise de l'État pour répartir la pénurie. Dans le même temps se prépare l'après-guerre, s'élaborent les chartes qui répartiront le pouvoir politique et monétaire du temps de paix.

Partout en Europe, la nationalisation des entreprises essentielles est proposée comme mesure de protection de l'identité nationale. Même Churchill, adversaire déterminé des nationalisations, écrit en 1943 : « Si les entreprises publiques et les entreprises privées peuvent servir ensemble l'intérêt national et tirer côte à côte le wagon national, alors il n'y a pour nous aucune nécessité de nous précipiter dans cette dépression dévastatrice ou dans cette sordide époque de querelles et de confusion qui dénatura et dilapida la difficile victoire que nous avions obtenue il y a vingt-cinq ans. » En France, en Autriche, en Italie, les mouvements de résistance proposent tous de nationaliser des entreprises des secteurs de base. A Paris, le Conseil national de la Résistance réclame « le retour à la nation de tous les grands moyens de production monopolisée, fruits du travail commun, des sources d'énergie, des richesses du sous-sol, des compagnies d'assurances et des grandes banques ».

Après la guerre et leur victoire aux élections, les travaillistes anglais, qui avaient proposé de nationaliser l'essentiel de l'industrie, nationalisent la Banque d'Angleterre, les mines de charbon, le gaz, l'électricité, les chemins de fer, l'aviation civile, les télécommunications et une partie des transports routiers, mais ils renoncent à la nationalisation de la terre et des secteurs rentables de l'économie. En 1950, ils proposent aux électeurs de nationaliser l'industrie chimique, les assurances, la sidérurgie, le ciment, le sucre, le commerce de gros, la distribution d'eau. L'année suivante, ils nationalisent la sidérurgie qui, après de nouvelles élections, remportées la même année par les conservateurs, est dénationalisée. Le secteur public anglais comprend alors une cinquantaine d'entreprises et représente près de 10 % du produit intérieur brut.

En France, en 1945, le général de Gaulle transfère à l'État les houillères du Nord et du Pas-de-Calais, Renault (pour faits de collaboration), quatre sociétés de construction aéronautique, qui forment la S.N.E.C.M.A., les transports aériens, la Banque de France et les quatre principales banques de dépôt et de crédit (Crédit lyonnais, Société générale, Comptoir national d'Escompte de Paris et Banque nationale de Crédit industriel). En mars 1946, le gaz et l'électricité, ainsi que onze compagnies d'assurances, sont à leur tour nationalisés. Une fois ces nationalisations faites, on en cherche la rationalité et on s'emploie à les protéger constitutionnellement, non en interdisant explicitement les privatisations — certains pourtant le souhaitent —, mais en définissant le cadre du secteur public dans la Constitution. Le premier projet de Loi fondamentale prévoit, le 19 avril 1946, que « le droit de propriété ne saurait être exercé contrairement à l'utilité sociale ou de manière à porter préjudice à la sûreté, à la liberté, à l'existence ou à la propriété d'autrui ». La Constitution adoptée effectivement prévoit dans son préambule, de façon moins ambitieuse, que « tout bien, toute entreprise dont l'exploitation a ou acquiert les caractères d'un service public national ou d'un monopole de fait doit devenir la propriété de la collectivité ».

Partout ailleurs en Europe, à la même époque, on nationalise des entreprises : l'industrie pétrolière en Italie, les charbonnages aux Pays-Bas, les mines de fer, le pétrole et l'électricité en Autriche. Même en Allemagne fédérale, la Loi fondamentale du 23 mai 1949 prévoit dans son article 15 qu'« une loi peut, aux fins de socialisation, faire passer le sol et les terres, les ressources naturelles et les moyens de production sous un régime de propriété collective », mais, afin d'en réduire le risque, en 1951, le droit des affaires introduit la « cogestion » dans les entreprises minières et sidérurgiques de plus de mille personnes, et en 1959, à Bad Godesberg, le parti social-démocrate renonce à la nationalisation tout en affirmant la légitimité de la « propriété commune, forme de contrôle public qui peut devenir nécessaire et utile là où il n'est pas possible de garantir par d'autres moyens un ordre sain des conditions dans lesquelles s'exerce le pouvoir économique ».

C'est alors que s'installe la nouvelle forme, née dans la crise, avant la guerre. Le dollar devient l'étalon monétaire. L'Europe, épuisée par le conflit, n'est plus au « cœur », mais au « milieu », bientôt rejointe par certains pays riverains du Pacifique. Le Tiers Monde reste spectateur, exploité comme un marché et non plus seulement comme un gisement. De jour en jour, l'Ordre marchand gagne du terrain : la propriété des choses va à celui qui peut les payer. En même temps, le *droit à soi*, l'indépendance, l'identité nationale, la démocratie, la liberté personnelle, le respect des droits de l'homme deviennent des propriétés essentielles, peu à peu conquises dans le sang et les larmes. Une fois devenus libres, les peuples nationalisent les biens les plus précieux pour leur indépendance, et constituent des secteurs publics forts. Commence alors une formidable période de croissance de la production d'objets qui vont s'empiler chez les vivants comme, en ce siècle de guerres, se sont empilés les morts.

Morts en pile

Au XXe siècle, la mort est en effet devenue une industrie de masse : l'homme y a déjà tué dix fois plus de ses semblables que pendant tout le siècle précédent. Il a empilé dans des charniers des millions de vies qu'il a traitées en objets. Non pas la vie d'adversaires rencontrés au combat, mais celle de populations entières.

Pour la première fois dans son histoire, il s'est aussi donné les moyens de détruire l'espèce humaine : les cinq milliards d'hommes vivant aujourd'hui peuvent anéantir la planète, faire disparaître toute trace des cinquante milliards d'hommes qui y ont vécu avant eux. Depuis lors, l'homme n'est plus seulement l'usufruitier de la Terre. Avec le pouvoir de la détruire — l'*abusus* du droit romain —, il en a acquis la vraie propriété. Droit terrible que nul, dans la complexité du pouvoir, ne se reconnaît en particulier, mais que possèdent quelques États, obéissant à des lois qui les dépassent et qu'ils servent tout en se disant ou en se croyant *spectateurs*.

Spectateurs de la mort, ils le sont, comme les autres. Avec la télévision, les morts s'empilent sur tous les écrans où les fictions de meurtres ne se distinguent plus guère des massacres réels et contribuent à les faire oublier : qui se souvient de Guyana, d'Arnero ?

Face à ces morts immenses, de masse, *en pile*, dans cette humanité devenue anonyme, la mort de soi est, comme la vie privée, solitaire. On ne meurt plus en famille, mais dans l'indifférence des hôpitaux. L'encombrement urbain rend impossibles les cortèges, les rites funéraires. Le chagrin lui-même doit être discret, pour ne pas gêner les voisins ; les marques du deuil disparaissent, même les condoléances deviennent difficiles à exprimer. La mort s'éloigne au plus vite, inopportune, indésirable.

Pour les vivants, l'éternité n'est plus, en général, qu'une donnée vague dont on ne parle ni comme d'une menace, ni comme d'une espérance. La vie est de plus en plus pensée comme une infime parenthèse entre deux sommeils.

La trace des morts n'est plus dans le souvenir qu'ils laissent, ni même dans leur présence physique dans l'enceinte des cimetières. Dans l'encombrement des villes et des nécropoles, la conservation des tombeaux est de moins en moins facile ; il faut les entasser, les faire tourner. La taille des mausolées diminue, sauf pour une élite de vedettes, d'hommes d'État ou de grandes familles. Pour le commun, on vend des « espaces conjugaux » où les corps sont superposés. On construit pour eux des « immeubles » de six ou sept étages et on y vend des sépultures en copropriété[406]. Une architecte italienne, Nanda Vigo, a même proposé de construire à Rozzano, au nord de l'Italie, deux *ceme-towers* de vingt-cinq mètres de haut et vingt étages, abritant 14 480 « résidences quaternaires[406] ». Elle écrit : « Plus de trous à creuser, plus de sueurs [...], plus de grandes et laides sculptures à vous arracher les larmes, plus de fleurs fanées, plus de fer rouillé, plus de mauvaises herbes envahissantes[406]... » En Angleterre, on prétend avoir gagné, grâce à la crémation, « assez pour faire sept cents terrains de football », ce qui indique bien le nouvel ordre des priorités : *le jeu avant l'éternité.* La durée de vie des tombes ne dépasse désormais plus les deux ou trois générations, correspondant à la durée moyenne du souvenir d'une famille et à sa capacité de financer l'entretien de la sépulture.

Les cercueils s'empilent dans les cimetières comme les objets de consommation dans les magasins, deviennent des produits comme les autres. On a le choix de la classe, des formes des tombeaux ; il arrive qu'on les coiffe, comme en Italie, « d'un gyrophare simulant le mouvement de l'âme », dit une publicité. On peut même, dans certains « suicide motels » américains, choisir et acheter une mise en scène de sa propre mort et la réaliser.

L'enterrement se finance à crédit, comme un objet de consommation. Le contrat de « pré-décès », inventé par un certain David Newcomer IV sous le slogan : *On a tous besoin d'un enterrement un jour ou l'autre*, est aujourd'hui un des principaux produits d'épargne américains. « Payez aujourd'hui, mourez demain », annonce une publicité new-yorkaise. Il arrive qu'on vende, dans un même contrat d'épargne, assurance-vie et funérailles. Les commentaires des acheteurs sont voisins de ceux qu'on peut entendre à l'occasion de l'achat à crédit d'une voiture, d'un objet dans un grand magasin, d'un titre d'une entreprise : « J'ai fait le tour de plusieurs agences, et j'ai finalement retenu les Memorial Gardens, parce qu'ils ont accepté de me faire un rabais de plusieurs centaines de dollars pour une crypte à deux places. » Ou encore : « L'enterrement de mon père m'a coûté plus de 8 000 dollars, et c'était il y a deux ans. Grâce à ce système, vous comprenez, je prends l'inflation à contre-pied. »

Encore une fois, l'économie politique de la mort annonce celle de la vie : la société croule sous les armes et les produits qu'elle fabrique ; comme il meurt seul, l'homme vit seul, entouré d'objets. Ceux-ci vivent de moins en moins longtemps, cédant la place au spectacle de la vie des autres, de leurs luttes et de leur mort, objets parmi d'autres objets consommateurs d'objets, simple empilement d'objets.

*Le Don Juan et l'*ejido

Comme dans le tableau de Van Eyck, les biens fertiles des trois Ordres — les femmes, la terre, l'argent — se partagent encore la puissance du monde. Dans le grand spectacle des médias, le présent est comme un kaléidoscope où des morceaux du passé s'entrechoquent en se côtoyant, où les divers biens fertiles se disputent les faveurs des hommes et s'échangent. Si l'un des biens fertiles — *l'argent* — constitue l'essentiel des sources de création de richesses, si l'une des formes de rassemblement des capitaux — *corporation* ou *société anonyme* — est désormais plus répandue que les autres, toutes celles qui l'ont précédée — société civile, commandite, entreprise personnelle — existent encore. Et les deux premiers biens fertiles restent des enjeux de pouvoirs.

Presque partout, le premier bien fertile, la *femme*, a cessé d'être considéré comme un objet de propriété. Mais en « avoir » reste un élément essentiel des stratégies de conquête. Don Juan s'est substitué au maître de harem ; la prostitution, la collection, la séduction éphémère ont remplacé le troc. Au « cœur » et au « milieu » de l'Ordre marchand, la femme devient elle-même propriétaire d'hommes et d'objets, salariée, citoyenne, consommatrice.

L'esclavage a partout disparu, sauf dans les camps de travail des dictatures et là où, comme en Inde, la misère pousse des parents à vendre leurs enfants.

La vie est devenue monnaie courante. Au lieu du milliard d'habitants que comptait la planète en 1800, des deux milliards de 1930, il y en a quatre en 1974, cinq en 1985. Avec la diffusion de la pilule contraceptive, on conçoit la procréation comme un acte volontaire ; en légalisant l'avortement, on définit implicitement la date à laquelle un embryon devient une personne humaine, et sa destruction un meurtre.

Le nombre d'années de vie de chacun augmente aussi considérablement. Au Japon, où elle est la plus élevée, l'espérance de vie atteint aujourd'hui 74,5 ans pour les hommes et 80,2 années pour les femmes, contre cinquante pour les hommes et cinquante-quatre pour les femmes parmi la génération née après la guerre ; la mortalité infantile est la plus faible du monde (5,5 ‰). Ailleurs, chez les enfants des ghettos noirs, dans les quartiers des grandes villes du Tiers Monde, elle est en très faible régression. L'espérance de vie des enfants des pays les plus riches reste dix fois supérieure à celle des enfants des pays les plus pauvres. Les quatre cinquièmes de la population mondiale n'ont pas encore accès aux soins cliniques. Cinq millions d'enfants du Tiers Monde meurent annuellement de maladies, alors qu'il existe, depuis parfois un demi-siècle, des vaccins efficaces contre la diphtérie, la coqueluche, le tétanos, la poliomyélite, la tuberculose, la rougeole. De même que les vies s'empilent comme les morts, les villes grandissent en hauteur, des prolétariats s'y entassent dans des ghettos où affluent les paysans spoliés chassés des campagnes.

La *terre* reste, sur la plus grande partie de la planète, la propriété principale, celle qui permet de survivre. Elle fournit le seul bien que l'essentiel de l'humanité puisse espérer posséder : la nourriture, celui qui permet, lorsqu'il y a du surplus, d'obtenir tous les autres. Là encore, les inégalités restent néanmoins immenses : en Amérique latine, par exemple, la grande exploitation, en basculant du *latifundo* à la plantation moderne mécanisée, ne perd rien de ses dimensions[353]. Ainsi, jusqu'en 1979, la famille Somoza possédait 20 % des terres cultivées du Nicaragua. Au Brésil, de nombreuses propriétés dépassent dix mille hectares, et un homme d'affaires nord-américain possède à lui seul, dans la région de Belém, une propriété privée dont la superficie atteint dans les six millions d'hectares[353].

Partout les paysans, au cours de luttes souvent terribles, tentent de s'approprier la terre nécessaire. Partout les pouvoirs politiques, de façon symbolique ou réelle, organisent des réformes agraires, instituent de petites propriétés ou des fermes collectives. Mais, presque partout, tout se passe comme si ces réformes ne faisaient que redistribuer les terres des plus pauvres sans jamais toucher à celles des riches.

De ce point de vue, le cas du Mexique est exemplaire. Le partage des terres opéré au XVIIe siècle ne s'est guère modifié jusqu'à ce qu'au XIXe siècle, les propriétés de l'Église soient réparties entre les puissants laïcs. Au début du siècle, la moitié des terres cultivables du pays sont regroupées en quelques centaines d'*haciendas* qui s'agrandissent encore quand, sous Porfirio Diaz, des sociétés d'arpentage cadastrent et répartissent les terres communautaires[353]. Ainsi, dans l'État de Hidalgo, une ligne de chemin de fer traverse *une seule* et même propriété sur quelque cent vingt kilomètres ! D'où, en 1910, une crise politique ; en 1915, le Président Corranza décide de redistribuer une partie des grands domaines. Décision inappliquée. Deux ans plus tard, l'article 27 de la nouvelle Constitution prévoit que « la propriété des terres et des eaux comprises dans les limites du territoire national relève à titre originel de la nation, laquelle a eu et a le droit d'en céder le domaine à des particuliers, en constituant la propriété privée » ; des expropriations peuvent être prononcées pour cause d'utilité publique, moyennant indemnités, mais sans recours juridique. Il faut attendre 1922 pour qu'une loi agraire s'emploie à appliquer ce texte et à redistribuer les terres de certains grands domaines entre des familles associées en communautés villageoises, placées sous le contrôle de coopératives d'État et désignées sous le vieux nom d'*ejido*. Jusqu'en 1934, environ dix millions d'hectares sont ainsi redistribués[353]. Le Président Cardenas fait alors adopter un nouveau Code agraire qui accélère le processus, et, en six ans, huit millions d'hectares de plus — soit au total la moitié de la surface alors cultivée — sont redistribués à un million de paysans regroupés en dix mille *ejidos*. Après la guerre, le processus se ralentit ; en 1947, un amendement à l'article 27 de la Constitution permet au propriétaire exproprié d'introduire un recours. De 1940 à 1958, la part des *ejidos* dans les surfaces cultivées est ramenée à 43 %. A partir de 1960, la croissance démographique — une des plus élevées du monde — pousse les gouvernants successifs à redistribuer d'autres terres[353]. Le Président Lopez Portillo répartit alors une quinzaine de millions d'hectares, dont celles d'un grand propriétaire de l'État de San-Luis, Potosi, qui possédait les deux tiers des terres irriguées de cet État. Aujourd'hui, dix mille propriétaires occupent encore à eux seuls quatre-vingt-trois millions d'hectares, alors qu'en cinquante ans de réformes agraires, on n'en a redistribué que soixante-dix millions entre des *ejidos* qui les louent parfois à de grands propriétaires ou bien tentent de se regrouper[353].

Ailleurs, dans le monde développé, l'argent permet aux hommes de s'approprier des objets proliférants et de changer radicalement de mode de vie. Ailleurs encore, il parvient à se glisser dans les interstices du Plan et de la dictature.

Marché, Plan, Propriété

En 1952, Staline, dans une brochure que cite Alec Nove sur *Les Problèmes économiques du socialisme en U.R.S.S.*, notait que « la coexistence de deux formes de propriété socialiste justifie le maintien de la production marchande en U.R.S.S. ; à côté de la forme *supérieure* de propriété socialiste que constitue la propriété étatique, propriété du peuple tout entier, il existe — dans l'agriculture, pour l'essentiel — une forme *inférieure* de propriété socialiste qui est la propriété coopérative, propriété des coopérateurs associés. La production des coopératives n'appartient pas au peuple tout entier, mais aux producteurs associés[313] ». Aussi, dit-il dans le même texte, faut-il limiter ces coopératives, les empêcher de s'étendre et de commercialiser leurs produits : « Il faut que les excédents de la production kolkhozienne soient éliminés de la circulation des marchandises et intégrés au système d'échange de produits entre l'industrie d'État[313]. »

Après la mort de Staline, la complexité croissante du système des prix et l'excessive centralisation de la planification aggravent les gaspillages dans la production. Le processus est cumulatif : dans l'industrie, l'insuffisance des biens produits augmente le pouvoir des entreprises qui gèrent cette pénurie ; ne pouvant influer sur le prix des produits qu'elles fabriquent, ni garder une part du profit que pourrait engendrer le progrès technique, elles ne sont pas incitées à adapter leurs productions à ce que souhaitent les consommateurs, ni à améliorer la productivité du travail. Dans l'agriculture existent des gaspillages du même type, aggravés par la collectivisation forcée. Un auteur soviétique de l'époque, cité par A. Nove, a même pu écrire que « pour tuer l'amour de la propriété privée des paysans, nous avons dû tuer leur amour de la terre[313] ».

Face à cette situation, les dirigeants soviétiques se décident alors à rationaliser les prix, à simplifier les critères de sélection des investissements et à introduire des « stimulants matériels », pour faire du revenu de chaque travailleur et du profit de chaque entreprise un instrument de rationalisation dans la répartition des ressources et la récompense des efforts.

Il faut cependant attendre le 9 décembre 1962 pour qu'un économiste soviétique, E.G. Liberman, puisse faire paraître dans la *Pravda*, sous le titre « Plans, profits et primes », un article proposant de réduire fortement le nombre des indices planifiés imposés aux entreprises et de relier les primes à la rentabilité, pour les inciter à produire « avec la plus grande efficacité possible ». Jugeant aujourd'hui cette réforme, un membre important de l'Académie des Sciences, Agan Aganbégian, écrit en septembre 1987 : « Les mesures prises en 1965 visaient essentiellement l'industrie et l'agriculture, mais ne concernaient pas les approvisionnements, le système financier, la recherche scientifique ou les investissements. Elles ne touchaient pas les salaires ou la gestion des entreprises. Cette réforme était économique, mais il aurait fallu également se préoccuper de l'idéologie, des médias, de la politique ou du parti communiste. »

En 1968, la Hongrie va un peu plus loin, sans pourtant toucher au cœur politique du système. Elle autorise la création de coopératives et d'entreprises privées dans certains domaines (services, restauration, production de biens de consommation) et met en place, pour les autres, un mécanisme complexe de fixation des prix par un organisme de planification simulant le marché ; ce qu'un économiste hongrois, Laszio Antal, appelle « marchandage autour des régulateurs ».

Rien de cela ne suffit à changer les comportements des entreprises ; comme elles conservent la quasi-certitude de disposer des ressources qu'elles demandent, quels que soient leurs profits et leurs prix, la logique du « marché reste celle du vendeur » ; les goulets d'étranglement de la production ou de la main-d'œuvre, les surinvestissements et les sous-emplois, les files d'attente et les privilèges restent les formes principales de gestion de la rareté.

Pourtant, pour les innombrables théoriciens qui s'y intéressent depuis près de quarante ans, à l'Est comme à l'Ouest, la propriété collective des biens et des ressources n'interdit pas de fixer, par un plan ou des quasi-marchés, des prix assurant une répartition « optimale » des ressources.

Certains l'ont montré dans une vision historique de l'économie socialiste : « Aux yeux du théoricien, écrit par exemple

Joseph Schumpeter, le consommateur, en évaluant la demande des biens de consommation, évalue également, *ipso facto*, par le jeu de l'imputation, les facteurs qui entrent dans la production de ces biens [...]. Que les prix deviennent égaux aux prix marginaux, et la totalité des revenus monétaires est égale à la quantité de biens de production et de consommation[365]. » Aussi, dit Schumpeter, « la rationalité est possible *sans marché* si une autorité est chargée de procéder aux évaluations, c'est-à-dire d'établir un barème d'indices significatif pour tous les biens de consommation. Son système de valeurs étant donné, une telle autorité pourrait accomplir sa tâche d'une façon parfaitement déterminée[365] ».

D'autres théoriciens se sont efforcés, dans la suite des travaux de Pareto et de Walras, d'étudier mathématiquement si la répartition optimale des ressources supposait ou non la propriété privée des biens et des facteurs de production et le marché. Certains d'entre eux, tel Ronald Coase, démontrent qu'en univers d'information parfaite, et sans « coûts de transaction », tous les systèmes économiques peuvent réaliser cet équilibre, que la propriété soit privée ou publique. Pour d'autres encore, tels Clower ou Leijonhuvfud, Shackle, une « économie monétaire de production » dans laquelle le temps, l'incertitude et la monnaie sont intégrés, peut réaliser l'équilibre en fixant les prix soit par *tâtonnement* sur un marché, soit par un organisme baptisé « *secrétaire de marché* », en suspendant dans les deux cas toutes les transactions réelles aussi longtemps que l'équilibre n'est pas atteint pour l'ensemble des produits.

D'autres encore se sont exprimés pour dire que *le marché est possible en société socialiste.* Pour certains, tels Michel de Vroey ou Michel Aglietta, comme la validation des décisions économiques se fait immédiatement, sans calcul préalable des prix d'équilibre, la monnaie est le principe centralisateur, à la fois moyen de communication et unité de compte. Elle permet d'établir l'équilibre *sur un marché*, quelle que soit la nature de la propriété. Un des plus célèbres analystes d'aujourd'hui,

John Rawls, résume bien l'état de la pensée en disant que les prix ont à la fois une *fonction allocative* — réalisation de l'efficacité économique — et une *fonction distributive* — répartition des revenus. Le capitalisme et le socialisme peuvent recourir l'un comme l'autre au marché pour orienter la production selon les préférences des consommateurs. « Les institutions du marché, écrit-il, sont communes à la fois aux régimes de propriété privée et aux régimes socialistes, et il faut distinguer entre la fonction *allocative* et la fonction *distributive* des prix[341]. » Pour lui, ce qui différencie le socialisme du capitalisme, c'est que « dans le socialisme, les moyens de production et les ressources naturelles (étant) propriétés publiques, la fonction *distributive* (des prix) est très limitée, tandis que dans un système de propriété privée, les prix servent à des degrés variés les deux fonctions[341] ».

Rien ne permet donc en théorie de dire que le marché serait réservé à une société de propriété privée.

En toute logique économique, en *économie de propriété privée*, tout propriétaire d'un bien ou d'une force de travail est, par définition, libre de le vendre, selon la satisfaction qu'il tire de son usage ou de sa vente. Cette satisfaction se mesure, pour le travailleur, par le salaire reçu. Toute propriété y est *réversible*, et le *marché* est donc la règle. La planification totale est en principe incompatible avec la propriété privée, puisqu'elle limite le libre usage des biens par leurs propriétaires.

Personne, en société à *propriété d'État*, n'a le droit de vivre du travail d'autrui, ni de consacrer son épargne à se l'approprier. L'épargne y est donc collective, et répartie aux entreprises et aux ménages par le Plan, et non par le marché. Du moins en principe. En effet, en *économie de propriété d'État* où les entreprises ont un actionnaire unique, *le marché est aussi possible*, l'actionnaire unique pouvant autoriser les entreprises à se vendre entre elles leurs actifs, et les employés à vendre librement leur force de travail où et à qui ils le veulent. Rien n'interdit même, dans une telle société de propriété publique, un régime politique pluraliste où la Constitution, librement décidée, interdirait toute privatisation ou certaines d'entre elles.

En réalité, au-delà de ces raisonnements logiques, toute économie d'aujourd'hui, de propriété publique ou privée, a besoin d'un État fort qui socialise une part importante de la production et des coûts d'organisation. Toutes ont besoin d'un régime de propriété privée pour les biens de consommation. Les deux grands systèmes ne diffèrent que par la part occupée par l'un ou l'autre.

Autrement dit, la seule logique économique n'explique pas pourquoi la démocratie parlementaire n'existe que dans certaines sociétés où dominent la propriété privée et les règles du marché. A mon sens, on ne peut le comprendre qu'à partir de l'histoire que je viens de raconter : la « représentation », je le rappelle, y est née d'un rapport à la mort, d'une volonté de durer pour soi. Or, je l'ai dit, la *société marchande* ne dure que si *chacun* peut y durer pour soi, c'est-à-dire *avoir pour soi.* Il n'y a pas de *durée* de l'individu, ni même de l'Ordre, sans espérance d'avoir et sans droit de pouvoir choisir de ne plus avoir. Ce qui suppose d'avoir la possibilité, pour chacun, de ne plus avoir. Ce qui suppose la possibilité, pour chacun, de ne plus avoir, et donc la *réversibilité* du choix, que seuls permettent le marché dans l'économie et la démocratie parlementaire dans le politique.

Mais ceci n'est en réalité qu'une figure, une espérance : ce que les riches ont au propre, ils le font espérer au figuré aux pauvres : *marché, démocratie, propriété privée ne se réconcilient donc que dans un rapport des riches à la fortune, des pauvres à l'espérance de fortune, et de tous à la mort.* Et cela, aucun système totalitaire n'a jamais pu, pour l'instant, le réussir.

Les propriétés des objets

Au cours de ces quarante dernières années, dans les pays du Nord, les objets se sont empilés comme les vivants et les morts, alors que l'essentiel des moyens pour se nourrir, se loger, se vêtir, continuait de faire défaut aux quatre cinquièmes de l'humanité.

La saturation est, au Nord, presque là : les deux tiers des Américains possèdent leur maison ; en France, la moitié des ménages sont propriétaires de leur logement, les deux tiers disposent d'une salle de bains. Au « cœur » et au « milieu » de l'Ordre, presque tous les ménages ont une voiture, une machine à laver, une télévision couleur. Les deux tiers ont un réfrigérateur, un aspirateur, une machine à laver, une radio, divers robots ménagers ; la moitié ont un magnétoscope. Apparaissent aussi de nouveaux objets qu'on porte sur soi, des objets *nomades*. Comme souvent, ils naissent de la musique (le walkman), puis se multiplient avec les accessoires de sport (club de golf, raquette de tennis...).

Tous ces objets disent des choses différentes selon leur signature, leur forme, leur environnement, leur prix aussi. Ils disent à celui qui peut les acheter ce qu'il peut être avec eux — ou plutôt apparaître : force, tendresse, virilité, féminité, élégance, brutalité... Surtout, à leur façon, tous disent aussi *la peur de la mort.*

Comme la monnaie stocke le temps de l'échange par l'enregistrement des valeurs relatives des choses, l'objet stocke le temps de l'usage. Autrement dit, *posséder, c'est stocker de l'usage, de la non-dépense, de l'abstinence ; ici l'épargne est dans la dépense, le sacrifice est dans la possession.*

Les tableaux de maîtres disent ainsi un *désir d'éternité.* Les maisons signifient un style de vie, un décor, une *identité.* Les voitures expriment l'abondance si elles sont américaines, la rigueur si elles sont allemandes, la fantaisie si elles sont italiennes, l'élégance si elles sont françaises, le confort si elles sont suédoises.

Livres et disques disent la culture de celui qui les possède, et conjurent, eux aussi, la *mort* : on ne saurait mourir avant de s'en être servi ; on peut aussi, grâce à eux, garder trace de ceux qu'on y voit, y lit, y entend ; mais leur propre vie, à eux aussi, se fait brève : les livres deviennent des objets de fortune, guère plus précieux que les magazines, chacun poussant l'autre sur l'étagère du lecteur ou celle du libraire ; ils ne signifient plus les idées qu'ils contiennent, mais l'éphémère célébrité de ceux qui les signent.

La principale propriété de ces objets réside dans la possibilité d'en changer, de *choisir* une voiture, un livre, un disque, un spectacle, aussi bien qu'un gouvernement ou un métier. La *liberté est aussi une propriété, façon de lutter contre la mort*, de s'opposer à l'irréversible, de créer le réversible : tant qu'on peut choisir, décider, on est vivant.

La loi du marché, comme celle de la démocratie, nécessairement réversible — c'est sa grandeur —, impliquent l'éphémère : on ne peut y construire des cathédrales. Étrange évolution : *le réversible, conçu pour durer, produit l'éphémère.*

Aussi, pour outrepasser les limites de l'empilement, pour accumuler au-delà de ce qu'on peut utiliser, *l'usage compte-t-il maintenant plus que la propriété.* Les élites d'aujourd'hui empilent dans leur temps le plus de sensations possible. Elles veulent l'*accès* aux choses, l'usufruit passager d'objets de luxe ou d'aventure ; elles n'achètent plus les objets, les maisons, les bateaux : elles les louent. Elles ne souhaitent plus constituer des collections, mais disposer des moyens d'aller partout en voir. Elles ne laissent plus de traces, sinon — comme c'est déjà le cas à l'Est, cruelle convergence — une simple notice nécrologique.

Cette prolifération des objets rend difficile à organiser l'Ordre marchand dans le *marché* comme dans la *planification.* D'une part, les prix, pour être utiles à la répartition de l'épargne et des ressources et pour faire un pont entre l'offre et la demande, doivent refléter la rareté relative et aider les consommateurs à percevoir la quantité de facteurs utilisés pour les produire ; or le travail devient complexe, l'objet signifie beaucoup plus que le travail qu'il contient ; il n'est plus réductible à des unités quantifiables ; fait de savoir et de rêve, de science et de musique, il échappe à ses maîtres, se réplique sans contrôle. Le prix a perdu son sens. D'autre part, comme les objets deviennent très nombreux et changeants, il devient impossible à un Plan central de contrôler des millions de prix et de qualités, hormis ceux de quelques produits stables. Tous les objets s'affichent alors non plus par leur prix, mais par d'autres mesures de leur valeur, par exemple les suffrages recueillis (ainsi le nombre d'exemplaires vendus signifiera la valeur d'un ouvrage) ou le consensus régnant autour de la valeur d'un spectacle.

Le hit-parade finit ainsi par imposer à tous les objets la *loi des étoiles.*

Vers les étoiles

Au XVe siècle, la « représentation » commence avec le spectacle du corps du roi. La durée dans la mort se réduit, à partir de ce moment, au souvenir des vivants. Au XVIe siècle, elle se prolonge avec le concert quand surgit l'idée de vendre à plusieurs personnes à la fois le spectacle de l'art d'un autre. Au cours des deux siècles suivants, le spectacle s'installe partout, dans la concurrence des théâtres, des partis et des entreprises. Au XIXe siècle s'effacent les spectacles gratuits ; les représentations sont raréfiées, enfermées dans des salles de théâtre et des cabarets, et vendues sur le marché. Certains artistes deviennent célèbres à l'échelle de la planète, plus même que les rois ou les princes.

Avec l'invention du cinéma, tout cela s'accélère. Il ne surgit pas par hasard, ni ne s'installe sans raison. Résultat d'un siècle de recherches sur la photographie, la dynamique du mouvement, la chimie des colorants et l'optique, rêvé avant d'être inventé pour conserver la mémoire des *mouvements des morts*, comme le gramophone et la photographie avaient été pensés pour conserver leur voix et leur visage, le cinéma donne aux masses urbaines l'accès au spectacle en répliquant le théâtre. Tout va très vite : cinq ans après le dépôt, en 1895, du premier brevet des frères Lumière, est créée la première entreprise de production, Edison-Biograph. Cinq ans plus tard sont ouvertes les premières salles de cinéma, les « Nickel Odeons » à Pittsburgh, et l'année suivante en France. Deux ans plus tard est créée aux États-Unis la première entreprise de production de matériel de cinéma, Bell and Howell.

Puis surgissent d'autres techniques de *diffusion* du spectacle à domicile : la radio en 1918, le tourne-disque en 1920, puis la télévision dès 1925. Bientôt des techniques de *replication* — magnétophone, magnétoscope, lecteur de cassettes et de disques — bouleversent les rapports des auteurs avec leurs œuvres et les copies qui en sont faites.

Dès les débuts du disque et du film, il a en effet fallu régler le problème des droits de propriété des auteurs sur ces objets. Pour le disque, on s'est mis très vite d'accord, dans tous les pays, sur le fait que l'auteur de la musique ou du texte recevrait, comme sur les partitions chantées par les musiciens des rues, un intéressement consacrant son droit de regard sur la conformité de l'objet à l'œuvre, même si cet objet appartient à l'entreprise qui le fabrique et le vend.

Pour le cinéma, le problème est plus complexe. Pour la première fois, un objet vendu à des spectateurs exige en effet des capitaux très importants. Sa propriété se dispute alors entre les multiples créateurs et les apporteurs de capitaux. En 1908, les producteurs américains — sous l'égide de la Biograph Edison, qui prend en charge leurs intérêts — fondent la Motion Pictures Patent Corporation afin de protéger leurs droits. En France, la société Pathé, qui contrôle la production, fonde elle-même la Société cinématographique des Artistes et Gens de lettres pour organiser les artistes. En 1909, aux États-Unis, le *Copyright Act* décide que tout film appartient à celui qui l'a financé — producteur indépendant, chaîne de télévision ou compagnie —, pendant une durée de vingt-huit ans renouvelable une fois ; il doit être déposé et enregistré, comme un livre, à la Bibliothèque du Congrès à Washington. Le propriétaire a tous les droits sur son film : celui de choisir le réalisateur et d'en changer en cours de tournage, de décider quand il est achevé, de le couper, de le détruire, d'autoriser sa reproduction et sa diffusion. Dans beaucoup d'autres pays, dont la France, signataires d'une convention conclue à Berne en 1923, la propriété est beaucoup plus partagée : le producteur peut décider du sort des copies du film, mais celui qui l'a conçu, le réalisateur, est seul à décider de la fin du tournage, et ne peut être renvoyé par le producteur. A l'intérieur de ces principes généraux existent toutes les formes possibles de rémunération des acteurs et des metteurs en scène, fixes ou fonction du nombre de spectateurs. En France, une loi du 11 mars 1957 en a précisé les règles.

Un peu plus tard, l'apparition de la radio et de la télévision pose de nouveau un problème de répartition des droits de diffusion des œuvres. On extrapole alors les techniques de rémunération employées antérieurement pour les autres objets de spectacle : le propriétaire d'un film (ou d'un disque) reçoit une rémunération variable avec le nombre de passages à l'antenne (ou sur les ondes). En France, une loi du 3 juillet 1985 a ainsi étendu le système juridique du cinéma, établi par la loi du 11 mars 1957, à l'ensemble de la production audiovisuelle. Mais, aux États-Unis, malgré une grève des comédiens hollywoodiens en 1980, l'acteur n'est pas rémunéré pour chaque passage à la télévision des films qu'il a interprétés, sauf si ces films ont été réalisés spécialement pour elle (ou s'il a lui-même investi une part de son cachet dans la production). La publicité finance l'essentiel de ces droits (sauf en cas de « péage », qui recrée le ticket d'entrée) : les spectateurs ne paient plus alors eux-mêmes le spectacle, mais *sont payés* pour regarder la télévision ou écouter la radio par le biais de jeux ou de primes où se mêlent simulations de luttes, de savoirs et de conquêtes. Même l'information, écrite ou audiovisuelle, propriété collective par excellence, est financée directement ou indirectement par la publicité qui l'environne et s'y inscrit.

La multiplication des chaînes de télévision, le développement des vidéo-disques, marquent l'affaiblissement du collectif : on n'a même plus la propriété collective du spectacle du monde, sinon celle, justement, des informations — et encore, si elles sont vraiment de grande portée symbolique ou ludique.

Et puis tout change à nouveau : on peut en effet produire de façon privée un objet à partir d'un service, répliquer ce que, par ailleurs, on cherche à vendre. Avec d'autres objets, chacun peut désormais s'approprier un spectacle ou une œuvre, faire durer le souvenir d'un visage, d'un texte (la *photocopieuse*), d'une voix (le *magnétophone*), d'un mouvement (le *magnétoscope*). *Chacun peut acheter des moyens d'échapper individuellement à la rareté.* Le système industriel n'y trouve pas son compte. Il s'efforce donc, tout en vendant ces objets, de limiter leur usage. Aussi les radios ne diffusent-elles que rarement l'intégralité des disques, et les télévisions celle des vidéoclips ; on travaille aussi à la mise au point de papiers de couleurs et de formes qui rendraient très difficile la photocopie.

Mais cela n'empêche guère, pour l'instant, la multiplication des copies et certaines législations, en prenant leur parti, incorporent, dans le prix des cassettes-son et vidéo, ou dans celui du matériel de reprographie, une taxe qui est ensuite reversée à une caisse d'auteurs, sorte de droit d'auteur abstrait et anonyme.

Dès lors que se constitue ce droit sur toutes les copies, par toutes ces techniques, l'objet d'art signifie une nouvelle forme de durée dans le souvenir collectif, et, de façon plus éphémère, dans le regard des vivants : être devient *être connu, avoir un nom. Durer, c'est devenir célèbre.*

La trace principale que reconnaît aujourd'hui l'Histoire, pour le présent comme pour le passé, est celle que laisse l'artiste ; dans presque toutes les langues, il devient une *étoile* :

comment pourrait-on mieux dire qu'il s'agit là d'un rapport à l'au-delà !

Pour durer avec lui, le spectateur doit se l'approprier. L'artiste écrivain, chanteur, acteur, devient — comme l'était le prêtre pour ses fidèles, le chef pour son peuple, le héros de roman pour son lecteur — sa *propriété* : il peut en faire ce qu'il veut, l'emporter dans ses fantasmes, lui faire vivre ses aventures, meubler sa mémoire de vies rêvées avec lui, le posséder, le détruire en changeant de chaîne : le *zapping* est figure de meurtre. Il veut tout avoir de l'artiste, tout savoir de lui, s'approprier sa vie pour durer avec lui, vivre une éternité par procuration, et, *pour exister, s'oublier dans la vie des étoiles.*

Le spectateur devient les spectacles auxquels il assiste, les disques qu'il accumule, les livres qu'il entasse, la « culture » qu'il « a ». Il est, pour une part plus ou moins grande, ce qu'il sait de la vie privée des étoiles. Avoir une œuvre, ce n'est plus en jouir, c'est être propriétaire d'une parcelle de l'auteur, c'est être un peu lui-même, c'est l'avoir, comme on avait un peu le bouc émissaire avant le sacrifice.

Quant à l'artiste, il est prêt à tout vendre pour durer dans le souvenir des autres, jusqu'à sa vie privée. Et pour mieux la vendre, il laisse, là encore, se former un droit de propriété ; droit hypocrite et trompeur où l'homme, propriétaire de lui-même, n'entend protéger son image et sa vie privée que pour s'en défaire et les vendre. « La vie privée appartient au *patrimoine moral* de toute personne physique [...] : le photographié possède sur son image et sur l'usage qui en est fait un droit de propriété absolu, dont nul ne peut disposer sans son consentement », dit en 1965 un jugement du tribunal de Paris. « La publication de la photographie, lorsque celle-ci a été prise au cours de la vie privée, conduit à condamner à des dommages et intérêts le journal qui, sans l'autorisation de l'artiste, a publié sa photographie alors qu'elle était dans l'intimité de son existence, ou même dans un lieu public », dit un autre jugement. Mais ce patrimoine peut être *cédé* :

« La personne est seule juge de la publicité dont elle sera l'objet... et des moyens de cette publicité », commente un juriste. Ce que le droit protège, « ce n'est pas la vie privée, mais *l'utilisation qu'on en peut faire* sans le consentement de son auteur ». La vie privée, propriété privée, élément du patrimoine, est donc aliénable. Elle ne se protège que pour pouvoir se vendre contre de l'argent ou de la renommée, laquelle à son tour se monnaie.

Vient alors le règne de l'*exhibitionnisme*, où l'homme, comme les objets, ne dure, éphémère, que par le spectacle de lui qu'il donne aux autres ; où chacun vit peu ou prou par procuration la gloire de ses idoles ; où la richesse et la misère, les plaisirs et les massacres, la musique et l'amour, la fiction et le réel ne se distinguent plus guère de la publicité qui les scande, éléments parmi d'autres d'une *vie au figuré* sans cesse renouvelée, en une rotation de plus en plus étourdissante d'objets et d'étoiles...

Le marché propriétaire

Le capital est fait aujourd'hui de diversité : à l'intérieur de chaque pays se multiplient les entreprises, cependant que se concentre le capital. Les entreprises familiales, les sociétés *anonymes* (la corporation), les sociétés *civiles* (le partnership) se créent, se développent, se concentrent et disparaissent. A partir de 1960, les plus grandes confient au marché le soin de régler les problèmes internes que leur centre ne peut plus coordonner. Apparaît alors une nouvelle forme d'entreprise, le *conglomérat*, composé de divisions décentralisées, semi-autonomes. Ces sociétés, toutes multinationales, produisent et vendent à l'échelle mondiale en contrôlant une part importante des entreprises locales qu'elles s'associent.

Aux États-Unis, de 1947 à aujourd'hui, la part dans la valeur ajoutée industrielle des cinquante plus grandes entreprises industrielles est passée du cinquième au quart. La moitié d'entre elles sont restées les mêmes ; parmi les autres, seules cinq faisaient déjà partie des deux cents plus grandes en 1947.

On sait très peu de choses de la répartition des titres de ces entreprises, et il est fascinant de constater combien rares sont les études qui y ont été consacrées : alors qu'on dispose, pour presque tous les pays, de descriptions détaillées, sans cesse mises à jour, des flux d'argent et de marchandises, et qu'on sait tout des emprunteurs, on ne sait presque rien des créanciers et des actionnaires, des fortunes et des richesses. Comme si ces données étaient inutiles pour la conduite de l'économie, comme si la perception des inégalités devait demeurer floue, comme si l'anonymat des titres était nécessaire au secret du pouvoir !

A rassembler les rares renseignements disponibles, il semble qu'aujourd'hui, aux États-Unis, les inégalités soient énormes : alors qu'on y dénombre plus d'un million de millionnaires en dollars, seize millions de foyers ont une fortune nulle ou négative ; un ménage sur cinq détient des titres d'entreprises ; un sur cinq en détient également de manière indirecte à travers des fonds de retraite, des compagnies d'assurance et des mutuelles, mais ces titres ne représentent qu'un dixième de leur fortune. Encore sont-ils très concentrés : sept millions d'actionnaires possèdent moins de cent actions et en tirent un revenu annuel inférieur à deux cents dollars ; seulement 2 % des ouvriers américains possèdent des actions. Les trois quarts des actifs des ménages sont financiers, 27 % sont immobiliers. En France, 58 % du patrimoine des ménages est immobilier, et 42 % financier.

Il est significatif que l'homme le plus riche du monde, le Japonais Yoshiaki Tsutsumi, président du groupe Seibu — dont la fortune atteint l'équivalent de vingt milliards de dollars —, soit propriétaire de sociétés ferroviaires, d'hôtels de luxe, de terrains de golf, de stations de sports d'hiver, de parcs d'attractions et d'une société possédant plus de dix mille hectares de terrains, mais ne soit pas un industriel.

Le pouvoir des actionnaires sur les entreprises est, selon les pays, plus ou moins masqué et concentré. Aux États-Unis, les principales sociétés sont possédées par d'autres entreprises ou par elles-mêmes, ce qui rend l'analyse de l'actionnariat réel on ne peut plus complexe. Les investisseurs institutionnels (caisses de retraite, assurances, mutuelles, banques...) détiennent le tiers du capital des entreprises cotées en Bourse (63 % de Ford, 81 % de Digital, 72 % de Citicorp). En Allemagne, les six principales banques contrôlent à elles seules, de façon directe ou indirecte, la majorité du capital des deux cents plus grandes sociétés. En France, la propriété des « blocs de contrôle » est très concentrée ; il s'est même peu à peu créé une sorte de profession, de caste ayant droit aux sièges de conseils d'administration, subtilement partagés entre les représentants de quelques familles et de quelques institutions.

Parfois les dirigeants jouissent d'une réelle autonomie par rapport au capital, surtout dans les entreprises dépendant de marchés publics où, remarque Galbraith, « seule une part minime des actions est effectivement représentée aux assemblées générales des actionnaires, lors de cérémonies dont la banalité ne le cède qu'à l'artifice[157] ». Alors le manager, dit Herbert Simon, ne maximise pas le profit, mais « satisfait le profit comme une contrainte. »

Mais, en dernière analyse, y compris dans ce dernier cas, les gestionnaires dépendent des actionnaires et les « *corpocrates* » ne règnent que dans les limites qu'imposent les exigences du capital. Ils peuvent certes décider à court terme de l'usage du surplus, voire en jouir pour eux-mêmes, mais, menacés à tout moment d'offensive extérieure et de licenciement, ils doivent avant tout convaincre les actionnaires qu'ils servent leurs intérêts.

De plus en plus, *c'est le capital qui dirige, et non plus les capitalistes* ; et comme les objets, les titres, eux-mêmes vendus comme des objets, tournent de plus en plus vite. Le *pouvoir d'un actionnaire donné* sur une entreprise perd son sens lorsque la durée de cette propriété se compte en minutes.

L'entreprise moderne tend donc à ne plus avoir de propriétaire stable. Elle est possédée par le Capital, par l'Ordre marchand, par des exigences du marché devenues presque aussi abstraites, anonymes, impitoyables et capricieuses que l'État le plus imprévisible, le plus totalitaire.

La loi du marché ressemble alors à celle de ces dieux de l'Ordre rituel qui faisaient agir les hommes, même les plus puissants, à leur corps défendant, et qui les faisaient ensuite se plaindre de n'être qu'« agis », possédés.

Narcisse encombré

A la fin des années soixante commence une nouvelle crise de l'Ordre marchand. Encore une fois, le capital se révèle trop inégalement concentré au « cœur » ; la consommation solvable se sature, les coûts d'organisation du code de propriété augmentent. Le temps gagné par la transformation de services en objets est presque entièrement occupé par l'usage d'autres objets et d'autres services.

Ainsi, si le temps de travail nécessaire pour disposer des moyens d'acheter un objet donné a diminué, il a augmenté pour ce qui est de l'achat d'une visite à un médecin, d'une assurance-automobile, de l'usage ou de l'achat d'une voiture, des objets ménagers, des distractions. Ce temps n'est plus disponible pour la consommation d'objets : on ne peut empiler davantage d'automobiles dans les rues, ni d'objets dans les appartements. On peut avoir les choses, mais pas s'en servir. Certes, on peut encore vendre plusieurs téléviseurs ou plusieurs machines à laver à un même ménage ; il est encore possible d'imaginer bien des objets nouveaux, et j'en parlerai plus loin ; mais, en l'état actuel de la répartition des fortunes, les principaux marchés se saturent.

L'espace aussi s'encombre : au centre des mégapoles, les entreprises ne trouvent plus l'espace dont elles ont besoin pour loger les ordinateurs et la bureautique. La spéculation s'en mêle, les rares terrains disponibles ne se vendent pas. Le ciel lui-même se sature ! Alors que le traité de l'Espace du 27 janvier 1967 prévoyait que « dans le bien et l'intérêt de tous les pays..., l'exploration et l'utilisation de l'espace extra-atmosphérique, y compris la Lune et autres corps célestes, sont l'apanage de l'humanité tout entière », en 1971, il a fallu répartir la couronne géostationnaire pour pouvoir y loger les satellites européens, africains et soviétiques d'une part, américains d'autre part, et enfin ceux d'Asie, d'Australie et d'Océanie. Mais l'encombrement s'est manifesté : des pays équatoriaux ont revendiqué la propriété du segment d'orbite géostationnaire qui les surplombe. Des conférences, en 1977, puis en 1983, n'ont pas abouti à répartir cette rareté.

Enfin et surtout, deux des propriétés que les citoyens tiennent de plus en plus à obtenir — l'éducation et la santé — coûtent de plus en plus cher, au moins en valeur relative. Cela tient à ce que la productivité des services de manipulation et de transmission de l'information n'augmente pas au même rythme que celle de la production d'objets. En conséquence, la part des dépenses de santé dans le produit national augmente partout inéluctablement. Et ceux qui n'y ont pas accès coûtent eux aussi de plus en plus cher à la société.

Au total, l'épargne doit financer à la fois l'investissement industriel, la consommation de biens durables et le fonctionnement des services collectifs. C'est d'autant plus difficile qu'au « cœur » cette épargne se réduit : à méthodes statistiques comparables, l'épargne américaine ne représente plus que 4 % du P.N.B., contre 21 % au Japon, 12 % en Europe. Comme si l'homme américain n'avait plus envie de durer au-delà de lui-même, même pas de financer un logement ou la formation de ses enfants, mais de flamber le monde, de le consommer, le consumer...

Comme l'argent devient rare, partout les taux d'intérêt, prix de l'argent, s'élèvent : il y a cent ans, l'Argentine pouvait emprunter à Londres à des taux inférieurs à ceux que l'Allemagne peut obtenir aujourd'hui de ses propres citoyens.

Une technique très ancienne permet néanmoins de retarder le délitement de la forme en maintenant la demande : l'*endettement.* Mais, comme on va le voir, elle a ses limites : l'excès de crédit accélère d'abord l'inflation, puis augmente les coûts d'organisation, élève encore les taux d'intérêt et bloque l'investissement. Il faut alors *consommer la dette* et réduire les coûts d'organisation en inventant des substituts individualisés aux fonctions que remplissaient jusque-là les grands services collectifs : *être en forme et être informé,* telles sont aujourd'hui les propriétés qui permettent de se distinguer, de ne pas être exclu de la société, et qui, beaucoup plus tard, se cristalliseront en nouveaux objets *nomades.*

Produire et consommer la dette

Depuis que l'épargne baisse, le système financier place des titres de prêts comme il plaçait jusque-là des titres d'emprunts, des titres de propriété ou des produits de consommation. Vendre de l'argent à des particuliers, à des entreprises et à des États est devenu le métier le plus profitable et le principal domaine d'innovation, comme ce fut le cas par le passé chaque fois que le « cœur » d'un Ordre approchait de sa fin.

Dès le milieu des années 70, les dettes des entreprises représentent un multiple croissant du capital et du profit. De 1964 à 1975, la part de la charge des intérêts dans la valeur ajoutée quintuple aux États-Unis, alors que les dividendes diminuent d'un quart, et l'autofinancement de moitié ; en 1978, le crédit à la consommation atteint 93 % du revenu national, contre 65 % en 1965. En France, l'endettement des ménages décuple de 1965 à 1975.

Depuis, faute de capitaux, les États d'Europe, d'Amérique et d'Afrique se sont encore plus endettés auprès du système bancaire ou entre eux. Après chacune des deux hausses pétrolières, pour maintenir leur croissance, les États du Tiers Monde ont augmenté leurs dettes ; les banques y ont pris goût, y trouvant de nouvelles sources de profit et de nouveaux marchés pour écouler leurs produits.

L'économie financière est ainsi devenue *dix fois plus importante* que l'économie réelle. Pour les entreprises les plus spéculatives sont apparus de nouveaux produits financiers très sophistiqués (options, *swaps*) et de nouvelles techniques de rachats comme le *Leverage Buy Out* (L.B.O.) par lequel un groupe d'investisseurs — dont, souvent, des membres de la direction de l'entreprise — achète en Bourse *(buy)*, grâce à des emprunts *(leverage)* auprès des banques, la totalité *(out)* d'une entreprise cotée, cet emprunt étant remboursé grâce à l'épargne dégagée et à la vente de certains actifs de l'entreprise ainsi conquise.

D'où un développement de la dette de l'économie. Des fonds spécifiques, des fonds de retraite ou des fonds d'investissement prêtent l'argent nécessaire à des banques qui le prêtent ensuite aux auteurs du L.B.O. en échange de titres de valeur incertaine — des *junkedbonds* — pour un montant égal ou supérieur à la moitié de la valeur de la cible. En 1985, ces *junkedbonds* représentaient le quart du financement des O.P.A., et le tiers des trente plus importantes d'entre elles. Ces pratiques auto-entretiennent l'endettement des entreprises.

Le management assiégé peut alors, pour se défendre, susciter lui-même un autre L.B.O. pour acheter l'entreprise en la payant plus cher que son assaillant, ou bien, pour faire monter les cours, vendre des filiales ou encore racheter les actions de sa propre société et organiser un autocontrôle. En 1986, Textron vend ainsi un tiers de son chiffre d'affaires. Gulf and Western, après la mort de son fondateur en 1983, vend sa division de produits industriels et perd ainsi 40 % de son activité. En juin 1986, Crown Zellerbach annonce son intention de se scinder en trois entreprises indépendantes pour résister à une O.P.A. De même, Westinghouse vend, pour soutenir ses cours, sa filiale de télévision par câble, très rentable mais sous-évaluée.

Au total, d'après le président de la Banque fédérale de New

York, Fred Corrigan, cent cinquante milliards de dollars seront bientôt retirés du capital des entreprises industrielles, *« soit plus que tout le capital qui y a été mis depuis la guerre de Corée »*.

Tout cela entraîne à la fois une hausse des cours, une réconciliation entre les actionnaires et leurs managers, et une croissance massive de la dette à long terme des entreprises et des ménages américains.

A partir de 1982 est venu s'ajouter à ce processus un important déficit budgétaire, entraînant dans son sillage le déficit commercial et la dette extérieure. Les États-Unis, jusqu'à cette date première nation prêteuse du monde, sont devenus, en septembre 1987, débiteurs nets. A ce rythme, la dette brute de l'État fédéral atteindra deux mille quatre cents milliards de dollars en 1990. La dette nette approchera les huit cents milliards, avec des intérêts à payer de soixante-quinze milliards, auxquels il faudra ajouter vingt-cinq milliards de gains de l'investissement étranger aux États-Unis, soit un point du P.N.B.

Pour ce qui concerne le Tiers Monde, nul ne sait plus à qui appartiennent les mille milliards de dollars de sa dette, dont les banques font circuler les titres en les laissant se dévaloriser.

Au total, les États d'Afrique, d'Amérique et d'Europe doivent à leurs banques ou à celles d'autres pays des sommes dont le montant global avoisine ou dépasse le revenu mondial. L'ampleur de cette dette révèle l'essoufflement de la production de demande et l'absence de code clair de propriété. Les solutions d'antan ne suffisent plus. Alors qu'en 1931, l'inflation avait permis d'effacer la dette, une telle situation est aujourd'hui impossible en raison de l'indexation des taux d'intérêt. Il faudra désormais trouver de nouvelles façons d'effacer les dettes.

Toute dette devra être payée par les créanciers ou les débiteurs, par les générations présentes ou futures. On aura l'un ou l'autre, ou l'un *et* l'autre, au gré des rapports de force.

Pour les *créanciers*, cela veut dire annuler une partie de la dette.

Après tout, si les titres financiers sont devenus des produits comme les autres, on peut fort bien imaginer qu'avec le temps, après avoir été utilisés (c'est-à-dire avoir rapporté aux prêteurs), ils perdent de leur valeur. Pour réussir cela que ni l'inflation — en raison de l'indexation des taux d'intérêt — ni le moratoire — en raison de son « effet d'affichage » — ne peuvent accomplir, on peut s'attendre à une généralisation de la transformation, déjà amorcée, de cette dette en objet, en titre anonyme, et de sa circulation sur le marché. Sa cotation en baisse progressive permettra à ses acheteurs d'obtenir des rendements élevés. Le marché, entité abstraite, propriétaire statistique global, consommera ainsi progressivement la dette, au moins celle du Tiers Monde, équilibrant ainsi au moins en partie l'autre dette, morale, contractée à son endroit par les pays du Nord.

Aux États-Unis, la *dévalorisation* de la dette est en cours : déjà la baisse du dollar, consécutive aux déficits, diminue sensiblement la valeur des actifs étrangers en Amérique et la dette de l'Amérique.

Payer, pour les *débiteurs*, suppose de dégager assez d'épargne — par la restriction de la consommation, l'augmentation de la productivité, ou l'impôt sur la vente d'actifs — avec des reports d'échéances et d'intérêts plus ou moins grands, et des récessions plus ou moins lourdes.

La *vente d'actifs* y a déjà commencé : la baisse de la Bourse rend les entreprises américaines particulièrement vulnérables. Le Japon est aussi devenu un des premiers propriétaires immobiliers d'Amérique et, comme les industriels européens, y rachète systématiquement des entreprises de haute technologie. Près de la moitié de la propriété de l'immobilier commercial de Los Angeles, Minneapolis, Houston, le cinquième à New York, sont japonais. Les grandes banques japonaises ont déjà acquis le dixième des actifs bancaires américains, dont quatre des plus grandes banques en Californie. « A la fin du siècle, les États-Unis auront peut-être l'industrie manufacturière la plus moderne du monde, mais elle ne leur appartiendra plus », affirme l'un des économistes de la Bankers Trust, Lawrence Brainard.

Pour *rembourser la dette* sans vendre à l'étranger, certains pensent que la réduction massive des salaires des fonctionnaires est nécessaire. L'emploi, disent-ils, est devenu une propriété pour ceux qui ne risquent pas le licenciement et qui, à leurs yeux, doivent rembourser la dette. Encore une fois, les plus riches des propriétaires se cachent ainsi derrière les plus pauvres, pour faire partager entre les petits, et eux seuls, le coût des dettes. Outre l'injustice d'une telle proposition, je ne crois pas qu'elle soit à la hauteur du problème : augmenter l'épargne pour effacer la dette est un problème infiniment plus complexe et plus massif ; sa solution exige la réduction significative et structurelle des prélèvements obligatoires qui pèsent sur l'épargne. Le changement qui se profile là est immense ; j'y reviendrai. En attendant, pour investir malgré l'insuffisance d'épargne, il faut réduire la rentabilité exigée de l'épargne. Cela peut supposer, dans certains cas, des nationalisations.

Économie mixte fin-de-siècle

La dette et la crise ont engendré la nécessité d'un secteur public élargi : tandis que la dette augmentait, le secteur public s'est développé là où le secteur privé ne trouvait pas sa rentabilité, ou là où l'épargne privée devenait de plus en plus rare.

Ainsi, aux États-Unis, les chemins de fer se sont trouvés en difficulté, faute d'épargne privée disponible pour leur financement. Le « Central of New Jersey » en 1967, le « Boston and Maine » et le « Leligh Valley » en 1970, le « Reading » en 1971, le « Leligh and Hudson River » et l'« Erie-Lackawanna » en 1972, l'« Ann-Harbor » en 1973 et, pour finir, le « Penn Central », ont fait faillite. Le 9 novembre 1975, le Congrès autorise leur fusion en une société, « Consolidated Railway Corporation » (CONRAIL) dont 85 % des actions sont rachetées par l'État fédéral, et 15 % par les salariés, et qui forme le quatrième réseau ferroviaire des États-Unis, s'étendant sur quatorze États.

En France, le secteur public a été étendu en 1982 à de nouvelles entreprises (Sacilor-Usinor, C.G.E., Saint-Gobain, Thomson, Rhône-Poulenc, Pechiney, Matra, Dassault) dont l'épargne privée n'assurait plus le financement. De 1982 à 1986, le secteur public industriel a reçu au total cinquante milliards de francs de capital, alors que les actionnaires privés n'en avaient apporté antérieurement que moins de deux milliards.

L'État, en Europe, c'est-à-dire le contribuable, s'est donc révélé un actionnaire capable de financer les investissements nécessaires. En 1986, la part des entreprises publiques au sein des quatre grands pays européens est alors à peu près similaire : de 10 % en Allemagne à 11,5 % en Grande-Bretagne pour ce qui est de la production ; de 13,4 % en Grande-Bretagne à 16,7 % en France pour ce qui est du total des salariés.

Dans le Tiers Monde, la plupart des grandes entreprises du secteur moderne sont des entreprises d'État ou des filiales des multinationales. Rares sont — comme les *Chaebols* de Corée du Sud — les grandes entreprises privées à capitaux nationaux.

L'absence de marchés financiers de taille suffisante, l'absence d'épargne privée suffisante ont obligé l'État à créer des entreprises publiques. Ainsi, au Brésil, la première aciérie nationale a été créée par l'État en 1941 après plusieurs tentatives infructueuses pour y développer une sidérurgie privée. A Taiwan, la sidérurgie a été mise sur pied en 1973 comme entreprise d'État après le désistement d'un capitaliste privé. On trouve aujourd'hui, pour les mêmes raisons, des entreprises publiques dans la construction aéronautique en

Indonésie, dans les lignes aériennes, la sidérurgie, l'électronique au Brésil, dans tous les secteurs de haute technologie en Inde, en Algérie, au Togo ou au Zaïre. Parfois, comme au Chili, il a fallu nationaliser en situation de crise, pour maintenir l'investissement menacé par la fuite des capitaux et la disparition de l'épargne privée.

Puis on a cru que privatiser redevenait possible et, même nécessaire, comme si l'épargne était revenue.

Privatiser

Pour réduire les coûts d'organisation et restaurer ainsi sa capacité d'épargne, une société doit, au-delà de ce qui peut favoriser la consommation de la dette, réduire la part des dépenses de consommation collective. Pour y parvenir, plusieurs pays se sont lancés aujourd'hui dans la privatisation d'une partie de leurs secteurs publics. Or le changement d'actionnaire d'entreprises publiques ne change rien à l'ampleur des dépenses collectives : cela revient à confondre des *dépenses* collectives (des flux) avec des *propriétés* publiques (des stocks). La réduction des secondes ne garantit pas celle des premières, sauf à très court terme, si on affecte le produit des ventes des actifs au financement des dépenses ou au remboursement des dettes.

Ce processus commence aux États-Unis dès la fin des années 1950 avec le démantèlement de l'économie de guerre, accompagné d'une sévère critique de l'État.

Dans la ligne des travaux de Condorcet, des théoriciens s'emploient alors à démontrer son inefficacité et son inutilité même là où le marché ne peut fonctionner. J.K. Arrow, G. Tullock, A. Downs ont chacun, à leur manière, tenté de prouver qu'il n'existait pas de procédure de vote permettant à un État démocratique de prendre une décision rationnelle[16], que toute bureaucratie ne peut décider que sa propre croissance, qu'« une ressource à laquelle tout le monde a librement accès est une ressource dont personne n'a intérêt à assurer l'entretien ni le renouvellement[193] » — d'où les atteintes à l'équilibre écologique — ; que l'État c'est la dictature, et le marché la liberté ; que tout service public — jusqu'à la réglementation —, tout bien public — même l'air — doivent être privatisés. Pour le père de cette théorie et son représentant le plus convaincant, Friedrich von Hayek, la complexité, l'opacité des sociétés est un fait incontournable auquel aucun État ne peut rien changer. L'ordre social, « produit de l'action des hommes » et « non de leurs desseins », n'est donc pas modifiable[198].

La mise en œuvre de cette doctrine s'est amorcée aux États-Unis deux ans après la guerre, quand, à la demande de la Chambre de Commerce et de la National Association of Manufacturers, l'État fédéral réduit les contrôles qu'il exerçait sur les banques et les assurances. Mais c'est surtout à partir de la présidence de Jimmy Carter qu'ont fleuri les notions de « partenariat entre public et privé », de « volontariat », de « responsabilité de l'entreprise » et de « charité ». En 1978, une loi sur la déréglementation du transport aérien, rendant au marché la liberté des tarifs et du trafic, a suscité l'apparition de dizaines de nouvelles compagnies et une complète libération des prix.

Au début des années 1980, des théoriciens de ce courant ont expliqué que la crise actuelle, comme la précédente, était due à l'intervention de l'État sur le marché, qui crée de l'irréversible alors que le réversible est nécessaire pour retrouver l'équilibre. A leurs yeux, l'État doit seulement faire respecter les règles du marché et stabiliser la distribution des droits de propriété privée. Il faut confier au marché tous les biens et services, et privatiser, lorsque leur propriété est encore publique, la terre, les entreprises industrielles, les services publics — y compris même la Justice, la Défense, l'air, la mer... Les théoriciens ultra-libéraux de l'Heritage Foundation et de l'Institut Cato en viennent ainsi à proposer de privatiser toutes les fonctions de l'État, de la production d'électricité à celle des navettes spatiales, de la Sécurité sociale à la protection civile, voire militaire.

Par exemple, Stuart M. Button, de l'Heritage Foundation, classe les objets en biens privés *par nature* (telle l'automobile), qui sont et restent privés ; en biens privés *à usage collectif* (telle la route), qui doivent être propriété privée et à péage ; en *biens communs* (tel l'air ou l'eau) qui doivent être propriété publique et dont l'usage ne saurait être interdit à personne, mais dont l'État doit concéder la gestion à des entreprises privées ; et en biens qui sont vraiment d'*intérêt collectif* indiscutable (telle la Défense), qui seuls peuvent rester de propriété et de gestion publiques. Par exemple, selon lui, alors que les activités militaires et scientifiques de la NASA doivent rester propriété de l'État fédéral, ses activités météorologiques devraient être privatisées, et la NASA devrait vendre les navettes dont elle n'a pas d'usage militaire. Une entreprise privée, Astrotech International Corporation, a d'ailleurs offert, avant la catastrophe de Challenger en janvier 1986, un milliard et demi de dollars pour une navette d'occasion, et deux milliards pour une neuve...

Dix jours à peine après son arrivée à la Maison Blanche, le Président Reagan gèle plus de cent soixante-dix réglementations en instance d'application et qui, selon lui, auraient coûté « chaque année aux Américains entre cinquante et cent cinquante milliards de dollars pour s'y conformer ». Le 13 août de la même année, il supprime toute subvention à CONRAIL, et décide de privatiser les 85 % d'actions détenues par le gouvernement fédéral. En 1983, il demande au Congrès d'autoriser des entreprises privées à lancer des satellites d'observation météorologique, mais essuie un refus : le contribuable aurait eu en effet à payer des informations jusque-là gratuites et utiles à l'armée. Le Président propose alors — en vain, de nouveau — la privatisation de l'ensemble des activités commerciales de la NASA. Le 5 février 1986, il suggère d'« entamer le processus de vente de certaines activités gouvernementales » par la cession des usines électriques de

Bonneville Administration, entreprise fédérale fournissant depuis le New Deal la moitié de l'électricité du nord-ouest du pays, de deux champs pétrolifères, des deux aéroports de Washington, d'Armtrack et de la Power Marketing Administration qui produit et vend l'électricité dans vingt-six États. Le 26 mars 1987, les actions de CONRAIL sont vendues au privé pour un peu plus d'un milliard de dollars. Les autres entreprises en cours de vente ne représentent pas une part significative de l'économie américaine. En fait, la privatisation semble tourner court au niveau fédéral, avant même d'avoir joué un rôle notable.

Les autorités locales ont elles aussi privatisé quelques services : aujourd'hui, 78 % des fourrières, 41 % des ramassages d'ordures, 38 % de l'éclairage public et 25 % des hôpitaux sont privés. Certaines villes — peu nombreuses — ont même privatisé des prisons, des services de lutte contre l'incendie, des tribunaux, des services de justice ou de police. Ainsi, Judicate Inc., de Philadelphie, est appelée par quelques communes à faire donner par un juge retraité des avis qui lient les parties dans des affaires civiles entre personnes privées. Mais le phénomène reste très marginal : Judicate n'a jugé que cent quarante affaires en 1986. Corrections Corporation of America, créée en 1983 par deux avocats de Nashville, ne gère de même que trois centres de détention d'immigrants illégaux au Texas, et trois prisons au Tennessee. La Mirada, ville de quarante et un mille habitants, dans la banlieue de Los Angeles, où le privé gère pratiquement toute la ville — les parcs publics, l'assistance sociale, les transports en commun, les inspections de chantiers, les jardins municipaux, le nettoyage des graffiti, l'élagage des arbres, les piscines, les services de justice et la prison —, reste un cas très isolé.

On peut d'ores et déjà juger de l'effet de la privatisation des licences de vol et de la déréglementation de l'aviation civile américaine. La concurrence a d'abord provoqué une baisse des tarifs, puis une douzaine de faillites et des fusions entraînant la disparition d'entreprises à bas tarifs comme

People Express ou Frontier Airlines. Alors qu'en 1978 six transporteurs contrôlaient la plus grande part du marché intérieur (US Air à Pittsburgh, TWA à Saint-Louis, North-West à Minneapolis, Continental à Houston...), sur certains aéroports, aujourd'hui, de grands cartels détiennent à nouveau plus de 80 % du marché et peuvent augmenter leurs prix en toute impunité : la dérégulation, qui devait libérer la concurrence entre propriétaires privés, n'a conduit, comme au XIXᵉ siècle, qu'à une nouvelle juxtaposition de monopoles.

Au total, la privatisation est restée aux États-Unis un phénomène relativement marginal, sans impact réel sur l'économie et sur les coûts d'organisation. D'autant que, dans le même temps, il a fallu décider en catastrophe une nationalisation de fait d'une ampleur beaucoup plus importante que toutes les privatisations antérieures : celle de Continental Illinois, banque de l'agriculture, mise en difficulté par les dettes de ses déposants.

D'autres pays ont privatisé des entreprises publiques : ainsi, au Japon, une loi de 1984 a privatisé N.T.T., que les contraintes publiques empêchaient de se développer à l'échelle mondiale, tout en créant deux autres entreprises de télécommunications en concurrence avec elle. En Angleterre, depuis 1979, le gouvernement a privatisé une vingtaine d'entreprises, soit un quart du secteur public et 2,5 % de l'emploi total, par introduction en Bourse — pour la chaîne hôtelière des chemins de fer, British Rail Hotels, et pour un chantier naval, Scott Lightgow —, ou par vente aux enchères — pour British Telecom —, ou encore par vente aux salariés — pour la plus grande entreprise de fret routier en Europe, le National Freight Consortium. Le prix de vente est fixé par des agents de change et des banques d'affaires après auditions publiques devant le Parlement ; les titres sont vendus au grand public, sans constitution de blocs de contrôle. Le nombre des actionnaires britanniques a ainsi quadruplé depuis 1979, pour atteindre neuf millions. En novembre 1987, lors de la privatisation de BP, la Banque d'Angleterre, après avoir fixé un prix de vente, a garanti aux investisseurs qu'ils ne pourraient pas perdre plus de 50 pence par action, en s'engageant à racheter dans les deux mois toutes les actions mises sur le marché à 70 pence. Le porte-parole du Parti travailliste pour les questions économiques, John Smith, a appelé à juste titre cette procédure inédite « la première privatisation contenant une clause de renationalisation... »

En Allemagne, le processus de privatisation reste aussi très progressif. En 1959, il a concerné Preussag, une entreprise métallurgique et chimique, par augmentation du capital et vente de la majorité des actions. En 1960, la vente de 60 % du capital de Volkswagen a attiré 1 500 000 petits actionnaires, les droits de vote des actions vendues ne représentant que 20 % du total, l'État fédéral et le *land* de Basse-Saxe conservant chacun la moitié des actions restantes. En 1965, l'État a vendu 60 % du capital d'un conglomérat, VEBA (électricité, pétrole, chimie, armement naval) aux salariés des entreprises et à des personnes privées à bas revenus ; l'opération a attiré plus de 2 600 000 actionnaires. Le 26 octobre 1983 ont été décidées la réduction de 40 % à 30 % de la participation de l'État fédéral dans le capital de VEBA, la privatisation, avant le 31 mars 1987, de ce qui restait de propriété publique dans VIAG, Volkswagen et IVG, ainsi que la vente des participations de la Bundesbahn dans Schenker Verkehrskreditbank et Deutsches Reisebüro, l'État ne conservant que deux grandes entreprises précaires, Salzgitter (sidérurgie, constructions navales, mécanique) et Saarbergwerke (charbonnages, électricité, chimie). Tous ces titres sont placés par des syndicats bancaires, avec priorité aux petits porteurs, sans noyau d'actionnaires stables, pas plus là où l'État conserve la majorité des actions que là où la privatisation est totale. Aujourd'hui, la part du personnel représente 2,6 % des titres pour VEBA, 0,7 % pour VIAG, 11,7 % pour IVG. On a même tout fait pour éviter que le capital ne se reconcentre : en mars 1987, après la privatisation de VEBA, le directoire de l'entreprise a décidé de limiter les droits de vote d'un même actionnaire à 5 %, quelle que soit sa part du capital, séparant ainsi clairement, dans l'entreprise, droit de vote et propriété.

En France, après mars 1986, ont été privatisées plusieurs entreprises entrées dans le secteur public soit après 1945, soit en 1982. On comprendra que je ne me livre là-dessus à aucun commentaire particulier. Je citerai seulement ce qu'en a dit un journaliste allemand dans la *Frankfurter Allgemeine Zeitung* du 22 juillet 1987 : « Ces privatisations aboutissent à un retour à une concentration des pouvoirs entre les mains de quelques rares représentants de la grande bourgeoisie. Le gouvernement fait comme si le "pouvoir du grand capital" et le "mur de l'argent" n'avaient pas toujours été le moteur de la lutte des classes dans ce pays [...]. Ce sont quatre ou cinq gros actionnaires qui donnent le ton dans chacune des entreprises privatisées. En outre, dans ce système, on est généralement à la fois président d'une entreprise et membre du conseil d'administration d'une ou plusieurs autres sociétés. Tout le monde contrôle tout le monde et chacun sait ce qu'il doit à l'autre. »

Cette vague de privatisations atteint aussi les pays du Tiers Monde, où l'épargne privée peut suppléer l'épargne forcée de l'impôt. On y assiste à la vente à des entreprises privées de la partie la plus rentable du secteur public. En Côte-d'Ivoire, on parle de privatiser la moitié des deux cents entreprises à participations publiques, et de les faire financer en partie par l'épargne informelle des « tontines » ; quinze entreprises publiques ont été vendues, depuis 1980, dans l'agro-alimentaire, les travaux publics, le commerce et le tourisme. On parle aussi de privatisations au Bangladesh, en Jamaïque, au Mexique, au Togo, à Singapour. Le Brésil a annoncé la privatisation de deux cents des cinq cents entreprises publiques. Le Mexique en a privatisé cent sur neuf cents. Au Venezuela, où le secteur public est le plus vaste de toute l'Amérique latine, on veut privatiser les compagnies pétrolières, d'aluminium, d'acier, d'électricité. Ces privatisations supposent que se développent l'épargne nationale et les marchés de capitaux ; elles impliquent de donner aux investisseurs étrangers des garanties crédibles qu'ils ne seront pas spoliés.

Au total, s'il est évident, quel que soit le statut de l'entreprise, une plus grande mobilité du capital par cessions, acquisitions, augmentations des fonds propres est nécessaire face aux innovations financières, à la déréglementation et à la mondialisation des marchés, rien n'empêche l'entreprise publique de conclure de telles alliances, d'engager ses capitaux dans des opérations à risques, de vendre et d'acheter des filiales.

L'idée qu'une privatisation généralisée et irréversible serait nécessaire est absurde : elle ne réduit en rien les coûts d'organisation, ne fait que placer l'État au même niveau d'éphémère que le reste de la société, et ne laisse comme institution stable que le marché, automate anonyme, dieu des lois naturelles auquel chacun devrait se plier, aussi extérieur aux hommes et au moins aussi aliénant pour eux que des propriétaires privés identifiables, ou qu'un État dépersonnalisé, ou que des dieux capricieux.

Le socialisme à usage privé

Au début des années 1980, les sociétés communistes rencontrent aussi certains des problèmes auxquels se heurtent les autres sociétés marchandes : il y devient difficile de produire une demande solvable ; les coûts d'organisation augmentent, l'épargne diminue, la dette s'accroît. L'académicien Agan Aganbegian écrit en juillet 1987 : « Comme l'Union soviétique, entre 1971 et 1981, a importé plus qu'elle n'a exporté, comme elle ne peut vendre à l'étranger que du pétrole et des matières premières dont les cours ont fléchi et les coûts de production augmenté, elle a dû céder de l'or et s'endetter sans pouvoir importer suffisamment de biens d'équipement. » De plus, la société soviétique rencontre des difficultés spécifiques et des coûts d'organisation particuliers liés à la nature centralisée de l'appropriation du surplus : pénurie, inadaptation de l'offre à la demande, excès de crédit. Il n'est donc pas étonnant que s'y développent, comme à l'Ouest, des tentatives visant à abaisser les coûts d'organisation et à décentraliser le processus de répartition de l'épargne.

Elles cherchent d'abord à réduire le rôle du Plan dans l'agriculture comme dans l'industrie. Les prix des objets et des facteurs de production — y compris celui du travail —, trop nombreux pour être fixés par le Plan, le seront par le marché, c'est-à-dire par les responsables des trente-sept mille entreprises actuellement dirigées depuis Moscou par les ministères. Ne resteront centralisés que les prix du pétrole, du lait, de la viande et des loyers. Les contrats d'État dans l'industrie civile passeront de la totalité de la production à moins d'un tiers, les entreprises pouvant, à l'intérieur de certaines limites, négocier les prix des produits qu'elles échangent et garder une plus grande part du profit pour le réinvestir ou le distribuer en salaires. Ces entreprises cesseront de recevoir des ordres pour recevoir des commandes, et l'on évoluera ainsi d'une société de producteurs vers une société de consommateurs.

Tel est le projet actuel. L'action a commencé à suivre.

En janvier 1987, pour la première fois depuis la N.E.P., une loi soviétique permet la constitution d'« entreprises mixtes » avec des firmes de l'Ouest. Pour légaliser le travail au noir, une autre loi sur le « travail individuel », entrée en vigueur le 1er janvier 1987, rétablit l'initiative économique privée dans le commerce, l'artisanat et les services, et instaure une nouvelle grille de rémunérations des ouvriers, ingénieurs et cadres. Elle autorise des personnes privées à créer leur entreprise, mais sans avoir pour l'instant le droit d'engager des salariés hors de la famille. Ces entreprises personnelles peuvent être vendues, au même titre que ce qu'elles fabriquent. Pour augmenter la production agricole, on cherche également à faire croître la part des lopins privés qui fournissent aujourd'hui 20 % de la production sur 3 % des terres cultivées. Le phénomène reste néanmoins très marginal : deux cent mille personnes sur cent quarante millions de travailleurs ont acheté des licences. Une première coopérative agricole a été créée à Zagorsk par trois ouvriers, avec cent cinquante veaux achetés grâce à un prêt bancaire, qui doivent livrer une quantité fixe de viande et peuvent vendre le surplus sur un marché libre. Selon les dirigeants, cette nouvelle formule pourra aller jusqu'à concerner de 2 à 3 % de la population active soviétique, et représenter la moitié des services, des restaurants, voire une part importante des entreprises productrices de biens de consommation, comme c'est déjà le cas dans d'autres pays de l'Est.

Mais on ne peut aller plus loin sans faciliter la mobilité des travailleurs d'une région à l'autre, ni sans autoriser les entreprises à licencier, c'est-à-dire sans enlever aux travailleurs la propriété de leur emploi. C. Castoriadis écrit : « Pour qu'une réforme en Russie ait des effets réels, il faudrait qu'une partie très nombreuse — disons 50 % — de la bureaucratie d'ensemble la soutienne, l'exécute, la complète, la concrétise avec vigueur et enthousiasme sur les divers champs de bataille ; or il n'y a pas de groupes importants de gens (à part l'intelligentsia moscovite), unis par des liens sociaux quelconques ou par des idées, prêts à lutter pour une réforme et à inventer ce qu'il faut pour qu'elle réussisse. » Zinoviev ajoute : « Dans les conditions d'une société communiste, l'entreprise privée relève immédiatement de la criminalité et suscite des protestations de la masse de la population, parce qu'elle engendre une couche relativement privilégiée parmi les classes les plus défavorisées. Et, surtout, un calcul économique élémentaire montrerait que, dans une économie communiste, l'entreprise privée n'est qu'apparemment plus efficace que le secteur d'État. Elle ne paraît telle que grâce aux efforts qu'elle suscite, grâce à un marché qui s'apparente à la spéculation, et à son caractère exceptionnel. Si on l'étendait d'une façon tant soit peu considérable, la conséquence inévitable en serait la chute de son efficacité économique jusqu'au niveau habituel du secteur étatique. Les difficultés que cette situation engendrerait dépasseraient de beaucoup ses avantages[420]. »

Là comme ailleurs, et à l'Est comme à l'Ouest, rien ne se fera sans augmenter l'épargne et sans réduire structurellement les coûts d'organisation, autrement dit sans créer, dans le politique, une autre espérance de *liberté*, et, dans l'économique, sans proposer d'autres *objets* à consommer, d'autres valeurs à promouvoir.

L'objet nomade

Comme les précédentes crises de l'Ordre marchand, celle d'aujourd'hui fait naître l'idéal d'une autre forme, centrée autour d'un nouveau « cœur » situé sans doute au bord du Pacifique ; une forme accumulant les informations dans des mémoires, les faisant circuler dans des réseaux, automatisant leur manipulation afin de réduire le coût de production des biens existants, et proposant de nouvelles gammes d'objets à l'homme, nouveau nomade. Elle surgira après d'immenses transformations. Il est vrai qu'elle vient de loin.

Depuis la création en 1911 de la Tabulating Recording Company — qui deviendra IBM en 1924 —, et surtout depuis la dernière guerre, le développement de l'*informatique* a permis d'entrevoir la solution au problème que posait à l'Ordre marchand la croissance des services et des informations, en transformant profondément les conditions de la production. Elle complète l'employé par l'ordinateur, l'ouvrier par le robot. L'entreprise automatisée devient plus souple, juxtaposition de petites unités autonomes accomplissant chacune du travail à façon pour un centre financier propriétaire ou donneur d'ordres.

En réduisant les temps de production et de distribution des objets existants, ces technologies lèvent la contrainte de la saturation de la consommation solvable ; elles permettent d'en empiler davantage dans le même temps du consommateur.

Elles diversifient les objets et les orientent vers la satisfaction de besoins nouveaux, ceux des *solitaires*. De même que l'on meurt seul, on vit désormais de plus en plus seul. La durée des mariages diminue, comme celle de tous les objets et de tous les contrats. Chacun se veut maître de soi, autonome ; on consomme aussi seul, à commencer par la nourriture. Les repas, même pris à plusieurs et à domicile, deviennent une juxtaposition de repas individuels préparés à l'avance, que chacun choisit dans un congélateur et prépare dans un four à micro-ondes. On empile de même des objets de communication, répondeurs téléphoniques, télécopieurs, téléviseurs à écran géant, qui meublent la solitude et remplacent mille services. Chacun tiendra à ce que ses propres objets soient différents, personnalisés dans les moindres détails, ce qui entraînera un développement de l'industrie du signe.

Apparaîtront aussi des objets portables, de toutes formes et pour toutes fonctions, objets de solitaires dont on ne se sépare pas, *objets de nomades* : téléphone portatif, définissant l'individu et non plus le domicile par un numéro d'identité et non plus par une adresse ; télévision portative qui met le spectacle au milieu du réel : on pourra regarder sur l'écran, à son poignet, le ralenti des gestes sportifs auxquels on assiste simultanément sur les stades.

Au-delà, les principaux biens de demain remplaceront les services collectifs les plus coûteux et permettront au consommateur de produire pour lui-même les services qu'il trouve aujourd'hui dans la ville — école, hôpital, etc. — comme les prothèses antérieures — automobile, machine à laver... —, remplaçant des services collectifs, avaient réduit les coûts d'organisation et permis à l'homme de produire lui-même des services qu'il achetait autrefois à d'autres.

La prévision de ces objets futurs est essentielle, si l'on veut comprendre et mesurer le chemin qui reste à accomplir pour sortir de la crise et stabiliser le code de propriété. Comme l'automobile et la machine à laver permirent de soutenir la consommation à la sortie des deux crises antérieures, ce sont les *objets d'auto-surveillance de la santé et du savoir* qui aideront à sortir de la crise actuelle, en relançant la consommation par de nouveaux biens privés et en réduisant la part des dépenses collectives.

Le processus de leur apparition paraît devoir être très progressif. On a déjà vu se développer le *micro-ordinateur* comme outil de travail et de jeu. Puis est apparue la notion de *profil de vie à copier*, d'*image de l'étoile* à imiter pour *durer*: savoir pour avoir un emploi, bien se comporter pour ne pas tomber malade, ressembler pour être.

Pour ce qui concerne la santé, dont la place dans les dépenses improductives est particulièrement lourde, le politique cherche déjà à définir un *profil de vie normal* à copier pour vivre — comme jadis l'Église avec ses modèles et ses menaces d'excommunication visant les déviants. En Suède, on s'efforce ainsi de réduire la consommation de certaines graisses et de sucre en fixant des normes d'alimentation que chacun s'évertue à apprendre et à respecter. En Norvège, une réglementation impose à certaines personnes un régime alimentaire en fonction de leur état de santé. Presque partout, la consommation de cigarettes et d'alcool est en passe d'être déconseillée, voire interdite, par les employeurs comme par les compagnies d'assurances. Il en ira bientôt de même pour l'éducation.

Une fois ce *profil* défini, reste à construire et à vendre les objets qui permettront à chacun de surveiller individuellement sa conformité à ces normes, à ces modèles. On inventera des logiciels et des micro-ordinateurs à brancher sur le corps pour surveiller l'évolution de ces paramètres, analyser le sang, contrôler un diabète, un taux d'alcool — ou bien permettre de vérifier un savoir, par le jeu ou le travail.

Ces objets deviendront ensuite machines à réparer les pannes, comme le *pace-maker* ou tel système destiné à injecter de l'insuline, ou machines à inculquer un nouveau savoir, compléments ou substituts des maîtres et des médecins. On peut ainsi prévoir l'implantation de microprocesseurs constitués de métaux tolérables, de bio-matériaux permettant de contrôler les équilibres chimiques fondamentaux, de récepteurs constitués de membranes réagissant à des molécules spécifiques, etc.

Une dépense collective aura été de la sorte transformée en source de profit : organe artificiel, mémoire annexe, l'objet du nomade sera devenu partie du nomade, et la propriété prothèse.

Comme en toute forme de tout Ordre, chacun, grâce à ces objets nouveaux, se croira libre de définir lui-même son identité, de durer plus, alors qu'il ne fera en réalité qu'obéir à des normes — à des *propriétés* — dont il craindra d'être démuni. Après les prêtres, les policiers, les marchands, l'homme assurera ainsi lui-même sa propre surveillance. Il deviendra son propre vigile contre les menaces qu'il désignera lui-même, il cherchera à ne pas être pris au dépourvu par le pathologique ou l'ignorance.

Comme dans chaque crise, un transfert de propriété est nécessaire pour rendre solvables des consommateurs pour de nouveaux produits de consommation. Les *jeunes* du Nord, et les peuples jeunes du Tiers Monde, consommeront sans doute les *produits nomades* adaptés à leurs besoins.

Au total, au-delà de l'effacement des dettes, dépasser la crise exige de produire et vendre des *objets nomades*, moyens de maîtrise de soi ; de donner aux *jeunes du monde*, adultes de plus en plus tôt, les moyens de les consommer. Ceux des pays qui sauront le faire dans le respect des exigences de la démocratie seront demain au « cœur » de l'Ordre et retrouveront une pleine activité. Les autres perdront le contrôle d'eux-mêmes, de leurs entreprises et de leur savoir.

Si ce pronostic est exact, on constatera qu'une fois de plus l'Ordre marchand évolue, d'avatar en avatar, vers la transformation des rapports vécus entre les hommes en objets produits en série, en prothèses ; ceux qui élaborent les nouveaux savoirs et les nouvelles normes, qui génèrent les logiciels de ces objets, artistes et créateurs, deviendront les maîtres, les propriétaires, les matriceurs de l'Ordre nouveau.

Après cela, que restera-t-il encore à vendre ? La vie ? le sommeil ? le spectacle de sa propre mort ? Peut-être, en tout cas, dans une prochaine étape, la *nationalité.*

Propriété et citoyenneté

De tout temps, la fonction centrale de l'État fut de protéger l'identité de la nation, de fixer et défendre les frontières, de définir des règles de citoyenneté et d'en conférer la propriété exclusive à ceux qui obéissent à ces règles, variables avec le temps (être né sur le territoire, vouloir lui appartenir, etc.).

Si l'évolution à venir obéit encore aux lois de l'Ordre marchand, on assistera à un double phénomène : celles des vieilles nations qui n'auront pas la capacité culturelle, démographique et financière de s'inscrire dans cette nouvelle mise en forme, perdront, comme les premières cités marchandes, la propriété d'elles-mêmes ; elles deviendront spectatrices de leur histoire, propriétés des nouveaux maîtres du monde qui achèteront leurs entreprises, leurs chercheurs, leurs œuvres d'art, leurs villes pour les satelliser. Certains pays de la périphérie accéderont au « milieu ». D'autres s'enfonceront dans la misère et l'impuissance, en de gigantesques métropoles où seuls quelques individus et quelques entreprises tireront parti du déclin collectif. S'élaborera l'identité nationale de pays neufs, au sein de frontières artificielles, sur des terres parfois disputées entre plusieurs peuples qui y cherchent leur mémoire et leur personnalité. Les masses déracinées de ces pays, redevenues nomades, essaieront de les quitter pour se réfugier vers les régions plus riches du « cœur » et du « milieu ». Déjà les mouvements de masse à l'intérieur de pays-continents (Chine, Inde, Union soviétique) ou entre pays voisins à potentiels différents (États-Unis, Mexique) montrent où de telles migrations peuvent conduire. L'extradition en masse de citoyens indésirables (cas des Cubains aux États-Unis) en est un autre signe.

Dans les pays privilégiés, chacun redoutera l'achat de ses terres ou de ses entreprises par des capitaux étrangers, ou l'occupation de ses postes de travail par des travailleurs étrangers. En Amérique et en Europe, affaiblies par la dette et tenues de la rembourser, on craindra d'être acheté par les entreprises du « cœur » et envahi par les masses de la « périphérie ». On craindra pour son identité. *Identité :* mot difficile à définir et derrière lequel se masquent toutes les grandeurs comme toutes les barbaries : c'est en son nom que le nazisme refusa la propriété aux Juifs avant de les faire disparaître, que les colons d'Australie ou d'ailleurs parquèrent les autochtones avant de les décimer...

On risque donc de voir demain, dans les démocraties, comme hier dans les dictatures, la *citoyenneté devenir condition de la propriété.* Étrange renversement : alors que, *depuis des siècles, il fallait être propriétaire pour prétendre au statut de citoyen,* il faudra être citoyen pour prétendre à celui de propriétaire. La principale propriété, celle qui conditionnera toutes les autres, deviendra alors la citoyenneté. Plus précisément, la limite dans laquelle on autorisera, sur un territoire donné, la diversité des origines du capital et du travail, deviendra la principale question politique. Certains voudront la laisser au marché, en vendant par exemple les passeports aux plus offrants — comme aujourd'hui les devises —, ce qui se fait déjà dans certains pays ; d'autres voudront réserver les terres, les titres, les emplois et les œuvres d'art aux citoyens du pays, strictement définis.

Là encore, la vie et la durée exigeront un compromis : trop de *bruit,* et c'est la mort par désordre ; pas assez, et c'est la mort par excès d'ordre.

Dans chaque nation, dans chaque région même — car le problème se posera aussi au niveau régional —, on définira plus ou moins explicitement les biens dont la propriété sera protégée, considérés comme des *biens d'identité* : une part des emplois, certaines entreprises, certaines œuvres d'art. Il faudra trouver des règles pour imposer ces limites, et définir les conditions de leur respect. Ces techniques existent déjà peu ou prou dans le domaine de l'emploi : le passeport, le permis de séjour, le permis de travail dont la nature, à l'Ouest, n'est guère différente de ce qu'est le « passeport intérieur » à l'Est, sauf que celui-ci sépare des régions et non des pays.

Restera alors à définir ce que c'est qu'être étranger, et ce qu'il convient de faire pour ne plus l'être. On en viendra sans doute à des distinctions plus subtiles que le tout ou rien d'aujourd'hui : la citoyenneté ne sera plus une propriété unique et pourra concerner différents niveaux. Elle sera caractérisée par *des* propriétés (locale, régionale, nationale, continentale) et il faudra désormais distinguer la citoyenneté de chacun des droits qui y sont aujourd'hui associés.

De même, au sein des entreprises, *le droit de vote sera dissocié de la propriété du capital.* Il en constituera un élément qu'on pourra avoir sans posséder les autres. *La nationalisation ne sera plus le seul moyen de protéger la nationalité des entreprises :* le pouvoir politique pourra décider de réserver à certains citoyens le *contrôle* de telles ou telles entreprises en séparant ainsi leur contrôle de leur propriété. Un tel processus peut aussi trouver à s'amorcer par l'interdiction de la propriété de certaines entreprises aux étrangers.

Aux États-Unis, le Sénat vient par exemple d'approuver un projet permettant au Président, pour des raisons de sécurité nationale, de s'opposer à la prise de contrôle d'une entreprise américaine par des capitaux étrangers, élargissant ainsi ce qu'il peut déjà faire, sur la base de la législation antitrust ou en déclarant l'« urgence nationale », dans les télécommunications, la construction navale, la presse et la défense. Ainsi, la vente par Schlumberger de sa filiale Fairchild, fabricant de semi-conducteurs, à Fujitsu, a été interdite en mars 1987 par l'administration, qui s'est également opposée à la prise de contrôle de la société électrique Harris par le groupe britannique Plessey.

Une proposition de loi sur le commerce international, votée par la Chambre des Représentants en avril 1987, prévoit de même que « tout investissement étranger de plus de 5 % dans une entreprise ou un bien immobilier américain devra être déclaré à l'administration ». Dans le même sens, une loi de l'État de l'Indiana, avalisée par la Cour Suprême en avril 1987, vient de décider que le gouverneur de l'État peut s'opposer à l'achat par des étrangers d'une entreprise ayant son siège dans l'État. Mais il n'est pas établi que l'État ait le droit de protéger une entreprise contre les visées d'actionnaires non citoyens de l'État ; aussi certaines autres lois récentes de l'Indiana et de l'Ohio, permettant à des entreprises de se protéger elles-mêmes contre des O.P.A. lancées par des étrangers, ou limitant les achats sur leur territoire de terrains ou de propriétés agricoles par des étrangers, ne seront-elles peut-être pas jugées constitutionnelles par la Cour Suprême.

De même, des États autorisent leurs entreprises à racheter elles-mêmes leurs titres pour se protéger, en se vidant de leur capital. IBM a ainsi racheté dix millions de ses titres ; Synthex, six millions. Ford, jusque-là réticente, vient d'annoncer qu'elle avait mis en place à son tour un programme de rachat de ses propres titres.

Ce contrôle de la *citoyenneté de la propriété* pourra revêtir parfois une autre forme où l'on distingue le pouvoir privé de recevoir les revenus du capital des autres attributs de la propriété, qui deviennent publics : c'est la *golden share*, telle qu'elle existe déjà en Grande-Bretagne et ailleurs ; elle permet d'empêcher la prise de contrôle d'une entreprise privatisée par des étrangers. Elle a permis de s'opposer à la vente de 25 % d'une flotte (Sealink), ou à la cession de 15 % d'un capital (Jaguar), ou à la nomination d'administrateurs étrangers (Britoil), ou encore d'exiger que le directeur général soit anglais (Cable and Wire, British Telecom, British Aerospace).

On interdit ainsi l'exercice du droit de vote sans propriété de la citoyenneté, sans appartenance. L'État peut aussi le faire par simple décision, sans titre. Ainsi, le gouverneur de la

Banque d'Angleterre déclare, le 1er octobre 1987, qu'à l'entrée en vigueur de la nouvelle loi bancaire, il peut, « dans l'intérêt des déposants, déterminer qui est habilité à contrôler une banque inscrite au Royaume-Uni », et qu'il « ne devra pas hésiter à utiliser son pouvoir discrétionnaire, son bon sens et son expérience pour interdire une prise de contrôle. Il est aberrant de dire que l'ouverture du marché de Londres doit être menée jusqu'au point où le *contrôle du cœur de notre système financier* (mécanisme de paiements, offres de crédit) puisse tomber aux mains d'institutions dont les objectifs et les intérêts *nationaux* sont ailleurs ». Cette limitation peut s'étendre à d'autres niveaux, locaux ou régionaux. On ne peut non plus exclure que, dans certains pays, des entreprises majeures reprennent, comme dit J.K. Galbraith, « leur véritable place, qui est celle *d'un bras détaché de l'État*, d'une unité qui, pour être autonome, n'en est pas moins sensible aux fins supérieures de la société ». Le pouvoir n'est plus dans le seul capital. L'échange non plus n'est plus seulement monétaire.

S'annonce alors un nouveau code où le savoir, l'information, se présente comme le bien fertile de l'Ordre à venir, condition de la durée, où la vie elle-même tend à devenir simple information, simple code.

Avoir, Savoir

Depuis l'aube des temps, l'homme pense le savoir comme un bien fertile. Comme les femmes, la terre et l'argent, lui aussi permet-il de durer. Comme pour ces trois premiers biens fertiles, la première légitimité de sa propriété réside dans le travail, la création. Comme eux, la propriété du savoir hiérarchise le pouvoir des prêtres, des princes, des bureaucrates, des techniciens. Comme eux, il a suscité l'invention d'un code, de droits de propriété pour organiser sa production, sa circulation et sa conservation.

Se pose dès lors le problème de la propriété des nouvelles sources d'information, et d'abord des *logiciels.* La Cour Suprême américaine ayant déclaré que tout ce qui est fabriqué par l'homme peut faire l'objet d'une protection par brevet, les logiciels *intégrés dans une machine* relèvent désormais de la propriété industrielle, comme des objets matériels, le brevet servant ici à reconnaître la propriété intellectuelle de l'inventeur et à le rémunérer. Mais, depuis 1964, un logiciel *non intégré dans une machine* relève du *droit d'auteur*, et non pas du brevet. La base constitutionnelle de cette décision est l'article 1er, paragraphe 8, de la Constitution de 1787 qui permet au Congrès de protéger les « écrits ». Ce terme, dit le juge, désigne toute expression ayant quelque forme de permanence : tout comme il recouvre déjà l'enregistrement d'un son sur disque, il doit inclure celui de logiciels sur disques, bandes magnétiques ou circuits intégrés. En France, la loi de juillet 1985 assimile aussi le créateur de logiciels à un auteur et assimile sa rémunération à des droits d'auteur perçus pendant vingt-cinq années à compter de la date de création du logiciel, soit cinq ans de plus que pour les brevets. Partout le logiciel créé par un ou plusieurs employés d'une entreprise appartient à cette entreprise qui en conserve les droits d'auteur. Cette protection légale des logiciels permet en particulier d'intenter et de gagner des procès contre les plagiaires : après le procès intenté par IBM à Hitachi, cette société a été condamnée à payer une redevance pour son utilisation de logiciels d'IBM dans ses ordinateurs et les contrats de licences qu'elle avait conclus. Le vol de propriété se juge d'après la spécificité du texte du logiciel, comme pour le plagiat d'un livre. Mais les faussaires savent de plus en plus s'adapter aux technologies nouvelles et masquent le logiciel en y introduisant des *comportements* de dissimulation qui rendent très difficile le constat de vol. Parfois même une copie se vend mieux que l'original. Dès lors, la meilleure protection n'est plus tant le brevet que le savoir-faire, qu'on ne peut aisément percer à jour.

Là encore, on s'aperçoit que le brevet, bien marchand, protège moins que le secret. Les recherches les plus importantes cessent d'être brevetées, et ne sont donc plus mises sur le marché. Elles s'échangent sans droits d'auteur, c'est-à-dire sans monnaie, sous forme de troc contre d'autres recherches ou d'autres informations secrètes.

Et si le Japon en est tout naturellement le maître, c'est que, suggère Christian Sautter, il a, de tout temps, pensé l'information comme un moyen de survie[360]. Étrange mystère : les pays que menacent les tremblements de terre, de l'Italie au Mexique, de la Californie au Japon, développent mieux que d'autres, semble-t-il, cette passion de savoir, cette obsession du léger et du nomade, qui les fait peindre plutôt que bâtir, s'informer plutôt qu'accumuler. L'avenir appartiendrait-il aux terres qui tremblent ?

Le *troc de signes* se manifeste à présent dans un grand nombre de domaines et annonce l'avenir de l'échange : une émission de télévision est fournie clés en main par un annonceur à une chaîne de télévision, en échange d'écrans publicitaires ; par exemple, les deux plus grands lessiviers américains fournissent ainsi des programmes de télévision en échange d'espaces réservés à leurs annonces, et les *soap operas* doivent d'ailleurs leur nom au fait que ce sont des lessiviers qui ont commencé à les produire. Puis des entreprises produisent elles-mêmes des programmes où elles intègrent leur propre publicité et les cèdent gratuitement à des chaînes.

L'information devient une propriété. Les relations de pouvoir entre entreprises deviennent plus complexes que les seules relations découlant de la propriété du capital : au Japon, on a parfois plus d'influence dans une entreprise avec 20 % du capital qu'avec 49 % aux États-Unis. C'est une question de *réseau d'information.* L'information devient même une source de légitimité du pouvoir dans l'entreprise, un moyen de contrôler le capital, de dominer une structure, d'imposer une norme. Dans les entreprises de haut savoir — banque, informatique, biologie —, où des hommes qui se connaissent les uns les autres investissent leur créativité, se créent des partnerships où le savoir et l'entraide dominent le capital et exploitent le travail d'autres salariés. Certains, dans la ligne de Berle, ont même proposé de créer aux États-Unis une classe de dirigeants nationaux choisis par les actionnaires dans un « réservoir de savoir » et qui disposeraient de deux tiers des sièges dans les conseils d'administration des grandes entreprises.

L'information, nouveau bien fertile, peut aussi devenir objet de propriété collective quand une institution met en commun le *savoir* sur un sujet et le rend disponible à tout ceux qui y ont intérêt dans une collectivité donnée. Déjà, au Japon, où il n'y a pas eu nationalisation des capitaux, mais de l'information et du savoir, le M.I.T.I. rassemble l'information sur les innovations et les divers marchés mondiaux, en stimulant l'échange sur les nouvelles technologies, et en contrecarrant ainsi parfois les intérêts financiers immédiats des grandes firmes japonaises[360].

Aujourd'hui, la multitude des modes de communication, l'avalanche d'images et de données, signes infiniment plus variés et complexes que la simple monnaie, font du savoir le bien fertile capital.

Les sociétés devront ainsi inventer de nouvelles formes d'échange, le marché et son instrument, la monnaie, n'y suffisant plus. Comme les entreprises échangent des brevets, et les chaînes de télévision des informations — dont la valeur n'a rien à voir avec leur coût de production —, nous sommes passés, à l'Est comme à l'Ouest, au Nord comme au Sud, dans un monde où les objets valent désormais tout autre chose que la quantité de travail qu'ils contiennent, où les prix ne veulent plus rien dire, où la rareté ne s'enferme plus dans le prix. L'échange devient recherche d'équivalences de signes, de découvertes, d'inventions, de créations, d'œuvres d'art, de distractions, de scoops, de violences. Le pouvoir consiste alors à accumuler le maximum possible de sensations et d'informations à distribuer aux autres, à sa guise et à sa façon, en échange de soumission.

Épargner devient *apprendre, chacun veut accumuler du savoir pour être*, pour avoir un emploi ou un statut social. Et la propriété collective d'une nation est désormais le capital humain qui la constitue.

Aussi l'État, à côté de ses fonctions traditionnelles de protection de l'identité, devra-t-il aider les uns et les autres à disposer des moyens d'accéder à ce bien fertile. Dans cette logique, on peut imaginer que la formation soit enfin reconnue comme un travail socialement utile, l'argent de poche bientôt garanti à l'écolier, le salaire étudiant établi et reconnu comme nécessaire à l'équilibre économique. *Le jeune devient propriétaire du monde.* L'enfant échappera de plus en plus jeune à une famille plus éphémère, deviendra de plus en plus tôt citoyen, consommateur et maître de lui.

Voici donc venir, encore extrêmement marginal, un nouveau bien fertile, perçu par les maîtres à penser d'aujourd'hui comme monstrueux, dans la mesure où il se fabrique lui-même, tout comme les gens d'Église du XIIIe siècle considéraient l'argent comme monstrueux parce qu'il se reproduisait lui-même. On s'évertuera de même à l'endiguer ; mais déjà il va de l'avant, très loin, dans la vie elle-même. La vie qui, désormais, se lit elle-même comme un savoir, une information, un code, un programme, un texte créateur.

L'objet-vie

Dans les interstices de la crise d'aujourd'hui se forment en effet les prémisses d'un nouveau code de propriété, lourd de promesses autant que de menaces.

Nul n'est assuré qu'il ne faudra pas, pour le réaliser, passer par d'épouvantables épreuves. Ce ne serait pas la première fois. Déjà, avant que la crise précédente ne tourne à la tragédie, existaient les idées, les techniques et les objets nécessaires à la forme marchande d'aujourd'hui. Il a pourtant fallu, pour qu'elle naisse et que les propriétés changent de mains, en passer par une grande récession, un génocide, une guerre mondiale.

Il en va de même aujourd'hui. Tout existe pour que naissent de nouvelles formes d'abondance et de liberté, de maîtrise de soi et de connaissance. Tout existe pour que soient restaurés des instruments crédibles d'échange, pour que l'épargne se développe au Nord et qu'apparaissent au Sud les moyens du développement. Pourtant, bien des obstacles restent à franchir, bien des richesses à transférer, bien des dettes à annuler, bien des rapports de force à modifier bien des marchés à maîtriser, et d'abord celui des monnaies. Si l'on n'y parvient pas, de nouvelles *guerres de propriété* auront lieu, et l'on verra des milliards d'hommes du Sud se rebeller contre le transfert incessant des richesses vers le « cœur », et refuser de se contenter des miettes de son spectacle.

Dans la paix ou dans la guerre, dans la démocratie ou la dictature, dans les désordres ou la sérénité, on verra peu à peu chaque État mettre en place de nouveaux moyens de protéger le *propre de chaque nation*. La *golden share* sera la forme nouvelle que prendra la nationalisation des entreprises essentielles ; le salaire étudiant s'ajoutera aux prestations sociales. La différence entre « gauche » et « droite » tiendra au degré d'égalité dans l'accès au savoir et à la responsabilité, au degré d'ouverture aux cultures extérieures et au caractère plus ou moins collectif de la propriété des grands réservoirs de savoir et de culture.

Mais, au-delà de ces mutations, la principale propriété que les hommes désireront s'assurer sera de plus en plus la *vie* elle-même, non plus appropriée par le détour d'objets qui la miment, mais devenant elle-même de plus en plus un artefact produit comme un objet par des objets. Ce qui est déjà le cas pour la vie végétale, la vie animale — dont l'homme est fait — et les objets nomades — prothèses qui nous font — deviendra vrai de l'homme lui-même.

A première vue, cette évolution peut paraître à la fois improbable et économiquement inutile ; pourtant, elle n'est ni l'un ni l'autre.

Depuis un siècle déjà, elle se prépare et s'insinue, étape après étape, degré après degré : pour vivre mieux, pour vivre plus, pour dégager davantage de profit, peu à peu, par d'imperceptibles ruptures, des fractures inaperçues, *l'homme a accepté de traiter la vie comme un objet marchand*, échangeable contre de la monnaie, appropriable et réplicable en série. Peu à peu, la frontière entre le naturel et l'artificiel s'est dissoute. Après qu'on a considéré les choses comme des êtres vivants, voici les êtres devenant des choses.

L'histoire de cet effacement vaut d'être brièvement contée. Elle seule explique comment l'espèce humaine devient elle-même objet de propriété privée, manipulable, modelable, transformable, réplicable. Et comment il peut être encore possible d'y résister.

Tout a commencé naguère avec l'évolution des techniques de production des végétaux et des animaux visant à les produire mieux, plus vite, de qualité plus stable. Comme pour toutes techniques de production en série d'un objet marchand, on a voulu les protéger par des brevets pour en faire elle aussi des objets marchands. La résistance à cette protection a été grande. Les découvertes médicales, celles de variétés végétales, de races animales, les thérapeutiques, les théories pures, les découvertes scientifiques sont restées libres, gratuites et non brevetables ; tout le reste l'est devenu. Comme toujours quand l'homme sait quelque chose de la Nature, il veut l'imiter, fabriquer à sa place et autrement. Il s'est donc essayé à produire, par greffes et croisements, des espèces inconnues dans la Nature et il a breveté ses découvertes.

Après la levure de Pasteur en 1873, le premier brevet concernant la vie porte, en 1904, sur un procédé utilisant une bactérie dans la mise au point d'un vaccin, puis, en 1908, sur un procédé de fermentation pour le traitement des eaux usées. Avec les progrès de l'agronomie, au lendemain de la Première

Guerre mondiale, sont apparues des demandes de brevets portant sur des procédés de création de végétaux nouveaux. Les organismes compétents se sont refusés à les breveter jusqu'en 1930, date à laquelle une loi américaine autorise alors à breveter un procédé de mutation de variétés végétales obtenues par « greffe et autres moyens artificiels de multiplication asexuée des plantes » (mais sans autoriser encore le brevet sur la plante elle-même). En 1931, une décision de la Cour Suprême des États-Unis précise d'ailleurs qu'une orange traitée ne saurait être brevetée, même si le procédé de traitement est lui-même protégeable[438].

Le pas est franchi le 2 décembre 1961, quand une « Convention internationale pour la protection des nouvelles variétés de végétaux » permet de protéger par des brevets non seulement les techniques de conception, mais les *variétés végétales elles-mêmes* : « Pour pouvoir être protégée, dit la convention, la nouvelle variété de végétal doit pouvoir être distinguée nettement, par un ou plusieurs caractères importants, de toute autre variété dont l'existence au moment de la demande de protection est notoirement connue ; elle doit être suffisamment homogène, compte tenu des particularités que présente sa reproduction sexuée ou sa multiplication végétative ; et elle doit être stable dans ses caractères essentiels[438]. » Aux termes de cette convention, sont également brevetables les micro-organismes et les produits artificiels obtenus par des procédés microbiologiques, les techniques de fabrication d'*espèces* animales ou végétales (mais non ces espèces elles-mêmes). La plupart des pays industriels ont harmonisé leurs lois avec la Convention de Munich. En 1964, une loi anglaise, puis, un peu plus tard, une loi américaine accordent aux créateurs de tels procédés une protection similaire à celle découlant du brevet.

Pour les animaux, l'évolution est plus lente. On rebrevette encore que les techniques de manipulation, pas les espèces.

Ainsi, en Allemagne, la Cour fédérale autorise, par une décision du 27 mars 1969, un brevet sur un procédé de croisement ayant pour but de créer une race de pigeons à plumage rouge, mais n'autorise pas le dépôt d'un brevet sur la race elle-même.

Le problème du brevet sur les espèces animales va cependant se trouver profondément transformé par l'apparition des manipulations génétiques qui permettent d'obtenir une espèce nouvelle non plus par hybridation, mais par action directe sur la cellule.

En 1973, un premier transfert de gènes d'une bactérie à une autre montre la possibilité d'introduire ainsi des composés chimiques parfaitement définis — des « gènes artificiels » — dans une plante où ils s'expriment et produisent des corps chimiques. La voie est ainsi ouverte à la production artificielle d'hormones, de vaccins, de composés antiviraux, d'anticorps, d'enzymes. Ces gènes sont brevetables, mais non pas la totalité de la plante où ils sont introduits. L'inventeur du *gène* perçoit une rémunération pour son travail sur le gène, non sur la *variété* de plante ou de bactérie qu'il a obtenue. Il faudra six ans pour y parvenir.

Le premier résultat industriel de cette recherche génétique est atteint à l'automne 1978 avec la production artificielle d'insuline par Genentech, puis d'ovalbumine par Upjohn. Depuis lors, de très nombreux brevets de ce type ont été pris, assurant la propriété du gène. Sont ensuite brevetés un *interféron* artificiel, qui participe au système de défense antivirale de l'organisme ; une *hormone de croissance.* Grâce à ces brevets, la propriété de la molécule peut être défendue. Ainsi Genentech attaque — en vain, d'ailleurs — Eli Lilly pour la production d'une hormone de croissance humaine qui ne diffère de la sienne que par un seul acide aminé sur les cent quatre-vingt-onze que compte la molécule. Partout, aux États-Unis en particulier, les bureaux de brevets refusent néanmoins encore de considérer comme des inventions brevetables la bactérie ou la plante ainsi manipulées par le génie génétique.

Mais le juge américain, lui, les considère comme brevetables et, en mars 1979, la Cour d'appel américaine des Marques et des Brevets, saisie de deux demandes initialement repoussées par le Bureau américain des brevets — émanant l'une d'un chercheur de General Electric, Ananda Chakrabarty, qui avait produit par manipulation génétique une souche inédite de bactéries, *Pseudomonas*, capables de « digérer » les molécules d'hydrocarbure, et l'autre des laboratoires Upjohn, pour une bactérie naturelle, *Streptomyces vellosus*, utilisée dans la préparation d'un antibiotique, la lyncomycine —, estime que le fait que ces micro-organismes unicellulaires sont des êtres vivants n'interdit pas de les considérer *comme des innovations industrielles brevetables.* En 1980, cette décision est confirmée par la Cour Suprême par un arrêt (Diamond/Chakrabarty) qui constitue une date fondamentale de l'histoire économique : *pour la première fois, en effet, une espèce vivante produite artificiellement est considérée comme appropriable par l'homme.* La Cour Suprême note dans cet arrêt que les réticences morales et éthiques face à cette brevetabilité vont au-delà de ce que le juge peut décider : « Ceci implique, dit la Cour, un équilibre entre des intérêts et des valeurs contradictoires, qui, dans notre système de démocratie, est de la responsabilité des représentants élus. » Elle ouvre ainsi la voie à la protection de la propriété « des objets de matière vivante dont l'existence tient à l'intervention humaine ».

A la suite de cette décision, tous les *organismes unicellulaires* sont devenus brevetables.

Après ce coup de force, le juge hésite quelques années encore à breveter les *organismes multicellulaires* produits par manipulation génétique. Entre-temps, les recherches pour les produire se poursuivent, mais, faute de brevets, elles restent confidentielles. Les entreprises protègent leurs secrets de fabrication en les déposant sous pli cacheté auprès d'une société savante, ou par un marquage génétique qui « signe » le produit génétique et permet de se l'approprier. Devant la multiplication des innovations et leurs conséquences économiques, la jurisprudence ne peut cependant qu'évoluer.

En 1984, le Bureau américain des brevets reçoit une demande de brevet d'un jeune étudiant de l'université de Washington, Stadish Allen, qui, lors d'un stage dans le Maine, a mis au point, par une technique très rudimentaire de surpression des embryons, une espèce d'huître dont les cellules contiennent le double du nombre de chromosomes typiques de ce mollusque. Cette huître, la *In Re Allen*, présente la caractéristique d'être stérile ; ne dépensant aucune énergie à se reproduire, elle peut devenir plus grosse et conserver son goût tout au long de l'année. Après trois ans d'études et de réflexion, le 3 avril 1987, le Bureau américain des brevets accepte de breveter un tel animal, génétiquement manipulé, et même de considérer comme brevetables « tous les *organismes vivants multicellulaires non humains*, y compris les *animaux supérieurs*, n'existant pas dans la nature ». Quant à l'interdiction de brevetabilité de l'être humain, elle reste fondée sur le 14e amendement à la Constitution des États-Unis qui a interdit l'esclavage...

Le 7 juin 1987, la Cour Suprême confirme cette décision par un arrêt qui déclare qu'un *organisme multicellulaire* peut être breveté, car il constitue un produit « *manufacturé* » ou une « *composition de matière* ». La propriété de cet organisme appartient alors à l'éleveur, qui doit payer des droits d'auteur à l'inventeur de l'espèce, comme un lecteur à l'auteur.

Mais la frontière du techniquement possible n'est pas encore atteinte, loin de là : on peut modifier des espèces animales, en produire de nouvelles, transformer certains caractères, certaines spécificités. Des biologistes ont ainsi créé des souris géantes dont l'embryon a reçu le gène de l'hormone de croissance provenant d'autres espèces[247]. A Beltsville, aux États-Unis, on a injecté divers gènes à plus de huit mille embryons de porcs pour obtenir quarante-trois animaux transgéniques. On peut ainsi imaginer de breveter des espèces d'animaux domestiques, des chiens de garde, des vaches laitières ou des chats de compagnie, de taille et de caractéristiques données, et réplicables en série, non identiques mais homogènes.

Aucune loi n'interdit même de tenter des expériences en injectant des gènes humains à des embryons de chimpanzés. Certains l'ont sans doute tenté. Un groupe de chercheurs américains a annoncé, le 26 octobre 1987, avoir réussi à faire produire une hormone humaine par des souris au patrimoine génétique modifié. L'hormone ainsi produite est retrouvée dans le lait de ces souris.

On commence alors à comprendre que, sur le plan génétique, la frontière entre l'homme et l'animal est très floue et difficile à établir. Et que ce qui est autorisé pour l'un — ainsi, le brevet — devient malaisé à interdire pour l'autre.

Tout être vivant est en effet décrit génétiquement par un ensemble de molécules d'A.D.N. ou *génome*, enchaînement de molécules de quatre *bases* (adénine, cytosine, guanine, thymidine)[448]. Le génome est divisé en segments ou *gènes* portant chacun l'information nécessaire pour la synthèse d'une protéine, elle-même composée de plusieurs centaines d'acides aminés de vingt types différents. Le génome d'un homme est composé d'environ trois milliards de molécules regroupées en environ cent mille gènes ; on ne connaît pour l'instant la signification que de quelques centaines d'entre eux. L'ensemble forme une *véritable carte d'identité génétique* de chaque être vivant. Et la différence entre celles d'un homme et d'un animal est très faible. On découvre ainsi de très larges zones communes entre l'homme et les autres espèces animales, y compris des régions associées à des fonctions régulatrices. Les différences entre « races » risquent d'apparaître moindres que les variations possibles à l'intérieur d'une même « race », elles-mêmes inférieures à 0,1 % de leur génome.

Naturellement, le génome n'est pas, comme certains l'ont dit, le « *Livre de l'Homme* », car le propre de l'homme ne se réduit pas à cette succession de quatre lettres indéfiniment répétées, même s'il réside peut-être dans le caractère particulier de l'*interdépendance* de ces gènes et de ces protéines qui s'animent les uns les autres en réseaux interactifs. Il n'empêche que chacun cherche aujourd'hui à *lire* le génome et à *écrire* cette succession de lettres de base pour savoir, et agir dessus. C'est là un prodigieux défi scientifique et technique : avec les méthodes existantes, il faudrait vingt ans à deux cents personnes, pour un coût de trois milliards de dollars, pour lire seulement le nom des bases constituant le génome d'un être humain, *et d'un seul.* Avec des automates programmables, les Américains et les Japonais espèrent déterminer jusqu'à un million de bases par jour, ce qui réduirait à sept ans la durée d'une telle recherche.

A terme, on peut imaginer de connaître les zones essentielles liées aux quelques milliers de maladies génétiques connues, voire d'établir *la carte génétique de toutes les espèces vivantes* et d'y identifier les flux et interdépendances des réseaux.

La modification de la carte génétique de l'homme — propriété essentielle de l'espèce humaine — sera alors exactement identique, méthodologiquement, à la modification génétique d'un animal. *Sauf à admettre* — et j'y viendrai — *que le propre de l'homme est dans son cerveau, et ne se réduit pas à son génome,* en quoi sera-t-il alors possible de refuser de faire l'une et d'autoriser l'autre ?

D'autant, on va le voir, que tout y pousse et que la modification de la carte génétique permettra de produire de nouvelles espèces animales ou végétales économiquement intéressantes, et transformera les fermiers en producteurs sous licence de produits dont les espèces seront la propriété de l'industrie : viendra le temps des tribus appropriées, des *collections de vie.*

Collection de soi

Depuis l'aube des temps, l'homme sait qu'il est une chose que, quelle que soit sa fortune, quel que soit son pouvoir, il ne pourra jamais obtenir : c'est *la possibilité de se choisir.*

C'est pourquoi il se maquille, se grime, se déguise, s'invente un physique, un nom, un passé, une histoire. Illusion sublime, qui fait du Carnaval le lieu par excellence où traquer l'angoisse de l'être et l'exigence de la propriété. Pourtant, malgré cette impossibilité absolue d'être un autre, l'homme ne renonce pas à durer *en* d'autres. Et d'abord par ses enfants.

Devenu maître de lui, il se veut maître de décider d'en avoir, même si la nature le lui refuse ; et, pour cela, il transforme peu à peu un acte naturel, jeu de l'amour et du hasard, en un acte volontaire, et l'enfant en un quasi-artefact qu'il peut obtenir seul, quand il veut, comme un objet.

La pilule en 1950, les mères porteuses en 1975, puis la fécondation *in vitro* en 1978, la congélation d'embryons en 1983, le don d'ovocytes en 1986, marquent les premières étapes de cette artificialisation de la naissance, de sa séparation d'avec l'acte sexuel et de sa transformation en acte industriel. En France, deux mille enfants, soit un sur trois mille, naissent chaque année par insémination artificielle. Le droit reconnaît la propriété des parents sur de tels enfants : en 1987, un juge du New Jersey a reconnu que William Stern, qui avait donné son sperme, et son épouse stérile, étaient les parents légaux de la petite Melissa, rejetant les prétentions de la mère porteuse, Mary Beth Whitehead.

Mais ce qui sert à avoir un enfant en dépit de la stérilité sert aussi maintenant à avoir un enfant *seul*, sans conjoint : déjà, la fécondation *in vitro* sert, dans la moitié des cas, selon le professeur Testard, à satisfaire un désir d'enfant sans raison médicale[387]. S'exprime ainsi le droit de chacun à être parent, fût-ce seul. Chacun veut avoir un enfant quand il le veut, avec qui il veut, voire seul, comme il a seul des objets nomades. Les techniques se modifient en conséquence. On peut désormais imaginer, par exemple, qu'une femme jeune décide de stocker ses ovules pour faire un enfant plus tard, avec ces ovules et le sperme d'un donneur connu ou anonyme[247] ; des spécialistes australiens préparent déjà des expériences de ce genre sur des fœtus animaux[387]. Pour ne pas

« s'encombrer » d'une mère pour son enfant, un homme peut placer l'embryon dans son propre ventre ou souhaiter faire porter un embryon dans un utérus non humain, tel un incubateur ou l'utérus d'un orang-outan[247]. En 1984, on a ainsi fait naître un chevreau chez une brebis en introduisant l'embryon dans le trophoblaste ; des juments ont mis au monde des ânes et des zèbres. Une femme peut aussi procréer un enfant sans qu'un spermatozoïde anonyme ne fasse plus que jouer le rôle d'activateur, « son noyau étant retiré de l'œuf aussitôt après la fécondation[387] ». L'expérience a été effectuée chez la souris en 1977. Un homme ne pourrait à l'évidence y prétendre.

Au-delà de ce droit d'avoir un enfant — seul ou en couple, ou même en triade —, une *société* peut vouloir faire des enfants en masse, dans des incubateurs ou *in vitro*, par exemple pour lutter, sans immigration, contre une régression démographique. Et même vouloir choisir artificiellement plusieurs des propriétés de cet artefact, et *d'abord son sexe.* Théoriquement, la connaissance de la carte génétique peut, en effet, permettre de modifier le sexe d'un enfant : déjà, au Japon, il semble que certains s'y soient secrètement essayés[247].

Une fois choisi le sexe de l'enfant, on pourrait aller encore plus loin et déceler, dans la carte génétique de l'embryon, des « gènes de susceptibilité » à certaines maladies : il semble que 90 % des personnes atteintes de spondylarthrite ankylosante possèdent un antigène spécifique et détectable ; que 80 % des personnes atteintes d'une maladie d'Addison en possèdent un autre ; que 54 % des malades atteints de diabète juvénile insulino-dépendant recèlent un antigène spécifique ; que 42 % des personnes atteintes de sclérose en plaques recèlent un autre antigène ; que la drépanocytose, la thalassémie et la mucoviscidose, la trisomie 21, la maladie de Huntington soient liées à un gène défectueux. Certains recommandent la recherche cytogénique systématique du chromosome *X* fragile chez tous les sujets handicapés mentaux.

On est conduit à imaginer qu'après l'analyse de chaque

embryon *in vitro* et le diagnostic d'anomalie, on applique une « thérapie génétique » à ces embryons[247]. Déjà, en Sardaigne, pour lutter contre la thalassémie, on a choisi l'élimination du fœtus atteint ; plus tard, on pourra les corriger par chirurgie génétique et éliminer la maladie jusque dans l'embryon.

On en viendra même à choisir des traits de caractère pour l'embryon. Il ne s'agit pas là de science-fiction : on sait déjà localiser des zones associées à la création dans le cerveau et y toucher par des drogues. Rien n'exclut qu'on puisse déceler un jour les zones génétiques qui influent sur les capacités de création ou l'esprit de rébellion, d'y toucher héréditairement et de produire, en incubateur ou *in vitro*, des êtres soumis, obéissants, non créatifs.

Bien d'autres idées risquent alors de se faire jour, comme de produire des *individus partiels*, réserves d'organes destinés à d'autres ; ou, en cultivant pendant deux ou trois semaines un embryon obtenu par duplication, d'utiliser ses ébauches d'organes comme réserve pour des greffes de tissus destinées à l'individu issu de l'autre hémi-embryon jumeau[387].

Les transferts d'organes annoncent cette évolution. Dans certains cas, on transplante même des organes d'êtres humains non encore morts, et on va jusqu'à exporter des organes du Sud vers le Nord. Existent même, selon certains, des trafics d'organes d'enfants du Sud vers le Nord. Se repose ainsi le problème du cannibalisme : tuer pour consommer des morts. Car il n'est pas exclu que le trafic d'organes inclue le meurtre des donneurs.

Plus tard, on en viendra à produire des *chimères* qui mêleraient hommes et animaux en des vies-outils vouées à occuper des emplois difficiles. Déjà, en 1980, le Kennedy Institute de Georgetown's University a noté dans son rapport sur le génie génétique : « Des chimères et des parahumains pourraient légitimement être fabriqués pour accomplir des travaux dangereux ou dévalorisants ». Ou encore : « La société pourrait avoir besoin de produire des gens ayant une résistance exceptionnelle pour remplir des rôles particuliers, par exemple des gens de petite taille pour des vols dans l'espace. »

Au-delà encore peut venir l'idée, aujourd'hui éloignée de toute faisabilité pour les humains, mais déjà réalisable pour des organismes unicellulaires, du *clonage*, c'est-à-dire de la reproduction à l'identique de tout un individu à partir d'une seule de ses cellules. C'est en théorie possible, toute cellule portant tous les gènes nécessaires à la production de l'ensemble d'un individu complexe. Mais une cellule, une fois développée dans un organisme complexe, est spécialisée, et il faudrait, pour en faire un embryon, la faire revenir sur sa spécialisation, et on n'a pas encore idée du chemin de cette réversibilité.

Supposer sa connaissance possible serait répondre au fantasme absolu de toute l'histoire de la propriété. En cela, il vaut la peine d'en explorer les formes les plus extrêmes, afin de mieux mesurer ce que cachent notre quotidien et notre avenir proche.

Avec le clonage, vivre devient avoir plusieurs destins, plusieurs avatars, être la matrice d'une multitude d'existences potentielles, s'engendrer soi-même, devenir son propre enfant. Un peu comme Hélène H., morte en 1939, existe encore aujourd'hui dans tous les laboratoires du monde sous la forme de cellules *Hela* en culture.

Rien ne permettra *a priori* d'interdire de breveter des enfants manipulés ou des *chimères*. De même pour les *clones* qui seront la propriété de celui qui en aura été la matrice, dont ils seront la copie.

Alors se brouilleront tous les concepts de l'Ordre marchand. D'abord disparaîtra la distinction entre consommateur et producteur : comme, déjà, l'enfant voulu est une production en même temps qu'une consommation, une chimère sera un objet en même temps qu'un consommateur, un outil en même temps qu'un travailleur, et sa rémunération à la fois entretien d'un capital et reproduction de la force de travail.

La valeur n'aura plus rien à voir avec une quantité de travail : le clone sera un objet, propriété de ses fabricants, en même temps qu'un homme, propriétaire de ses copies ; un objet sans maître et un objet-maître.

Chacun, alors, pourra se posséder à de multiples exemplaires et faire *une collection de soi*, où il sera difficile de distinguer le propriétaire des objets possédés.

Comme on collectionne les animaux rares, désormais reproduits génétiquement, on collectionnera les hommes célèbres, devenus vraiment éternels, étoiles. Ces *objets-vies* auront une valeur changeante en fonction de leur place au hit-parade des mémoires, des espérances de gloire, et on s'en servira comme de matrices de vies-objets.

Pour essayer de comprendre l'extrême folie de cette évolution, sa meilleure métaphore, en même temps que sa meilleure préfiguration, réside sans doute dans ce qui est arrivé à la musique : d'abord chacun en a fait pour soi ; puis elle est devenue un spectacle, et chacun a pu enregistrer celle des autres et la reproduire à sa guise ; enfin on l'a reproduite en série et on l'a stockée.

De même, l'homme, d'abord produit pour lui-même par le jeu de l'amour et du hasard, puis possédé comme objet de spectacle, est devenu un objet que chacun peut faire produire à sa guise, par des mères porteuses ou des incubateurs, des instruments. Plus tard, chacun sera porteur d'objets nomades, copies de ses organes, puis il pourra se reproduire lui-même, ou produire un hybride fait de lui et d'un autre, ou encore reproduire tout autre animal ou chimère dont il pourra se procurer la carte d'identité génétique. Il pourra ensuite les acheter à des entreprises qui les reproduiront mieux que lui, en des séries mieux faites, d'une fidélité et d'une durée de vie mieux établies. L'homme consommera des hommes comme des objets. Il en fera sa nourriture et sa propriété. Du cannibalisme primitif, on en sera venu au cannibalisme des objets. L'Histoire aura fonctionné comme une machine à traduire tous les êtres vivants en artefacts pensés par l'homme devenu lui-même un artefact.

L'homme sera alors, plus encore qu'il ne l'est aujourd'hui,

possédé par des propriétés. Peut-être verra-t-on même un jour l'homme se plaindre d'être *agi*, *manipulé*, *possédé* par le Code génétique comme il le fut par des dieux, des empereurs ou, aujourd'hui, le marché. Et, tout comme il se défend déjà des objets qui l'entourent, il cherchera alors à se défendre contre ses propres chimères qui voudront à leur tour avoir une histoire, un passé, être quelqu'un, rêver ou se rebeller, créer pour ne pas mourir...

On ne meurt que trois fois

L'économie politique de la mort se brouille, à l'instar de celle des objets. De même que l'homme aura plusieurs vies, il aura plusieurs morts. Trois : comme une voiture meurt la première fois quand elle part à la casse, une deuxième fois quand on arrête la production d'un modèle, une dernière fois quand on oublie jusqu'à sa forme et qu'aucune ne lui ressemble plus en rien. A son image, l'homme mourra trois fois.

La première, quand son corps, support d'objets nomades, de circuits, d'enzymes, de prothèses, s'effrondrera dans l'usure du phénotype, exemplaire du génome : c'est la *mort mineure*. Son corps pourra encore être maintenu dans son environnement quotidien et demeurer, pour les vivants, comme un objet à consommer, embaumé et animé par des prothèses codées, rival des tombeaux dans la mémoire des vivants.

Au-delà de cette première mort, le génome repliqué se prolongera dans des enfants qu'il aura faits seul, des chimères ou des clones, qui pourront se repliquer les uns les autres. Mais le génotype lui-même n'est pas éternel : au bout d'un certain temps, il se dégradera comme un moule, par usure du codage, erreur ou hasard. Les chimères, les clones ne se répéteront plus à l'identique. Telle sera la deuxième mort, que j'appelle *mort majeure*.

Plus tard viendra une troisième mort, plus radicale encore, celle du *souvenir* du génome dans la mémoire de tous les vivants et dans le code de tous les autres génomes avec lesquels il a pu entrer en relation. Moment où nul n'aura plus la moindre ressemblance physique ou de caractère avec aucun enfant ou aucune chimère issu de lui. La *mort absolue.*

Comme va la vie des objets, ira l'objet-vie : il mourra trois fois, *mort mineure* d'un phénotype, *mort majeure* du génotype, *mort absolue* du souvenir génétique dans le message des autres génotypes.

Au-delà encore, quand la diversité de l'espèce aura disparu dans la multiplication voulue des artefacts et dans la fin du hasard, que *seule garantit la sexualité,* mourra peut-être l'espèce humaine. Avec elle s'achèvera l'histoire de la recherche terrifiée de la durée par la propriété.

Peut-être faudrait-il alors chercher ailleurs une réponse aux éternelles questions de l'homme : dans le savoir, dans la foi, l'espérance, la grâce. Peut-être faudrait-il se tourner vers le Samkhya indien où l'homme, constitué par l'ébranlement de la matière primitive éternelle, le *Prekriti,* composée de *vérité,* d'*amour* et d'*ignorance,* meurt aussi trois fois : d'abord avec son *corps,* avec son *âme* ensuite, quand elle cesse de se réincarner, enfin avec le *purusha,* perfection abstraite. La première mort est celle de tous les êtres vivants ; la deuxième a lieu quand l'homme cesse de se réincarner, quand chaque avatar, héritier des actes, échappe à la réincarnation de vie en vie, prison de chair et de sang, pour atteindre à la délivrance. L'homme doit alors, pour ne pas mourir une troisième fois, annuler ses passions, les éteindre pour se maîtriser dans le *non-agir* : « Celui dont les sens sont au repos, comme des chevaux bien domptés par celui qui les mène, celui qui a dépouillé toute idée de soi, qui est affranchi de toute souillure, les dieux mêmes lui portent envie », dit Bouddha. Alors seulement il vit dans le renoncement.

L'homme cherchera-t-il ainsi à se fuir lui-même ou s'assumera-t-il dans ses œuvres ? Le choix sera-t-il pour lui entre l'*objet-vie* et l'*être renonçant* ? Ou bien cherchera-t-il, dans la tradition occidentale, une autre vie en affrontant avec courage ce qui fait le *propre de l'homme* ?

Le Propre de l'Homme

L'histoire de l'homme est celle d'une tentative de s'approprier l'univers, de l'infiniment petit à l'infiniment grand, pour durer, se dépasser lui-même, être différent par les objets qu'il s'annexe.

Par tous ses bricolages, l'homme atteint un but autre que celui qu'il s'était fixé : au lieu de s'approprier le monde, il se possède comme un objet, et dure comme un objet.

L'homme a progressé dans la connaissance de lui-même. Il s'est dégagé de ce qui le définissait pour se réduire à ce qu'il pouvait comprendre, selon la logique de son cerveau. Il n'a, peu à peu, reconnu comme utile et vrai que ce qu'il pouvait maîtriser grâce à son cerveau, fasciné par cette adéquation entre sa logique propre et celle du monde, stupéfait de voir que *tout se passe comme si la Nature n'était qu'un* double *de sa propre imagination et de son propre langage.* Mais *ce savoir pour comprendre, il en a fait un instrument pour modifier*, domestiquer, soumettre. Or, le propre de l'homme, ce qui le distingue, ce n'est pas d'être ni de faire ; c'est de *comprendre* ; ce n'est pas de construire, c'est de savoir ; ce n'est pas de vouloir, c'est de rêver et de créer.

Or le voici parvenu au moment où il possède l'espèce, puisqu'il peut non seulement la détruire, mais la modifier. Le voici parvenu au moment où *il doit se méfier de ce qui n'est pas le propre de l'homme* ; où il doit construire une frontière entre savoir et pouvoir : *tout savoir, oui ; tout pouvoir, non.*

Comme au XVIe siècle où s'élabora peu à peu une théorie des pouvoirs et des contre-pouvoirs, il faut aujourd'hui élaborer une théorie des relations entre savoirs, et entre savoir et pouvoir. Il faut admettre que le savoir puisse être un contre-pouvoir, et qu'il existe des *contre-savoirs*.

Et que le plus grand d'entre eux, c'est la passion de la beauté.

Il est partout : dans le corps, la cuisine, le vêtement, les objets de la vie quotidienne d'aujourd'hui et de demain, dans l'architecture, dans l'objet industriel, la musique, la chanson venue d'Asie ou des Caraïbes. Chaque peuple y exprime son être, sa différence, et se nourrit de celle des autres.

L'art est savoir et *contre-savoir*, subversion et richesse. La puissance économique ira à ceux qui sauront le créer. Mourront les sociétés qui fixeront des limites à leur propre imagination, qui figeront l'art à ce qu'il était quand dominait la représentation.

Pour échapper à ce sort, pour durer autrement que comme un *objet-mort* ou comme un *être renonçant*, chaque homme devra conquérir un nouveau droit, celui de faire de sa vie une œuvre d'art, de ne plus rêver d'immortalité par l'illusoire stockage de copies d'œuvres d'art, mais d'utiliser lui-même son temps, d'assumer sa mort comme indépassable, d'affronter sa solitude par la création et non par la propriété, de créer pour soi, seule façon d'accumuler sans nuire, et donc de conquérir les outils de création, le savoir et la liberté.

Le *droit à la création de soi* deviendra alors le nouveau droit de l'homme.

Et aussi son nouveau *devoir* : car le droit de créer ne veut pas dire le droit de se modifier ou de se détruire. Aussi faut-il inventer des règles rigoureuses pour que l'homme se *protège* de lui-même, cesse de se croire *propriétaire* du monde et de l'espèce, admette qu'il n'en a pas la propriété, mais *seulement l'usufruit* ; pour qu'il admette que la vie est propriété collective de la planète, legs des hommes, des oiseaux et des arbres qui l'ont entretenue et transmise depuis des millions d'années.

Aussi l'homme doit-il fixer une limite à ses propres chimères. Non point s'interdire de faire des hommes comme des artefacts, mais s'interdire de détruire la planète et de faire des hommes qui auraient tout de l'homme, sauf ce qui lui est *propre* : sa capacité de rébellion, d'indépendance, d'échapper à l'autre, de lutter contre les pouvoirs et les savoirs en place, de créer.

Mille questions se posent alors : quand commence la personne humaine ? Dès la fécondation d'une cellule ? ou bien quand, quelques jours plus tard, la division cellulaire a rendu toute manipulation génétique impossible ? ou bien encore quand l'avortement cesse d'être légal ? Doit-on interdire toute manipulation génétique ou peut-on autoriser celle de cellules incapables de produire un individu, parce qu'il s'agit d'embryons déjà par ailleurs condamnés ou de cellules déjà spécialisées ? Même s'il est choquant de dire que ce qui est possible à un âge donné cesse de l'être quand l'embryon est de quelques minutes plus âgé, se fixer des règles simples et nécessaires :

— Ne pas toucher à la carte génétique de l'espèce humaine, propriétaire de l'univers, mais seule entité dont nul n'est propriétaire, et que nul n'a donc le droit de détruire.

— Ne pas manipuler l'homme, accepter tous les arts comme créateurs : voilà ce qui peut sauver l'espèce contre toute génération qui prétendrait exercer sur elle sa maîtrise.

Pour que l'univers ne soit pas seulement composé d'un empilement de vivants-morts, comme Dachau l'était de morts-vivants, l'homme doit s'interdire d'ôter à l'homme son ultime propriété : le droit de créer, de rêver, d'échapper, de figurer. Et donc, pour ne pas risquer d'y toucher, s'interdire à lui-même de se mêler de ses propres mutations, ne pas toucher à sa carte génétique.

Paradoxe : si le nouveau *droit* de l'homme est le droit de créer, son nouveau *devoir* est justement de *s'interdire de créer un homme qui n'aurait plus les moyens de créer.*

Dans le quotidien du politique, le fascinant de la science et le lumineux de l'art, l'homme doit déclarer les matrices de la vie — l'embryon comme le gène — propriété inaliénable de l'espèce, sanctuaire absolu, non manipulable par l'homme, même si cela suppose de refuser de soigner et de corriger un défaut génétique.

Refus qui sera probablement difficile à tenir : un jour, on découvrira peut-être qu'une manipulation génétique déterminée permet de prévenir à l'échelle de l'espèce une maladie, une dégénérescence cellulaire ou une perte d'immunité. Qui pourra alors faire que l'homme se prive de ce savoir sur lui-même ? Sauf à admettre que le propre de l'homme est de souffrir, ce qui depuis longtemps a cessé d'être accepté, on manipulera pour vivre mieux. Alors seulement faudra-t-il peut-être restreindre le sanctuaire, et considérer que le propre de l'homme est dans la forme des réseaux qui relient les gènes, non dans les gènes eux-mêmes, et que ce sont ces réseaux, aujourd'hui inconnaissables, qui constituent la propriété absolue, non entamable.

Telle est la bataille philosophique, politique, culturelle, économique et scientifique de demain, celle dans laquelle j'ai souhaité, dès la première page de ce livre, entraîner le lecteur. Celle où je ne pouvais escompter le faire entrer sans l'avoir conduit au fil de cette longue généalogie : le projet de l'homme est de *mettre des barrières à ce qu'il peut faire de son savoir sur l'homme comme il a mis des limites à ce qu'il peut faire de son pouvoir sur l'homme* ; ce qui s'appelle, je crois, d'un beau mot un peu oublié : la *civilisation*.

***

Hommes d'aujourd'hui qui croyez vous trouver dans la possession et qui vous perdez dans les objets ; vous qui avez bâti de grandes civilisations en fixant une frontière avec les choses, et les avez détruites quand cette frontière s'est rompue ; vous qui négligez votre principale propriété, la seule qui vaille vraiment d'être défendue : la liberté d'être différent, aujourd'hui et demain ; vous qui regardez, fascinés et orgueilleux, se dérouler la geste du monde et la superbe barbarie de vos œuvres, rappelez-vous ce que dit Rabbi Hillel : « Si je ne suis pas là pour moi-même, qui le sera ? Si je ne suis là que pour moi, que suis-je ? »

Rappelez-vous ce que laisse comprendre Jan Van Eyck lorsqu'il se place lui-même, au milieu de son tableau, au fond du miroir, et qu'il crie que la réalité n'est que le miroir, que l'œuvre n'est qu'un reflet, que *ce que l'on croit le propre, c'est justement le figuré*, et que la grandeur de l'homme, comme celle de la vie, est de survivre en inventant la vie, et en créant la beauté. Ultime propriété. Vie de la Beauté, beauté de la vie. Au propre comme au figuré.

REMERCIEMENTS

Je remercie celles et ceux qui ont bien voulu relire sur épreuves quelques paragraphes de ce livre : Jeanne AUZENET pour le premier chapitre, Jean BOTTERO pour la Mésopotamie, Denis MARAVAL pour l'Égypte et la Grèce, le Grand Rabbin SIRAT pour Israël, Nadia BENJELLOUN-OLIVIEN pour l'Islam, Serge WALERY pour le Moyen Age, Elisabeth BADINTER et Claude MANCERON pour la Révolution, Gaston BORDET pour la pensée socialiste, Alexandre ADLER pour l'histoire russe et soviétique, François GROS et Henri ATLAN pour la biologie, et Claude DURAND qui a relu l'ensemble. Serge WALERY m'a aidé à établir la bibliographie. Enfin, je n'aurais pu écrire ce livre sans l'infini dévouement de Christiane ADEMI, Annick MICHEL et Viviane GOURDY qui ont bien voulu en frapper les innombrables versions successives.

NOTES BIBLIOGRAPHIQUES

Les quelque quatre mille appels de notes renvoient à la source exacte du texte, ou au livre qui, le premier, m'a mis sur la piste de cette source, ou parfois à l'un de mes précédents ouvrages où j'ai développé une idée voisine.

A

1. ADAMSON-HOEBEL E., « The political organization and law-ways of the Comanche indians », *Memoirs of the American Anthropological Association*, n° 54, 1940.
2. ADLER A., *La mort est le masque du roi. La royauté sacrée des Moundang du Tchad*, Paris, Payot.
3. AGLIETTA M., *Les métamorphoses de la société salariale*, Paris, Calmann-Lévy, 1984.
4. ANDRIEU C., LE VAN L., PROST A., *Les nationalisations de la Libération, De l'utopie au compromis*, Paris, Fondation nationale des Sciences politiques, 1987.
5. ARIÈS P., Essais sur l'histoire de la mort en Occident du Moyen-Age à nos jours, Paris, Seuil, 1975.
6. ARIÈS P., *L'homme devant la mort*, Paris, Le Seuil, 1977.
7. ARISTOTE, *La Politique*, Paris, Vrin, 1962.
8. ARROW J.K., *Social choices and individual values*, New York, J. Willey and Sons, 1951.
9. ARTAUD D., *Le New Deal*, Paris, Armand Colin, 1969.
10. ATTALI J. *La Nouvelle Économie française*, Paris, 1978.
11. ATTALI J., *Bruits*, Paris, P.U.F., 1976.
12. ATTALI J., *L'Ordre cannibale*, Paris, Grasset, 1979.
13. ATTALI J., *Les trois mondes*, Paris, Fayard, 1981.
14. ATTALI J., *La figure de Fraser*, Paris, Fayard, 1983.
15. ATTALI J., *Un homme d'influence*, Fayard, 1985.
16. ATTALI J., *Analyse économique de la vie politique*, P.U.F., 1973.
17. AUDREY R., *Chine, 25 ans, 25 siècles*, Paris, Le Seuil, 1974.

18. Austin M., Vidal-Naquet P., *Économies et sociétés en Grèce ancienne*, Paris, Armand Colin, 1984.
19. Avenel (vicomte D'), *Histoire économique de la propriété, des salaires, des denrées et de tous les prix en général, depuis l'an 1200 jusqu'en l'an 1800*, Paris, 1984.
20. Aycoberry P., *L'Unité allemande*, Paris, P.U.F., « Que sais-je », 1982.

B

21. Bachelet M., *Systèmes fonciers et réformes agraires en Afrique Noire*, Paris, 1968.
22. Badinter R., « L'Exemple américain », *Le Monde*, 18-9-1987.
23. Badinter E., *L'Un et l'Autre*, Paris, Éd. Odile Jacob, 1986.
24. Badinter E., *L'Amour en plus*, Paris, Flammarion, 1980.
25. Badouin R., *Systèmes fonciers et développement économique*, Paris, Cujas, 1979.
26. Bakounine M.A., *Œuvres*, 2 vol., Paris, Stock, 1972-1980.
27. Balazs E., *La Bureaucratie céleste. Recherches sur l'économie et la société en Chine traditionnelle*, Paris, 1968.
28. Barnes H.E., *Economic History of the Western World*.
29. Baron S.W., *Histoire d'Israël : vie sociale et religieuse*, 5 vol., Paris, P.U.F., 1956-1964.
30. Barthes R., *Le Texte et l'image*, catalogue d'exposition, août 1986.
31. Bartlett R.A., *The New Country. A social history of American Frontier (1776-1890)*, New York, Oxford U.P., 1974.
32. Bastiat F., *Propriété et Loi, Justice et Fraternité*, Paris, Guillaumin, 1848.
33. Bastiat F., *Propriété et spoliation*, Paris, Guillaumin, 1850.
34. Bataille G., *La Part maudite*, Éd. de Minuit, 1949.
35. Bateson G., *La Cérémonie du Naven*, Paris, Biblio-Essais, 1986.
36. Baudelot C., Restablet, Malemort J., *La petite-bourgeoisie en France*, Paris, Maspero, 1974.
37. Baudrillard J., *Le Système des objets*, Paris, Gallimard, 1968.
38. Baudrillard J., *L'Échange symbolique et la Mort*, Paris, Gallimard, 1972.
39. Baudrillard J., *Le miroir de la production*, Paris, Castermann, 1973.
40. Beauchet L., *Histoire du droit privé de la République athénienne*, 4 vol., Paris, Chevalier, Marescq, 1897.

41. BEAUD M., *Histoire du capitalisme de 1500 à nos jours*, Le Seuil, « Points », 1981.
42. BENTHAM J., *Panopticon*, Éd. Bowning ; trad. fr., Belfond, 1977.
43. BENVENISTE E., *Le Vocabulaire des institutions indo-européennes*, Paris, Éd. de Minuit, 1969.
44. BEN RAFAEL E., KONOPNICKI M., RAMBAUD P., *Le Kibboutz*, Paris, P.U.F., « Que sais-je », 1983.
45. BERGER P., *La Monnaie et ses mécanismes*, Paris, P.U.F., 1986.
46. BERLE A., GARDINER M., *The Modern Corporation and private property*, New York, Macmillan, 1933.
47. BIEBUYCK D. (edited by), *African agrarian systems*, Oxford, 1963.
48. BILLIG J., *Les camps de concentration dans l'économie du Reich hitlérien*, Paris, C.D.J.C., 1973.
49. BIRMAN C., MOPISK C., ZADKLAD J., *Caïn et Abel*, Paris, Grasset, 1980.
50. BLANC L., *L'Organisation du travail*, Paris, 1840.
51. BLANC L., *Histoire de la Révolution française*, Paris, 1852-1860.
52. BLOCH M., *La Société féodale. La formation des liens de dépendance*, Paris, Albin Michel, 1949.
53. BLOCH M., *Esquisse d'une histoire monétaire de l'Europe*, Paris, Armand Colin, 1954.
54. BLOCH M., *Seigneurie française et manoir anglais*, « Cahier des Annales », n° 16, seconde édition, Paris, Armand Colin, 1967.
55. BLOCH M., *Mélanges historiques* (textes présentés par S. Fleury), 2 vol., Paris, Éd. de l'École des Hautes Études en Sciences sociales, 1983.
56. BOAS F., *The religion of the Kwakiutl Indians*, New York, Columbia, U.P., 1930, 2 vol.
57. BODIN, *La République*, Fayard, 1987.
58. BÖHM-BAWERK, *Théorie positive du capital*, 1889.
59. BOORSTIN, *Les découvreurs*, Albin Michel, 1987.
60. BORDET G., Études sur Proudhon, non publié.
61. BOTTERO J., *Naissance de Dieu*, Gallimard, 1986.
62. BOTTERO J., *Mésopotamie*, Gallimard, 1987.
63. BOUKHARINE N., *Économie politique du rentier*, Paris, E.D.I. (avec le concours du C.N.R.S.). *La théorie du matérialisme historique*, E.D.I., Paris, 1927.
64. BOUTARIC E., *La France sous Philippe Le Bel, étude sur les institutions politiques et administratives du Moyen Age*, Paris, 1861.
65. BOUTRUCHE R., *Seigneurie et féodalité*, Paris, Aubier-Montaigne, 1968.

66. BOYER R., *La Théorie de la régulation : une analyse critique*, Paris, La Découverte, 1986.
67. BRAUDEL F., *Civilisation matérielle, économie et capitalisme*, Paris, Armand Colin, 1979.
68. BRAUDEL F., *L'identité de la France*, t. I, II, III, Paris, Arthaud-Flammarion, 1986, 1987.
69. BRAUDEL F., LABROUSSE E. (sous la direction de), *Histoire économique et sociale de la France*, 4 vol., Paris, P.U.F., 1976-1982.
70. BRAUDEL et QUILICI, *Venise*, Arthaud, 1985.
71. BRISSOT DE WARVILLE, *Recherches philosophiques sur le droit de propriété considéré dans la Nature*, s.éd.n.l., 1780.
72. BUKHÂRÎ A.AL., *L'authentique tradition musulmane*, Paris, Sinbad, 1986.
73. BUSINO G., *Introduction à une histoire de la sociologie de Pareto*, Genève, Librairie Droz, 1968.
74. BUTLER R., NOISETTE P., *Le logement social en France, 1815-1981. De la cité ouvrière au grand ensemble*, Paris, La Découverte, 1983.
75. BUTLER S.M., *Privatizing federal spending*, Universe Books, 1985.
76. BUTLER S.M., *Privatizing federal services ; a Primer*, The Heritage foundation Backgrounder, 1986.

C

77. CABET E., *Le Voyage en Icarie*, 1840.
78. CALVET L.-J., *La Guerre des langues et les Politiques linguistiques*, Paris, Payot, 1986.
79. CARBONNIER J., *Droit civil*, t. III : *Les Biens*, Paris, P.U.F., 1983.
80. CASTANEDA C., *Les Enseignements d'un Sorcier yaqui*, Paris, Gallimard, 1973.
81. CATHERINE R., GOUSSET P., *L'État et l'essor industriel*, Paris, Berger-Levrault, 1965.
82. CHAMOUX F., *La Civilisation grecque à l'époque archaïque et classique*, Paris, Arthaud, 1963.
83. CHARLES R., *Le droit musulman*, Paris, P.U.F., 1982.
84. CHAUNU P., *L'Amérique et les Amériques*, Paris, Armand Colin, 1964.
85. CHENON E., *Étude sur l'histoire des alleux en France*, Paris, Larose et Forcel, 1888.
86. CHEN HUAN CHANG, *The economic principles of Confucius and his school*, 2 vol., New York, Columbia U.P., 1911.

87. CHESNEAUX J., *L'Asie orientale aux XIXe-XXe siècles*, Nouvelle Clio, 1967.
88. CHEVALIER F., *La Formation des grands domaines au Mexique. Terre et société aux XVIe-XVIIe siècles*, Paris, Institut d'Ethnologie, 1952.
89. CHRIMES S.B., *English constitutional history*, Londres, Oxford U.P., 1965.
90. CLASTRES P., *Chroniques des Indiens Guayaki*, Paris, Plon, 1972.
91. CLASTRES P., *La Société contre l'État*, Paris, Éd. de Minuit, 1974.
92. COLLARD L., « L'anthropologie de la parenté », *Perspectives anthropologiques*, Montréal, 1979.
93. CONDOMINAS G., *L'Exotique est quotidien*, Paris, 1965.
94. CONDOMINAS G., *Essai sur la société rurale Lao de la région de Vientiane*, Paris, 1962.
95. CONDORCET, *Sur les Élections et autres textes*, Fayard, 1986.
96. COTTA A., *L'homme au travail*, Fayard, 1987.
97. COTTERET J.-M., EMERI C., *Les Systèmes électoraux*, Paris, P.U.F., 1983.
98. CRUVEILHIER P., *Commentaire du Code d'Hammourabi*, Paris, 1938.
99. CUQ E., *La propriété foncière en Chaldée*, Paris, 1907.

D

100. DUMAS F., *La civilisation de l'Égypte pharaonique*, Paris, 1967.
101. DAUZAT A., *Les Noms de personnes, Origine et évolution*, Paris, Delagrave, 1946.
102. DECLAREUIL J., *Rome et l'organisation du droit*, Paris, 1924.
103. DELAPORTE L., *La Mésopotamie : les civilisations babylonienne et assyrienne*, Paris, 1923.
104. DENIAU X., *La Francophonie*, Paris, P.U.F., 1983.
105. DENIS H., *Histoire de la pensée économique*, Paris, P.U.F., 5e éd., 1977.
106. DESHAYES J., *Les Civilisations de l'Orient ancien*, Paris, 1969.
107. DIDEROT, *Œuvres complètes*, Paris, Club Français du Livre, 1969-1973.
108. DOCKES P. et ROSIER R., *La Croissance*, P.U.F., 1978.
109. DOCKES P., *La Libération médiévale*, Paris, Flammarion, 1979.
110. DOWNS A., *Economic Theory of Democracy*, New York, Harper, 1957.
111. DRAÏ R., *La sortie d'Égypte. L'invention de la liberté*, Paris, Fayard, 1986.

112. DRIOTON E., VANDIER J., *Les peuples de l'Orient méditerranéen*, Paris, P.U.F., 1952.
113. DROZ J. (sous la direction de), *Histoire générale du socialisme*, 4 vol., Paris, P.U.F., à partir de 1972.
114. DUBY G. (sous la direction de), *Histoire de la France rurale*, 4 vol., Paris, Le Seuil, à partir de 1975.
115. DUBY G., *Guillaume Le Maréchal*, Paris, Fayard, 1985.
116. DUET D., *La métamorphose des Caisses d'épargne*, Paris, Édition de l'Épargne, 1976.
117. DUCLOS D., *L'Automobile impensable*, Paris, C.S.U., 1976.
118. DUMEZIL G., *Idées romaines*, Paris, Gallimard, 1969.
119. DUMONT L., *Homo aequalis. Genève et épanouissement de l'idéologie écomomique*, Paris, Gallimard, 1986.
120. DUPRÉ DE POMARÈDE, *Le rachat du réseau de la Cie des Chemins de fer de l'Ouest*, Bordeaux, 1910.
121. DUPUIS J., *Au nom du père. Une histoire de la paternité*, Paris, Éd. du Rocher, 1986.
122. DURANT W., *The Story of civilization*, 1970.
123. DURKHEIM, *De la division du travail social*, Paris, Alcan, 1904.

E

124. EDELMAN B., « L'Objet du droit », *Communications*, nº 26, 1977.
125. EISENBERG-ABECASSIS, *A Bible ouverte*, 4 tomes, Paris, Albin Michel, à partir de 1878.
126. ÉLIADE M., *Histoire des croyances et des idées religieuses*, 3 vol., Paris, 1980.
127. ENGELS F., *L'Anti-Dühring*, Paris, Éditions sociales, 1959.
128. ENGELS F., *La question du logement*, Paris, Éd. Sociales, 1957.
129. ENGELS F., *L'Origine de la famille, de la propriété privée et de l'État*, Paris, Messidor-Éditions sociales, 1983.
130. ERMAN A., RANKE H., *La civilisation égyptienne*, Paris, Payot, 1985.
131. ESPINAS G., *Recueil de documents relatifs à l'histoire de l'industrie drapière en Flandre*, 4 vol., Académie royale des Sciences, des Arts et es Letres, Bruxelles, 1920-1924.
132. EVANS-PRITCHARD, *Les Nuer*, Paris, Gallimard, 1969.
133. EWALD F., *L'État-providence*, Paris, Grasset, 1986.

F

134. FABRA P., *L'Anticapitalisme*, Paris, Flammarion, 1979.
135. FAUVET J., *Histoire du Parti Communiste Français*, Paris, Fayard, 1977.
136. FAVIER J., *La France médiévale*, Paris, Fayard, 1983.
137. FAVIER J., *De l'Or et des Épices. Naissance de l'homme d'affaires au Moyen Age*, Paris, Fayard, 1987.
138. FELDMAN G.D., *Army, industry and labor in Germany (1914-1918)*, Princeton, New Jersey, Princeton U.P., 1966.
139. FICHTE J.G., *Destination de l'homme*, Paris, U.G.E., 1965.
140. FINLEY M.I., *L'Économie antique*, Paris, Éd. de Minuit, 1975.
141. FINLEY M.I., *L'Invention de la politique*, Paris, Flammarion, 1985.
142. FINLEY M.I. (sous la direction de), *Problèmes de la terre en Grèce ancienne*, Paris, La Haye, 1973.
143. FLANET V., *La Maîtresse Mort*, Paris, Berger-Levrault, 1982.
144. FOURIER C., Le Nouveau monde industriel et sociétaire, *Œuvres*, t. IV, Éd. Anthropos (1966-1967), 9 vol.
145. FOURQUIN G., *Seigneurie et féodalité au Moyen Age*, Paris, Fernand Nathan, 1972.
146. FOURQUIN G., *Le Paysan d'Occident au Moyen Age*, Paris, Fernand Nathan, 1972.
147. FRAZER J.G., *Le Rameau d'or*, Paris, Laffont, 1981-1984.
148. FREUND G., *Photographie et Société*, Le Seuil, « Points », 1974.
149. FRYBOURG M., PRUD'HOMME R., *L'Avenir d'une centenaire : l'automobile*, Lyon, P.U.L., 1984.
150. FURET F., *Penser la Révolution française*, Paris, Gallimard, 1985.
151. FURTADO C., *Politique économique de l'Amérique latine*, Paris, Sirey, 1970.
152. FUSTEL DE COULANGES, *Histoire des institutions politiques de l'ancienne France*, 5 vol., Paris, Hachette, 1901-1907.
153. FUSTEL DE COULANGES N.D., *Nouvelles recherches sur quelques problèmes d'histoire*, Paris, Hachette, 1981.

G

154. GADILLE R., *Les Politiques agraires*, Paris, P.U.F., 1972.
155. GAILLARD C., *Proudhon et la propriété*, Paris, E.H.E.S.S., « Travaux de l'Atelier Proudhon », cahier n° 1, 1986.
156. GAILLARD C., *Le débat sur la propriété au* XVIII*e* *siècle, première*

partie : de la défense à la limitation de la propriété, Paris, E.H.E.S.S., « Travaux de l'atelier Proudhon », cahier n° 7, 1987.

157. GALBRAITH J.K., *L'État industriel*, Paris, Gallimard, 1976.
158. GALBRAITH J.K., *La Science économique et l'intérêt général*, Paris, Gallimard, 1978.
159. GALIANI F., *Dialogue sur le commerce des blés*, Fayard, 1984.
160. GAUCHET M., *Le Désenchantement du monde. Une histoire politique de la religion*, Paris, Gallimard, 1985.
161. GAUDEMET J., *Institutions de l'Antiquité*, Paris, Montchrestien, 1982.
162. GENOVESE E.D., *Économie politique de l'esclavage. Essais sur l'économie et la société du Sud esclavagiste*, Paris, Maspero, 1968.
163. GEREMEK B., *La Potence ou la Pitié, ou les marginaux parisiens aux XIVe et XVe siècles*, Paris, Gallimard, 1987.
164. GIESEY R., *The Royal funeral ceremony in Renaissance France*, Droz, 1983.
165. GILHODES L.H., *Mariage et condition de la femme chez les Katchin de Birmanie*, Anthropos, 1913.
166. GIMPEL J., PERNOUD R. et DELATOUCHE R., *Le Moyen Age, pour quoi faire ?*, Paris, 1986.
167. GIRARD R., *La Violence et le Sacré*, Paris, Grasset, 1972.
168. GIRARD R., *Des choses cachées depuis la fondation du monde*, Paris, Grasset, 1978.
169. GIRARD R., *La Pensée de*, « Actualité des Sciences humaines », d'Anne Orsini, Paris, Retz, 1986.
170. GLASER H., *The Cultural roots of national-socialism*, Austin, University of Texas Press, 1978.
171. GODELIER, *Le mode de production asiatique et les schémas marxistes d'évolution*, Paris, C.E.R.M., 1962.
172. GOLDWIN W., *Essai sur la justice politique et son influence sur la moralité et le bonheur*, 1793.
173. GONNER E.C.K., *Common Land and Enclosure*, London, Franck Cass & Co, 1966.
174. GRANET M., *La Civilisation chinoise*, Paris, Albin Michel, 1968.
175. GRANET M., *La Religion des Chinois*, Paris, Payot, 1951.
176. GRANET M., *La Féodalité chinoise*, Paris, Imago, 1981.
177. GREIMAS A.J., *Des dieux et ds hommes : études de mythologie lithuanienne*, Paris, Flammarion, 1987.
178. GRIAULÉ M., *Dieu d'eau*, Paris, Fayard, 1966.
179. GRIMAL H., *La Décolonisation de 1919 à nos jours*, Bruxelles, Complexe, 1985.
180. GRIMAL P., *La Civilisation romaine*, Paris, Arthaud, 1984.

181. GRIMAL P., *La Mythologie grecque*, Paris, P.U.F., « Que sais-je », 1984.
182. GUILLAUME M., *Le Capital et son double*, Paris, P.U.F., 1975.
183. GUILLAUME M., *Éloge du désordre*, Paris, Gallimard, 1978.
184. GUIOMAR J.Y., *L'Idéologie nationale. Nation, Représentation, Propriété*, Paris, Champ libre, 1974.
185. GUIRAUD P., *La Propriété foncière en Grèce jusqu'à la conquête romaine*, Paris, Hachette, 1893.
186. GUIRAUD P., « La Propriété individuelle à Rome », Paris, *Revue des Questions historiques*, avril 1909.
187. GUREVIC A., « La notion de propriété pendant le haut Moyen Age », *Annales E.S.C.*, n° 3, mai-juin 1972.
188. GUYOT Y., *La Propriété : origine et évolution*, Paris, 1895.

H

189. HAGÈGE C., *L'Homme de paroles*, Paris, Fayard, 1986.
190. HAGÈGE C., *Le Français et le siècle*, Paris, Odile Jacob, 1987.
191. HAMILTON A., JAY J., MADISON J., *Le Fédéraliste*, Paris, L.G.D.J., 1987
192. HANRAHAN J.D., *Government by contract*, Norton and Co, 1983.
193. HARDIN G., *The Tragedy of Commons.*
194. HARRINGTON M., *The Politics at Gold's Funeral*, New York, Holt, 1983.
195. HARVA U., *Les Représentations religieuses des peuples altaïques*, Paris, Gallimard, 1959.
196. HAUBERT M., *La vie quotidienne des Indiens et des Jésuites au Paraguay au temps des missions*, Paris, Hachette, 1967.
197. HAVEL J.E., *Habitat et logement*, Paris, P.U.F., 1985.
198. HAYECK VON F., *Scientisme et Sciences sociales, Essai sur le mauvais usage de la raison*, Paris, Plon, 1953.
199. HAZARD P., *La Pensée européenne au XVIIIe siècle*, Paris, Fayard, 1979.
200. HEERS J., *Le Travail au Moyen Age*, Paris, P.U.F., 1975.
201. HEGEL, *Principes de la Philosophie du Droit*, Genève, Vrin, 1975.
202. HELVÉTIUS, *De l'esprit*, Éd. Sociales, 1968.
203. HÉRODOTE, *Histoire*, Œuvres complètes, « La Pléiade », Gallimard.
204. HEUSH L. DE, *Le sacrifice dans les Religions africaines*, Paris, Gallimard, 1986.
205. HILFERDING, *Le Capital financier. Étude sur le développement récent du capitalisme*, Paris, Éd. de Minuit.

206. Hitler A., *Mein Kampf*, trad. fr., Paris, Nouvelles Éditions latines, 1934.
207. Hobbes, *Le Léviathan*, (1651), Paris, Sirey, 1971.
208. Hobsbawm J., *L'Ère des révolutions*, Paris, Fayard, 1969.
209. Hocquet J.-C., *Le Roi, le marchand et le sel*, Lille, P.U.L., 1987.
210. Holbach d', *Système de la nature, ou des lois du monde physique et du monde moral*, Londres, 1770.
211. Holbach d', *L'Ethocratie ou le gouvernement sur la morale*, Amsterdam, 1776 ; Paris, Edhis, 1969.
212. Houdeville L., *Pour une civilisation de l'habitat*, Paris, Éd. Ouvrières, 1969.

J

213. Jara A., *Guerre et Société au Chili*, Paris, Travaux et mémoires de l'Institut d'études de l'Amérique latine, 1961.
214. Jaulin R., *La Mort Sara*, Paris, Plon, 1967.
215. Jaulin R., *Gens du soi, gens de l'autre*, Paris, U.G.E., 1973.
216. Jaurès J., *Histoire socialiste de la Révolution française*, éd. revue par A. Mathiez, Paris, 1923.
217. Jeanneney J.N., *Concordance des temps*, Paris, Le Seuil, 1987.
218. Jones E.L., Mingay G.E., (edited by), *Land, Labour and Population in the Industrial Revolution*, London, 1967.
219. Josèphe [Flavius], *La guerre des Juifs*, Paris, Éd. de Minuit, 1977.

K

220. Kantorowicz E., *Pro Patria Mori in Medieval Political thought*, traduction française : P. Legendre (*éd.*), *Mourir pour la Patrie*, 1984, Paris.
221. Kaspi A., *L'Indépendance américaine, 1763-1789*, Paris, Gallimard-Julliard, 1976.
222. Kessler M., *Le logiciel, protection juridique*, Paris, « Technique et Documentation », Lavoisier, 1986.
223. Keynes J.M., *The General Theory of employment, interest and money*, Harcourt Brace & World, New York, 1936.
224. King R., *Land reform*, Londres, G. Bell and sons, 1977.
225. Klima, *in* « La Pensée », n° 171, *op. cit.*
226. Koby A. Th., voir note 423 : Acte du Colloque de l'Orstom, 1978 : *Monographie sur le pays Odzukru en Côte-d'Ivoire*.

227. KOLM S.C., *La bonne économie. La réciprocité générale*, P.U.F., 1984.
228. KOVALEWSKY M., *Le passage historique de la propriété collective à la propriété individuelle*, Paris, Giard et Brière, 1986.
229. KOVALEWSKY M., *Tableau des origines et de l'évolution de la famille et de la propriété*, Stockholm, Samson-Wallin, 1890.

L

230. LACOUR-GAYET R., *Histoire des États-Unis*, 4 vol., Paris, Fayard, 1976-1982.
231. LAFFORGUE G., *La Haute Antiquité*, Paris, Larousse, 1968.
232. LAMENNAIS, J.M.F. DE, *Du passé et de l'avenir du peuple*, Paris, Lib. de la Bibliothèque nationale, 1888.
233. LAMENNAIS J.M.F. DE, *Paroles d'un croyant*, 1834 ; Colin, 1949.
234. LANGE O., « Sur la théorie économique du socialisme », *Review of Economic Studies*, 1936-1937.
235. LANVERSIN J. DE, *La propriété. Une nouvelle règle du jeu ?*, Paris, P.U.F., 1975.
236. LASSALLE F., *Théorie systématique des droits acquis*, Berlin, 1861.
237. [LA SALLE J.B. DE], *On J.B. de la Salle*, « Règles de la bienséance et de la civilité chrétienne », Ligel, 1956.
238. LAVELEYE E. DE, *De la Propriété et de ses formes primitives*, Paris, G. Baillère, 1877.
239. LE BRIS E., LE ROY E., LEIMDORFER F., *Enjeux fonciers en Afrique noire*, Orstom, Karthala, 1982.
240. LE GOFF J., *Naissance du Purgatoire*, Paris, Gallimard, ?
241. LE GOFF J., *La Bourse et la Vie*, Paris, Hachette, 1986.
242. LE GOFF J., *La Civilisation de l'Occident médiéval*, Paris, Arthaud, 1964.
243. LELONG C., *La Vie quotidienne en Gaule à l'époque mérovingienne*, Paris, Hachette, 1963.
244. LÉNINE, *L'État et la Révolution*, Paris, Gonthier, 1964.
245. LEPAGE H., *Pourquoi la propriété ?*, Paris, Hachette, 1985.
246. LE PLAY F., *La Réforme sociale en France*, Paris, Plon, 1869.
247. LEPOUTRE R., COHEN J., *Tous des mutants*, Paris, Le Seuil, 1987.
248. LEROUX P., *De l'Humanité*, Fayard, 1985.
249. LEROY-BEAULIEU P., *Le Collectivisme, examen critique du nouveau socialisme*, Paris, Guillaumin, 1893.
250. LEROY-BEAULIEU P., *L'État moderne et ses fonctions*, Paris, 1891.
251. LE TANH KHOI, « Le Vietnam ancien », *La Pensée*, n° 171.

252. LETOURNEAU C., *Évolution de la propriété*, Paris, 1889.
253. LÉVINAS E., *Humanisme de l'autre homme*, Paris, Biblio-Essais, 1986.
254. LEVI-STRAUSS C., *Tristes tropiques*, Paris, Plon, 1955.
255. LEVI-STRAUSS C., *Les Structures élémentaires de la Parenté*, Paris, 1967.
256. LEVI-STRAUSS C., *Introduction à l'œuvre de Marcel Mauss. Sociologie et Anthropologie*, 6e éd., Paris, 1978.
257. LÉVY J.P., *Histoire de la propriété*, Paris, Hachette, 1985.
258. LEVY-BRUHL, *Le Surnaturel et la Nature dans la mentalité primitive*, Paris, 1931.
259. LEWIN M., *La formation du système soviétique*, Paris, Gallimard, 1987.
260. LINGUET, *Théorie des lois civiles*, Fayard, 1984.
261. LOCKE J., *Traité du gouvernement civil*, Paris, Libraire Vrin, 1977.
262. LOMBARD, *L'Islam dans sa première grandeur (VIIIe-XIe siècles)*, Paris, Flammarion, 1971.
263. LOMBARDI R.W., *Le Piège bancaire. Dettes et développement*, Flammarion, 1985.
264. LOTHROP, S.K., *Trésor de l'Amérique précolombienne*, Flammarion, 1979.
265. LUTAUD O., *Les Niveleurs, Cromwell, la République*, Paris, Julliard, 1967.

M

266. MABLY Abbé de, *Doutes proposés aux philosophes économistes sur l'ordre naturel et essentiel des sociétés politiques*, 1768.
267. MACHELON J.-P., *L'Idée de nationalisation en France de 1840 à 1910*, Genève, 1985.
268. MACPHERSON R.C.B., *Principes et limites de la démocratie libérale*, Paris, La Découverte, 1985.
269. MACFARLANE A., *The Origins of English individualism*, Oxford Blackwell, 1978.
270. MAÏMONIDE, *Le Guide des égarés, traité de théologie et de philosophie*, 3 vol., Paris, 1866.
271. MALINOWSKI B., *Les Argonautes du Pacifique occidental*, Paris, Gallimard, 1963.
272. MALINOWSKI B., *La Vie sexuelle des sauvages du nord-ouest de la Mélanésie*, Paris, 1970.
273. MALTHUS, *Essai sur le principe de population*, Paris, Gonthier, 1978.

274. MANDEL E., *Traité d'économie marxiste*, Paris, Bourgois, 1986.
275. MANENT P., *Histoire intellectuelle du libéralisme ; dix leçons*, Calmann-Lévy, 1987
276. MAO ZEDONG, *Œuvres choisies*, 5 vol., Pékin, 1966-1977.
277. MARCUSE H., *L'Homme unidimensionnel*, Paris, Éd. de Minuit, 1968.
278. MARKOVITCH T.J., *Histoire des industries françaises*, t. I : *les industries lainières de Colbert à la Révolution*, Genève, Droz, 1976.
279. MARION L., « Le Comportement annimal », *Encyclopedia Universalis*, 1986.
280. MARRIS S., « Deficits and the Dollar : the World Economy at risk », *Policy analysis in international economics*, Institut for International Economics, 14 déc. 1985.
281. MARSHALL L., « Sharing-Talking and giving. Relief of social tensions among Bushmen », revue *Africa*, 1961.
282. MARX K., *Le Capital*, Paris, Gallimard, « La Pléiade », 1965-1968.
283. MARX K., *Œuvres, Économie*, I, Paris, Gallimard, « La Pléïade », 1965.
284. MARX K., *Principes d'une critique de l'Économie politique*, « Formes précapitalistes de la production. Types de propriété », *Œuvres, Économie*, II, Paris, « La Pléiade », Gallimard, 1968.
285. MARX K., ENGELS F., *Idéologie allemande*, Paris, Éd. Sociales-Messidor, 1982.
286. MASPERO H., « Les régimes fonciers en Chine », *Mélanges posthumes*, Paris, 1950.
287. MASPERO H., BALAZS E., *Histoire et institutions de la Chine ancienne*, Paris, P.U.F., 1967.
288. MATTICK P., *Marx et Keynes. Les limites de l'économie mixte*, Paris, Gallimard, 1986.
289. MAUSS M., *Sociologie et anthropologie*, Paris, P.U.F., 1978.
290. MEAD M., *Mœurs et sexualité en Océanie*, Paris, Plon, 1963.
291. MERCIER DE LA RIVIÈRE, *L'Ordre naturel et essentiel des sociétés politiques*, Paris, Guillemin, 1846.
292. METT I., *Le Paysan russe dans la révolution et la post-révolution*, Paris, Spartacus, s.d.
293. MEYER J., *Les Capitalismes*, Paris, P.U.F., 1981.
294. MILL J.S., *L'Utilitarisme*, Paris, Garnier-Flammarion, 1968.
295. MIRABEAU H.R. DE, *Mémoire sur l'utilité des États provinciaux*, Paris, 1758.
296. MISES (von), *The Anti-capitalistic Mentality*, Van Nostrand, Princeton, 1956.
297. MOLLAT M., *Les pauvres au Moyen Age*, Paris, Hachette, 1978.

298. MONTESQUIEU M. DE, *De l'Esprit des lois*, Œuvres complètes, II, « La Pléiade », Gallimard, 1951.

299. MORE T., *Utopia*, 1516 ; Genève, Dror, 1983.

300. MORELLY, *Le Code de la Nature*, 1755 ; Paris, Éd. Sociales, 1933.

301. MORET A., *Le Nil et la civilisation égyptienne*, Paris, 1937.

302. MORETTE A., *Le Rachat du réseau de l'Ouest*, Valence, 1907.

303. MORIN E., *Le Paradigme perdu. La Nature humaine*, Paris, Le Seuil, 1973.

304. MORIO S., *Le contrôle des loyers en France (1914-1948). Documents pour l'étude comparative des politiques du logement*, Paris, C.S.U., 1976.

305. MORISHIMA M., *Capitalisme et confucianisme. Technologie occidentale et éthique japonaise*, Paris, Flammarion, 1986.

306. MOSSÉ C., *Le travail en Grèce et à Rome*, Paris, 1971.

307. MOUNIER E., *Œuvres*, » vol., Paris, Le Seuil, 1961-1963.

308. MUMFORD L., *La Cité à travers l'Histoire*, Paris, Plon, 1964.

309. MURARD L., ZYLBERMAN P., « Le petit travailleur infatigable ou le prolétaire régénéré », *La Recherche*, nov. 1976.

N

310. NEF J.U., « L'industrie et l'État en France et en Angleterre (1540-1640), Paris, *Revue historique*, t. CXCI, 1941, pp. 21-53 et 193-231.

311. NICOLET C., *Les Gracques. Crise agraire et révolution à Rome*, Paris, Gallimard, 1980.

312. NOËL B., *Dictionnaire de la Commune*, 2 vol., Paris, Flammarion, 1978.

313. NOVE A., *Le socialisme sans Marx. L'économie du socialisme réalisable*, Paris, Economica, 1984.

314. NTAHOMBAYE P., *Des noms et des hommes*, Paris, Éd. Karthala, 1983.

O

315. OULES F. (textes présentés par), *L'École de Lausanne. Textes choisis de L. Walras et V. Pareto*, Paris, Dalloz, 1950.

316. OWEN R., *Address delivered at the annual congress of the « Association of all classes of all nations »*, Manchester, 1837.

P

317. Pascal B., *Pensées*, Œuvres complètes, Gallimard, « La Pléiade », 1954.
318. Pareto W., *Cours d'Économie Politique*, Genève, Droz.
319. Peikoff, *The American Parallele*, New York, Stein and Day, 1982.
320. Perroux F., *Aliénation et société industrielle*, Paris, Gallimard, 1970.
321. Peyret H., *Histoire des chemins de fer en France et dans le monde*, Paris, S.E.F.I., 1949.
322. Philon d'Alexandrie, *Sur l'esclavage de l'insensé. Sur la liberté du sage*, Paris, 1619.
323. Piel J., *Capitalisme agraire au Pérou*, Paris, Anthropos, 1975.
324. Pirenne H., *Les Villes du Moyen Age*, Paris, P.U.F., 1971.
325. Platon, *Œuvres complètes*, Paris, Gallimard, « La Pléiade ».
326. Poley P., *The history, law and practice of the Stock Exchange*, Isaac Pitmar... and Sons, Londres, 1926.
327. Poliakov L., *Histoire de l'antisémitisme*, 3 vol., Paris, Calmann-Lévy.
328. Polin C., *L'Esprit totalitaire*, Paris, Sirey, 1985
329. Polyany K., « Trade and Markets among the Pass people », in *Markets in Africa*, 1962.
330. Pollock et Maitland, *History of English Law before Edward III*.
331. Pomian K., *L'Ordre du temps*, Paris, Gallimard, 1984.
332. Posener G., Sauneron S., et Yoyotte J., *Dictionnaire de la civilisation égyptienne*, Paris, F. Hazan, 1970.
333. Ponteil F., *L'éveil des nationalités et le mouvement libéral (1815-1848)*, Paris, P.U.F., 1968.
334. Pradelles de Latour, *Anthropologie, état des lieux*.
335. Preobrajenski E., *La Nouvelle Politique Économique*, Paris, E.D.I. (avec le concours du C.N.R.S.).
336. Proudhon P.-J., *Qu'est-ce que la propriété ?*, Paris, Flammarion, 1966.

Q

337. Quesnay F., *Œuvres économiques et philosophiques*, New York, B. Franklin, 1969.

R

338. RADCLIFFE BROWN A.R.., *The Social Organisation of Australian Tribes, 1930-1931*, Oceania, I.
339. RAGON M., *L'Espace de la Mort. Essai sur l'architecture, la décoration et l'urbanisme funéraire*, Paris, Albin Michel, 1981.
340. RASPAIL Jean, *Qui se souvient des hommes*, Paris, Laffont, 1986.
341. RAWLS J., *Théorie de la Justice*, Paris, Le Seuil, 1987.
342. RENAN E., *Histoire du peuple d'Israël*, in *Œuvres complètes*, Calmann-Lévy, 1965.
343. RENAN E., *Histoire des Origines du christianisme*, Paris, L.G.F., 1984.
344. RENOUARD X., *Les marchands italiens au Moyen Age*, Paris, 1949.
345. RIALS, *Le Contrôle de l'État sur les chemins de fer, des origines à 1914. Administration et contrôle de l'économie, 1800-1914*, Genève, 1985.
346. RICARDO D., *Principes de l'économie politique et de l'impôt*, Paris, Calmann-Lévy, 1970 (3e éd. de 1821).
347. RIOUX J.-P., *La Révolution industrielle en Grande-Bretagne*, Paris, Hatier, 1980.
348. RIOUX J.-P., *La Révolution industrielle, 1780-1880*, Paris, Le Seuil, 1971.
349. RIVOIRE J., *Histoire de la Banque*, Paris, P.U.F., « Que sais-je ? », 1984.
350. RIVOIRE J., *L'Économie mondiale depuis 1945*, Paris, P.U.F., « Que sais-je ? », 1985.
351. ROSANVALLON P., *La Crise de l'État-Providence*, Paris, Le Seuil, 1981.
352. ROSANVALLON P., « Origine des nationalisations », *in Le Débat*, nº 17.
353. ROUQUIÉ J., *Amérique du Sud*, Paris, Le Seuil, 1987.
354. ROUSSEAU J., *Le Citoyen* (recueil), Paris, P.U.F., 1984.
355. ROUSSEAU J.-J., *Du Contrat social*, Paris, Le Seuil, 1977.
356. ROUSSEAU J.-J., *Confessions*, Paris, Gallimard, « La Pléiade », t. I, 1959.
357. ROUSSEAU J.-J., *Discours sur l'origine et les fondements de l'inégalité parmi les hommes*, in *Œuvres Complètes*, t. II, Paris, Le Seuil, 1971.

S

358. SAHLINS M., *Age de pierre, âge d'abondance*, Paris, Gallimard, 1976.
359. SALIN E., *La Civilisation mérovingienne*, 4 vol., Paris, 1949-1959.
360. SAUTTER, *Les dents du géant*, O. Orban.
361. SCHEBESTA P., *Among Congo Pygmies*, Londres, 1933.
362. SCHEIL V., *La loi de Hammourabi*, Paris, 1906.
363. SCHNEIDER M., *Voleurs de mots*, Paris, Gallimard, 1985.
364. SCHOENBAUM D., *La Révolution brune. La société allemande sous le IIIe Reich*, Paris, Robert Lafont, 1979.
365. SCHUMPETER J.A., *Capitalisme, socialisme et démocratie*, Paris, Payot, 1963.
366. SEIGNOBOS C., *Histoire sincère de la nation française*, nouv. éd, Paris, P.U.F., 1982.
367. SERRES M., *L'Hermaphrodite*, Paris, Flammarion, 1987.
368. SERVET J.-M., *Numismata. État et origine de la monnaie*, Lyon, P.U.L., 1984.
369. SFEZ L., *Leçons sur l'égalité*, Paris, Presses de la Fondation Nationale des Sciences politiques, 1984.
370. SHAW H., *The Levellers*, New York, Harper and Row, 1968.
371. SICARD GERMAIN, *Aux origines de la société anonyme. Les moulins de Toulouse*, Paris, Sevpen, 1953.
372. SIGMANN J., *1848. Les Révolutions romantiques et démocratiques de l'Europe*, Paris, Calmann-Lévy, 1970.
373. SIK O., *La troisième voie. La théorie marxiste-léniniste et la société industrielle moderne*, Paris, Gallimard, 1974.
374. SISMONDI, *Nouveaux Principes d'économie politique*, 1819.
375. SMITH A., *Recherches sur la nature et les causes de la richesse des nations*, première édition, 1776.
376. SOBOUL A., *La Révolution française*, Paris, E.S., 1982.
377. SOMBART W., *Les Juifs et la vie économique*, Paris, Payot, 1923.
378. SOUSTELLE J., *La vie quotidienne des Aztèques à la veille de la conquête espagnole*, Paris, Hachette, 1955.
379. SOUSTELLE J., *L'univers des Aztèques*, Paris, Hermann, 1979.
380. SOUTHERN R.W., *L'Église et la Société dans l'Occident médiéval*, Penguin, 1970.
381. SPENCER H., *Introduction à la science sociale*, Paris, 1874.
382. SPENGLER O., *Prussianité et Socialisme*, Actes-Sud, 1986.
383. SPENGLER O., *Écrits historiques et philosophiques*, Paris, Copernic, 1980.
384. STEIN-SCHNEIDER H., « The French and American Constitutions », *France-U.S.A.*, 1987.

385. STOURZÉ Y., *Organisation et anti-organisation*, Paris, Mame, 1970.

T

386. TALAYESVA C. DON, *Soleil Hopi*, Paris, Plon, 1959.
387. TESTARD J., *L'Œuf transparent*, Paris, 1987.
388. THIERS A., *De la propriété*, Paris, Paulin, Lheureux et Cie, 1848.
389. THOMAS H., *Histoire inachevée du monde*, Paris, Robert Laffont, 1986.
390. THOMAS L.V., *Les Diola de Basse Casamance*, in D. Biebuyck, *op., cit.*
391. THOMPSON E., *Grandeur et décadence de la civilisation maya*, Paris, Payot, 1973.
392. THOMPSON, *Enquête sur les principes de la distribution de la richesse la plus propre à engendrer le bonheur humain.*
393. TOCQUEVILLE A. DE, *De la démocratie en Amérique*, Paris, Gallimard, coll. « Idées », 1980.
394. TOUTAIN J., *L'économie antique*, Paris, 1927.
395. TROTIGNON Y., *Le XXe siècle en U.R.S.S.*, Paris, Bordas, 1985.
396. TULLOCK G., *Le marché politique*, Paris, Economica, 1978.
397. TURGOT A.R.J., *Œuvres complètes*, Paris, Dupont de Nemours, 1808.

V

398. VAILLE E., *Histoire générale des Postes françaises*, 7 vol., Paris, P.U.F., 1947-1955.
399. VERDIER R., *Bilan d'une scission : le Congrès de Tours*, Paris, Gallimard, 1981.
400. VEYNES P., *L'Inventaire des différences*, Paris, Le Seuil, 1976.
401. VEYNE P., *Le Pain et le Cirque*, Paris, Le Seuil, 1976.
402. VIDAL-NAQUET P., AUSTIN, *Économies et Sociétés en Grèce antique*, Paris, Armand Colin, 1972.
403. VILLEY M., *Critique de la pensée juridique moderne*, Paris, Dalloz, 1976.
404. VILLIERS R., *Rome et le droit privé*, Paris, 1977.
405. VINCENT J.-D., *Biologie des passions*, Paris, Éd. Odile Jacob, 1986.
406. VOLFINAS, *Lieux et objets de la mort*, Traverses, 1975.
407. VOLTAIRE, *Dictionnaire philosophique*, Paris, Garnier-Flammarion, 1964.

408. VUILLERMÉ J.-L., « Le Concept de *Res* », *in* Actes du C.N.R.S., 1973.

W

409. WALLERSTEIN I., *Historical capitalism*, Londres, N.L.B., 1983.
410. WALLERSTEIN I., *The capitalism world economy*, Cambridge U.P., 1979.
411. WALRAS L., *Éléments d'économie politique pure ou théorie de la richesse sociale*, Paris, 1970.
412. WALSH A.H., *The Public's business*, Cambridge, Mass., M.I.T. Press, 1978.
413. WEBER M., *L'éthique protestante et l'esprit du capitalisme*, Paris, Plon, 1964.
414. WEITLING, *Garanties de l'harmonie et de la liberté*, 1842.
415. WITTFOGEL K.A., *Le Despotisme oriental. Étude comparative du pouvoir total*, Paris, 2e éd., Éd de Minuit, 1977.

Y

416. YOUNG P., *Privatization. The worker by-out option*, CATO Policy analysis, 1986.
417. YOYOTTE J., « Le Jugement des morts dans l'Égypte ancienne », *in Le Jugement des morts*, « Sources orientales », Paris, 1961.

Z

418. ZELDIN T., *Histoire des passions françaises, 1848-1945*, Paris, Le Seuil, 1980.
419. ZINOVIEV A., *Para Bellum*, Paris, Julliard, 1987.
420. ZINOVIEV A., *Le Gorbatchévisme*, Lausanne, L'Age d'Homme, 1987.

COLLECTIFS-ANONYMES

421. *Anthropologie : État des lieux*, Paris, Le Livre de Poche, Biblio-Essais, 1986.
422. *La Science face au racisme*, Bruxelles, Éditions Complexe, 1986.
423. *Actes du colloque de Ouagadougou*, 4-8 décembre 1978, ORSTOM :

« Maîtrise de l'espace agraire et développement en Afrique tropicale ».

424. « The Evolution of American electoral Systems », Wesport, Connecticut. *Contributions in American history*, n° 95, Greenwood Press, 1981.
425. *Voix indiennes : le message des Indiens d'Amérique au monde occidental*, Paris, 1979.
426. *Pieds nus sur la terre sacrée*, texte présentés par T. McLuhan, Paris, 1974.
427. *Les Biens et les Choses*, Paris, Archives de Philosophie du droit, t. XXIV, Sirey, 1979.
428. *L'Allemagne nazie et le génocide juif*, Gallimard/Le Seuil, 1985.
429. « Ethnologie et Marxisme », *La Pensée*, n° 171, 1973.
430. Archives de Philosophie du droit, t. 24, *Les Biens et les Choses*, Paris, Sirey, 1979.
431. *Histoire de la France urbaine*, sous la direction de G. Duby, 5 vol., Paris, Le Seuil, à partir de 1980.
432. *L'Art du papier-monnaie*, Martin Monestier, Éd. du Pont-Neuf.
433. Catalogue de l'Exposition sur les Trésors celtes, 1987.
434. Catalogue de l'Exposition sur Tanis, 1987.
435. *Histoire de la famille*, t. I et II, Paris, Armand Colin, 1986.
436. *Histoire de la vie privée*, sous la direction de G. Duby, Paris, Le Seuil, 3 vol., 1985-1986.
437. *Dictionnaire de la civilisation égyptienne* (G. Posener, S. Sauneron, J. Yoyotte), Paris, Hazan.
438. *Biotechnologies et protection par brevet*, Paris, O.C.D.E., 1985.
439. *Histoire d'Augan*, document privé.

ENCYCLOPÉDIES

(*articles :* propriété, droit naturel, État...)

440. *Politics and History in band societies*, Leacok-Lee, Cambridge, U.P., 1982.
441. *Encyclopedia Judaïca*, 16 vol., New York, Macmillan, 1971-1972.
442. *Encycopédie du XXe siècle. Répertoire universel des sciences, des lettres et des arts*, Paris, 1946.
443. *Encyclopédie française*, sous la direction de L. Febvre, Paris, 1935.
444. *Grand Dictionnaire universel du XIXe siècle*, 1865-1890 (15 vol. + 2 suppléments).
445. *Encyclopédie* de Diderot et d'Alembert, 39 vol., Genève, Pellet, 1777-1779.

446. *Grand Atlas Historique*, Paris, Albin Michel/Encyclopedia universalis, 1978.
447. *Encyclopédie de l'Islam*, Paris, Maisonneuve et Larose, 1954.
448. Notes personnelles non publiées du Professeur Georges Cohen sur le concept de carte génétique.

INDEX

A

C

D

E

F

G

H

M

Q

R

S

T

U

V

W

X

Y

Z

TABLE

Cet ouvrage a été composé par C.M.L., Montrouge
et achevé d'imprimer en décembre 1987
sur presse CAMERON,
dans les ateliers de la S.E.P.C.
à Saint-Amand-Montrond (Cher)
pour le compte de la librairie Arthème Fayard
75, rue des Saints-Pères — 75006 Paris

35-66-7466-01
ISBN 2-213-01693-3

Dépôt légal : janvier 1988.
N° d'Édition : 7586. — N° d'Impression : 2501.
Imprimé en France

35-7466-2